U0580581

《千年章丘》编委会

编　委：于　夫　　翟伯成　　张运毅

王鸿江　　王立香　　王业刚

高广永　　景元华　　高兆华

千年章丘

ZHANGQIU
Millennium ancient county

《千年·章丘》编委会

人民出版社

目 录

CONTENTS

第一部分
历 史 进 程

第二部分
历 代 人 物

第一部分

历史进程

第一章
先秦时期

一、"章丘"地名起源

说起古老的章丘,人们首先会想到距今 5000—6000 年前的"龙山文化"。"龙山文化"是以章丘市的龙山镇命名的,它以高超的陶器艺术为主要特征。但当时这里还不叫章丘,真正称为章丘是在隋朝,隋文帝杨坚称帝后,隋开皇十六年(公元 596 年),隋文帝改高唐为章丘,从此章丘出现在中国的版图上。

(一)章丘由来的传说

据传章丘之名来源于战国时期齐国名将匡章死后葬于此处,称为"章子之丘",简称章丘。

战国时期齐国有一名将叫匡章,齐威王时,匡章曾率领军队击退秦国的进攻。公元前 301 年,齐宣王乘燕国内乱派匡章攻燕,匡章仅仅用了五十天就攻破了燕国。

一次齐宣王命令匡章迎击秦军,匡章深知与秦军硬拼很难获胜,于是就派使者不断地来往于秦齐的营地。这样一来,一方面可以与秦军周旋,另一方面暗暗记下秦军的旌旗式样、颜色以及士兵服装,然后让自己的士兵装扮成秦军混入秦营,找准机会突袭秦营。齐国的侦探不知匡章的意图,便向齐宣王报告匡章多次派使者去秦营联络有图谋不轨之举。齐宣王听后镇定而自信地说:

■ 匡章

"匡章是一位忠诚可信的良将,不会背叛我的。以前匡章的母亲做了对不起他父亲的事情,他的父亲一怒之下,将他的母亲杀死后埋在了马圈。有一次,我在派匡章出征前勉励他说:'等你凯旋归来时,我一定帮你重新安葬你的母亲'。可他回答说:'谢谢大王的好意,此事万万不可,因为在我父亲临终前没有留下这样的遗言,如果没有父亲的遗言就去重新改葬我的母亲,这是对我父亲的不敬不孝'。章匡如此忠孝,难道他作为臣子还会背叛我这个君王吗?"果不其然,在以后日子里,匡章一直忠心耿耿地听命于宣王,为齐国立下了赫赫战功。

两年后,匡章率领军队在濮上被秦击败,当时楚国背弃了合纵的盟约而亲近了秦国,齐宣王便派匡章率领大军与韩、魏联合攻击楚国,楚国派大将唐眛率军迎敌,两方兵力相当。楚将唐眛采取免战固守的战术,使得三国联军连续六个月无法交战,齐国方面就派周最催促匡章迅速进攻,且言辞非常尖刻。匡章对周最说:"杀掉我,罢免我,杀我全家,这些齐王都可以去做。不该交战时硬让交战,该交战时不让交战,齐王在我这里办不到。"齐军与楚军分别在此水的两风鬟雾岸驻扎,匡章派人观察和试探可有横渡的地方,楚军看到齐军遂就射箭,派去的人无法靠近河边。有一个在河边放牧的人告诉齐军侦探说:"河水的深浅很容易知道,凡是楚军把守严密的地方,全是水浅的地方;凡是把守松懈的全是水深的地方。"侦探把放牧人说的话汇报给匡章,匡章详细了解了沿河的地形以及各地段水的深浅情况。第二天夜里,选拔了身体强壮、水性好的将士组成敢死队,乘着夜色攻陷了楚军把守最严密的地方,大军乘机渡河,打败了楚军,杀死了楚军主将唐眛,联军攻占垂丘、宛、叶以北的大片土地,楚国被迫以太子横为人质向齐求和。

1990年5月上旬,山东省文物考古研究所研究员李曰训带领一支由30余人组成的考古钻探队,对女郎山东、西、南三处取土场进行了详细的勘探。

经过14天的发掘清理,一座战国大墓重见天日,该墓为一座"甲"字形竖形土坑木椁殉人墓,整个大墓口长13.58米、宽12.15米,椁室位于墓室中央,四周有宽大的生土二层台,墓主用双椁一棺,外椁盖板上面埋有一个被肢解的

■ 出土的陶彩绘乐舞俑

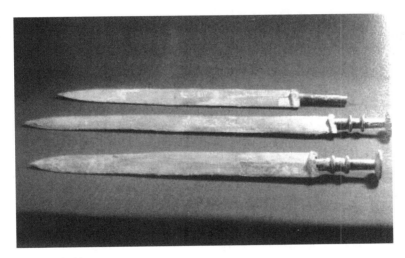

■ 出土铜剑

殉人,椁外填充鹅卵石。在大墓的棺和椁之间,随葬有大批的青铜礼器和兵器,大墓二层台上,还发现了五座中小型陪葬墓,这五座陪葬墓墓主均为年轻女性,各陪葬墓中均有数量不等的小件铜器、玉器、仿铜陶礼器等。其中最有价值的发现是一号陪葬墓中出土的一组38件陶彩绘乐舞俑,该组陶俑分为表演俑、歌唱俑、舞蹈俑、观赏俑以及乐队演奏俑等不同造型,李曰训说,"这组彩绘陶俑堪称形神兼备、生活气息较为浓郁的陶塑佳作之精品,为我国战国时代出土的彩绘陶俑所罕见,也为研究战国时期齐国的文化艺术、乐舞服饰等提供了极其珍贵的实物资料"。这座墓与以往发现的战国大墓相比,墓室面积并不算大,但随葬品却十分丰富,并置有双椁一棺,仅青铜器就出土200多件,并且埋葬得十分讲究。在等级制度森严的战国时代,不同等级的贵族在使用棺椁、列鼎及礼乐器上都有严格的区别。从随葬的陶列鼎铜鼎两套礼器的数量判断,该墓主的身份地位是相当高的,从墓葬的形制特点及随葬器物判断,该墓应该为战国中期的齐国大墓。对于墓主人身份的进一步判断还要从棺椁、列鼎和乐器等方面入手。《荀子·礼论》中讲到:"天子棺椁十重,诸侯五重,大夫三重,士再重。"在列鼎的跟随上,《公羊传·桓公二年》中提到,在礼祭中,天子、诸侯、卿大夫和元士的鼎的数目,分别是九、七、五和三;关于乐器的使用和随葬,帝王为四面悬挂,诸侯为三面,卿大夫和士县,分别为两面和一面。对应到该墓上,其使用重椁一棺,随葬的有铜、陶两套礼器,编钟和编磬等乐器多套,随葬的陶列鼎和铜鼎数量都在五件以上。同时,从大墓二层台器物库中出土的几件较大的鼎足及器耳来看,当初还应该随葬有大型列鼎及其他青铜礼器,这些都说明墓主人的身份地位要高于一般大夫,根据墓中出土的大量兵器及特制武器箱,李曰训推断墓主人可能是相当于士大夫级别的军事将领。这样说来,该墓主人在时间和身份上,恰好符合《三齐记》中,女郎山或章丘山源自齐国大将匡章之墓的传说。那究竟是不是齐将匡章呢?

据《战国策·齐策》记载,齐将匡章,又名匡子、章子,是战国侍奉齐国威、宣两代国君的著名军事将领。齐宣王五年(公元前314年),趁燕王哙让位于子起内乱之机,匡章率领五都之兵,一举破燕,杀了燕王哙,创造了历史上"齐宣王破燕之战"的著名战例。公元前301年,在齐、韩、魏三国联军攻楚不破之际,匡章又率精兵夜袭楚军,杀死楚将唐昧,从此"垂沙之战"久传盛名。匡章凭其显赫的战功,使他在齐国的地位与卿接近。不过后来,在濮水之战中失利,其地位有所下降,但仍高于一般大夫,这样的身份与该墓的规格十分相近。由此判断,"章丘"极有可能是从"章子之墓"演变而来的。那么,匡章之墓后来又是怎么演变成"章丘"的呢?章丘山与女郎山之间又有着怎样的关系呢?

从史料记载来看,"章丘"之名由来已久,最早见于《水经注·济水二》中的记载,"其经阳丘县(今章丘市绣惠镇回村)古城中。汉孝景帝四年,以封齐悼惠王子刘安为阳丘侯,世谓之章丘城"。据考证,按照时间顺序,章丘山和章丘城的名字应该在女郎山取名之前就已存在,其最早出现的时间可能是战国之后汉代以前,先有匡章墓,又有章丘山,后来又封为章丘城。《元和郡县图志》中也提到:"隋开皇十八年,以博州亦有高唐县改为章丘县,属齐州,取县北章丘山为名也。"在女郎山、章丘山和章丘土城这三个名词中,最早出现的乃是"章丘山"。由此,李曰训判断阳丘城就是战国齐将匡章的封地,而章丘山最早大概就是根据这座匡章大墓而命名的。

不过,明末文人陈德安早就对《三齐记》中有关章丘的"丘"字提出了异议,他极力反对《三齐记》的传说记载。不但否定有章亥之人,还说"丘"指的是低洼的丘陵,与章子墓毫无关系。他还指出,《尔雅·释丘》中说"上正章丘"以及"平顶为丘"的记载均不可信。对此,李曰训用考古发掘所获得的事实证据反驳说,在《水经注》、《方言》等多个史料中,"丘"字除了指较低的山丘外,还指坟丘或墓丘。他断言,当时人们为了纪念这位老将军,就把埋葬匡章的这座山称为章丘山,而章丘乃章子之丘,是章子匡章墓丘的简称,由此"章丘"一名便开始广泛流传,而这大概可能就是"章丘"名称的最早来历。

章丘县名的由来,历来有争议。《元和郡县志》、《山东通志》、《济南府志》、《章丘县志》、《中国古今地名大辞典》都没有肯定下来,争论的焦点是以山得名还是以丘得名。以山得名者认为:"取县北章丘山(即女郎山)为名",此说最早见于1492年《章丘县志》,源于西晋的《三齐记》,《三齐记》中有"章亥妾溺死葬此,谓之章丘县因以名",为后世修志书者所袭用。以丘得名者则用西汉时期的《尔雅》和东汉许慎著《说文》来反驳以山得名的错误,此说最早由明朝嘉靖年间章丘县举人陈德安(官至河北省乐亭县知县)提出,他在《章丘名义辩》中写道:"章丘者,其命义载《尔雅》、《说文》"。《说文》云:丘,土之高也,非人所为也;《尔雅》云:上正章丘,注曰'顶平',是知章丘之名盖取诸此矣!况城之中央,有土高大,其上平正(即圩头顶),得非章丘之所以名焉者乎?"据1990年山东省文物考古所考古队发现,从匡章的地位及生存年代来说,与女郎山西坡战国大墓的规格相符。这为"章丘,章子墓丘"的说法提供了史证。

(二)章丘概况

章丘市属于汉语政区地名,其标准读音为"Zhāngqiū Shì"。它所指代的县级行政区域(地名实体)位于山东省的中部,黄河下游南岸,省会济南的东边。地处北纬36°42′,东经117°31′。东邻淄博市、邹平县,西与历城区毗连,北隔黄河与济阳县相望,南以齐长城与泰安、莱芜为界,总面积1855平方公里。

"章丘"之名历史悠久。据《章丘县志》载:"隋开皇十六年(596年)改高唐为章丘,取县北山章丘为名"。旧章丘城北1公里处有山名章丘,县因山得名,此为"章丘"作为县名之始,距今已有1415年的历史。

章丘市行政区域,历经变迁,西部、西北部、正北、东北部边界都曾作过重大调整,唯南部齐长城始终为地区旧界,新中国成立后,西部、西南部又作了重大调整。

历史沿革如下:

少昊,金天氏:属爽鸠氏。

颛顼,高阳氏:创划九州,属青州。

夏、商:东部先属逄伯陵,后隶薄姑氏;西部属谭国。

周:东部属齐国,西部属谭国。前684年,齐桓公灭谭国,全境属齐国。齐国在章丘境内设有:平陵邑、宁邑、台邑、崔邑、赖邑。

秦时属齐郡。今境内设平陵县。

西汉时,属济南郡。郡治在今境内东平陵城,境内设有:平陵县、土鼓县、阳丘县、猇县、台县。吕后称制六年(公元前187年),吕台封为吕王,割济南郡为吕王封邑,属吕国,国治在今境内东平陵城。今境内设有:东平陵县、土鼓县、阳丘县、猇县、台县。八年(公元前180年),吕后死,复属济南郡。

新朝改属乐安郡。郡治在今境内东平陵城,境内设有:台治县、利城县。

东汉属济南郡。郡治在今境内东平陵城,境内设有:东平陵县、土鼓县、台县。

三国魏属济南郡。郡治在今境内东平陵城,境内设有:东平陵县、土鼓县、台县。

西晋属济南郡。郡治在今境内东平陵城,境内设有:平陵县。东平陵县(公元307年去"东"字。永嘉末年(312年),济南郡治由平陵城迁驻历城。至此,自秦并六国后,历为郡国驻地的平陵城,五百年后,终于与郡脱钩。

东晋十六国时期,章丘先后隶后赵、前燕、前秦、后燕、南燕版图,这期间攻伐兼并战乱不绝,其辖县已不可考,属济南郡。

北魏、东魏属济南郡。境内设有:平陵县、土鼓县。

北齐属济南郡。境内设有:平陵县、卫国县、高唐县。

北周属济南郡。境内设有:卫国县、高唐县。

隋朝属齐郡。境内设有:亭山县、章丘县、临济县、营城县、朝阳县。高唐县因与博州(今聊城市)之高唐县重名,隋开皇十六年(596年)取县北章丘山为名,改名章丘县。此为章丘作为县名之始。

唐朝改郡为州，武德元年（618年）新建邹州，属邹州；武德二年（619年），新建谭州，改属谭州。境内设有：临济县、章丘县、营城县、亭山县、平陵县。

后梁、后唐、后晋、后汉、后周属齐州，市境东南属淄州。

北宋属济南府。景德三年（1006年）置清平军，治所今境内黄河乡临济村，章丘县改属清平军。熙宁三年（1070年），清平军降格为县级军，军驻地迁今刁镇旧军，章丘县还属济南郡。

金、南宋、元、明、清属济南府。清雍正三年（1725年），为避孔子（名丘）的名讳特颁上谕：丘旁加邑（右阝），"丘"成为"邱"（新造字），改读"期"（qi）音，章丘县也就成为章邱县。新中国成立后，汉字简化，恢复原名。

民国属岱北道。1914年6月，改称济南道，1927年废道，属山东省；1938年3月，属鲁北行署第十二督察区；1939年属泰安、莱芜、历城、淄川、博山、章丘、新泰七县边区联防办事处；1940年4月，属鲁中行政区泰山专区；1943年春，淄川、章丘、莱芜三县结合部新建一县，定名淄章莱边联县，章丘县由两个区划归该县；1944年春撤销淄章莱边联县。1945年8月，析章丘、历城二县各一部。章历县辖五个区，县政府驻章丘城，章丘县辖10个区，县政府驻埠村，二县均属鲁中行署泰山专区。1946年6月，章历县改属渤海行署清河专区。

新中国成立后的1950年4月，章丘、章历二县改属淄博专区；1953年7月，章丘、章历二县改属泰安专区；1953年9月5日，章历县撤销，合并入章丘县，县驻地由埠村迁章丘城。1958年8月，章丘县驻地由章丘城迁现驻地明水；1958年9月15日，泰安专区与济南合并，章丘县随同属济南市；1961年4月8日，泰安专区由济南市分出恢复原建制，章丘县回属泰安专区；1978年11月17日，章丘县由泰安专区划归济南市；1992年8月1日，经国务院批准，章丘撤县设市，辖区不变，由济南市代管。

二、中华文化源头之一——"西河文化"

距今约近9000年前，章丘大地上开始有了人类繁衍生息。最早在章丘定居的是西河人及小荆山人，他们在此发展十分迅速，每个家族大约都在十人左右，诸多家族聚集在一起形成了一个部落。这个部落在此耕耘劳作，代代相传，并吸引了越来越多的人群到此居住，逐渐使章丘形成了一个古文化小区——这就是章丘古文化的源头——西河文化。目前我国最早的新石器时代

■ 新石器时代的山东章丘西河遗址

早期文化就诞生在这里。

"西河文化"是以章丘市西河遗址命名的,西河遗址是目前山东乃至全国黄河流域所发现的新石器时代早期古文化遗址之一。古朴的手制陶器、精美的磨光石器、高超的陶塑艺术、宽阔的住房面积、集中的公共墓地是西河文化明显的特征。西河文化的发现及一系列遗址的发掘说明了这样一个事实:处于泰沂山脉中心地带的章丘,在海岱地区甚至整个华夏民族的文明起源中具有极为重要的地位和意义。

西河遗址距今约9000—7700年,已发现30余处房址,大致采用平行的横行式布局,房内有2—3组设计巧妙的烧灶,并有居住、炊饮、活动的功能分区。制陶业比较发达,从西河遗址的制陶业使我们看到,此时的陶器决不是山东地区最早的,它们的发现,为探讨陶器的起源提供了一条重要的线索。西河聚落的居民已过着稳定的定居生活,造型各异的陶器几乎贯穿于日常生活中的每一个环节,在西河遗址中已发现了一些与北辛文化有关的线索,其是否直接发展为北辛文化,或者北辛文化承袭其某些因素而来,还需今后的考古工作来证实。

1991年春,城子崖遗址进行了第二次发掘,山东省考古研究所、山东大学的专家学者,以及各市、县的部分考古工作者汇集于这一考古圣地。一天早晨,广饶县博物馆的王建国同志散步时,走到位于龙山镇西北的砖厂,从砖厂的取土场断壁上取回一些陶片,陶片多为夹砂陶,粗糙、古朴、呈红褐色,由于当时对这种文化不了解,故定为龙山西北商周遗址。1994年冬,山东省考古所又对该遗址地进行了第二次发掘,发掘了一批该时期的房址,并了解了聚落形态和环壕的情况,正式提出了"西河文化"这一新的考古学文化名称。

关于西河文化的年代,从现有的资料来看,只有三个地点的来源被认为是翔实和准确的。一是西河遗址的碳十四测年数据;二是后李遗址的碳十四测年数据;三是小荆山遗址的地层分析。据北京大学考古系碳十四实验室测定报告的断定,西河文化的早中晚三期分别为距今8411年、7974年、7726年;后李文化的两个数据分别为8163年、7851年;而小荆山遗址的发掘资料将年代分为了两期四段,以每段100年计共400年,因小荆山的第四段可以和西河遗址的8400年衔接,且下面三段形成的文化堆积可达1—1.2米,形成这样一个堆积又需约千年以上时间,那么小荆山遗址的最早年代可达到距今9500年,由此可以认为西河文化的最早年代可达距今近万年之久;其下限年代,从西河遗址的7700年左右和后李遗址的7800年左右的年代下限来看,加上小荆山遗址四段的资料证明,西河文化的最晚下限应在距今7500年左右。也就是说整个西河文化的发展历程大约经历了2000年,由此可以断定西河文化是北方地区与黄河流域七八千年前诸系列古文化群平行发展的又一绞早的地方性文化,是目前海岱地区所发现最早的、跨越时间最长的新石器时代早期文化中心。

西河文化时代的聚落到目前为止,在山东省仅发现七处,其中五处在章丘境内,除去西河遗址外,文化内涵丰富,特征明显的当首推小荆山遗址。该遗址发现于1991年10月,同年11至12月和1993年10月到1994年2月分两次进行了抢救性发掘,采集和出土了一批很有特点的石、陶、骨、蚌器,并发掘了一批房址和墓葬。一个新的考古学文化,需经过对若干遗址进行过若干次发掘及整理研究之后才能作出全面系统的结论,而西河文化的发掘、整理、研究工作则刚刚起步,只能从现有的陶器、石器、房址和墓葬资料中窥其一斑,西河遗址为研究山东地区新石器时代文化发展脉络及陶器的起源,提供了珍贵的实物资料。

1. 陶器:西河文化陶器以夹沙红褐陶为主,早期多沙泥质红陶,中期多灰褐陶与青灰陶。陶器器壁较薄,不见厚胎粗重器,火候较低,烧制温度不均,陶质较松软,坚硬者不多,器形均为手制,以泥片贴塑和泥条盘叠成形为主,较大的器物则为器底、器身分制,最后对接,器形多反折成叠沿。陶器造型古朴、盛行圜底器,流行矮足圈足器,平底器甚少、不见三足器,这些器物基本上承担了炊煮、贮存、汲水、餐饮等功能。总体来说西河文化的陶器,无论是在器型上还是在制作工艺上都还有非常大的原始性,但却为陶器史上的巅峰——为龙山时代的到来奠定了基础。

2. 石器:石器可分为生产工具和生活用具两大类。生产工具有石斧、石犁、石铲、磨石和研磨器等,石斧的数量最多,双锋、弧刃且刃部较宽,斧身断面呈椭圆形;石铲分单面刃和双面刃两种,质地多为花岗岩及页岩打制而成,有通体磨光和半琢制半磨光两类,造型古拙。生活用具有石磨盘、石磨棒、灶支石、石支脚等,磨盘及磨棒几乎每座房子内都有出土,形状有长方椭圆形、长方形、不规则形等,也有方形及圆形,多在 40—60 厘米之间,一般为单面使用。石支脚是遗址出土数量较多的器物,较为先进的石器磨制技术,大量的石支脚,构成了西河文化石器的突出特征。

3. 房址:西河、小荆山遗址共发现房址 40 余座,分为半地穴圆角方形和椭圆形两种。门道呈台阶式,室内周壁有柱洞,面积多在 30—40 平方米之间,房内地面基本整平,房内居住面上多留有成组的陶器与石器,放置井然有序,多者可达几十件,这是西河文化房址最耐人寻味的现象和特点之一,也使这些房址资料具有更高的史料价值。

三、"龙山文化"发祥地

距今约 7000 年前的章丘,有着肥沃的土地和丰富的水资源。境内良好的自然环境和丰富的物质资源,使得居住人口逐渐增多起来,人们通过劳动将资源变成解决衣、食、住的生活必需品,这里便成了理想的栖息之地。在距今 5000—6000 年期间,还处于新石器时代的章丘先民们,揭开了继仰韶文化之后又一重要的华夏文明序幕,即"龙山文化"的诞生。

"龙山文化"是以章丘的龙山街道命名的,它以高超的陶器艺术为主要特征。距今 4800—4000 年时期是章丘古文化发展最辉煌的"龙山时代",不仅在农业、手工业的发展上走在了历史的前列,而且在古国、古城、古文化的发展史上形成了自己一套独立完整的体系。都、邑、聚三级结构的形成,代表着国家的诞生和绝对的统治地位。城子崖龙山城的修筑、为维护城市安全保护三级政权机构和防止外部侵略而建成的军队,已开始通过国家权力来处理一切社会事务。龙山文化的产生和发展,将中国古代社会文明向前推进了一大步。

■ 城子崖遗址

城子崖遗址是全国重点文物保护单位,是龙山文化的代表遗址和命名地,兼有岳石文化和周至汉代的遗存。位于济南城东章丘市龙山镇武原河畔被称为"城子崖"的台地上。东西约430米,南北约530米,总面积20余万平方米。台地现存范围东西约200米,南北约350米,文化堆积厚约3米,为重点保护区。1928年春,由吴金鼎在山东考古调查时发现。1930年11月和次年10月,中央研究院与山东省政府联合组成山东古迹研究会,先后两次进行发掘,发掘面积15600平方米。上层为周至汉代几个不同时期的遗存,下层是首次发现的一种以磨光黑陶为主要特征的新石器时代遗存。因陶器烧成温度较高,胎质坚实,颜色较纯正,与已知的以红陶和彩陶为主要特征的仰韶文化有显著的区别,被称为"黑陶文化"。又因遗址与历城县龙山镇(新中国成立后区划调整,龙山镇划归章丘)毗邻,遂正式以"龙山文化"命名。

■ 城子崖遗址出土的陶器

■ 龙山文化陶器

在发掘中,还发现了东西 390 米、南北 450 米、墙基厚约 10 米的城墙遗址。1989—1990 年,山东省文物考古研究所对遗址进行了 4 个月的勘探和试掘,发现了分属于龙山文化时期、岳石文化时期和周代的 3 个城址。龙山文化城址,平面近方形,东南西三面城垣比较完整,北面城垣弯曲并向北外凸,城垣拐角呈弧形。城内东西宽约 430 米,南北最长约 530 米,面积约 20 万平方米。残存的城墙深埋于地表以下 2.5—5 米,残厚 8—13 米。城墙大部分挖有基槽,有的部位在沟壕块土上夯筑起墙。城墙夯土结构有两种,一种用石块夯筑,一种用单

14

棍夯筑,反映出夯筑技术的发展过程。城垣有的部位因晚期取土筑城被局部破坏,四面墙基完整地保存于地下。城子崖龙山文化城址可能已超出单纯防御动物侵害作用的范畴。岳石文化城址平面与龙山文化城址基本一致,城内面积约17万平方米。东、南、西三面城垣都在龙山文化城垣以内夯筑,北面则筑在龙山文化城墙之上,也有早晚之分。城垣夯筑规整,厚8—12米,夯土坚硬,采用成束棍夯筑,夯窝密集清晰,使用夹板挡土的夯筑技术已与商周时期无大区别。周代城垣筑在岳石文化城垣的内侧或叠压其上,已残存无几。此次勘查还在遗址中找到了1931年发掘的4条探沟的坑位,并重新挖出了4号探沟。发掘者认为,当年确认的龙山文化的黑陶堆积,应是岳石文化堆积;当年确认的龙山文化城址,应是岳石文化城址,即夏代城址。城子崖遗址是中国考古工作者发现和发掘的第一处原始社会遗址,在中国近代考古学史上具有开创性的意义,对认识和研究中国新石器时代文化起了重要推动作用。

1928年4月,当时还在清华大学读书的吴金鼎到离龙山镇城子崖遗址不远的汉代平陵城遗址作假期野外考察。4月4日,他途经龙山镇城子崖,不经意地回头一望,路沟边断崖的横截面引起了他的注意,在阳光下一条延续数米的古文化地层带清晰可见。此后,吴金鼎先后5次到城子崖实地考察,发现了大量色泽乌黑、表面光滑的陶片,这也就是日后龙山文化的代表——黑陶。吴金鼎很快就将自己的发现报告给了他的老师李济。被称为"中国考古学奠基人"的李济是中国第一位人类学及考古学博士,正是他在1930年主持了城子崖遗址的第一次大规模发掘。就这样,城子崖考古取得了重大的成果——发现了龙山文化。

1930年至1931年对龙山镇城子崖遗址的发掘,最突出的代表是造型独特、工艺精美的黑陶,所以考古学家最初称其为黑陶文化,不久即被命名为龙山文化。在城子崖之前,中国出土的古陶器大都是含沙量极高的彩陶和红陶,而以河泥为原料的黑陶可以说是4000多年前东夷民族所独有的创造。城子崖出土的黑陶艺术品蛋壳杯杯壁只有0.5毫米厚,重量只有50克左右,是黑陶中的极品;不要说是4000多年前的古人,就是今天想要烧制出这样成色的陶器都非常困难。

1949年以后的大量发掘和研究表明,原先的所谓龙山文化,其文化系统和来源并不单一,不能把它视为只是一个考古学文化。现在,我国考古专家根据几个地区不同的文化面貌,分别给予文化名称以作为区别。一般的分法是:

山东龙山文化,或称典型龙山文化,即最初由龙山镇命名的遗存,其分布以山东地区为主,上承大汶口文化,下续岳石文化,放射性碳素断代并经校正,年代为公元前 2500 年至公元前 2000 年;庙底沟二期文化,主要分布在豫西地区,豫东地区也有分布,由仰韶文化发展而来,属于中原地区早期阶段的龙山文化,放射性碳素断代并经校正,年代为公元前 2900 年至公元前 2800 年;河南龙山文化,主要分布在豫西、豫北和豫东一带,上承庙底沟二期文化或相当这个时期的遗存,发展为中原地区中国文明初期的青铜文化,放射性碳素断代并经校正,年代为公元前 2600 年至公元前 2000 年,一般还分为王湾三期、后冈二期和造律台 3 个类型;陕西龙山文化,或称客省庄二期文化,主要分布在陕西省泾河及渭河流域,放射性碳素断代并经校正,年代为公元前 2300 年至公元前 2000 年;龙山文化陶寺类型以新发现的山西襄汾陶寺遗址为代表,主要分布在晋西南地区,放射性碳素断代并经校正,年代为公元前 2500 年至公元前 1900 年。

四、谭国故城——城子崖

公元前 21 世纪,夏禹建立了我国历史上第一个奴隶王朝——夏。夏朝的统治中心在中原地区,约以洛阳为中心,其边境向东不会超过河南东部,当时属东夷地区的章丘,仍然为龙山王国的继续。夏的最后一个王政夏桀昏庸无道,商汤灭夏,商王朝建立。商的统治中心与夏差不多,主要在中原地区。但从公元前 15 世纪前的仲丁时期,殷人对东方的扩张开始了。直到公元前 13 世纪,武丁巡守曾来到章丘说明了这个地方对商王朝的重要作用。武王灭商之后,周王朝以"封建亲戚以蕃屏周"的政策,实行大分封。并将灭商的二位功臣姜太公与周公旦派到山东分主齐、鲁。由于各诸侯国均忙于自己国家的治理,周王朝得到很长时间的稳定,地处章丘的谭国也迅速地发展起来。

谭国,是一个始建于殷商时代的诸侯小国,其领地与现在的龙山镇相差无几。进入周代以后,它又接受了周王的分封,继续存了 300 多年。据考古发掘,古谭国大约建立在公元前 1200 年左右,鼎盛时期人口大概有 15000 人,商业发达,有自己的货币"簟(音 diàn)刀"。谭国以地临要道、交通便利的优势,紧密配合齐国的"鱼盐之利",推行工商之业,大力发展传统的手工业,很快得到了周武王的分封,但生活在齐、鲁、卫、燕等大国夹缝中的小国时刻都会招来杀身之祸。参与了"管蔡之乱"的谭国很快变成了周王朝的附庸,虽然谭国采取了"联姻大国"的政策,仍没有逃脱被齐国征服的命运。古谭国都城坐落在龙山文化的发掘地——城子崖。

城子崖位于济南东部章丘市龙山镇以东的武原河畔,与现今的龙山办事处隔河相望。处于鲁中南山地北麓低山丘陵与鲁西北冲积平原交接地带上,地势平坦、气候温和、土地肥沃、水系发达,自古就是建城立国的首选之地。"城子崖发现的古代文化遗存,分为上中下三层,其中最上层也就是我们现在还能在地表看见的这座古代城池的遗迹,就是春秋时期的古谭国"。从史料方面看,史书记载古谭城位于古平陵县城的西南数里之内,而城子崖遗址恰好位于平陵古城的东北四华里处;其次,从历史地理学来看,北魏郦道元所著《水经注》记载古谭城位于武原河的南岸,武原河只有十几公里长,在它的南岸不大的范围之内,只有城子崖一座古城;从考古出土来看,城子崖遗址上层出土了大量专属于古谭国历史时期的灰陶,这为推断提供了实物依据。从这三个方面看,城子崖的上层城墙遗址应该就是历史上的古谭国"。古谭国的国势很弱,没有建立什么可圈可点的历史功绩,史书对它的记载也很少,最长的一段见于《春秋·庄公十年》,但可悲的是,正是这段史书记载了古谭国的灭亡。谭国遗址,内涵丰富、延续时间较长,谭城周围 20 余公里的范围内,分布着十几个大大小小的同时代遗址,他们如灿烂的群星映托着谭国都城。这更说明谭国时期已形成了由中心城市和乡邑、村落分级构成的政治地理结构和谭国政权的严密而完整的组织管理体系,从而使谭子所建立的国家存在长达五百余年之久。

(一)古谭国的文化

早期出土的青铜器物是谭文化的另一突出代表,《父已卣》、《父已爵》、《覃父已》、《亚中覃父乙》、《共覃父乙》等青铜器,标明了器物生产者和所有者的族氏。铭文族徽显示,覃是皇覃氏家族的徽识,这充分表明均系古谭国之器。在四川都江堰流域的彭州竹瓦街出土了一大批窖藏青铜器,其中《覃父癸》、《牧正父已》这两行铭文,与当时的谭国青铜器铭文完全一致,据研究其与殷末周初的青铜器时代相同,入窖藏时间应当在谭国中期,也许这就是谭国与巴蜀古国经济文化直接交流的结晶。早在殷商时代,四川盆地与中原和东方的古谭国就已有了较多的经济、文化交流与合作,否则重达几十公斤的青铜器,就不可能在殷周时期由谭国传入四川以至与四川本地器物一同窖藏。皇覃氏氏族铭文族徽不仅对研究商周时代"谭"族的发展和变迁有一定学术价值,而且也表明了谭国中期青铜器物在其工艺上已推向了更高的发展阶段。从谭城文化堆积看,下层为以磨光黑陶为主要特征的文化遗存。这种文化早在4500多年前就已存在,至夏代得到了进一步发展,到商期谭国建立后,这种发展又开始进入顶峰。这些出土的陶器火候较高,胎质坚实,多采用轮制,器形规整,器壁均匀,多为光洁发亮的磨光黑陶和灰黑陶,也有灰陶、红陶和少量白陶,器表多素面。常见纹饰有弦纹、划纹、堆纹,镂孔和铆钉纹,有少量兰纹、方格纹和绳纹,主要器类有鼎、杯、罐、盆、三足盘和各种器皿。流行三足器和圈足器,以粗颈冲天流袋足、三足盘、高柄豆、鸟首形足的鼎、肥袋足、单耳和双耳黑陶杯最富代表性,其中漆黑光亮、胎薄如蛋壳的黑陶高柄杯,工艺高超,为世人瞩目。陶胎最薄处仅有0.2毫米,致密坚硬光亮,敲之作金属声,以其"薄如纸、硬如瓷,声如磬,坚如漆",令人叹为观止;又以其轮廓之秀雅,制作之精妙,大大超出人们的想象。谭国故城出土的龙山时代的陶器,造型精美,气势恢宏,这说明谭国故城早在龙山时代就集中了一批具有高超技术水平的制陶匠人。同时也反映出谭国故城具有超过一般水平的综合工艺技术基础,从而成为海岱地区龙山时代的一个手工业技术中心。在谭国故城城子崖遗址,井的发现印证了古史传说中"伯益作井"的记载,伯益——中国正宗谭氏的肇祖。"谭"的姓氏源自古谭国,天下谭姓人的共同祖籍,就在今天龙山办事处的城子崖。《谭氏家谱》序,记述得十分清楚:"谭本姒姓,子爵,其分土在今济南历城之间,实齐之附庸也,入春秋卅九年,周庄王之十四年,鲁庄公之十年,见灭于齐桓公,而谭子奔莒,谭自为齐所灭,子孙遂以国为氏焉。"这就是今天谭姓的起源。井的发明与使用,是谭国先民在改造自然斗争中所取得的重大成果之一,它使高度密集聚居区的谭国先民们无需奔波于河流之滨,就可方便地获得生产和生活用水。可见,谭国故城当年的繁荣,与井的发明和推广有着极大的关系。

(二)《大东》吟唱着谭人血泪

《大东》是讽刺周初统治者周公的诗歌。大东是一个地理概念,指远离周朝都城洛邑(今洛阳)的东方,主要是今天的山东,而小东则指相对稍近的东方,主要指今天河南的东部。周人是来自西方的民族,他们打败商人建立周朝,就是在不断向东征服的过程中,谭国作为商朝分封的诸侯也被周人所征服。为了维持他们的统治,周人需要向各地派兵、收税,而做这些的前提是道路畅通,所以周人强迫被征服的国家为他们修建"周道",就是通往洛阳的道路,谭国人也在其中。《大东》就是描写的那段历史,所以诗中有"周道如砥,其直如矢"的诗句。修路繁重的劳役让谭人困苦不堪,道路畅通之后,从洛阳又来了大批的收税官,搜刮财富,这就加剧了谭国人的苦难。"小东大东,杼柚其空。纠纠葛屦,何以履霜",意思是说周人把东方人织布机上的布掠夺一空,贫困的谭国人只能穿着单薄的草鞋走在已经霜冻的大地上。可以想象在这种情景下,《大东》的作者看到民众生活困苦,内心十分愤懑。但作为寄人篱下的前朝贵族又不敢公开反对,所以只能借助诗歌来委婉地表达自己的忧愤。《大东》最大的历史价值正在于它向我们揭露了即便是在贤明的圣君统治下,封建社会中的压榨欺凌也从未终止,贵族可以通过诗歌来表达自己的忧愤,但对于当时谭国的百姓,《大东》记载的是一部他们的血泪史。值得一提的是,《大东》有它的沉重,也有它的轻松,如其中有一句"有洌氿泉,无浸获薪",氿泉是指从侧面喷出来的泉,两千多年前作者不经意间就在诗歌里记录了济南的泉水,留下泉水史上的一段佳话。

谭国作为一个独立的文明古国,自伯益皇覃氏始,历唐虞以迄夏商,自周初再分封于谭后,又历三百八十余年,历史延续时间较长。灿烂的谭国文化是谭子的祖先和后裔在悠久的历史长河中创造的物质文明、精神文明的结晶。在中国传统文化的艰难跋涉中生存、延续,丰富、发展着的谭国文化像波澜壮阔的千里黄河奔腾不息。谭文化是东夷文化渊源主干的延续,是齐鲁文化的重要发祥地之一。

五、"春秋三相封邑"之地

春秋时期,齐桓公分别对管仲、宁戚两个国相封邑于谷城(今章丘明水办事处秀水村以东)和宁戚城(现章丘刁镇一带),130年后齐景公又封邑于时任国相崔杼在崔氏城(现章丘黄河乡西南部),因此古章丘便成了著名的"春秋三相封邑"之地。

（一）管仲封地在谷城

管仲，春秋初期政治家，齐国大臣。先事公子纠，与公子小白（即齐桓公）争位，帮公子纠杀小白，弓箭射到公子小白的带钩上，小白幸免于难。公元前685年，齐桓公即位后，急需找到有才干的人来辅佐，因此就准备请鲍叔牙出来任齐相。鲍叔牙诚恳地对齐桓公说，臣是个平庸之辈，国君施惠于我，使我如此享受厚育，那是国君的恩赐。若把齐国治理富强，我的能力不行，还得请管仲。齐桓公惊讶地反问道："你不知道他是我的仇人吗？"鲍叔牙回答道："客观地说，管仲，天下奇才。他英明盖世，才能超众。"齐桓公又问鲍叔牙："管仲与你比较又如何？"鲍叔牙镇静地指出："管仲有五点比我强。宽以从政，惠以爱民；治理江山，权术安稳；取信于民，深得民心；制订礼仪，风化天下；整治军队，勇敢善战。"鲍叔牙进一步谏请齐桓公释掉旧怨，化仇为友，并指出当时管仲射国君，是因为公子纠命令他干的，如果赦免其罪而委以重任，他一定会像忠于公子纠一样为齐国效忠。管仲后被齐桓公任用为相，尊称为仲父。管仲在齐国实行富国强兵的政策，攘夷狄，尊周室，九合诸侯，一匡天下。就是这位辅齐国称霸的显赫人物，其封地却世说不一。《春秋桓公七年》："夏，谷伯绥来朝。""庄三十二年春，城小谷。"杜预注："小谷，济北谷城县，城中有管仲井。"《左传·庄王三十二年》："城小谷，为管仲也。"杜预注："公感齐桓公之德，故为管仲城私邑。"

管仲之封，世人多依杜预之说，地在"济北谷城县"。清人顾炎武曾作《小谷辩》认为"谷与小谷非一也，仲所居者，谷也。《春秋》庄三十二年所城者，小谷也。《春秋》有言谷而不言小者甚多。盖小谷者别于谷也。"那么小谷又在何处呢？《谷梁传》范宁注："小谷，鲁地。"孙复《春秋发微》谓："曲阜西北有小谷城。"顾炎武、叶圭绥皆依此说。但是，若依《左传》"城小谷，为管仲也"之言而论，则小谷不能是鲁地。左氏为传，偏于史实，与公羊、谷梁等偏于义理有异，其说必有所依。笔者认为，书小谷乃别于谷也好，谷便是小谷也好，谷与小谷均当为齐地。《春秋庄公七年》："夫人姜氏会齐侯于谷。"杜预注："齐地。今济北谷城县。"即今山东东阿县治。按庄公七年为齐襄公十一年，姜太公受封于齐，方国不足百里，至襄公时其西界最多可达邹平一带。东阿一带直到齐桓公称霸扩张疆域，二年灭谭，五年灭遂后才属齐，且谷与管仲有着密切关系，管仲有大功于齐，食邑非一，经籍多有记载。旧志记章丘有汉土谷城。清道光

《章丘县志·古迹考》："土谷城在县治东南25里明水镇东。"《水经注》云："济水右纳百脉水，百脉水出土谷县城西。"百脉水即今绣江河，源出百脉泉及东麻湾。故土谷城应在明水之东侧。

明水东南有小峨嵋山曾先后出土大批春秋青铜礼器，乃王侯祭天祀山之物，除齐王之外，能使用这些礼器的也就只有管仲了。仲任齐相，功高盖世，齐桓公称为"仲父"。"富拟于公室，有三归、反坫，齐人不以为侈。"《礼记·礼器》："管仲镂簋、朱纮、山节、藻棁，君子以为滥矣。"可见管仲在齐国是不太尊重周礼的礼乐制度的。综上所述，管仲封邑谷或小谷，当为商代的谷氏之旧墟、汉代的土谷县、现在的章丘市明水办事处绣水村以东地区。

（二）宁戚古城

据清道光《章丘县志》云："在县治东北25里有宁戚城。"宁戚，一作宁武，原是卫国人，在春秋齐国史上是一位赫赫有名的大人物，他与管仲、鲍叔牙一道为齐国称霸做出了巨大贡献。

《吕氏春秋》云："宁戚欲干齐桓公，穷困而无所进，于是为商旅将任东以至齐。暮宿于郭门之外，桓公郊迎客夜开门，辟任东燷火甚盛，从者甚众。宁戚饭牛居东下，望桓公而悲击牛角疾歌。公闻之，抚其仆之手曰：'异哉，之歌者非常人也。'"《淮南子》也载："宁戚欲干齐桓公，于是将任东以商于齐，暮宿于郭门外，桓公郊迎客夜开门，辟任东，燷火甚盛，戚饭牛东下，击牛角而疾高歌。"齐桓公重用宁戚，皆因其击牛角歌而引起齐王注意。未被齐桓公重用前的宁戚，家中十分贫穷，以为人赶车度日，他听说齐桓公是位任人唯贤、治国有方的明君，便想去他手下干一番事业，但又没有什么礼物送礼，于是便为商人赶车拉货来到齐国国都，夜晚宿在城门外，正赶上齐桓公晚上开门迎客，宁戚疾击牛角而歌被桓公发现，以车拉至宫中。通过考试被录用为上卿，后迁国相。宁戚为桓公相史书记载不多。到底他为齐国称霸立下了多么大的功劳，也少典籍可查，只能从个别文章的只言片语中查寻。《管子·杂篇二》："桓公使管仲求宁戚，宁戚应之曰：'浩浩乎'。"一个"求"字，可看出宁戚在齐桓公属下的地位。而且是叫管仲去求，管仲身为桓公相，一人之下、万人之上，国人称其仲父，叫他去求宁戚，便将宁戚的地位大大提高了。而宁戚还佯佯不睬地不问所求之事，却云山雾罩地提出了"浩浩乎"的要求。意思是说森森无际的水中能养育出许多鱼，而鱼通过繁殖，又会育出更多的鱼。我来到这个泱泱大国,立下了大功,到现在还没有成家立业。齐桓公便亲自为宁戚择偶成家,以便使其能够安心地为国出力。《吕氏春秋·贵直论》曰:"齐桓公、管仲、鲍叔牙、宁戚相与饮酒酣畅。桓公谓鲍叔曰:'何不起为寿?'鲍叔奉杯而进曰:'使公毋忘出奔在于莒也,使管仲毋忘束缚而在于鲁也,使宁戚毋忘其饭牛而居于车下。'"齐桓公之所以成为春秋霸主与他们不忘过去苦难,团结一致,同甘共苦,勇于拼搏的精神是分不开的。从他们饮酒酣乐的情形也可看出他们之间的密切关系。

因宁戚为齐桓公春秋称霸做出了巨大贡献,被封邑封于章丘并建宁戚城。《山东考古录》载:"宁邑故城在县城东北二十五里。"《齐乘》云:"章丘东北三十里。"《水经注》:"杨绪水,西北经章丘城东,又北经宁戚城西。"《章丘县志》则曰:"杨绪水,一名獭河,见《齐乘》,今又称小清河,与百脉水俱经章丘城东相去四五里,百脉水近女郎山东麓至山之东北折而西,杨绪水近长白山西麓直北经宁戚城西。古济水自西来而东北趋海,故杨绪水北流注之。则宁戚城当在济水之南、獭河之东。旧志图城在獭河西,误矣。"按上述记载,杨绪水,今獭河,在章丘故城东北大体方位基本一致,只不过有二十五里、三十里,与河东、河西之说。距县城三十里,已达浒山泺,即今刁镇芽庄湖一带,这一带地势低洼、水位极浅,古文化遗址很难发现。1986年曾在小辛庄村南发现一周代古文化遗址,因水荡冲积,古文化遗存被压在二米多厚的淤泥下,文化堆积也不甚丰富,倒是很像一处村落遗址。后又在王官村南查出古文化遗址一处,这一遗址范围之大、文化遗存之丰富、延续年代之长,可与宁戚故城吻合。

(三)崔杼封邑崔氏城

崔杼,春秋时期齐国大夫,是齐国的"四朝元老"。据《史记·齐太公世家》记载:崔杼开始有宠于惠公(公元前608—前599年),惠公死后,立其子无野为顷公,顷公逐崔杼奔卫。到灵公时(公元前581年),立子光为太子,高厚辅之。后又生子牙,立子牙为太子,仍高厚辅之。这时灵公从卫国将崔杼迎回。灵公死后,子光即位,是为庄公,庄公杀子牙,崔杼杀高厚。晋国听说齐国发生内乱,趁机起兵伐齐,打到章丘的水寨一带。齐庄公六年(公元前548年)棠公死。崔杼前往吊唁,见棠公妻姜,棠姜长得很美,便娶之,棠姜与齐庄公私通,被崔杼发现,于是联合庆封杀庄公。立杵臼为王,是为景公,景公因崔杼、庆封有功于他,立崔杼为右相,庆封为左相,并封崔杼在章丘建造崔氏城。

后崔杼妻亡,留下两个儿子:崔成、崔疆,崔杼又娶东郭女,生明。东郭女唆使自己与前夫所生的两个儿子无咎和偃,争夺当时住在崔氏城的成和疆的封邑,被成和疆在家中杀死。于是庆封率兵攻打崔氏城,杀成与疆,崔杼自杀,崔明奔鲁。

崔氏邑城的位置据《山东考古录》:"在西北七十里,今土城。"《左传·襄公二十七年》载:"崔成请老于崔。"杜预《释地》云:"济南东朝阳县西北有崔氏城。"土城位于章丘黄河乡西南部,现有土城三个自然村,行政归华庄。因地处黄河大堤,加之早年风沙淤积,现遗址已不明显。但据道光《章丘县志·古迹考》:"土城,乃崔氏城也。"就具体位置而言,应在土城至临济一带。既然崔氏在此筑城,那当时此处一定是这一带的政治、经济、文化中心,且土地肥沃,水源丰富,人口稠密,城区较大,这也给以后沿革创造了有利条件。楚汉相争,韩信攻入历下,东进齐都,曾在临济斩齐王田广。至汉武帝设朝阳县,隋又将朝阳改临济县。虽然历史沿革、归属屡变,但临济从县到镇,由镇到村,至今没有改动。崔氏城的来历也就在此地一代又一代的传了下来,产生了很多很多的奇闻逸事。

六、哲学家邹衍和他的"五德终始"论

战国时期,诸侯的权力多被新兴的地主阶级势力所夺取,"田氏代齐"便是其中的代表。各国在不同程度上开展了变法运动,终以封建社会代替了奴隶社会。同时,各国为了扩大自己的统治地盘,向人民榨取更多的财富,战争连年不断。出于防御强邻的需要,"战国七雄"之一的齐国经过几代人的努力,修筑了纵横千里的长城,也是中国最早的长城——齐长城。

章丘境内的齐长城约有 42 公里长,主要有三大关口:锦阳关、黄石关、北门关。战国时期,诸侯割据纷争,统治者无力推行文化专制,于是在思想文化领域形成了"百家争鸣"的局面,各派各家纷纷著书立说,出现了"诸子百家"。章丘著名阴阳家邹衍便在这一时期形成和发展了他的"五行学说",对中国人的影响深长而悠远。

邹衍(约公元前 305—前 240 年),也作驺衍,号"谈天衍",齐国人,战国末期哲学家,诸子百家中阴阳家的代表人物。他提出以"五行相次用事,随方面为服"。即一方面"五行相胜"为序;另一方面以"五行相生"为序。创"五

德终始"论。把春秋战国时流行的"五行论"附会到社会历史变迁和王朝兴替上，借以论述世运之转移，盛称"祥制度"。开"月令""十二纪"之门，成为两汉谶纬学说的理论根据之一。在研究方法上，"必先验小物，推而大之，至于无垠"。提出"大九州"说。由于他善于雄辩，出口"闳大不经"，当时人们称他"谈天衍"。邹衍虽然在"百家"中自成一家，但他的"五行始终"之说却源于儒家孔丘、孟轲的"五行说"，后被儒家改头换面为其托古改制服务。

邹衍曾到齐国都城临淄游说，得到齐宣王的赏识，被拜为大夫，与孟珂、淳于髡、荀况齐名并列，又与邹忌、邹奭一起被人们称为"齐国三邹子"。他先后到魏、赵、燕等国游说讲学，宣传自己的政治主张，受到极高的尊崇和礼遇。他到魏国，惠王亲自到国都大梁的城郊去迎接，待为国宾；他到赵国，平原君则侧身而行，侧席而坐，对他非常谦恭；他到燕国，昭王竟亲自抱着扫帚为他清理道路，并行弟子之礼，拜他为师，并专门筑了一座碣石宫，供他讲学用，时常去那里向他请教治国之道。

《史记·孟子荀卿列传》说他著有《主运》、《终始》、《大圣》十万余言；《汉书·艺文志》著录有《邹子》49 篇、《邹子终始》56 篇，今皆失传。另据《汉书·刘向传》载，邹衍还有《重道延命方》一书，系一部医药养生之著作。这不禁使人联想到中医以心、肝、脾、肺、肾附金、木、水、火、土理论和阴阳五行的渊源。郭沫若在《十批判书》中称邹衍是一个大思想家；英国人李约瑟说他是"中国古代科学思想的真正奠基者"。邹衍死后葬于章丘相公庄镇郝庄村西北角长白山麓。章丘古城（今绣惠镇）东关南村街北口曾建有邹衍祠，明万历年间知县董复亨撰有碑记，今已不存。

第二章

秦汉魏晋南北朝时期

一、秦汉魏晋南北朝时期的章丘概况

　　秦始皇统一中国,建立了我国第一个统一的封建王朝。但由于其残暴的统治,繁重的赋税,严酷的刑法,使人民无法忍受,农民起义敲响了秦王朝的丧钟,很快被汉刘邦所代替。

　　进入两汉时期,史书对章丘的介绍便很多了。西汉初年,高祖刘邦置东平陵,属济南郡,郡治东平陵。东平陵故城位于龙山街道驻地东北约 0.6 公里处,西南与城子崖遗址相距近 2 公里,是汉代济南国、济南郡、平陵县治所遗址。自公元前 204 年至 815 年,历经 1000 年,汉时称济南,因其位置在古济水之南而故名,是今山东省省会济南的前身。

　　高祖六年(公元前 201 年)刘邦封长子刘肥为齐王,将章丘划为齐地。高后元年(公元前 187 年),割齐之济南郡为吕国。文帝十六年(公元前 164 年),汉文帝改济南郡为济南国,封刘辟光为济南王,治所仍在东平陵;同年封刘安为阳丘侯,治在今绣惠镇回村。元鼎元年(公元前 116 年)汉武帝封城阳倾王子发为巨合侯,治在今龙山街道。两汉时平陵城的手工业飞速发展,冶铁业成了支柱工业,中央在济南还专门设置了铁官、工官。这个时期的章丘也涌现了不少历史人物。像西汉时弱冠请缨的终军,就是历史上一位杰出的少年英雄。公元 9 年,外亲王莽在其姑母王政君帮助下取代了西汉政权,即天子

位,国号为"新"。因其为东平陵人,便将故乡东平陵改名为乐安,属青州。历经16年至东汉光武帝时改回济南国。建安十二年(207年),曹操统一了北方,章丘归魏。三国归晋后,司马懿的侄子司马遂被封为济南王,历城、台、菅、著等县都在其辖区内。南北朝历经160余年,刘宋时期设济南太守,治东平陵,领六县。

二、割齐之济南郡为吕国

汉五年二月甲午,刘邦于泛水之阳即皇帝位,定都洛阳(不久迁至长安),定国号为汉,史称西汉。西汉王朝建立初期,刘邦认为,秦虐用其民固然是造成速亡的重要原因,而未能分封同姓子弟为王以为屏藩,也是一个重要原因。于是,在削除异姓王的同时,刘邦又大封同姓子弟为王,以加强对新征服地区的统治。于是在章丘的地理区划上,就出现了郡县与王国并存的局面,并在相当长的一段时间内,影响了章丘的政治史。

汉高祖五年(公元前202年),韩信由齐徙封为楚王,齐地亦随之成为汉朝的郡县。但是刘邦"惩戒亡秦孤立之败"、"非刘姓不能为王",在逐步消除异姓诸侯王的同时,又大封刘姓子弟为王以镇抚天下。汉高祖六年(公元前201年),刘邦封庶出长子刘肥(刘邦称帝前任泗水亭长时与曹夫人所生)为齐王,"食七十城,诸民能齐言者,皆予齐王",都临淄。在所有封国中,齐王的封区最大,而且有相当大的政治独立性。诸侯王在封国内是最高统治者,各自立纪年,"宫室百官,同制京师"。齐国在相国曹参的辅佐下,国力日渐强盛。起初由于齐王刘肥尚年少,因此还没有构成对中央集权政治的威胁。随着国力强大和齐王逐渐地长大,矛盾开始显露,因此消弱分割齐王的领地并抑制其发展就势在必行了。从汉惠帝时期开始,齐的封邑逐步分裂为几个较小的封国。汉惠帝二年(公元前193年),齐王刘肥入朝。齐王虽庶出,但年龄比惠帝大,是惠帝的兄长,因此惠帝与齐王宴饮时,不行君臣之礼而行兄弟之礼。这种情况,引起了本来就对齐王有戒心的吕太后的不满,吕太后要借此用鸩酒诛杀齐王,齐王害怕不能脱身,接受了随从的建议,将城阳郡(治所在今山东莒县)献给鲁元公主(刘肥同父异母妹,为保其命,以母事之)为汤沐邑。这在《惠帝纪》中就有记载:"二年,冬十月,齐悼惠王来朝,献城阳郡以益鲁元公主邑,尊公主为齐王太后。"吕太后转怒为喜,齐王刘肥才得以脱身归国。汉惠帝六年

（公元前189年），在位12年的刘肥去世，刘肥的儿子刘襄继位为齐王，即齐哀王。次年，齐哀王元年（汉惠帝七年，公元前188年），惠帝去世，吕太后称制，天下事皆决于吕太后。

高后元年（公元前187年），吕太后立其哥哥吕泽之子吕台为吕王，将齐的济南郡（治所在东平陵，辖境相当今山东济南、章丘、济阳、邹平等县地）划为吕台的奉邑。吕太后这样做的目的是为了在幅员广大的齐国插入一个楔子，设一个桥头堡，分割齐国与其它国的联系，以便进行监视和控制。偏偏吕台不能久享，受封未几，就于高后二年（公元前186年）一病身亡。吕太后很是伤心，命吕台的儿子吕嘉袭封。不久，吕后以吕王嘉"居处骄恣"，又废掉了他的王位，同时封吕台的弟弟吕产（吕嘉之叔）为吕王。高后七年（公元前181年），吕太后又徙梁王刘恢为赵王，封吕产为梁王，封刘大（惠帝子，实为吕氏之后）为吕王。

高后八年（公元前180年），吕太后病逝。齐王刘襄率军攻打吕国，并发布文书遍告各位诸侯王："高帝平定天下，王诸子弟，悼惠王於齐。悼惠王薨，惠帝使留侯张良立臣为齐王。惠帝崩，高后用事，春秋高，听诸吕擅废高帝所立，又杀三赵王，灭梁、燕、赵以王诸吕，分齐国为四。忠臣进谏，上惑乱不听。今高后崩，皇帝春秋福，未能治天下，固恃大臣诸侯。今诸吕又擅自尊宫，聚兵严威，劫列侯忠臣，矫制以令天下，宗庙所以危。今寡人率兵入诛不当为王者。"于是吕国被齐王所灭。文帝刘恒登基后又把济南郡、琅琊郡、城阳郡归还给齐王刘襄。

三、存续十载的"济南国"

汉初的同姓诸王国，土地辽阔，人口众多。由于同姓诸王与高祖血统亲近，效忠汉朝，起着拱卫中央的作用，所以干弱枝强的问题并不突出。高祖死后，当权的吕后违背誓约，立诸吕为王。吕后对于受封为王的高祖诸子，控制很严，有些国王甚至被摧残致死。齐王刘肥是汉高祖长子，地位尊贵，吕后对他虽有猜疑，但却难于处置。齐王刘肥献城阳郡地与吕后之女鲁元公主，主动调整同吕后的关系，才得以相安无事。吕后专权以及分封诸吕为王，激起了刘姓诸王的强烈反对，王国势力与专制皇权的矛盾，以刘姓诸王与拥刘大臣团结反吕的形式表现出来。吕后死，诸吕聚兵，准备发动政变。当时齐王刘肥的二儿子朱虚侯刘章、三儿子东牟侯刘兴居宿卫长安,他们暗约其兄齐王刘襄领兵入关,共灭诸吕,由刘襄继承帝位。刘襄应约起兵,长安方面派遣大将军灌婴出击,灌婴屯兵荥阳,与刘襄相约连和,待机共伐诸吕。这时刘章在长安与太尉周勃、丞相陈平等协力消灭了诸吕势力。群臣认为代王恒外家薄氏比较可靠,估计不致出现类似诸吕弄权的严重问题,于是协议舍齐王刘襄而立代王恒为帝,即汉文帝。

汉文帝元年(公元前179年),齐哀王刘襄去世,太子刘则即世,这就是齐文王。汉文帝把吕后时从齐国分割出去的城阳郡封给朱虚侯刘章,立他为城阳王;把齐国的济北郡封给东牟王刘兴居,立他为济北王,济南(包括现在的章丘、邹平等地)归其所属。汉文帝为了加强自己的地位,采取了一些重要措施。其一是使列侯一概就国,功臣如绛侯周勃也不例外,目的是便于文帝控制首都局势,避免掣肘。其二是封诸皇子为王,皇子武是景帝的同母弟,先封为代王,于梁王揖死后徒封梁王。梁国是拥有四十余城的大国,地理上居于牵制东方诸国、屏蔽朝廷的关键位置。其三是采用贾谊提出的"众建诸侯而少其力"的策略,把一些举足轻重的大国析为几个小国,例如析齐国为齐、城阳、济北、济南、淄川、胶西、胶东七国,以已故的齐王刘肥的诸子为王,这样齐国旧地虽仍在齐王刘肥诸子之手,但是每个王国的地域和力量都已缩小,而且难于一致行动。此外,袁盎、晁错针对淮南王长骄横不法,都提出过削藩建议,汉文帝碍于形势,没有实行。

汉文帝时一再发生王国叛乱。原来朱虚侯刘章和东牟侯刘兴居虽有反吕之功,但他们曾有拥戴齐王刘襄为帝的打算,所以汉文帝对他们没有以大国作为封赏,只是让他们各自分割齐国一郡,受封为城阳王和济北王。公元前177年,城阳王刘章死去。济北王刘兴居于汉文帝三年(公元前177年)乘汉文帝亲自击匈奴的机会,发兵叛乱,欲袭荥阳,事败自杀,济北国除。次年,汉文帝接受了贾谊众建诸侯而少其力的建议,于文帝八年(公元前172年)分别将淮南王的四个儿子封为列侯;汉文帝十六年(公元前164年)又封刘肥的七个儿子为王,将齐国分为七个国家,其中刘辟光被封为济南王,治所在东平陵城(今章丘境内)。

景帝即位后,中央专制皇权和地方王国势力的矛盾日益激化,景帝接受晁错所上《削藩策》,下诏削赵王遂常山郡,胶西王昂六县,楚王戊东海郡;景帝三年,又削吴王刘濞会稽等郡。削藩之举激起了诸王的强烈反对,吴王刘濞首先与齐王刘肥诸子中最强大的胶西王刘昂联络,约定反汉事成,吴与胶西分天下而治之,胶西王刘昂又与他的兄弟和齐国旧地其他诸王相约反汉,吴王刘濞还与楚、赵、淮南诸国通谋。削藩诏传到吴国,吴刘王濞立即谋杀吴国境内汉所置二千石以下官吏,与楚王刘戊、赵王刘遂、胶西王刘昂、济南王刘辟光、淄川王刘贤、胶东王刘雄渠等分别起兵。原来参与策划的诸王中,齐王将间临时背约城守,济北王志和淮南王安都为国内亲汉势力所阻,未得起兵。吴王刘濞年六十二,是宗室元老,也是晁错所议削藩的主要对象。他致书诸侯王,声称起兵目的是诛晁错,恢复王国故地,安刘氏社稷。在他的影响和策划下爆发的这次叛乱,遍及整个关东地区,形成东方诸王"合纵"攻汉的形势,震动很大。吴国始受封于高帝十二年(公元前195年),那时在江淮之间叛乱的淮南王英布败走吴越,汉高祖认为东南之地与汉廷悬隔,非壮王无以镇之,而高祖亲子均年少,乃封兄子刘濞为吴王。吴国是五十余城的大国。吴国的彰郡(辖今苏西南、皖南、浙北之地)产铜,滨海地区产盐,吴王刘濞招致天下各地的逃亡者开山铸钱、煮海为盐,所铸钱流通于整个西汉境内。吴国以船运载,一船相当于北方数十辆车,有较高的运输能力。吴国由于经济富足,境内不征赋钱,卒践更者一律给予佣值,因而得到人民的支持。文帝时,吴太子入朝长安,由于博弈争执,被汉太子刘启(即以后的景帝)以博局击杀,引起了汉吴双方的猜疑,吴王刘濞自此二十多年托病不朝。文帝为了笼络吴王刘濞,赐以几杖,允许不朝。吴王刘濞骄横不法,以珠玉金帛贿赂诸侯王和宗室、大臣,企图在政治上取得他们的助力。景帝决心以武力平叛,以轻兵断绝叛军粮道,三个月即平定了叛乱。

景帝三年(公元前154年),吴王刘濞起兵广陵(今江苏扬州),有众二十余万,还兼领楚国兵。他置粮仓于淮南的东阳,并派遣间谍和游军深入肴渑地区活动。吴楚军渡过淮水,向西进攻,是叛乱的主力。胶西等国叛军共攻齐王将间据守的临淄,赵国则约匈奴联兵犯汉。景帝派太尉周亚夫率三十六将军往击吴楚,派郦寄击赵,栾布击齐地诸叛国,并以大将军窦婴驻屯荥阳,监视齐、赵兵。曾经做过吴国丞相的袁盎,建议景帝杀晁错,恢复王国故土,以换取七国罢兵。景帝在变起仓猝的情况下接受了这一建议,处死晁错。暂时居于优势的吴王刘濞认为自己已经取得了"东帝"的地位,拒不受诏,战事继续进行。

在吴楚军西向攻取洛阳的道路中,景帝弟刘武的封国梁国横亘其间。吴楚军破梁军于梁国南面的棘壁(今河南永城西北),当时周亚夫率汉军屯于梁国以北的昌邑(今山东巨野东南),他不救梁国之急,而以轻兵南下,夺取泗水入淮之口(在今江苏洪泽境),截断吴楚联军的粮道,使其陷入困境。吴军多是步兵,利于险阻;汉军多是车骑,利于平地,战事在淮北平地进行,吴军居于不利地位,梁国又坚守睢阳(今河南商丘南),吴军无法越过,吴军北至下邑(今安徽砀山境)周亚夫军营求战,结果吴军一败涂地,士卒多饥死叛散。周亚夫派精兵追击,吴王刘濞率败卒数千遁走,退保长江以南的丹徒(今江苏镇江)。汉遣人策动吴军中的东越人反吴,东越人杀吴王刘濞,楚王刘戊也军败自杀,吴楚叛乱起于正月,三月即告结束。在齐地,胶西等王国兵围临淄,三月不下,汉将栾布率军进逼,胶西、胶东、淄川、济南诸王或自杀,或伏诛。济南国灭,其地尽入于汉,刘辟光被诛后,葬于章丘危山之巅西侧,当地称之为"平陵王墓"。墓旁原有祠,碑文详记原委,今俱已废。刘辟光的济南国,从文帝十六年(公元前164年)立,到景帝前元三年(公元前154年)刘辟光被诛,共存续十载。

四、王氏家族在章丘的兴起

西汉后期,朝廷的赋税劳役日益严重,统治阶级"多畜奴婢,田宅无限",奢侈挥霍,弄得民穷国虚,土地兼并和奴婢、流民的数量恶性膨胀,成为当时严重的社会问题,阶级矛盾和统治阶级内部矛盾日趋尖锐,各地起义不断。在这种情况下,掌权后的王莽意图通过改制来缓和社会矛盾,从而树立自己的威信,巩固自己的统治。

王莽(公元前45—公元23年),字巨君,原籍山东东平陵(今章丘龙山镇)人。以王莽为代表的王氏家族,在西汉末年曾涌现出了一朝帝王(王莽)、两后(元帝后和平帝后)、五大司马和十侯,曾一度左右和影响着当时从中央到地方的政权,是中国历史上的名门望族。

王莽的祖先原姓田,是战国时齐王建的后代。秦朝灭亡后,项羽封田安为济北国王,到汉兴,田安失国。齐人因田氏世代为王,便称其后人为"王家",从而以"王"为姓。西汉文景年间,田安的孙子遂(字伯纪),将家族迁到东平陵,从此开始了王氏家族在章丘的生活。王遂生子王贺,王贺的儿子王禁,王氏家族因王禁的次女王政君被选入宫为汉元帝皇后,从此开始了以外戚身份进入朝廷掌握大权。汉成帝时，王氏一门以太后贵权倾天下，王氏族人骄奢淫逸，飞扬跋扈，不可一世。但其中却有一人例外，这就是因幼年丧父而被冷落的王莽。

王莽的父亲王曼，是王禁的第二个儿子，由于死得过早，王凤等人封侯的荣耀没有轮到王曼的头上，年幼孤零的王莽也不能封侯。王政君对孤儿寡母的王莽母子还是很同情的，她把王莽的母亲渠接进东宫居住。王莽的哥哥王永死得早，王永留下一个孤儿王光，也靠王莽抚养。这样，王莽就承担了寡母、寡嫂和侄子三个人的生活。在家中，他不仅侍奉母亲和嫂子，还把侄子王光送到博士门下学习。在社会上，他广泛结交文人学士，谦恭有敬，谈吐儒雅，凡和他接触的人，都给对方留下良好印象。王莽内事诸父、外交儒生名士的谦恭行为给他的宦途开辟了坦荡大道。永始元年（公元前16年），成帝封王莽为新都侯，晋职为骑都尉光禄大夫侍中。从此，王莽便成为在皇帝左右颇有影响和权力的大臣。绥和元年（公元前8年），38岁的王莽登上了大司马大将军的座位。正当王莽声誉日隆、踌躇满志时，成帝驾崩。成帝无嗣，他的兄弟、定陶共王刘康的儿子刘欣继位，这就是汉哀帝。哀帝继位后，王家受到沉重打击，历年来由王家举荐的官员统统革职，王莽也被贬回了新都侯国（今河南唐河县西南），他一直闭门不出，对地方官极其恭敬，丝毫没有侯爷的架子。他的儿子王获杀了一名奴婢，被他痛骂一顿，逼令自杀。王莽离京三年间，官员们为王莽鸣冤的上书数以百计。元寿元年（公元前2年）发生日食，王莽的拥护者认为这是上天对皇帝不用贤臣的警告，而所指贤臣自然就是王莽了。哀帝迫于舆论的压力，以侍奉太皇太后王政君为由，将王莽召回了京城。

一年多后，哀帝病死，太皇太后急召王莽进宫，趁机掌握了汉王朝的政权。哀帝的嬖臣、大司马董贤被免职后自杀，王莽被封为大司马，建议迎9岁的中山王继成为帝即汉平帝。太皇太后重新成为皇太后，临朝称制，由王莽执政。当年底，14岁的平帝死了。因为元帝无后，王莽就在宣帝玄孙一代中挑选了一位只有2岁的刘婴继位。当月，武功县地方官在浚井时挖得一块白石，上面用红颜色写着"告安汉公莽为皇帝"几个字。大臣们让太后下诏，根据上天的符命，"为皇帝"就是"摄行皇帝之事"，这样王莽当了"摄皇帝"，此时王莽已大权在握，登基当皇帝只是时间问题了。始建国元年（9年）元旦，王莽在未央宫前殿隆重地举行了新朝皇帝登基大典。王莽自阳朔三年（公元前22年）步入仕途以来，从黄门郎、射声校尉、骑都尉光禄大夫侍中、大司马、摄皇帝，步步高升,最终代汉而立,建立了他的新朝。从阳朔三年(公元前21年)步入仕途,到当上新朝的皇帝,王莽用了31年时间。

初始元年(8年),王莽接受孺子婴禅让后称帝,改国号为新,改长安为常安,是为始建国元年(9年)。王莽开创了中国历史上通过篡位够基的先河。王莽是儒家学派巨子,有其政治理念,并且开始进行了一系列惊天动地的全面性社会改革。王莽仿照《周礼》的制度推行新政,屡次改变币制、更改官制与官名、以王田制为名恢复"井田制",把盐、铁、酒、币制、山林川泽收归国有、耕地重新分配,又废止奴隶制度,建立五均赊贷(贷款制度)、六筦政策,以公权力平衡物价,防止商人剥削,增加国库收入。刑罚、礼仪、田宅车服等仪式恢复到西周时代的周礼模式。由于政策多迂通不合实情处,百姓未蒙其利,先受其害,而且朝廷朝令夕改,使到百姓官吏不知所从,不断引起各贵族和平民的不满。天凤四年(17年),全国发生蝗灾、旱灾,饥荒四起,各地农民纷起,形成赤眉及绿林大规模的反抗,导致新朝急剧灭亡。

地皇四年(23年)十月初一,更始军入长安城,攻至宫门。初三天明,王莽在王揖等护卫下逃往渐台,公卿大夫、宦官、随从等千余人最后全部战死,王莽最终为他心目中崇高的政治理想付出了生命的代价。在中国这样一个"见胜兆则纷纷聚集,见败兆则纷纷逃亡"的社会,竟然还会有千余人自愿与山穷水尽、必死无疑的王莽同归于尽,也总算能给他一丝安慰。王莽死后,王氏家族遂败落。

五、曹操在章丘掀起的廉政风暴

汉灵帝中平元年(184年)二月,汉末政局风雨飘摇,全国各地同时爆发了黄巾大起义,惊恐万分的汉灵帝,紧急调兵遣将分头镇压。这一年,正是黄巾起义开始的第一年,曹操31岁,正是风华正茂之时,又值国家多事之秋,所以曹操很想在政治上有所作为。那时的曹操率部与左中郎将皇甫嵩等人,联合镇压了河北颍州的黄巾军,俘获起义军数万。为表彰他的显著军功,朝廷提升他为济南国相。

曹操从中平元年出任济南国相到中平四年(187年),虽然只有短短的三年时间,但他在这座城里做出了几件颇具影响力的大事情。其"整肃吏治"和"毁淫祠"之举,就是曹操所为的其中两件事。在汉朝的制度里,一个城的封王没有实权,仅衣食租税而已。封国的一切政权事务都掌握在国相手中,国相由朝廷任命,其权力等同于一郡的太守。东汉时济南国的首府在今章丘市龙山镇境内的平陵城,下辖东平陵、邹平、历城等 10 余县。由于东汉末年吏治腐败,10 余县的长吏多依附权贵,贪赃枉法。朝中有人因收受他们的贿赂而与其狼狈为奸为其撑腰,历任相国不是同流合污就是听之任之。曹操经过调查并掌握了他们大量证据后上奏朝廷,一举罢免了八个县令,随后又选拔了德才兼备的人予以充实其官位。当时的济南国王是河间王刘利的儿子刘康,他与当地官员勾结,依仗着朝廷里有宦官为他撑腰,加之又有非常复杂的关系网而为所欲为。历任国相对他也只能是听之任之。曹操一到济南就先进行了三个月的调查研究,之后便大刀阔斧地出手,大刮廉政风暴,一口气拿下了十个贪污受贿、滥征税费、为地方黑恶势力当保护伞、鱼肉百姓的官员。出事的官员们通过家里人赶紧疏通各种关系救人,有的跑去朝廷搬救兵,有的跑来向曹国相求情。济南王刘康一时也没了辙,国相虽然名义上是他的属下,可按照汉朝的体制,他根本没有权力去命令曹操。曹国相既不需向他汇报工作,也不需向他请示任何事情。刘康是个欺软怕硬的人,看到曹操的作风很是硬派,感觉自己还是不要参与或靠近为好,不然稍有不慎就会引火烧身。在很短的时间内,东平陵城的吏治似乎拨开云雾见了青天,老百姓一片叫好,整个社会风气呈现出良好势头。那些作奸犯科的人因失去了保护伞,为保全自己的性命都逃到了周边的邻国。这样一来却苦了东平陵周边的几个郡国,有史书记载:"小大震怖,奸宄遁逃,窜入他郡。政教大行,一郡清平。"意思是说:坏人、罪犯和那些扰乱社会治安的人,都跑到了附近的郡县,再不敢在这个地方寻衅闹事。

吕后死后,其他的吕氏家族开始作乱,刘章与大臣周勃等人平定诸吕叛乱,迎立代王刘恒为帝即汉文帝。因平定叛乱有功的刘章被封为城阳王,都城在莒(今莒县)。因为刘章对朝廷的功劳大,而且他的封国延续时间长,所以其子孙被分封者也多达 50 余人。刘章灭诸吕成了宗室中整治外戚的英雄,于是人们抬出了城阳景王刘章的灵位来,作为拥护汉朝反对外戚的精神象征。西汉末年农民起义的目标首先对准的也是外戚王莽,他们也想找一个能够聚合人心的灵魂,于是就抬出了城阳景王刘章。在赤眉军西进河南时,义军中的好多人思乡厌战,日夜愁哭,斗志极度低落。军中巫师就鼓励祭祀城阳景王,假装城阳景王神灵附体代景王发话说:"当为皇帝(时称县官),何故为贼!"于是赤眉军确立了"力宗室,挟义诛伐"的行动纲领,并于郑县城北设立坛场,祭祀城阳景王,拥立城阳景王之后刘盆子为帝。在起义军中,城阳景王成了大家心中的一盏灯,于是从东汉时起,在山东建的城阳景王的祠庙越来越多,祭祀圈也越来越大。《风俗通义》说:"自琅琊、青州六郡及渤海都邑乡亭聚落,皆为立祠。"其中,仅济南境内就有600多座祠堂。

在古代的风俗里,大家族都要建有祠堂供奉祖先,刘章的子孙们都建立祠堂祭祀刘章。由于刘章后裔枝叶繁茂,所以刘章的祠堂遍及泰沂山区的琅琊郡、东海郡、泰山郡以及青州诸郡。开始立城阳景王祠堂还主要是为了纪念他的功绩,但由于起义军在抬出城阳景王号召民众时,采用的是假装城阳景王的神灵附体的办法,因此,许多地方便把城阳景王当成了能够"谴问祸福吉祥"、祈福禳灾、祛病、祛邪的神灵。因此,城阳景王的祠堂就泛滥起来,在齐地还形成了祭神娱神活动,迎神会场面非常热闹。扮演城阳景王神的人乘坐高官的专车出巡,扮演随从官吏的人也要穿官服,摆仪仗,鼓乐歌舞,迎神日还要杀猪宰羊,饮酒狂欢,这种劳民伤财的活动方式,影响了社会的稳定。山东乐安(今广饶)太守陈蕃首先将城阳景王的祠堂作为"淫祠"加以禁止。陈蕃是曹操少年时代非常敬仰的名士,在东汉末年官至太傅,他与大将军窦武密谋诛杀宦官,因事泄被害。曹操曾上书呼吁为陈蕃昭雪。曹操到济南任相国后,陈蕃自然就成了他的榜样。曹操大胆革新,一举捣毁600余座城阳景王祠,此即所谓的"禁断淫祀",大大整饬了社会风俗。

通过这两件事,可以看出曹操是一位敢作敢为、有勇有谋的治世贤臣。无论是廉政风暴还是禁绝淫祠,他雷厉风行,毫不手软。既体现出他的自信,也说明他在吏治和地方治理方面有一定的造诣和能力。但在当时错综复杂的地方关系和整个腐败官吏体系的面前,仅靠他一个人的所作所为,难免会显得势单力薄。正当曹操风风火火地在济南国推行其他的新政时,他也陆续听到了外界的一些传闻,有的说朝廷正在调查他,有的说他马上就要被撤职查办,对此他都一笑置之。直到他接到一封密信才发生了改变,这封信是他父亲让人捎来的,他的父亲曹嵩告诉他:一个针对他的阴谋正在悄悄进行,幕后的指使者是灵帝跟前的红人蹇硕。这个人听说不少人在告曹操的黑状,一下子来了兴趣。老奸巨猾的蹇硕之所以没有立即动手,是想多搜集一些证据,以便将置曹操于死地,且不能翻案。对于父亲的话,曹操没有理由不相信,从祖父生前在宫里的一些老关系那里也得到了证实。再者对于来自后宫里的这些阴谋,曹操从小就耳闻目睹了许多。

　　曹操实施的廉政风暴举措,使得济南国的社会风气大为转好。但是基于父亲的忠告,为了不给整个家族带来灾难,他便辞官还乡,直到汉灵帝中平三年(186年),因朝廷征召才又进京任都尉。

第三章

隋唐宋金元时期

一、中国历史上首次出现"章丘"县名

北周武帝宇文邕(534—578年)死后,北周的大权落到了杨坚手中。他的女儿是周静帝的母亲,静帝即位时年仅8岁,杨坚以大丞相辅政,掌握了军政大权。大定元年(581年)杨坚逼静帝让位,建立了隋朝。隋朝建立后,隋文帝杨坚与各级官吏采取了一些澄清吏治的措施,如惩治不法官吏、提倡节俭、审慎刑罚等,因而章丘和当时的全国基本形势一样,政治比较清明、社会较为安定。像元褒任齐州刺史时,齐州全境"吏民安之"。隋初承前代之制置齐州,治历城。炀帝时改州为郡,实行郡县两级制(实则与州县两级制没有什么差别),改齐州为齐郡。"齐郡统县十,户十五万二千三百二十三。"(此指隋炀帝时统计的户数)高唐县是齐郡的十县之一,"按《魏书·地形志》:'齐州东平原郡,刘裕置,魏因之,领县六,其六曰高唐,北齐天宝七年(556年)移高唐县,治于女郎山之南。'"在隋文帝开皇十六年(596年)高唐县改称章丘县。自此,中国历史上首次有了"章丘"这个县名。

二、举义长白山

隋朝的建立,结束了南北朝分裂的局面,经过隋文帝的苦心经营,国力有

所恢复。但好景不长,隋大业元年(605年)穷奢极欲的隋炀帝即位后,老百姓就开始了苦日子。隋炀帝为便于对富庶的关东和江南地区的控制,开始倾尽民力营建东都洛阳,调集几十万民工开凿大运河,开凿山东段永济渠时,男丁不足,连妇女也被征来服役,这激化了山东地区的阶级矛盾。大业三年(607年),又征男丁100多万筑长城,庞大的工程,加重了人民的负担。隋炀帝大业五年(609年)三月,章丘县境东北部长白山农民起义。长白山大洞内,"有狂寇数万",隋炀帝遣监察御史陈杲仁率兵讨伐,这是王薄起义的先声。大业七年(611年),因高丽王不肯来朝,隋炀帝便动用全国人力、物力、财力,发动了对高丽的战争。营造战船时,民工"昼夜立于水中,略不敢息,自腰以下皆生蛆,死者什三四……"为调集粮草,"舳舻相次千余里,往还在道常数十万人,死者相枕,臭秽盈路,天下骚动。"第一次征高丽时惨败而归,出征时的35万军队,只剩2700多人。无论是备战还是作战,当时辖于齐郡的章丘都属于前方,百姓受的苦最重,矛盾也最深。在民怨沸腾中,隋炀帝还多次南游北巡,骄奢淫逸。一次南巡时,随船相连200多里,拉船的民工达80000多人,他命令沿运河500里以内的郡县都必须贡献珍馐美味供他享乐。据载于大业七年(611年),"山东、河南大水,漂没四十余郡,重以辽东覆败,死者数十万。因属疫疾,山东尤甚。所在皆以征敛供帐军旅所资为务,百姓虽困,而弗之恤也。"山东人民深被其祸,难以生计,轰轰烈烈的隋末农民大起义在山东章丘的长白山地区首先揭开了序幕。

当时的章丘属于齐郡,是几次讨伐高丽战争的重灾区,又靠近运河,民众饱受官府盘剥之苦,所以这里的人民反抗也最激烈。邹平县的农民王薄因兵役繁重,与同郡孟让首先起兵反隋,在邹平与章丘之间的长白山聚集逃亡农民,举起了反隋的义旗。大业七年(611年),王薄自称"知世郎",在章丘境内的长白山发动了起义。他不仅多次率军抗击前来镇压的官军,而且还作《无向辽东浪死歌》,号召农民就地反抗争活路,不到辽东去送死,揭开了隋末农民起义的序幕,各地的农民纷纷响应。在山东、河北、陕西、河南等地陆陆续续出现了十几支农民起义军,少者千人,多者万人,他们攻占郡县,杀死贪官污吏,给隋朝统治者给予了沉重的打击。大业九年(613年),王薄又率兵进攻鲁郡(今山东兖州),起初取得一些胜利,但由于麻痹轻敌,结果为隋齐郡丞张须陀所部突袭,被杀数千人。后来王薄重新集结力量,北渡黄河,来到临邑(今山东临邑)。张须陀追至,王薄与其决战,又遭重创,有5000人被杀,损失牲畜以万计。在这之后,王簿又与宣雅、郝孝德等联合义军共 10 余万人进攻章丘(今山东章丘),张须陀又亲率步骑 2 万迎击,起义军再遭失败。以后数年,王薄主要转战于山东北部沿海一带,与其他起义军互相支援,共同抗隋。

三、杜伏威领导的农民起义战争

隋朝统治者为巩固统治,对农民起义进行了残酷的镇压,对参加农民起义的人实行连坐法,大业九年(613 年),隋炀帝"乃更立严刑,敕天下窃盗已上,罪无轻重,不待闻奏,皆斩",这就等于否定了死刑的复核程序,破坏了既定的死刑制度。"又诏为盗者籍没其家",将盗罪的惩治范围扩大到犯罪人的家属,造成"百姓怨嗟,天下大溃"的局面。高压政策激起了人民更强烈的反抗。正是在这种历史背景下,杜伏威走上了历史的舞台,汇入到声势浩大的农民起义浪潮之中,成为一位杰出的农民起义领袖。

杜伏威是齐郡章丘县人,自幼与辅公佑交好,二人为刎颈之交,江淮军就是他俩一同创立的。杜伏威的起义与贫穷直接有关,杜家贫无以唯生,他的好朋友辅公佑挺身而出,偷了人家的羊送给杜伏威(辅公佑也是穷人,不然就可以送自己的羊,不用去偷了)。杜伏威虽然知道是贼赃,但为了生存,也就收下了。后来此事泄露出去后,官府追查得很严,当时正是天下大乱,老百姓纷纷造反,隋炀帝杨广情急之下,采用恐怖手段镇压,允许地方官对这些盗贼"生杀任情",偷羊虽不是什么大事,但如果碰到酷吏,偷一文钱就有可能被杀头,何况是偷羊?二人惧怕之下,干脆就扯旗造反了,那年是大业九年十二月,杜伏威年仅十六岁。两人就近参加了一支小起义军,刚加入时只是小卒,但杜伏威作战十分勇猛,出则居前,入则殿后,很快就取得了大家的尊敬和信任,被推为首领。江淮一带隋朝的力量比较强大,杜伏威意识到自己的小部队实力太弱,如果不尽快壮大就无法生存,于是努力寻找机会去联合和吞并附近的其他起义军。于是他就派辅公佑送信给下邳苗海潮,说力分则弱力合则强,如果你认为能力足够,我就投靠你;如果你认为不如我,就来加入我。苗海潮收信后,率领所部归降杜伏威。海陵赵破阵的实力强过杜,便派人到杜伏威处招降,杜伏威假意招降,只身带了十几人去赵处破阵投诚并献礼物,赵破阵一向轻视杜伏威,认为他必然投降,因此毫无防备,结果被杜伏威当场刺杀,辅公佑同时率领大队人马前来接应,赵破阵部群龙无首,当场全部归降。杜伏威实力大增后,自称将军,纵横淮南,江淮杜伏威的名字逐渐传扬开去。

大业十一年十月,东海李子通率所部万余人来淮南投靠杜伏威。李子通也是隋末一家反王,起兵时是依附在长白山(山东)左才相手下,后来因太得人心被左才相嫉恨,只好率部离开长白山逃难到淮南。李子通部的加入使杜伏威实力大增,不料李子通也是胸有大志不肯屈居人下,竟然突然兵变,妄图吞并杜伏威的地盘。杜伏威措手不及,全军大乱,杜伏威在李子通部追杀下身负重伤,关键时刻杜伏威的养子(杜在军中挑选壮士收为养子,共有三十余人)兼大将王雄诞背负其藏匿到芦苇丛中,侥幸躲过了追杀。这次兵变,杜伏威的势力受到严重挫伤。正所谓祸不单行,隋军趁杜伏威兵败之时突发进攻,杜伏威此时正在养伤,无法指挥,结果全军大败,其部将西门君仪的妻子勇而多力,背起杜伏威夺路而逃,王雄诞领着敢死队拼命断后,杜伏威才逃得一劫。隋军在进攻杜伏威的同时,也攻击了李子通,李部大败,后率残部逃往了海陵。对杜、李之战而言可谓是鹬蚌相争,渔翁得利的最佳释解。李子通的损人不利己之举,为杜伏威以后的大举进攻埋下了伏笔。

连续两次死里逃生的杜伏威失去了称霸的实力,只好四处游击,不断吸收流亡游民加入以扩充势力。经过半年的恢复,杜伏威又有了数万人的实力,并控制了江都附近的六合县作为根据地。与此同时,左才相往来淮北,李子通占据海陵,都具数万兵力,江淮一带即以三家起义军为首。大业十二年七月,杨广因北方多事,不顾群臣反对,离开长安前往江都巡幸。杜伏威部正处在江都眼皮下,为了保障皇帝巡幸的安全,隋派出大将陈陵带八千精锐讨伐杜。陈、杜曾有过多次交手,毕竟陈部的训练和器械远强于杜,杜部连连失利。好在陈陵兵力不多,想剿灭杜伏威亦为不易,双方打成僵持。十二月,杨广车驾到达江都,护驾骁果十余万人,声威赫赫。按理隋军应该军心大振,杜伏威也难逃灭亡,不料正是杨广的到来给了杜伏威崛起的机会。杨广到了江都自然要考察地方官的政绩,他的考察手段非常简单,专看谁的礼品珍奇,满意的立即升官,不满意的革职查办,至于地方官员的真实政绩如何并没去理会。有这么个皇帝,地方官们自然拼命地刮地三尺,敲诈百姓,所得之金银财宝除孝敬皇帝外,自己的腰包自然也落了实惠。当年时逢连年灾荒,老百姓本已无以生计,再被官府如此压榨,从而造成了一场大饥荒。据记载,老百姓先是吃树皮树叶,后煮土为食,"诸物皆尽,乃自相食"。"自相食"这三个字在中国历史上其实是多次出现,但像江都这样原本富庶之地发生此等事,实为罕见。其实当时政府的粮仓里有足够的粮食可以救灾,杨广的父亲杨坚一直很注重国家的粮食储备的原因,就是为了防备遇灾年赈灾用。如今灾情泛滥了,昏庸的隋帝杨广只知道逍遥快活,根本不知道城外的大批民众在因饥饿而死。地方官没得到皇帝的命令,没有人敢擅自开仓赈济灾民。灾民们既然无法从国家那里得到赈济,就只有自己动手了。杜伏威乘机吸收了大批灾民,势力迅速膨胀,此时杜伏威与陈陵强弱之势已经倒转,于是主动向陈陵挑战。陈陵深知战局对自己不利,因此龟缩不出,任由杜伏威的挑衅。为了引诱陈陵出兵应战,杜伏威就派使者给陈送了一套妇女衣裳(三国时诸葛亮也给司马懿送过),并送了陈一个外号"陈姥"。(就是陈老太太的意思)这一下可激怒了陈大将军,当即开城出战,进行了一场激烈的搏斗。杜伏威亲自上阵,不小心被一员隋将暗箭射中,杜伏威怒吼道:"不杀汝,矢不拔!",然后率军直冲过去,经过激战,陈陵部几乎全军覆没,"陈姥"单骑逃回了江都。杜伏威趁势扩大战果,占据了高邮、历阳等重镇,并在历阳自称总管,封辅公祐为长史。

杜伏威吸取了以前的教训,从部队中挑选最精锐的成员组成约为五千兵力的卫队,称为"上募"。杜伏威把上募作为自己的子弟兵,平时非常宠爱,但要求也非常严酷,每次作战都以上募为先锋,战后检查每位士兵的伤,如果伤在背后即刻处斩(那是因为表明此兵是临阵退后的逃兵)。杜伏威把每次战胜后所获得资财赏给全军,如果手下战死,就以死者的财产甚至妻妾殉葬!因此杜伏威所部皆为其尽死力,人自为战,所向无敌。杜伏威号令所到之处,江淮间各路小起义军争相归附,郡县纷纷投降,杜伏威的声望和势力不断扩大。杜伏威、辅公祐为避开隋军的残酷镇压,组建了与瓦岗军、河北义军齐名的"江淮义军"。瓦岗、河北、江淮三大起义军一起将腐朽的隋王朝埋入了历史的坟墓,"而新兴的唐王朝正是在农民起义军牵制隋朝主力的时机中产生出来,最终扫平群雄,统一了全国"。可以说大唐盛世在隋末农民大起义的风暴后巍巍呈现,其中杜伏威和他领导的义军起了很重要的作用。

四、唐朝时的政局和经济文化状况

到了唐代,章丘沿革变化不大,仍隶属齐州(隋称齐郡)。唐高祖武德元年(618年),齐郡又改称齐州。《旧唐书》详细记载了齐州的沿革情况:"齐州上,汉济南郡,隋为齐郡。武德元年,改为齐州,领历城、山茌(治今济南市长清区）、祝阿、源阳（治今山东禹城南）、临邑五县。武德二年（619 年）置总管府，管齐、邹（治临济，今章丘西北）、东泰（治所不详）、谭州（治今章丘平陵城）、淄（治今淄博市淄川区）、济（治今济南市长清区）6 州。贞观元年（627 年），废都督府及谭州，省源阳县。又以废谭州之平陵、临济、亭山、章丘四县来属。……天宝元年（742 年），改为临淄郡。五载（指天宝五年，即 746 年），改为济南郡。"

唐朝前期，尤其在唐太宗统治的贞观年间（627—649 年）到唐玄宗统治的开元年间（713—741 年）的一百多年内，与全国大多数地区一样，章丘一带的局势比较稳定，主要表现在社会经济得以恢复和发展，百姓的生活有所改善，社会秩序较为安定，阶级矛盾较为缓和。当然在政治基本稳定的同时，也发生了几次统治集团内部斗争的叛乱事件。其中在唐太宗贞观十七年（643 年），齐州王李祐（唐太宗第五子）谋反。时任齐州通守平陵人李君球与房继伯、李行均兄子等人据平陵县城不从，抗表以闻。事平以后，唐太宗论功行赏，凡李祐治下未从反者，各有封赠，因李君球之立场坚定，忠贞可嘉，被授游击将军之职；他所在的平陵县亦被改封为全节县，以彰显李君球的忠义和节操。

唐朝是我国历史上最辉煌的时期。唐太宗时期由于在政治、经济方面采取了一些积极改革措施，使唐朝出现了政治清明、社会安定的大好局势，为后世历代想有所作为的统治者所仿效。一代名相房玄龄（章丘相公庄镇房庄人）与另一位宰相杜如晦协助唐太宗主持策划和执行了"贞观之治"。唐代经历唐太宗"贞观之治"、唐高宗"永徽之治"、武则天的"治宏贞观，政启开元"及唐玄宗的"开元盛世"后，成为国富民强的国家，文治武功在唐玄宗开元年间达至鼎盛状态。开元之治晚期，承平日久，国家无事，唐玄宗丧失了向上求治的精神。唐玄宗改元天宝后，政治愈加腐败。唐玄宗更耽于享乐，宠幸杨贵妃，安禄山拜杨贵妃为母亲。由提倡节俭变为挥金如土，如曾将一年各地之贡物赐予李林甫。他又把国政先后交由李林甫、杨国忠把持。李林甫是口蜜腹剑的宰相，任内凭着玄宗的信任专权用事达十九年，杜绝言路，排斥忠良。杨国忠因杨贵妃得到宠幸而继李林甫出任宰相，只知搜刮民财，以致群小当道，国事日非，朝政腐败，让安禄山有机可乘，发动了"安史之乱"。唐朝在"安史之乱"后政治日益腐败，出现了藩镇割据的局面，后期由于土地兼并激烈、战乱破坏、统治者残暴腐朽等原因，在唐僖宗乾符元年（874 年）终于导致了王仙芝、黄巢农民大起义的爆发，这次起义坚持了长达十年之久，最终失败。黄巢不失为一位杰出的山东英雄(今山东菏泽人),千百年来,黄巢的英名一直被铭刻在山东大地上。章丘的黄巢顶(今属章丘市垛庄镇)即因黄巢曾扎寨于其上得名(唐僖宗中和四年,即884年,黄巢起义军曾败退至章丘县南部山区)。黄巢起义被镇压后,唐政权名存实亡,在全国范围内形成了藩镇割据混战的局面。直到907年,朱全忠建立了五代时期的第一个政权——后梁,唐亡,五代开始。

　　章丘处于素为诗书礼乐之邦的齐鲁大地,有着悠久的历史传统和深厚的文化积淀,在山东乃至中国文化史上都有着一定的影响。隋唐时期,章丘的文化也有显著的发展,特别是在文学方面颇有可称之处,涌现了一些卓有见识的人物,并有名著流传于后世。唐朝名相房玄龄,不仅是贞观年间的一代英名宰相,而且在文学方面也颇有建树,他奉敕领衔重撰《晋书》,并亲自撰写了《食货志》,填补了旧史之缺。《高祖实录》20卷、《太宗实录》20卷、《大唐仪礼》100卷、《文思博要》1200卷等都是以他居首撰写,他还撰写了《管子注》58卷。"房谋杜断"出自《旧唐书·房玄龄杜如晦传论》:"世传太宗尝与文昭图事,则曰:'非如晦莫能筹之。'及如晦至焉,竟从龄之策也。盖房知杜之能断大事,杜知房之善建嘉谋。"唐太宗有两个得力的宰相,一个是"尚书左仆射"房玄龄,一个是"尚书右仆射"杜如晦。那时唐朝开国未久,许多规章典法都是由他们两人商量制订的。《旧唐书·房玄龄杜如晦传》说:唐太宗同房玄龄研究国事的时候,房玄龄总是能够提出精辟的意见和具体的办法,但是往往不能作决定。这时候,唐太宗就必须把杜如晦请来。而杜如晦一来,将问题略加分析,就立刻肯定了房玄龄的意见和办法。房、杜二人一个善于出计谋,一个善于作决断,所以就这样构成了著名的"房谋杜断"。在当时看来,房、杜二人同心辅政,合作非常协调,所以人们称赞他们"笙磬同音,惟房与杜"。

　　另外,崔融、负半千等一批章丘官员、文人名士为当时的社会发展和文艺振兴做出了贡献。崔融是初唐著名诗人,出身于唐朝的一个大家族即崔氏家族。崔氏家族在唐朝可谓名门望族,所出的宰相颇多。崔融为文华婉典丽,当时朝中文士无出其右者,朝廷凡有重要文章,武后、中宗便亲笔下诏委任他来撰写。他所写的《洛出宝图颂》尤为精工,后受命撰写的《武后哀册文》哀婉华美,极其感人。崔融与苏味道、李峤、杜审言(诗人杜甫的祖父)齐名,时称"文章四友"。武后时,王方庆献其先祖羲之、献之手迹,诏崔融续序其世系阀阅,撰成《宝章集》。武后曾诏学士37人修《三教珠英》,崔融编集其所赋诗,共

276 首,各题爵里,以官班为次,并为之作序,成《珠英学士集》5 卷。崔融还与山东兖州人徐彦伯等撰《则天皇后实录》20 卷。崔融以诗歌成就为最高,《全唐诗》卷 68 收其诗一卷(20 首),其中多为边塞军旅题材之作,另有《崔融集》60 卷、《宝图赞》1 卷传世。

贠半千是与崔融同时期出现的章丘另一位名人。其师王义方十分欣赏他的才学,称赞他"五百岁一贤者生,子易当之"。他与徐彦伯、梁载言、王无竞等同撰《三教珠英》1300 卷,《目》12 卷。此书于武后大足元年撰成奏上。文宗初改为《海内珠英》。他还撰有《贠半千集》10 卷、《三莲集》20 卷、《三国春秋》20 卷等。贠半千的孙子贠俶也颇有才气,撰有《太宗幽赞》10 卷,唐玄宗开元四年(716 年)因进书,召试及第,授散官文学,直宏文馆。总之,隋唐章丘的文化,与这个时代封建经济的发展和繁荣同步,取得了丰硕的成果,达到了历史上的一个较高水平,为后世留下了宝贵的遗产。

五、北宋时期的章丘

北宋建立后,在齐州济南郡,置章丘、临济二县。咸平四年(1001 年)废临济入章丘。景德三年(1006 年)置清平军,治所在今刁镇旧军。熙宁二年(1069 年)废清平军。政和六年(1116 年)齐州升格为济南府。金天会八年(1130 年),身为大宋济南知府的刘豫,被金封为儿皇帝,号大齐。改济南府为兴平郡,章丘属之。天会十五年(1137 年)废伪齐政权,济南直属尚书省。北宋建国后的百余年是国家的昌盛期,政治的稳定必然带来文化的繁荣。一大批文坛大家脱颖而出,"一代词宗"李清照流芳百世,她的父亲李格非也是名垂千古。

六、范仲淹在章丘长白山上的苦读岁月

范仲淹,字希文,汉族,北宋著名的政治家、思想家、文学家和将领,世称"范文正公"。宋太宗端拱二年(989 年)八月二十九日,范仲淹生于河北真定府(今河北省石家庄市正定县)。先世彬州(今陕西省彬县),后迁居江南,为苏州吴县人(今江苏省苏州市)。父亲范墉,从吴越王钱俶归宋,历任成德、武信、武宁节度使掌书记,淳化元年(990 年)卒于任所。母亲谢氏贫困无依,抱

着两岁的范仲淹,改嫁山东淄州长山县河南村(今邹平县长山镇范公村)朱文翰。范仲淹也改从其姓,取名朱说,在朱家长大成人。范仲淹从小读书十分刻苦,朱家是长山的富户,但他为了励志,常去附近长白山上的醴泉寺寄宿读书。在山东章丘长白山一带却流传着许多关于他的故事。

范仲淹是唐朝宰相范履冰的后代,他的曾祖父范梦龄曾任吴琥国节度判官(苏州钱粮判官),祖父范赞任过吴越国秘书监,可谓是官宦世家。范仲淹二十岁那年,他听说章丘境内长白山的黉(hóng)堂岭有座醴泉寺,寺里的长老很有学问,便萌生了去那里读书的愿望。经过和母亲反复商量,母亲同意了他的想法。年轻的范仲淹离家来到长白山,进了醴泉寺。醴泉寺住持慧通大师学问精深,见范仲淹志向远大、求学心切,便对之惜爱有加,倾心向他传授《易经》、《左传》、《战国策》、《史记》以及诗词歌赋知识。在生活上也处处照顾他,这引起了寺内一些小和尚的嫉妒,他们时常故意吵吵嚷嚷扰乱学习环境,并用各种恶作剧来戏弄范仲淹。为逃避寺内喧嚣,范仲淹在醴泉寺南边山坡上找到一个僻静山洞,经常一个人来到洞内读书。

长白山位于邹平之南,山上现仍存有一天然山洞,相传就是范仲淹当年勤奋读书的地方。当时醴泉寺内僧人的生活很贫寒,常常是吃了上顿没有下顿,僧人们要四处化缘才得基本温饱。但这些生活上的窘迫和困苦对一心求学求知的范仲淹没有造成丝毫影响。夜幕降临,他一个人伴灯苦读,每每读到东方欲晓,天色放亮,等到僧人们一个个都起床了,他才和衣而卧。就是在这些通宵达旦的日子里,范仲淹徜徉于经史子集和文化经典中。

相传有一天晚上,范仲淹一个人在月下静静地读书,醴泉寺里的长老见后便拿出一块面饼悄悄地放在石桌上走开了。时间过了很久,专心读书的他竟然没有发现,等他起身的时候,那块面饼被他的衣袖扫落到地上,他弯腰拾起又把它放回原处。尽管他的肚子饿得直叫,可他咽了咽口水,忍了忍,就把刚才没有看完的书继续看下去。过了一会儿,他听到一阵"吱吱"的叫声,一只白毛老鼠蹿过来,叼起那块面饼钻到一棵紫荆树下。范仲淹好奇心起,他拿来一把铁锹,照着老鼠洞就挖下去,刚挖了一尺多深,碰到一块青石板"咚咚"作响。等他掀开石板,被眼前出现的景象惊呆了,只见石板下面满满当当放的全是白花花亮闪闪的银子。这是怎么回事,是谁放到这儿的?纳闷之余,他转念又想:我读我的书,怎能为金银所动。于是,他又把石板原封不动地盖回远处,这个秘密也在他心底一直埋藏了几十年。

过了一年,附近的一个县官来寺中游玩,在与住持的谈话中,了解到这里还有范仲淹这样一个清寒学士,很受感动。就让人找来范仲淹,两人便聊了起来。范仲淹口才上佳,思辨能力极强,谈古论今,头头是道,引经据典,毫不语塞,还阐释了不少自己独到的见解,听得这个县官只能频频点头称是。县官十分高兴,很看好这个年轻人,临行前他命从人送给范仲淹一大块熟牛肉,范仲淹再三推辞不过,只好收下。县官走后,范仲淹就将肉放上盐,挂在墙上晾了起来。半年过去了,这位县官又一次路过进庙歇息。他信步走到范仲淹住的地方,见他所赠之肉仍然完好地挂在墙壁之上,已经干了。他很是奇怪,就问范仲淹为何不吃。范仲淹谦恭而认真地回答说:"回禀老爷,肉的味道很好,我也很愿意吃,但用不了几次就会把它吃光,我若因此老想着鲜美的肉味,书就读不成了。所以,我挂肉于壁,意思就是要以老爷您为榜样,想到只有认真读书研究学问,才有希望取得功名,到时候吃肉又何足道哉!"一番话说得县官和旁边众人都感叹不已。范仲淹在长白山醴泉寺这样过了差不多三年的时间,打下了坚实的文学基础,渐渐地,醴泉寺和长白山乡的书籍已不能满足他的阅读需求了。宋真宗大中祥符四年(1011年),23岁的范仲淹从离开了山东,到宋仁宗庆历三年(1043年),范仲淹已官拜朝中参知政事(副宰相)。

无论是在外求学还是为官,范仲淹一直都没有忘记当年在长白山的求学经历。章丘长白山的人们也一直挂念着他,也为他后来的功成名就而骄傲。有一年,长白山的醴泉寺大殿突遇火灾,殿宇毁坏严重,住持欲修寺院却苦于没有足够的银两,僧人们想起了官居高位的范仲淹,希望他能帮上一点忙。老和尚派人到京城找到范仲淹,虽然得到了范仲淹的热情款待,但并没有赠予银两,也没有给地方官员写信,只是送了茶叶一包。来人怏怏而归,众人皆言范仲淹位高心疏,甚有人说他忘恩负义。数日之后,住持拿出范仲淹所赠的茶叶来招待客人,结果却发现从茶盒中掉出一个纸条,上写:东院有地穴,中藏一匣银。半数修寺庙,半数施孤贫。僧人们半信半疑,忙取来工具,按照条文所示,在荆树下挖地几尺,没想到竟然真的挖出数百两白银,众人大惊且喜。待到庙宇修成之后,余下的银两则救济了穷苦的百姓。这就是在《章丘县志》中所记载的"见窑金不发,及为西帅乃与僧出金缮寺"的由来。章丘民间还有"白鼠、金鼠"及"荆树东、荆树西"的传说,都是讲的范仲淹不拿不义之财而惠赐寺庙的故事。

范仲淹在邹平、章丘一带度过了二十多年的时光,这里的百姓也一直因他引以为豪,并在他去世以后,修建了许多纪念物,世世代代怀念着这位"不以物喜,不以己悲"的政治家和文学家。或许是范仲淹命里注定和山东这片土地有着不可割舍的难解之缘,范仲淹不到两岁来到山东长山,在这里开始了他漫长一生的起步阶段。等到长大成人,又在章丘长白山发奋读书,留下众多动人的传说和故事。到了晚年,范仲淹最后一次任官又是在山东境内的青州。实际上,1051年,在范仲淹来山东任职时,已经染疾在身。一年以后,范仲淹奉命调往颖州,他不顾年老体弱,遂扶疾赴任。没想到走到徐州病情突然加重,于1052年5月20日溘然仙逝。十分巧合的是63年前,范仲淹就出生在这里。一代历史名人在同一个地方以这样的方式完成了自己人生的轮回。更让人想不到的是,在范仲淹死后家中竟积蓄全无。"居庙堂之高则忧其民,处江湖之远则忧其君",范仲淹是这样写的,也是这样做的,无论在哪里,无论在何时,他都很少想到他自己。而这举世钦慕的为人准则,也许早在他生活于邹平、读书于长白山时,就已经在他年轻的心中牢牢树立。斯人已逝,山水为念。

第四章
明清时期

一、明朝时期的经济社会状况

朱元璋灭元后建立起新的封建王朝——明朝,改济南路为济南府,章丘属之。由于长年战乱频繁,加之不断发生自然灾害、瘟疫又肆虐流行,章丘境内的人口渐趋凋零。洪武二年(1369 年),随着明初垦荒政策的实行,大批移民从山西洪洞、河北枣强迁至章丘(现章丘人口约 90%祖籍为上述二地)。

明嘉靖时期,章丘县共分为六乡:关厢乡、清平乡、西锦川乡、东锦川乡、明秀乡、下三乡,拥有各具特色的自然环境和生存条件:"惟东锦川最大,其地近长白山,产薪炭,亦多园林,富於梨枣。其次则明秀,人皆错南山内外而居,多榉材,可以构室。西锦川为诸水所汇,有菱藕、芦苇之利。清平多植桑……织纱绢。"

章丘县有山、有水、有平原,丘陵、平原、山地几乎各占三分之一。百姓的生存条件得天独厚,"章丘虽平衍居多,而三面带水,一面阻山。龟鳖材木之利,不力而获,是其丰饶充给甲於济南之诸县者,盖非无所由然也。水陆之产实有资焉,故於沃野事耕,以夷途道旅;取材於山,求鲜於水,而章丘之人所以养其生者,不可胜用矣。"百姓能够结合当地自然条件从事农业生产、采集、渔猎等活动,形成各具特色的生产生活区域。当时"章丘之民资有三,其土壤膏厚足以展耒耜,其川泽长广足以容网罟,其山林高深足以供斧斤。"县志编纂者还提到白云湖,"又名刘郎中陂,在县西北七里许,产有鱼藕、菱芡、莆苇之利"。百姓安居乐业,勤于耕作,民风纯朴,而这得益于地方优越的生活环境,"其风俗:农乐耕作,士知礼让,广而不肆,朴而易教。则以密迩大藩,人物众庶,广衍腴饶,衣食丰羡之所致也。"当时,大、小清河都流经章丘境内,其有利于地方经济发展的同时,也带来了水患之灾,"舟楫浮于二河,商盐偏于齐鲁,诸道水利,鲜与为俪。自永乐初以来,湮塞不通,水失其经。一值天雨茫茫,巨浸坏民田庐,弗以数计。"因此,在明朝成化年间,参政唐源洁建议疏浚大、小清河,采用以工代赈的方法,"率属理之无食之民,食之而役之,庶上下两得"。疏浚工程完成后,河道两岸得到"膏腴可耕之田数万顷,民用大悦"。明朝人许成名在其《修大小清河记略》中提到两河疏浚后,沿岸得"湖田数百顷,历城之有稻实自兹始"。数万顷有夸张之嫌,数百顷当符合实情。从某种程度上说,地方民众因祸得福,在疏浚大、小清河后,既达到了治理水患的目的,又获得数百顷湖田,种植水稻,实有裨于民生。百姓在自觉改善自然条件过程中亦赢得了生存空间。此后,水稻逐渐成为当地的重要食物来源和经济作物。

嘉靖《章丘县志·物产四》记载:"稻之种四:香粳稻、白粱稻、赤粱稻、糯稻"。至迟在嘉靖时期,章丘稻作生产已较为普遍,种类齐全。明末清初,章丘成为有名的稻作区。据成书于明末清初、以章丘山水名胜和风俗民情为故事背景的世情小说《醒世姻缘传》记载:"割完了麦,水地里要急忙种稻。""(举人宗昭)他父亲把几亩水田典了与人。""(张氏妯娌)自己也有二亩多的稻地,遇着收成,一年也有二石大米;两个媳妇自己上碾,碾得那米极其精细,单与翁婆食用。""(狄希陈)火急般粜了十六石绝细的稻米,得了三十二两银子。"此处的"水地"、"水田"即为稻田,也称"稻池"。以上描述中的人物身份包括士子、平民、富户,他们都有稻田,说明在自然条件便利的地区,稻作已经非常普遍,有的已经进入商品流通领域。该书在描述秋收景象时曾作《西江月》一首,其中有"鱼蟹肥甜刚稻熟,床头新酒才堪漉"的句子,俨然一幅江南秋收的图景。明代中后期,鲁北大、小清河一代还成为有名的产棉区,章丘小清河流域"下三乡宜木棉。秋夏之交,木棉花发,云罗绮布"。章丘丰裕的物产和地理位置的重要性也得以突显,明代人杨循吉指出:"(章丘)后带川泽,前控群山,厥土肥沃,宜黍稷。其西多水田,宜稻,居人兼有桑、枣、鱼、虾之利,地皆平衍,四通八达无阻碍。盖青济之喉襟,登莱之要冲也。"

二、嘉靖八才子之李开先

李开先是明代章丘杰出的文学家、散曲家,被誉为"嘉靖八才子"之一。"嘉靖八才子"是明代作家李开先、王慎中、唐顺之、陈束、赵时春、熊过、任瀚、吕高八人的并称。"嘉靖八才子"与明代正、嘉之际文坛的复古取向,由以李、何为代表的前七子掀扬的复古思潮,流延至正、嘉文坛激起了不同的回应,演变成或承续其绪、或悖逆其势的两极发展态势,"嘉靖八才子"成为体现此际文坛复古发展态势的一个缩影。

李开先(1502—1568年),字伯华,号中麓子、中麓山人及中麓放客。嘉靖八年(1529年)中进士,在户部任事。曾运饷金至宁夏,目睹边防荒弛,外患严重,深有感触。归途经陕西关中,登门拜访当时削职家居的文学家康海和王九思,为他们所赏识,自此缔交。自嘉靖十一至二十年(1532—1542年),历任吏部考功司主事、稽勋司员外、文选司郎中、太常寺少卿,并曾提督四夷馆。此一时期他和王慎中、唐顺之、陈束、赵时春、熊过、任瀚、吕高等人诗文唱和,人称"嘉靖八子",他们反对"文必秦汉,诗必盛唐"的文风,主张学习韩愈、柳宗元、欧阳修和曾巩,强调作品的思想内容,要求文字平易朴实。他因抨击当时执政的夏言和严嵩,揭露当时政治的腐败,嘉靖二十年(1541年),又因九庙水灾被削职回到章丘故居。

亲友、乡老们闻说李开先罢官回家,纷纷登门探望。尤其词客乔龙溪、袁西野、雪蓑、谢东村等,更是慰问有加。自此,他跳出风波浮沉的宦海,扑入到自由清新陶性冶情的词林。每日除了作词、编曲、赋诗、属文之外,还有余力谋置田园、起造楼第。数年间,山田、水田过千亩,楼、堂、厅、厦遍章丘。他利用当时民间小曲的形式,写成《中麓小令》100首,流传很广,王九思曾和了100首,合刻为《傍妆台百曲》。嘉靖二十六年(1548年)写成传奇戏曲《宝剑记》。他晚年用金、元院本形式写成《园林午梦》、《打哑禅》等六种,总名《一笑散》。还用民间流行的《山坡羊》小曲形式写成《市井艳词》一书。他是当时著名的藏书家,尤以戏曲为多,有"词山曲海"之称,曾和他的弟子一起删定元人杂剧十六种。

嘉靖二十六年(1547年)是时,传奇《宝剑记》脱稿,付梓前,由中麓戏班试演。全剧通过林冲逼上梁山的故事,反映了北宋末年朝政的腐败,由之影射了明嘉靖王朝的黑暗。嘉靖三十二年(1553 年),住进胡山中麓峰下,过上闲云野鹤的生活。栖居胡山,曾在近游园建立了后知轩,在章城(今绣惠镇)与明水之间的绣江河畔,起造了李家亭家园。明隆庆二年(1568 年)二月十五日,李开先病故李家亭。

三、清朝时期的章丘概况

清代曾一度将章丘改写为"章邱",因清《章丘县志》说是"因避先师孔子讳",但语焉不详。《清实录》中有较详细的记载,清雍正三年(1726 年),礼部给皇帝上了一个奏章,奏章云:"先是由孔子圣讳,理应回避。惟祭天圜丘,丘字不用回避外,凡系姓氏俱加偏旁,写为'邱'字。如系地名,则更易地名。至于书写常用之际,则从古体丘字。"雍正帝看了奏折,立即传旨曰:"今文出于古文,若改用邱字,是仍未尝回避也。此字本有期音,查毛诗及古文,作期音者甚多,嗣后除四书五经外,凡遇此字,并用邱字,地名亦不必改易,但加偏旁,读作期音,庶乎允协,是副朕尊崇先师至圣之意。"自雍正皇帝于 1726 年 12 月 27 日诏示天下之后,章丘便只能写作章邱,并读作章邱(qī)了。

清前中期的章丘县依然延续了明代以来优越的自然生态条件。康熙时期章丘县志记载:"(章丘)土厚水深,诸所产毓,尽号饶益……山林川泽、田野园圃,诸杂产种种色色政,如夏葛冬裘、粟饭麦饵,利用厚生,终咸赖之。"这一时期,颇具地方特色的自然生态和生产生活方式在方志中有更为详细的描述:西锦平原旷野,宜五谷;稍西则曰白云湖,明藩子粒地也。折而北为下三,地宜木棉。折而东北即清平乡,地宜桑蚕、成织、纱绢,为利颇不赀;独漯河遇秋水时至,小有泛涨。稍南则东锦,近长白山,山产薪炭,富梨枣;盲河上下宜稻藕、菱芡、蒲苇,不通舟楫,为碓硙所碍,然碓硙之利,不减舟楫。又折而西南为明秀,民夹南山而居,山多出文石、煤炭,桃粟之薮;又多槲材,巨可构室,细可供爨。

明代嘉靖年间,章丘人口"里百有三,户一万三千一百十七",如一户按五口计算,则有六万五千余口。顺治十一年(1654 年)至康熙二十五年(1686 年),共新增有地人丁五千二百七十二丁。从明中后期至清初,人口增幅不大。据道光时期的县志记载:盛世滋生人丁"一十六万六千九百三十三丁",人口净增数是嘉靖年间总人口数的 2.5 倍多,更是上述顺治至康熙三十余年间人口净增数的 31 倍多。人口增幅之大可见一斑。清末时期,章丘全境"共

802 村,共 69397 户,又并收济南卫 114 户。旗户无,汉户男丁 216833 名,女 155386 名,并卫男丁 5274 名,女 5277 名"。至清末,章丘人口总计至少有 382770 人,即便不包括济南卫人口 10551 人,尚有 372219 人。清以来章丘县 的疆界沿革情况,清末编纂的《章丘县乡土志》记录章丘县的四界:"东界邹平 县二十里,至邹平县城六十里;南界莱芜县八十里,至莱芜城一百八十里;西界 历城县二十里,至历城县城一百一十里;北界齐东县四十里,至齐东县城九十 里。"但至清末,人口却较明嘉靖时期增加了五倍多,其中清中后期人口增长 尤其明显,给有限的生态资源带来巨大压力。

四、转战章丘的捻军起义军

十九世纪初,在安徽、河南、山东、江苏、湖北等省的某些地区就有捻党的 活动,而以安徽北部的亳州(今亳县)、雉河集(今涡阳)、蒙城、宿州(今宿 县)、颖州(今阜阳)和河南东部的永城等地尤为活跃。当地的一些贫苦农民 和无业游民,自发地结成一个个分散隐蔽的集团,进行反抗封建压迫,寻求生 活出路的斗争。在皖北一带的方言中,称一部分、一支、一股为"一捻",因而 习惯地把这种分散活动的小集团称为"捻子"。

第一次鸦片战争以后,由于清政府和地方官吏日益腐败,水利失修,河床 淤塞,每遇大雨,便洪水横溢,泛滥成灾。1841—1844 年间,黄河连续三次决 口,洪水经涡河奔腾下泻,使亳州、蒙城一带几度成为泽国,不少人流离失所, 生活无着。1851 年和 1852 年,又是久雨成灾,以致饿殍遍野,甚至出现以死 人肉充饥等惨不忍睹的景象。然而,当地的官吏不但不采取抢险赈灾、休养生 息等措施,反而勾结豪绅、地主强迫农民照旧完粮纳税,并通过放高利贷、兼并 土地等手段,敲骨吸髓地盘剥农民。苛捐杂税多达数十种,连耕畜、农具、树 木、房屋、家禽,以至婚丧嫁娶等都要纳税。官府横征暴敛,凶狠异常,"差役 横行,甲于他省"。残酷的压迫与剥削,迫使皖北广大劳动人民揭竿而起,反 抗压迫。许多城镇的农民和失业的手工业者、船夫、码头工人以及被裁撤的兵 勇,纷纷结捻起义,开展"打粮"、"吃大户"、抗粮抗差和杀富济贫的斗争。由 于皖北的亳州、雉河集、蒙城、寿州(今寿县)、宿州以及河南的永城、夏邑处于 安徽、河南、江苏三省交界,属于"三不管"的地方,统治力量比较薄弱,这就为 捻党的活动提供了客观有利条件。

1851—1852年,太平天国在广西起义并向两湖胜利进军,影响所及,使北方捻党活动更趋活跃。"河南之归(归德府,治今商丘)、陈(陈州府,治今淮阳)、南(南阳府,治今南阳市)、汝(汝宁府,治今汝南)、光(光州,治今潢川),江苏之徐(徐州府,治今徐州市),山东之兖(兖州府,治今兖州)、沂(沂州府,治今临沂)、曹(曹州府,治今菏泽),所在有之。而安徽之凤(凤阳府,治今凤阳西)、颍(颍州府,治今阜阳)、泗(泗州,治今泗县)为甚,凤、颍所辖蒙、亳、寿为尤。"当时,比较著名的捻党起义武装有:河南南阳的乔建德和李大、李二部;安徽合肥的高四八和寿州的程六麻子部等。在豫皖交界处,有张乐行、龚得树等于1852年11月以雉河集为中心聚众起义,而与张乐行有联系的永城冯金标、亳州朱洪占、蒙城胡元众、寿州刘洪立、宿州李殿元等十八人也各自率众起义,号称"十八铺",并推张乐行为其总首领。此后,捻党起义武装多以"捻军"称之。

1853年,太平军北伐进入黄河、淮河流域,捻党纷起响应,在豫、鲁、苏、鄂交界地区,形成十余支相对独立的队伍,并逐步由分散、零星的斗争趋向联合。1855年秋,各路捻军首领聚集雉河集"会盟",公推张乐行为"大汉盟主",建立五旗军制,发布"救我残黎,除奸诛暴,以减公愤"的文告,宣布捻军行军作战19条军纪,为进行大规模反清斗争创造了条件。随后,捻军5万余人转战于皖、豫、苏地区,歼灭清军和地主武装,使队伍迅速发展至十余万人。但由于组织松散,武器简陋,缺乏训练,参战清军由少变多,捻军由进攻转为防御后,只有张乐行等少数几支主力于正面阻击清军,余多守寨自保,致使雉河集根据地被清军攻占。1857年春,张乐行率捻军渡淮南下,与北上的太平军陈玉成、李秀成部会师,接受太平天国领导,与太平军联合作战,在淮河两岸抗击清军围攻,并一度攻入湖北。1858年,捻军主力回到淮北,一面以圩寨战抗击清军进攻,一面以快速的流动作战方式出击豫、鲁、苏,歼灭大量清军,并与太平军配合进行了多次重要作战。

清咸丰十年(1860年)9月,捻军兰、黑、白三旗七八万人,在张敏行、姜台凌、程大为率领下,大规模远征山东。他们先进入鲁东各地,然后兵分三路穿行各县,其声势"绵亘六十里,兵生火色,数百里皆震"。咸丰十一年(1861年)3月,捻军万余人进占章丘黑峪口。后北上,在城西马彭庄与官军激战,在民众支持下连破马棚、张官、刘王四等村庄。在大沟崖、道流庄战斗中,捻军击毙清八品职衔王景瑞、河南即用知县郑芳兰。因清政府命清盛带兵速赴章丘一带堵截,捻军始东去。同年9月。捻军一路由段店仲宫东进章丘。清军与章丘的民团在龙山、唐王道口、韩家桥一带设险据守,捻军冲杀而前,杀清军、民团数百人。其中有从九品王存琨、高秀升以及监生、附生、廪贡生等几十人。时有旧军孟毓芬被任命为团长,率团众在历城郭家庄设防,激战中孟毓芬被捻军毙命。捻军突破防御,复进至章丘、长山一带。清政府命山东巡抚谭廷襄调集兵力沿黄河防御,捻军随即撤离章丘。两次进占章丘战役,捻军给予了清朝官兵和地主豪绅以重创。他们在战争中不断总结经验教训,在加强官兵训练的同时,注重了防御工事的建设。同治六年(1867年)夏,任柱、赖文光率领的东捻军两次进入章丘,均未果而返。这成为时任章丘知县蒋庆第的一大功绩,称之为"北守河,南防关,筹兵筹饷,事多棘手,皆悉心经理,事定而民不扰"。事实上,其主要原因在于捻军首领犯了战略性错误所致。

1866年10月,捻军分成东、西捻军后,严重的兵力分散现象使得清兵有机可乘。东捻军在赖文光、任化邦率领下,奔赴山东、河南、湖北等地;西捻军在张宗禹率领下进入陕西作战。1867年1月,清政府派李鸿章代曾国藩署理钦差大臣,节制湘、淮两军,加强了对捻军的镇压。清兵在外国列强的暗中支持下,采取"诱敌深入"、"各个击破"的战略,将捻军引入清军的战略圈内。进入山东地区后的几次战役中,捻军受挫,兵力损失惨重,进至章丘后,战斗力已经非常薄弱。1867年冬,东捻军在山东寿光受到清军的层层围击,主力损失殆尽。赖文光率余部退入江苏,在扬州被俘,从容就义。12月西捻军闻讯东捻军在山东寿光以南战败后,途经山西、河北进入山东北部驰援。1868年8月,张宗禹率领的西捻军被清军围困在黄河、运河、徒骇河之间地带,败于荏平,张宗禹自沉于徒骇河,西捻军覆没。

捻军在章丘的战斗,沉重打击了封建统治阶级与地主豪绅的欺压和剥削气焰,激发了农民阶级与劳苦大众反抗压迫的斗志。在捻军的影响下,咸丰十年(1860年)和咸丰十一年(1861年),章丘民团翟秀喜、崔际元带领5000农民进城围攻县署,要求减租漕粮;水寨民团李继和等人反抗官府,攻杀济阳汛兵但都被官兵镇压,以失败而告终。

五、咸丰同治年间的御捻战争

咸丰七年(1857年),清廷动用重兵对捻军进行围追堵截,各路捻军纷纷

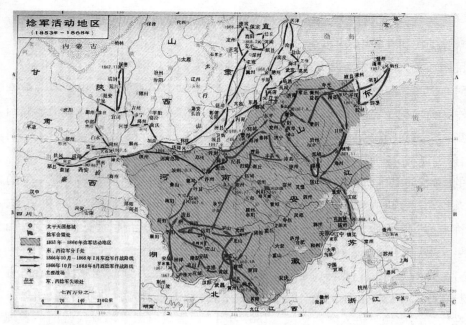

■ 捻军活动地图

转战南北。咸丰十年（1860年）秋，淮北捻军在张敏行等将领的率领下转战山东，山东的纷乱是捻军远征激发的。所谓"乱世出英雄"，山东一带的各种民间组织纷纷起义响应。鲁西、鲁南一带的鲁捻，枣庄、临沂一带的幅军，邹城一带的文贤教，菏泽一带的长枪会，丘县、莘县一带的丘莘教等等，群雄四起，干戈林立，抗清烈焰，燃遍齐鲁大地。

　　大概到了咸丰十一年（1861年），战事始波及章丘一带。关于章丘御捻战争的记载，散见于方志、家谱、碑文等资料，只鳞片爪，纷繁芜杂，知兵卒而不知将帅，知伤亡而不见厮杀。至于当年人喊马嘶的悲壮、血肉横飞的惨烈、尸陈盈野的苍凉，都已随着时间的流逝凝固为故纸残碑中的几行简短的文字，窥斑知豹，见微知著，无论如何也不能还原出往昔争战的场景。

（一）刘王寺之役

　　刘王寺村在辛家寨东南三里，过去叫刘王四庄。咸丰十一年（1861年），捻军过章丘境，曾与地方团练发生冲突，刘王寺之役只是其中之一。据《章丘乡土志》记载："国朝咸丰十一年，捻匪自西南一带窜入邑境，连陷城西马棚庄、城北张官庄土圩，杀伤甚众。城北刘王四庄人，素娴拳勇之技，与贼力战，自辰至酉,杀贼数百人。嗣,贼大股继至,众寡不敌,村中老幼杀无孑遗。贼闻僧忠亲王统兵至,始东窜。"刘氏、王氏为村中大姓,自明初迁来,至今人丁繁茂。若"杀无孑遗",则不致如此。再说,刘王寺村不筑圩寨,既无险可恃,又无坚可凭,妇孺老弱不避难他所,甘坐以待毙,似乎不合乎情理。附近柳塘口镇、辛家寨镇皆筑圩墙。据说,每战事起,附近各村人,皆携存粮避难圩寨,即所谓坚壁清野。难道咸丰十一年柳塘口镇和辛家寨镇的圩寨尚未修筑?人命如草芥,战事若薙剪,数百生命顷刻间化为鬼魂。腥风血雨,惨痛莫名!天灾难躲,人祸何休?

(二)章丘御捻战争部分遇难人员名单

咸丰十一年(1861年)的御捻战斗有记载的就有十几次,尤以刘王寺战役最为惨烈,其次是龙山镇和唐王道口一带的战斗。龙山镇和唐王道口一带的战斗双方死伤甚众,"官方"设险扼守,"匪方"出动敢死队拼杀,最后防堵失守,"官方"溃败。"官方"阵亡数百人,"匪方"阵亡多少人?无从知晓。章丘御捻战争部分遇难人员名单如下:

杨注东,廪贡生,阵亡于龙山镇。

焦肇京,廪生,阵亡于龙山镇。

焦应麟,廪生,阵亡于龙山镇。

巩尔藩,廪生,阵亡于龙山镇。

王存焜,从九品,阵亡于龙山镇。

高秀升,从九品,阵亡于龙山镇。

张明诗,监生,阵亡于龙山镇。

许利统,监生,阵亡于龙山镇。

杨学顺,监生,阵亡于龙山镇。

张芳桂,监生,阵亡于龙山镇。

魏炳文,附生,阵亡于龙山镇。

韩承铨,附生,阵亡于杨胡庄。

韩承荨,从九品,阵亡于杨胡庄。

韩殿策,监生,阵亡于杨胡庄。

韩秀华,附生,阵亡于唐王道口。

张国良,监生,阵亡于唐王道口。

郑芳兰,进士,河南即用知县,阵亡于道流庄。

袁凤图,附生,阵亡于张官庄。

辛人龙,附生,阵亡于王家桥。

郑长清,附生,阵亡于韩家桥。

王景瑞,军功议叙八品,阵亡于大沟崖庄。

凡此殉难诸人均奉旨准其承袭云骑尉世职。

上述人员有八品的王景瑞,九品的王存焜、高秀升、韩承蓦,进士郑兰芳,其余全是秀才。秀才们战死不仅留下名字,还为子孙挣来了正五品的爵位。平民百姓战死得更多,战死了连个名字也没有留下。其中辛人龙是辛家寨人,族谱有记载,文字非常简短,他的儿子辛允玠承袭了云骑尉。他战死的王家桥村是不是水寨镇西北的王家桥,至今也无法考证。

(三)章丘御捻将领

孟毓芬,字幼冯,旧军人,咸丰十一年(1861年)因御捻战死。《孟子世家流寓章丘支谱》记载:"咸丰辛酉秋,皖豫捻匪鸠十万人北犯,掠省垣而过。大吏敛兵闭城,不以一矢加遗,贼势益张。先是,镇人集众议团练,推幼冯公为之团长,联络遐迩,互为应援。警报至,公号召附近赴历城韩家庄设防,应声传至万余人。公负重创,殁于桥侧。……从死者数百人。"韩家庄与唐王道口庄隔巨野河相望,韩家庄在河之北,唐王道口在河之南,有桥可通南北。此次御捻战役应该就是《乡土志》所记载的唐王道口战役,然孟毓芬的事迹没有记载。

李维孝,浅清庄(今明水街道浅井村)人,从九品。咸丰十一年(1861年)捻军过章丘境,路经浅井村外,李维孝带领人马躲在暗处,向捻军开枪,捻军怕中埋伏,绕道而行。李维孝曾经参加过龙山保卫战,其他团死伤无数,唯独他带领的团无一伤亡。李维孝擅长带兵打仗,捻军对他率领的团练憷头,不敢向他的部队进攻。有一次他带兵到莱芜上游镇参加战斗,捻军蜂拥而来。李维孝命令部下隐蔽在暗处,待捻军靠近,开炮向敌人轰击,捻军害怕中埋伏,遂撤退。后来他领兵参加回村保卫战,此次战斗从捻军手中俘获牛驴等三十余头,并救出被捻军抢走的老百姓多人。

(四)强弩之末

《章丘乡土志》记载:"同治五、六年间,匪扰淄川、长山,(淄川、长山)一带与章丘接壤,邑人防县南之锦阳关及邹平之哑妇口,匪从未得关入,如东窜。同治六年匪首赖文光率众匪在各村劫掠,后官兵自西来,贼乃东窜。带兵官杨统领统兵数千,在城东关、南关立营防守,贼遂未得,西窜。"赖文光原是太平军将领,天京失陷,他率太平军余部与捻军合并,成为东捻军的首领,封遵王。同治六年秋,东捻军被清军围困在山东地区运河以东,几经拼杀,主力部队丧失殆尽。同治七年春赖文光在扬州瓦窑铺被俘。章丘与莱芜以齐长城为界,这段长城有三个关隘,黄石关在东,北门关在西,锦阳关在中间。哑妇口,又叫邹关、隘阜口,是长白山北麓、邹平青阳镇芽庄湖以东的天然隘口,处两山之间,地势也相当险要。关口之处的战事记载疏缺,看来此地未曾发生较大的争战。同治七年赖文光在瓦窑铺被俘、张宗禹在茌平全军覆没,宣告捻军起义失败。

六、章丘义和团运动

鸦片战争以后,山东开始遭受帝国主义势力的侵略,尤其是甲午战争以后,列强掀起瓜分中国的狂潮,地处沿海的山东首当其冲成为侵略的目标。与此同时,西方教会也加强了在山东的宗教活动。根据1858年《天津条约》所获得的在华自由传教的权利,西方天主教和耶稣教的传教士纷纷进入了山东地区。到19世纪末,天主教已在山东建立了北、南、东三个教区,分别在济南、兖州、烟台设立了三个总堂,全省各地共有住堂、会所、公堂等1202处,发展教徒8万多人,约占全国天主教教徒总数的1/10。到1900年,各国耶稣教会的势力已渗入到了全省107个州县中的72个州县。各国派往山东的传教士总共有150多人。有些传教士为发展其教务,不惜以金钱招揽一些无赖之徒入教,倚为心腹,充作爪牙。有些教民武断乡曲,包揽词讼,借各种教案挟制官府,欺压百姓,轻则勒索赔款,重则要求割地。他们的所作所为,引起了山东人民的极大愤慨。

山东人民反对外国教会的斗争,随着外国传教士进入山东就不断发生。甲午战争以前的反洋教斗争,一般是个别的、零散的。甲午战争以后,山东人民的反洋教斗争发展成为由民间结社领导的大规模的武装反抗,最终汇成了义和团反帝爱国运动。1898年以前山东的反洋教斗争主要以鲁西南大刀会和鲁西北义和拳的活动为代表,分别打出了"兴华灭洋"、"扶清灭洋"的旗号。

1899 年 3 月,毓贤升任山东巡抚以后,由于长期在山东为官,亲眼目睹了外国教会对人民欺凌压迫的罪行,他对外国教会势力极为憎恶,认为"与教民为难者即系良民",是不堪教会压迫而"自保身家"的正义之举,只要他们不"捉人勒赎,抢掠无忌",就不加禁止。因而他将各种拳会组织与乡村团练一视同仁。1899 年 5 月,义和拳改称为义和团。由于山东巡抚毓贤对大刀会、义和拳的同情和支持,山东各地反洋教斗争蓬勃发展起来,形成大规模的聚众活动。

光绪二十五年(1899 年),章丘义和团首领赵全金在龙山等地以念咒拜佛为掩护发展义和团。马庄也出现聚众习武、念咒舞刀的徒众。赵全金带领民众在十字口阻止洋人进村传教,在类大公庄(今西类村)反对洋人进村设教堂。其活动范围和斗争规模虽小,却阻止洋教士从济南来章丘传教。这一年春夏之间,曹州、兖州、沂州三府和济宁直隶州所属各县的义和团,共反教1100 余家,涉及平民 200 余家;秋冬之间,济南、东昌、泰安三府所属的七州县义和团,约计共闹案件 146 起,内中反教案件 127 起,共 328 家,民人案件 19起,共 28 家。前后共焚拆大小教堂 10 处,掳架伤毙教民 28 人、平民 7 名。

山东各地义和团运动的蓬勃发展,引起了帝国主义列强的强烈不满。在德、法、美等国公使的再三要挟下,清政府撤销了毓贤职务,改派袁世凯率领他的 7000 名新军来到济南。袁世凯改变了毓贤的"主抚"政策,采取以"晓谕解散"为主的方针,并派兵镇压和围剿团军。1900 年 7 月,章丘义和团参加了以孙玉龙为首的济阳、邹平、惠民、商河、齐东六县义和团大汇合,有 700 余众齐聚济阳县玉皇庙,公推孙玉龙为大元帅,然后攻打安家庙、范家庄、鲁家寨教堂。8 月中下旬,又先后两次攻占邹平县,人数发展到两千人。9 月 24 日袁世凯派候补知县查荣绥带兵前往玉皇庙镇压,被孙玉龙率队三面包抄击败,查荣绥被当场毙命,清军死伤三四十人。10 月,袁世凯重兵镇压,义和团首领孙玉龙、孙九龙等被俘,押解至济南,于次日就义。随即残酷镇压章丘义和团,此后山东各地的反洋教义和团运动转入了低潮。

第五章
中华民国时期

新编《章丘县志》记载说:"民国时期,划为 10 区,旧章丘城周围为一区,城北为二区,城西为三区,城东北为四区,城东南为五区,五区南为六区,城南为七区,城西为八、九、十区。"1937 年以后,章丘境内有国民党、共产党、日伪三个政权,三个政权各自为政、各自区划。1945 年以后,国共博弈,章丘境内又划分为章丘、章历二县,政区亦变更频仍。关于民国前期章丘县十区之位置及大致区域,根据有关资料之记载总结如下:

第一区:在旧城周围,包括今绣惠镇、宁家埠镇、白云湖镇东南部、枣园街道办北部、龙山街办东部一带;第二区:在旧城之北,包括今水寨镇大部、刁镇西部一带;第三区:在旧城西北,包括今黄河乡、高官寨镇一带;第四区:在旧城东北,包括今刁镇大部、辛寨镇一带;第五区:在旧城东南,包括今相公庄镇、普集镇一带;第六区:在五区之南,包括今官庄乡(并阎家峪乡以后)一带;第七区:在旧城之南,包括今明水街道办、双山街道办、埠村镇北部一带;第八区:在旧城西南,包括今圣井街道办、曹范镇一带;第九区:在县境南部,包括今文祖镇、垛庄镇、埠村镇大部一带;第十区:在县境西南,包括今历城区孙村镇、彩石镇、西营镇东北部一带。

一、大匪首张鸣九祸章丘

民国初期,章丘与全国一样,军阀混战,兵燹接连,匪盗日炽,民无稍安。

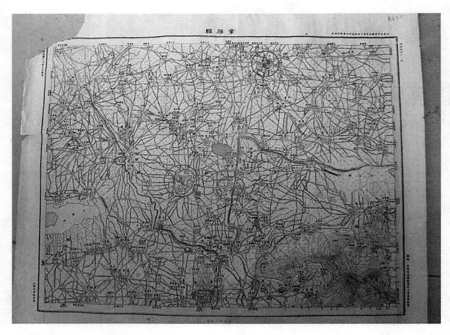

■ 民国时期章丘县北部地图

继关大州、薄子明讨伐袁世凯之后,便是鲁南巨匪刘桂崇(绰号刘黑七)犯章丘,祸及文祖、埠村等地。1928年5月3日日寇阻挠北伐,借口保护侨民,出兵山东侵占济南,杀害蔡公时,制造了"五三惨案"。山东省政府南迁泰安,政权空虚,一片混乱。各地土匪蜂起,散兵、游勇聚伙打劫。

张鸣九,又称张明九,历城县董家镇人。早年在军阀张宗昌部当勤务,1928年春张宗昌败北,张鸣九投奔曲阜县署当差。济南"五三惨案"发生后,张鸣九返回济南附近,纠集散兵游勇趁乱打劫,占领齐东县(后撤并入邹平县)城,张旗闹事。

齐东南邻的章丘,当时由于军阀混战,政局不稳,兵匪诡计多端,到处肆虐,闹得鸡犬不宁,民不聊生。时任章丘县县长李和清弃职遁逃,不知去向。6月,在山东泰安新成立的国民党山东省政府派黄恪济任章丘县县长,黄恪济到任后实权并未到手,而是落在县警备队和保安团手里。此时有一名叫李刚的军阀头子,声称是中央军某别动队的,率数百武装开进章丘措粮要款,横行霸道。京议员刘昭一(章丘县西营村人)劝李刚要顾全大局速速离开章丘,不料两人政见不和,话不投机翻脸为敌。李刚连夜奔齐东与土匪张鸣九为伍。此时章丘警备队队长曹某,因久蓄祸乱之心,便密使心腹邵成章(警备队一分队长)去找当地三番头子冯著东,此人与李刚关系密切,又能言善辩,经一番谋划,冯著东去齐东密见李刚。通过冯著东暗中传送情报,土匪张鸣九与章丘警备队曹队长约定在1928年9月4日早晨,里应外合抢占了章丘城。侵入章丘城后,土匪和警备队开始了抢劫骚扰,从东关到城里隅头顶,所有商店、当铺、银号、饭馆都遭到抢劫,好吃的好用的东西一律抢走,谁若阻拦轻则挨打重则被打死,丧命者不计其数。外地的土匪听说张鸣九攻打章丘发了大财,纷纷赶来入伙。数日后,土匪由200多名骤然增至2000多名。他们来到之后,即行抢掠奸淫,将金银细软等物洗劫一空;牛马猪羊鸡鸭一个不留。

张鸣九在章丘为所欲为,杀生害命,日甚一日。时《东方杂志》载:章丘县城被土匪张鸣九攻陷,张等持五色旗(原北京政府旗)、日本旗及青天白日旗(南京政府旗)三种旗帜进行抢劫。章丘保安团团长向国民党山东省政府呈报土匪陷城情形及土匪抢掠行为,恳请速派兵剿除等等。章丘各界名流如孟洛川、孟杨轩、辛铸九、高盘之、刘昭一、丁凤轩、韩晋侯、李淑育、张子衡、李延煜、宋景来等在济南集会,向全省发出了剿匪呼吁书。其中有云:"匪患日炽,生灵涂炭,吾章邑黎庶,深陷汤火……仰诸邑官府、乡绅团练及仁人志士奋起剿匪,以拯救章邑万民百姓……"书到之处,凡正义之士无不切齿痛恨。到农历11月底,先后有7个县的地方民团前来助剿。这7个县分别是:博山、新泰、莱芜、泰安、济阳、邹平、齐东,加上章丘的4个保安团和埠村李延煜成立的义务团、官营团,号称"七县十三团"。七县十三团加上相公庄与山后寨的红枪会分兵东、南、北三面设防围剿,因西面路通匪徒加之又有日寇摩托兵经常出没,因此未设防。这样一来,迫使张鸣九只能困守于城关附近范围内。

秋去冬来,天气转冷,匪徒们缺少衣被,粮草也已渐尽,匪徒们便向四周村镇掠夺。北进旧军时,被保安团和外县团阻截在回村、刁镇一带,激战十余天,双方伤亡惨重。土匪头子张鸣九怕久战不利,便转向攻打宁家埠,但两次进攻都未攻破。此时保安团同济阳、齐东、邹平团合兵一处,于女郎山下拉开战幕,双方对垒数日后,土匪张鸣九采取夜袭,突袭多次都以无果而终。于是匪徒四处放火,从南关到北关、大张家庄,多数民房被烧得片瓦不存。当时济阳县县长齐某为救城中百姓要求张鸣九到北门谈判时,被匪徒枪杀在护城河边。

10月7日,张鸣九勾结内奸攻破马棚,掳去群众200余人,财物无数,临走时放火烧房150余间;13日土匪又乘势攻下宁家埠,打死打伤民众700余人，放火烧房 300 余间，掳走 1200 余人，财物不计其数。张鸣九以拿钱赎"票"为由，威胁索要钱财，因无钱赎"票"或钱交不足而遭惨杀的就有 31 人。10 月下旬，李延煜的义务团、官营团和博山、新泰、莱芜、泰安四县民团及山后寨的红枪会，越过胶济线包围了章丘城。历时苦战三天两夜，打了二进二出，活捉土匪十余人，截走满载箱笼细软的大车 6 辆。

1929 年孙殿英率军进驻章丘，匪部驻守章丘城西关的刁松亭，密结孙殿英并愿归于旗下，于是里应外合，兵不血刃拿下了章丘城。张鸣九、赵著明被俘，众匪徒被改编在孙殿英部队。这场历时半年之久的兵匪之祸就此结束。后张鸣九被刘珍年杀死于牟平。

张鸣九的残暴行径，给章丘人民带来了极其深重的灾难。原多年发展起来的工矿业、酿酒业、纺织业、毡业、商业多数关闭凋零，金融业（钱庄）全部倒闭，遭劫的农民不计其数，章丘的豪门望族（如旧军孟氏、西关高氏等等）都迁至他乡，背井离乡流亡异域的平民百姓到处可见，是一场史无前例的大浩劫。

二、孙殿英洗劫旧军镇

"山西康百万，山东袁子兰，两个财神爷加起来，赶不上一个孟洛川。"孟氏家族乃是名扬海外、声满齐鲁的豪门望族，也是富甲一方、货通中外的富商巨贾。京津一带的"祥"字号几乎垄断了华北乃至中国北方的商品交易，素有"华北八大祥"之美誉。孟氏"祥"字号发源地就在山东章丘市刁镇旧军村，当地人俗称"旧军孟"。

孟氏商人"以末（商业）致富，以本（农业）守之"，并未放弃传统士绅生根立命之基。他们以"土"为本，广置良田，上以致君，下以济世。孟氏"祥"字号在其发展壮大过程中，在旧军镇大兴土木，不断营造祠堂、住宅、私塾学校、花园，其华丽堪称一绝。据调查，当时在旧军，有犯条街、72 条胡同，有护城河和圩子墙，仅孟氏家族规模较大的花园就达 11 处之多。然而，这样一座庞大的庄园，在 1929 年遭到灭顶之灾，部分豪宅被毁。1926—1928 年，章丘各地武装割据，土匪群起，富商望族纷纷组织自卫团，保家守业。在章丘中部，富商望族和民团之间甚至发行临时流通券，可见当时的无政府状况。1928 年 7 月 21 日，巨匪张鸣九攻克章丘城，章丘古城狼烟滚滚，大多商铺巨宅遭劫掠。

1929 年 2 月，国民革命军第六集团军第 12 军，奉命东进，小住即去。东·

陵大盗、老军阀孙殿英率部来到章丘,直接照会旧军镇。旧军所在第二区副区长李敦复、保安团团长孟德明及乡绅代表孟广茂等40余人,手持彩旗列队恭迎孙殿英部队于南门外,军部暂设在"慎思堂"南宅。对旧军孟氏之富庶怀有觊觎之心的孙殿英,身临其地,见家家朱门楼台、深宅大院,感叹孟氏果然名不虚传。孙殿英的到来,地方有识之士喜忧参半。喜的是认为他是国民政府的正规军,奉命来剿匪当然是好事,但他"盗陵"的丑闻,早为国人所知,与张鸣九相比只不过是小巫见大巫罢了。不管怎样他毕竟是正规的"中央军",有鉴于此,各地剿匪武装纷纷撤出。二区(含旧军村)首脑李敦复、刘苕村和乡绅代表孟广茂等联合晋谒孙殿英,请求出兵剿灭张鸣九。孙殿英故作姿态说什么没有"中央"总部命令不好擅作主张,况且剿匪需动军火粮饷,更需请示。代表请求再三,孙殿英表示愿意派人找张鸣九调停让其离去。张鸣九提出索取八万元的"开拔"费为条件。代表回说土匪贪得无厌欲壑难填,此款与其给匪莫如奉献军座用以酬军,孙殿英半推半就答应了下来。当时匪部驻守章丘城西关的刁松亭,密结孙殿英并愿归其麾下,于是里应外合,兵不血刃地轻易拿下章丘城。张鸣九、赵著明被俘,匪众被孙殿英改编。为了感谢孙殿英的剿匪救民之恩,章丘十个区公所均为孙殿英献送了万民旗和万民伞,并在耿家村唱戏三天,以示对将士的慰劳。二区代表李敦复与各区商议军饷费的问题,但都一致婉言相拒,派孟家族人去天津找孟洛川资助亦被拒绝。无奈勉强凑足2万元,孙殿英谦让再三方欣然笑纳,于是孙殿英剿匪救民的美名一时名扬章丘。

是年2月下旬,孙殿英东去桓台,密授师长张立国、参谋马孟九暂住此地。一个月后,趁夜黑风高张立国、马孟九率千余士兵来到旧军,炸开圩头,冲进村内开始了抢掠。"昨日仁义之师",转眼间变成巨寇强盗。他们先从孟家"十大堂号"下手,内宅外院,楼上楼下,翻箱倒柜,将孟家所有财物洗劫一空。黎明时分,张立国、马孟九集中了所有珍贵物件,装载了20多辆大车,另有玉翠古玩装入十几只皮箱中,一起送往孙殿英处。被分配押运任务的一个连,谁也不愿意离开旧军镇,于是张立国下令把负责集合的连长和一号兵击毙,这才勉强控制住了局面。

第二天晚上,匪徒们在全镇开始了洗劫,烧杀淫掠,枪声四起,火光冲天。匪徒们在劫掠中兽性大发,不管白天还是黑夜,见到妇女就奸淫强暴,不论少女老妇,还是身怀有孕,均难逃魔掌。孙殿英在平度得到张、马二人第一批

■ 东陵大盗孙殿英

"赃物"后欣喜异常,始信"金旧军"名副其实。后见他们久掠不归,断定是为财色所迷,生怕有变,便下令急催速回。张、马接令后,将旧军镇所有大小车辆和骡马集中起来,计大车150辆,小车60辆,牲口400余头,作运"赃物"之用。32条街道首事人和乡绅大多数被掳,用长绳各缚一臂,拴成长串。另有妇女、民夫300余人统统带走,途中只有少数逃回。孙殿英见张、马二人满载而归,高兴之余,疑虑顿生,认为"东陵盗波"未息,又洗劫旧军,倘有人告状,岂不招来麻烦?张、马在旧军20余日私囊已满,危害可想而知。于是召二人密议陈说利害,孙殿英提出将掳来人员全部放回,以示优待,从而减轻民愤。同时还要张、马二人委屈一下,避居一室,对外扬言这是给他们的处分,待人走后再恢复他们的自由。孙殿英将张立国、马孟九监禁后,马上接见旧军来的各街长、绅士和民众,倍加宽慰并深致歉意说:待严惩主犯后,即请乡亲们回家团聚。与此同时,孙殿英已经派重兵包围了张、马所率之团,勒令他们集合在一个广场上,全部解除武器并逐个搜身,责令交出赃物,否则立即处决。一时交出的银元装满了十几个大笸筐。如金戒指、玉镯、银项链、手表、怀表、古玩不可胜计。孙殿英又令旧军来的人在另一场地集合,当众脱帽行礼,亲自致歉,并解释说张立国、马孟九奉命西去历城,不料路经旧军镇,见财生盗心,擅入民宅,抢掠奸淫,杀人放火,罪大恶极,实属军法难容。现决定将两犯就地枪决,以正军法。于是将张立国、马孟九提出验明正身,当众枪决。最后孙殿英又做作内疚地谈他治军不严,致有此事发生,本人将呈报上级请求处分。希望诸位父老兄弟姐妹回去后代孙某向旧军镇乡亲谢罪,态度异常的诚恳!大家见枪毙了张、马二人,又领到路费,十分庆幸。悲哉也夫!至此孙殿英一手导演的这场洗劫旧军镇的闹剧划上了句号。

三、日军入侵章丘

1937年12月23日,日军兵分两路渡过黄河,大举南犯、东侵,从此章丘沦陷于日军的铁蹄魔爪之下。截至1945年8月15日,日本宣布无条件投降,日军共在章丘占领7年8个月之久。在此期间,日军所到之处飞机大炮狂轰乱炸,烧杀淫掠,无恶不作。对手无寸铁的平民百姓,用各种非人手段残酷折磨,其暴虐程度惨绝人寰。对抗日根据地,日军实行杀光、抢光、烧光的"三光"政策,手段令人发指。日军对章丘人民犯下的滔天罪行,可谓罄竹难书。

(一)黄河民夫夜遭残杀

1937年冬,日本侵略军抵黄河北岸,山东省主席兼第三路军总司令韩复榘令谷良民的37师布防于章丘、邹平一带的黄河南岸。谷借抗日之名,下令黄河南岸各县从速动员民众到黄河岸边抢修工事。各县民众忍着饥饿,冒着北岸日军炮袭的危险,不到一个月的时间,即把黄河南岸几十里以内的树木全部砍光,靠水边架上了一层厚厚的鹿砦,并在南堤侧挖好战壕,筑起牢固的地堡。章丘派去的民众在临济、北大寨一带挖战壕和交通沟。12月,日军兵分两路准备过河,这时黄河南堤防守部队已减少很多。12月23日夜,日军从齐东台子突然发起强攻,守卫该地的部队早已逃无踪影,几千名民夫遂成了日寇过河屠杀的对象。在炮声、枪声、哭声、喊声中民夫们惨遭杀戮。住在北大寨的章丘相公庄、山后寨等村庄的民夫,夜间突遭日军包围,未来得及逃跑,就被持枪日军用绳子逐个捆绑起来。然后用一根粗长的大绳,挨个捆成一串。相公庄去的47个民夫被捆为一串,八区(山后寨)的民夫被捆为另一串,由日军押着走到庄北交通沟旁,从东往西站在沟南沿上,日军先把站在沟边被捆的第一个人踹下沟,随着一个带一个的都掉在深2米的沟内。还没等人们明白过来,日军用轻机枪从东往西扫射,一时哭声喊声连天,日军来回扫了3遍,等沟内没了动静,又用手电照着检查了四五分钟,然后才离去。住在其他村庄的民夫,凡来不及逃走的也遭到类似的惨杀。相公庄的民夫多数遇难,只有王教顺、郑世华等 10 余人听到枪声后倒在沟内,被尸体掩盖而幸免一死。这是日军在章丘制造的第一大血案。

(二)池子头村妇女恨

1937 年 12 月 27 日,济南沦陷。日军为打通胶济铁路干线,出兵东进,至章丘普集镇(镇南有火车站),与章丘以及由周村西进的日寇三军相会。1938 年元旦,群倭酒食征逐,欢庆胜利。旧历春节过后,日军为了寻欢作乐,三五成群到附近村庄掳掠奸淫、民无宁日。在敌酋石田的支持下,一小队日军向池子头村开去,男性青壮闻讯四散隐匿,在家的大都是妇女儿童和老人。日军进村后,将儿童老人赶在一起关了起来。把所有的妇女集中在一个大院子里,挑选出 36 名,其中有 11 岁的少女、60 多岁的老妪,也有正怀孕的少妇,还有一个小孩未满月的母亲,均遭日寇轮奸。有的当场殒命,有的不堪蹂躏,数日后离开人世。

(三)相公庄飞来横祸

1938 年 7 月 22 日,日军突袭相公庄。当时有翟毓蔚部队的副指挥李维汉率部在此驻守。日军猛烈攻击,李率部抵抗,部分自卫团成员配合李部参战。战斗进行得很激烈,双方各有伤亡。至凌晨,李维汉战死,其余部队向西撤离。日军入庄后,见人就杀,对村民实行野蛮报复。在大东门里,日军连杀 4 人,有的从家里被抓出,拖到大东门外活活地用刺刀刺死;有的在大街上被无辜枪杀。两名日军钻进王传树家,见房内有两位年轻的妇女,便动手动脚,王传树妻与另一名女子不甘受辱,双双投井自尽。日军闯进月牙池附近的三角园子。当时刘庄街王守成正在这里开木匠铺,他与雇佣的 7 名木工全部惨死于日军的枪刀之下。在奎文街,日军闯进同茂胡同王宇堂家,先用刺刀刺穿王宇堂的老伴,又向王宇堂开了枪,老伴当即身亡,宇堂老人身受重伤,躺在血泊之中,年后辞世。

在大南门里,日军闯进小东胡同里砸门。户主王教君怀抱着儿子王育营,未等他反应过来,便中日军的枪弹毙命,怀里的孩子摔在地上哇哇哭叫。邻居王教荣闻枪声、哭声前去看望,刚迈进大门,与杀害王教君的日军相遇,被一枪打死在胡同里。

在庄西部,日军杀人如砍草。他们在西门里把一名种菜的农民用刺刀刺死后,沿刘庄街北去。用枪托砸开王教潭家的大门,王教潭刚把门打开一条缝,日军用刺刀刺入他的腹腔,随着拔出的刺刀,王教潭的肠子流淌出来,王教潭老人拖着肠子疼得在地上打滚。这时已到下午,天降大雨,雨水、鲜血混在一起从家里流到街上。王教潭哭求家人,用剪刀剪断流出来的肠子,以求早死。家人哭成一团,谁也想不出救助的办法。王教潭咬紧牙关,爬到水磨子旁,把肠子缠到磨柱子上用力挣断,气绝身亡。日军又把村民田玉芬、王树吉和4名从莱芜来相公庄打短工的农民抓到小石庙前,逼迫他们站成一排,用机关枪扫射,6人无一逃生。田玉芬的儿子田立法本来和父亲一起被抓,当走到一户门前时,被一位上岁数的妇女一把拉住,藏在大门后,田立法这才幸免。

在下河涯、郑家庄,手无寸铁的村民听说日军在庄里到处杀人,十分惊慌。教书先生郑世宣带全家老幼奔外村逃难,郑世宣刚跑到庄北五股道上,就被日军枪杀。其妻子和侄子上前扶救时又被日军用机关枪射死。同郑世宣一道逃难的郑守平妻,抱着不满周岁的孩子,被机关枪毙于五股道旁;她婆母从儿媳怀里扒出孩子抱着发疯似的跑到房庄,不久孩子因受惊吓而死。在西当铺,日军把自卫团成员王永善抓来,逼问:"谁是胡子?"王永善英勇不屈,拒不回答。日军把他关押在东楼里,王永善趁敌不备,从窗台上揭下一块砖砸倒了一个日本兵,当他弯腰拾枪时,另一日本兵举枪扣响了扳机,王永善英勇牺牲。1938年7月22日,全庄有36名村民被日军惨杀。相公庄人世世代代不会忘记这笔血债!

(四)洗劫牛码头村

1941年6月,国民党陈宗山部派人到白云湖畔牛码头村催粮款,恰遇伪军小队长延海臣征粮,两军相见,互不相让,随即开枪交战。伪军小队长仓皇逃回日军驻地党家庄,向日军少佐高野报告,说牛码头村敌视皇军,抗缴军粮,并勾结国民党军陈宗山便衣人员袭击日伪军征粮队。事隔3日凌晨,日军高野亲自率日伪军200余人,秘密包围了牛码头村,挨家挨户把群众赶到李凤亭家的院子里,屋顶、墙头架设了机枪。接近中午,烈日似火,300多名群众拥挤在一起,汗下如雨,饥渴交加。心地善良的宋长河见此情景,要求日伪军给大家喝点水。没等日军发令,汉奸延海臣提一壶开水走过来,命宋长河蹲下仰起头,张开嘴,将滚烫的热水浇下去,烫得宋长河在地上翻滚。日军狂笑不止,延海臣又向人群大声说:"谁还喝水?"然后高野手扶战刀,嘟噜了一阵,意思是牛码头村的人良心坏了,竟敢抗缴皇军的粮饷,是谁领的头,不说统统杀死。人群一阵骚动过后,又转入沉默。高野犹如一头困兽,在人群前面踱来踱去,最后将王永德、王永康、宋文秀、王宪海、王长山、宋殿宽、宁延福、王振英、宋殿俊、王福昌等10名青壮年,从人群中拉出来。行刑开始了,刽子手将王永康衣服脱光,仰面绑在木床上,往嘴里灌凉水,待受害者腹部膨胀后,又用木棍将背部撬起,这时血和着水从王永康的嘴里鼻子里喷出来。如此残忍,还不能满足高野的兽欲,他伸手点燃了一把麦秸,扔在王永康的生殖器上,王永康被折磨得死去活来,最后死在日军的屠刀之下。两个刽子手又在宁延福脖子上套上麻绳,一人一头拽着来回"拉锯";把王振英倒吊在树上、王长山双手被缚在门槛上,日军一推一操的"荡秋千"。同时,唤狼狗撕咬王长山的双腿,鲜血淋漓,惨不忍睹。最后日军将王长山松绑,令其指出同伙的"首犯",王长山一步抢夺过一个日军的步枪,用枪托猛力砸去,这个日本兵脑浆迸裂,顿时毙命。当王长山再打第二个时,被4个拥上来的日军、汉奸用刺刀捅死。这突如其来的骤变,惊得高野不知所措,他惊定之后,眼露凶光,哇哇暴叫一阵,挥起战刀,将宋殿宽、马园子、王宪海杀死。接着日军翻译张沛文和延海臣将王永德绑在树上,四面堆柴,活活烧死,把宋文秀推入井中,再扔下一大石块沉尸水中。

入夜,全村烟火滚滚,一股股腥血味,夹杂着人们的惊叫和怒骂声,300多无辜群众被日伪军逼进高墙大院的李开太家,男女被强行分开。兽欲成性的日军,一夜间奸污妇女60余人。第二天下午,日军在离村之前,翻译张沛文向群众训话,大讲什么"中日亲善"、"大东亚共荣",面对这个奴气十足的汉奸,群众恨得咬牙切齿。日军在牛码头村的暴行,进一步激发了章丘人民的抗日斗志。

(五)日军在海套园的罪行

1943年7月的一天凌晨,一股日军闯进普集镇海套园村。顿时鸡飞狗叫,枪声、哭声、呼救声交织在一起。两个日本兵闯进郑笃芬的家,朝着郑叽哩呱啦地说了一阵,因郑一句也听不懂,挨了两个耳光,又被日本兵一脚踢倒在地上。日本兵咕噜着又向屋里走去,翻箱倒柜,抢走了十几个鸡蛋、小闹钟1块,还抓了3只鸡。他们走后,接着又有两个日本兵押着五花大绑满身是血的私塾教师高汝俊,来到郑笃芬的院里。日本兵对高汝俊一阵拳打脚踢,然后又用绳子把他捆在门板上,高汝俊一声不吭。一日本兵提来一桶臭水,往他嘴里灌,接着踏住他的肚子,猛踩,臭水从嘴里鼻子里一起喷出来。肚子里的水压完了,他们就再灌再踩,日军见高汝俊奄奄一息,即悻悻而去。郑笃芬见他嘴唇微微翕动,便急忙给他解开绳子,扶他走进盛柴的屋里,用玉米秸遮好,救了高汝俊的命。

快近中午时刻,日军在全村开始烧杀奸淫。许多房子被点了火,浓烟滚滚。郑诗孔耳朵聋,日本兵问他有没有钱,他没吱声;日本兵用枪托打,凉水灌,他仍然一声不吭,最后被日军用刺刀活活捅死。于保成因顶撞了日军,被五花大绑,日军用"牛鼻钳"穿住鼻孔,血流如注,像牵牛一样拉着他游街示众。接着又对他灌辣椒水,烙烙铁,折磨够了,被日军用刺刀刺死。郑诗敏有病卧床,日军认为他装病不起,便弄来一碗盐塞进他嘴里,再灌上热水。疼得他碰头打滚,不一会就死了。郑某的妻子被日本兵强奸后扔到井里,怕她不死,又投下几块石头,残忍至极。两个日本兵闯进郑志州家,见墙上挂着一张军人艺照,问是谁,郑回答是自己的儿子。日军如临大敌,马上用绳子将郑志州捆了起来,押到村北一个场院里。此时,有一人从南往北跑,其中一个日本兵追了上去。身材高大的郑志州,知道日军不会放过他,便一脚将看守他的日本兵踢倒,挣开绳子,掐住日本兵的脖子,两人厮打起来。追人的日本兵回头见状,开枪打死逃跑者,旋即奔回,用刺刀捅死了郑志州。郑礼修的岳父,头一天在万山村被日本兵灌凉水未死,为避难来到海套园闺女家,恰巧遇到日军扫荡,结果还是死在了日军的屠刀之下。日军在海套园村,放火烧了几十间房子,掠去大量的财物,共杀死群众 11 人,强奸妇女 20 余人,遭打受辱者数以百计。日军侵略者又欠下章丘人民一笔血债。

类似以上惨案,不胜枚举。日寇所扶植的"维持会"汉奸伪军,更是助纣为虐,这些民族败类,寡廉鲜耻,祸害乡里,章丘千余村庄,让他们祸害得村村不宁、户户难安,黎民百姓,苦不堪言。据粗略统计,日伪统治时期,章丘约有一万六千同胞惨遭杀害,强征上万劳工去东北、日本服劳役,奸淫妇女不可胜计,烧毁掠夺财物无数。

(六)三元村十三烈士惨案

1942 年秋,匪首王连仲密授李广福,以国共合作为幌子,与南明区抗日民主政府主要领导人联系"共同抗日"。南明区区长焦裕亭、副区长徐传恒等,为抗日愿与之合作。1943 年农历正月十二日,李广福奉王连仲之命,在东鸠坞刘志训家中,召集汉奸中队长、伪乡长、情报站长等 20 余人,密谋以商讨"抗日"为名,设"鸿门宴"诱杀抗日民主政府干部。十四日晨,南明区抗日民主政府接到请柬时,焦裕亭因事去了济南,在家主持工作的副区长徐传恒,过去与李广福熟识,毫无戒备,率区中队十几人于当日下午到达约会地点东窑头,傍晚即与李广福、牛其圣等同去三元。在同丰酒店,按敌部署将南明区 13 名干部分坐两桌,行酒中,李广福发出暗号说:"灯挂得太高,看不见吃菜!"院中 2 盏汽灯同时下落,敌人突然动手,徐传恒等奋起还击,因寡不敌众被俘。徐传恒厉斥敌人:"你们阴谋杀害抗日战士,人民是不会饶恕你们的!"县敌工部副部长褚方堂与邢祚德以椅凳为武器,与敌人拼搏。邢祚德飞起一脚,将一匪徒右臂踢断,连伤数敌,后被匪众绑缚。他高声斥骂:"你们这些土匪汉奸,背信弃义,卖国求荣,有种的去打日本人!"残暴的敌人将 11 名抗日干部战士押至木厂涧村西北矿井处,刑讯毒打,投入井中。不几日,匪徒又杀害南明区中队队员 2 人。在此惨案中,为革命献身的 13 名烈士是:徐传恒(南明区副区长))、褚方堂(县敌工部副部长)、郭润忠(区文教助理员)、徐传法、徐传才、陈宜福、陈宜生、石念礼、邢祚德、袁继柏、陈凤奎、靳启贞、时来水。

四、章丘第一支抗日武装的诞生

1937 年"七七事变"之后,日寇大举侵占我国领土,华北沦丧,华东危机,全国处于紧急状态。1937 年 12 月,日寇侵占了黄河北岸,济南告急,北京、天津大批流亡学生沿津浦路南下,沿途宣传抗日救国,促进了章丘县抗日救亡运动的开展。在天尊院小学任教的李曼村、在普集学校任教的宋乐生(现名宋怡翔),面对急剧变化的形势,曾同被迫停课的教师讨论:"国难当头,我们该怎么办?"跟随国民党撤退是消极逃避,回家当顺民是坐以待毙,只有一条路,就是武装抗日上山打游击。他们经常在祖营坞宋乐生家秘密集会,传阅抗日救亡的进步书刊,并讨论中国共产党的抗日救国十大纲领。他们广泛联络进步教师、进步青年、退伍军人、失业工人,动员他们参加抗日救国运动。既而仿照"全国抗日救国总会"章程,于 1938 年 2 月 16 日在县境东部长白山三山峪北面的石峪寺成立了"章丘人民抗日救国会"。

■ 章丘第一支抗日武装的诞生遗址

(一)"章丘人民抗日救国会"成立过程

李曼村、宋乐生、张洪超(曾任东北军副官)、方子成(曾当过旧军队的连副)、陈明煐(现名陈煐)、张元楷、张聘三等,分头到万山村、祖营坞、龙华村、三山峪、王家庄、东西珠窝、于家庄等村联络抗日力量,共联络六七十人。当时,桑园村大地主子弟翟毓蔚(大学生)听说后,也表示抗日救国运动。正当他们组织抗日武装集合上山之际,听群众说:"山北来了中国共产党领导的抗日游击队,那里的各村秩序都很好……"李曼村、宋乐生二人越过长白山,来到了由家河滩。先去一家饭铺里吃饭,打听八路军、游击队在哪里,结果引起了饭铺老头李昭祥的怀疑,便把情况报告给了游击队的王子明,王子明立即赶来盘问李曼村、宋乐生。了解到二人的来意之后,便把他俩带到葫芦峪的下葫庄观音堂处,找到了山东人民抗日救国军第五军的司令部,廖容标、马耀南、姚仲明(与李曼村在济南乡师是同学)等领导同志热情接待了他们。听完汇报后,鼓励他们脱下长衫,拿起武器,拉起队伍,抗击日寇。找到了中国共产党,这是章丘建立人民抗日武装的重要一步。几天后,即1938年2月8日,廖容标司令员带部队从长山县来到万山村,驻军净土寺。当晚召开村民大会,宣传党的抗日主张,发动群众。同时,当夜把捉来的长山县日伪"维持会"会长李胜玺枪毙于万山村北头。这一行动鼓舞了人民的抗日情绪,坚定了群众抗日救国的决心,对当地组织抗日武装起了重要的促进作用。2月16日晚上,李曼村等人商定,在三山峪北面的石峪寺举行起义,各村联络人带着人和枪到石峪寺集会。李曼村带领陈明焕、张元楷、李士夏、李传林、陈清武、崔志德、崔希龄八人当天晚上首先到达石峪寺。第二天,宋乐生、方子成、张洪超、张聘三、李维汉(后来叛变)、孙永瓒(后来叛变)等人和所联络的五六十人来到石峪寺。两三天后,翟毓蔚也带两三人上石峪寺参加抗日队伍,队伍达到七八十人,步枪、短枪、土枪约五六十支,还有大刀、红缨枪,部队暂定名为"章丘人民抗日救国军"。李曼村任司令,宋乐生任政治指导员,方子成为参谋(负责军事训练),张洪超负责地方后勤工作,翟毓蔚任参谋。张聘三为司务长,张元楷任文书,刘其香、张书琴、李士盛做通讯、警卫工作。胡山一带的程学通也带二三十人上石峪寺来,有一挺机枪,长短枪二十余支。部队设三个排:一排排长李维汉;二排排长崔志德,政宣员陈明焕;三排排长李士夏,政宣员陈德武。司令部宣布了抗日救国章程和部队纪律,战士们都填写了"抗日志愿书",并编写了名册。

(二)发展壮大

抗日武装组建后,首要的问题是扩大兵员和征集枪支,组织人员到各村宣传抗日,动员富户献出看家护院的枪支。有些农民带枪上山入伍,有的把枪献给部队,形势很好。但心怀敌意的人却造谣说:"共产党共产共妻,收了老百姓的枪去当土匪"等等。家居十九郎庄的国民党县党部负责人孟月楼、牛敬斋等人,提出"人不离枪,枪不离乡"的口号,阻挠抗日队伍收枪。为瓦解抗日队伍,孟月楼、牛敬斋伙同桑园大地主翟方庭(翟毓蔚之兄),委派孟月楼带武装随从抬着猪肉、点心到石峪寺慰问部队。李曼村等领导人识破了他们的阴谋,将他顶了回去。于是,他们又联合五区联庄会会长王景霄、大地主杨竹铭等人,策划成立"维持会",并向李曼村、宋乐生发了请柬,邀请他们参加会议。为探实情,司令部决定派宋乐生前往,并派一个班随从保护。在会议进行中,孟月楼提出成立"维持会"问题,宋乐生见情况不对头,借故退场,返回石峪寺。

　　1938 年 3 月 3 日拂晓,天降小雪。我抗日救国军为迫使孟月楼交出护家枪支,包围了孟家大院,向他们宣传喊话。孟月楼使缓兵之计,派代表与我方谈判,以争取时间,暗中派人去普集据点向日寇和伪军告急,企图让日伪消灭我军。当发现日军从东南方向向我军背后开火时,我部队主动撤离十九郎村返回了长白山。在这次战斗中战士们作战很勇敢,但翟毓蔚带去的几个人不但畏葸不前,而且把枪口悄悄地对准李曼村、宋乐生。在撤退中,程学通带来的那部分人也拉回胡山一带,从此脱离了革命队伍。这次战斗之后,李曼村写信给马耀南司令员,并派人去汇报情况。第二天,马耀南司令员和政治部主任赵明新带千余人进驻万山、三山峪等村。翟毓蔚早有预谋,乘李曼村、宋乐生离开部队去净土寺汇报情况之机,假传命令集合队伍,把部队带到河庄村后,对战士们说:“李曼村要投马耀南,把队伍带走上山北去,你们跟我走……”在这次事件中,翟毓蔚只带走与他关系亲近的一排排长李维汉等二十多人。其中,有的战士见势头不对,先后返回万山村归队。从此,翟毓蔚投靠了国民党孟昭进部(后任国民党六十九军第十三支队支队长),活动在章丘北部和齐东一带。马耀南司令员鼓励李曼村说:“翟毓蔚叛变了,使我们的队伍更纯洁了,坚持下去一定能胜利。”部队很快便发展到百余人。翟毓蔚投敌后,率领孟昭进部百余人,回十九郎村,逮捕共产党干部、战士家属,大搞反共活动。为打击他的嚣张气焰,马司令派千余人的队伍进驻长白山南,并派骑兵包围十九郎村,歼灭了伪顽头目孟月楼的“维持会”。

　　1938 年 4 月,“章丘人民抗日救国军”改编为“山东省人民抗日救国军第六支队二十一中队”。中队长李曼村,指导员宋乐生,副中队长方子成,政宣员陈明焕,文书张元楷。二十一中队曾奉命夜袭普集日寇据点,破坏胶济铁路普集站西路段,切断日军交通线,出色地完成了任务。为扩大抗日影响,二十一中队进驻黉山前乡,开辟新地区。这一带正是翟毓蔚出没的地方,经过十几天的抗日宣传工作,这一带群众热烈拥护我抗日部队的行动,使该乡联合抗日救国运动出现了新局面。1938 年 6 月上旬,二十一中队奉命调往邹平城,参加八路军山东人民游击队第三支队成立大会,被编为特务营第三连,直属司令部领导。从此,他们奋战在邹平、长山、桓台、淄川、博山等广大地区,在抗日救国的战斗中屡建奇功。

五、章丘第二支抗日武装的建立

　　继章丘第一支抗日武装建立之后,在章丘县的梭庄、郝庄一带,以刘鸣岐、刘雨辰、韩兆杰为首的又一支抗日武装力量在长白山西端揭竿而起。梭庄村的石匠刘鸣岐和当时任县教育督察员的刘雨辰听到日寇发动"卢沟桥事变"后怒火满腔,决心抗击日寇,保卫家乡。

　　1938年初,刘鸣岐利用打石头的机会,刘雨辰利用教书之便,先后到梭庄、郝庄、王庄、姜家套等十几个村庄宣传抗日,发动青年拿起武器抗击日寇。经过一段时间的准备,组建抗日武装的条件也已成熟,刘鸣岐、刘雨辰商量决定在农历二月二日正式建立抗日队伍。这天早上,刘鸣岐、刘雨辰带本村几个青年首先来梭庄西南的戏台前,随后窦家辛庄的窦传森、王庄的冯玉昌、蔡庄的高守礼等十几个人,带四五支枪陆续到达。吃过饭,窦传森整队,刘鸣岐在队前发表讲话,宣告抗日队伍正式成立,并说:"我们是抗日民众义勇军,是打鬼子的队伍。"群众纷纷前来观看,他对围观的群众宣传抗日救国的道理。他们集体串庄,宣传抗日,扩大队伍,筹备武器。队伍从梭庄出发,经窦家辛庄,到王庄、郝庄,先后收了五六条枪,队伍扩大到30多人。天黑前到达郝庄东山的石龙庵。第二天,队伍向簧山一带出发,到河滩村宣传时,遭到敌五区队长王景霄的突然袭击。由于队伍未经训练,被敌人打散,一部分战士被区队逮去,一部分战士跑散失去了联系。为保存实力,刘鸣岐带领所剩的十几人,决定翻山投靠孟昭进的部队。翻过长白山,遇到孟部的第十大队,十大队把刘率领的十几个人编为所属三中队。刘鸣岐任队长,孙维东、王经顺任副队长,刘雨辰被称为师爷。被打散的部分战士也翻山投奔三中队,队伍扩大到40多人,拥有40多支枪。

　　为收复失去的梭庄一带根据地,孟昭进带十大队同三中队一起来到梭庄驻防,并与五区队长王景霄谈判,讲明统一战线共同抗日的道理。王景霄怕被十大队所吞并,提出三中队编入五区队。刘鸣岐不同意。双方言明互不攻击,孟部十大队返回,三中队留驻郝庄大庙。经过30多天的宣传,队伍扩大到80多人,各种枪支70余支。时逢中共博山党组织让地下党员韩兆杰(后脱党)来家乡开展工作。韩兆杰原是博山煤矿工人,1936年经乔同恩介绍入党。"七七事变"后,他与张敬涛、蒋方宇等同志去博山五区、七区组织抗日游击队。1938年初被反动武装包围,突围中,韩兆杰脚部受伤,组织上让他回家养伤,并关注家乡的抗日形势。他秘密指导三中队,并负责与中国共产党领导的"山东人民抗日救国军第五军"联络。

国民党的代表李广营多次找到刘鸣岐,动员他向南投靠国民党的秦启龙。阴历四月的一天,队伍集合后出发,刘鸣岐指挥队伍到村西,韩兆杰正在那里等候,这正是韩刘二人订的将计就计之计。假借投靠秦启龙之名,将队伍顺利拉出,以便摆脱国民党五区队的控制,按计划投奔中国共产党领导的"山东人民抗日救国军第五军"。刘鸣岐带领队伍一气到达回村,与西下的第五军会师。从此三中队被编为山东人民抗日救国军第五军第六支队二十三中队,刘鸣岐为队长,韩兆杰为指导员。二十三中队活跃在历城与章丘接壤的黄桑院、党家庄一带,多次打击伪顽势力,袭击了党家伪区长党铁军的区队,袭击了日军在龙山的据点,狠狠地打击了敌人,扩大了抗日队伍。农历四月底,二十三中队改编为"国民革命军第八路军山东纵队第三支队特务团某连",刘鸣岐任连长,韩兆杰任指导员,刘雨辰调司令部工作。在中国共产党的领导下,章丘的第二支抗日武装投入到抗战的洪流中去了。

六、章丘第三支抗日武装的建立

1938年春,章丘西部、历城东部,章丘第三支抗日武装——山东人民抗日救国军第五军直属三十七中队应运而生。在历城坚持工作的中共党员、任家庄小学教师王心崇同志,先后发展苏道智、方振宝、尹天佑、刘化忠等人入党。又结识了郭广榘、苏伯庸、苏冠英等,积极筹划成立自己的抗日武装。他们决定参加中国共产党领导的在邹(平)、长(山)一带活动的抗日队伍即山东人民抗日救国军第五军(以下简称第五军),于是派苏勋卿与郭正元前去联系,第五军政治部组织科科长王若杰接待了他们,回来后,他们以苏伯庸、苏冠英、苏勋卿、苏子元、郭广榘、郭正元等同志为骨干,积极联络人员,搜集枪支,于1938年春正式成立了70余人的抗日队伍,名为三十七中队,直属第五军司令部。

三十七中队建立后,苏子元任队长,王心崇任指导员,苏冠英任司务长,另选3个排长,2个特派员,郭耀华任副队长兼军事教员。其成员除教员、学生外,大部分是农民。为支援三十七中队,第五军司令员马耀南派四支队、七支队千余人,驻扎在白云湖南畔的石珩一带。王心崇、苏子元前往欢迎,嚣张一时的伪顽不敢轻举妄动了。不久,第五军准备整编,三十七中队奉命东去,驻邹平南关。

1938年6月,第五军四支队队长张景南、高竹君因没有被宣布职务而叛变。叛变后立即袭击三中队,包围了邹平城和东门外的乡建院,打死三支队的一名连长和几名战士。三支队奋力反击,叛军瓦解溃散。在这次反叛斗争中,三十七中队驻乡建院,担任警卫任务。叛军一到门外,即遭到阻击。三十七中队保证了司令部的安全,受到马耀南司令员的表扬。1938年7月,三十七中队又随三支队返回章历边区驻石珩。奉马耀南司令员之命,苏冠英与拥有千余人的历城自卫团团长齐振东联系,并争取他参加三支队,被编为三支队二十一团,齐振东任团长。盘踞在章丘的地方势力,隶属国民党第六十九军石友三的暂编第二师的孟昭进、翟毓蔚,威胁三十七中队队长苏子元,闯入苏冠英家中,逼迫其父苏文卿写信劝苏子元、苏冠英投降。遭到苏文卿的严词拒绝之后,便对苏文卿进行严刑拷打。同时将苏子元、苏冠英家的房子全部烧毁,悬赏300大洋捉拿2人。后来,齐振东、岳伯芳率十一团投靠国民党六十九军。这时坚决抗日的三十七中队(即十一团独立连)被翟毓蔚部集中的百余人所包围,苏冠英火速给马耀南司令员报信,马司令员派军队为其解了围。苏子元、苏冠英又夺得翟毓蔚部39条枪,重新拉起了30多人的队伍。翟毓蔚听说后,气急败坏,下决心逮住苏子元和苏冠英。

由于环境恶化,三十七中队决定到邹、长一带司令部驻址休整。参谋赵云飞带20人先走,苏子元、苏冠英带战士倪长启、苏士鹏化妆出发。行至章丘梭庄时,被翟毓蔚部逮捕,押至翟毓蔚的司令部——西窝陀村。翟毓蔚亲自审讯,苏子元义正辞严地反驳了敌人的谬论,气得翟毓蔚拍案大吼:"给我押下去统统杀了!"午夜时分,他们四人被刽子手押到街上,苏子元大骂不止:"我是队长,要杀就杀我一个,把他们放了!"苏冠英故意高喊:"要杀,公开地杀,为什么偷偷地暗杀八路?"到村外,在庄南小山岭的梯田边,刽子手喝令四人站住。没等他们下手,苏冠英急中生智,猛得挣开双手,向崖下跳去,爬起来就跑,天黑看不见,敌人叫喊着追了不远就不追了。临刑前,苏士鹏说:"我已经准备好了,来个痛快的!"身强力壮的苏士鹏说话间猛力一下挣出身,奋力与敌夺枪。结果夺枪未成,敌人向他连开三枪,苏士鹏中枪后摔下崖去。敌人以为他死了,但由于未中要害,随后死里逃生。苏子元、倪长启未逃脱,被活活残杀。苏士鹏潜回历城,苏冠英翻山越岭来到长山苑城,找到三支队的同志。赵云飞参谋所带的 20 个人,行至章丘田庄时,被翟毓蔚下了枪,后经交涉只把人放了。虽然三十七中队不复存在了,但他们播下的革命火种却在章丘大地上熊熊燃烧!

七、鏖战相公庄

一度参加过"石峪寺起义",又投靠孟昭进任"抗日义勇军"第十三支队队长的翟毓蔚,已拉起 2000 多人的队伍驻在章丘城(今绣惠镇),翟毓蔚任城防总指挥、李维汉(东北军出身)任副总指挥,驻守相公镇。1938 年 4 月 25 日凌晨,驻守普集镇的日军突然包围了相公镇,李维汉率部迎敌。血战一昼夜,双方伤亡惨重。此时兵困马乏,而李维汉愈战愈勇,手握战刀,立于城墙之上,指挥若定。在打死了几个带队冲锋陷阵的鬼子之后,群敌又发疯似的涌了上来,李维汉跃入敌阵,冲杀而死。日寇被李维汉的气势给吓倒了,遂下令不准损坏李维汉的尸体,当翟毓蔚赶到的时候,战斗已经结束。

八、日军扫荡长白山

1938 年 4 月 24 日夜,也就是相公庄战斗的前夜,在普集镇西南的栗家峪村,另一支集中在胡山的抗日武装在程学通的带领下与日寇展开了激战,后程学通败北。几天后,程的部下王连仲(后被国民党委任山东挺进军第二十八军副司令兼军统局鲁中特务组长)带少数人夜袭胶济铁路章丘段涧溪桥和枭毕桥的日军守敌均获得成功,并割下日军两颗脑袋献于程学通。此事激怒了驻扎在章丘的日军头子石田,他歇斯底里的叫嚣要进行报复。8 月 16 日,日军集结包括汉奸在内的 2000 余兵力进攻章丘城,血战竟日城陷,翟毓蔚带领部分军队转移毕村、三德范、南曹范一带,余部由其兄弟翟毓蕙率领,坚持战斗在城北及东山(长白山)各村。9 月 13 日,急于消灭章丘抗日武装的日寇,又以 3000 兵力包围了正在东山(丁庄、腰庄一带)休整的翟毓蕙四团。山沟作战,土生土长的翟军武器差,但凭借地理熟悉,善于爬山的优势,神出鬼没、出其不意地打击了敌人。战斗进行到第三天,翟毓蕙取胜心切,试图主动出击打掉敌人的指挥部,在督战中不幸中弹身亡,我军战败。战后统计,全团阵亡的将士 300 余人。日军死亡 87 人,死伤、被俘虏的汉奸 450 余人。

日寇精心组织的两次战斗,都没有达到彻底征服章丘抗日力量的目的。于是开始了一场惨绝人寰的东山大屠杀。1939 年 3 月 17 日,日军闯进簧山区(今相公镇),狂吼乱叫,兽性大发。仅在簧山前、小康、相公、桑园 4 个村庄,就烧死 31 人,刺死 29 人,狗咬致死 4 人,枪杀 78 人、轮奸丧命 11 人,凶残暴虐,惨不忍睹。

九、向高村保卫战

1942 年冬,西路日军(驻历城)纠集 300 余人的兵力,向李悦仁(时在翟毓蔚部任营长)部驻地向高村袭来。李军守卫在圩墙上居高临下,以逸待劳,与日寇展开了一场激烈的保卫战。向高村几易其手,李悦仁率军最后与敌人血刃相搏。战斗中两名排长阵亡,李悦仁也受轻伤。战斗中共打死日寇 10 多人,汉奸死伤甚众。日寇为了报复,继这次战斗之后,又纠集了 100 多人的兵力卷土重来,战斗从拂晓开始,一直打到下午 2 点多,当敌人的援军到来时,李悦仁才奉命率部撤出阵地。

十、明水镇战役

1946 年 6 月中旬,国民党反动派做好全面内战的准备,制造借口向中国共产党提出五项要求。其中两条与山东有关,即要求解放军退出胶济路全线,退出本月 7 日后解放军从伪军手里解放出来的地区。下旬,国民党徐州绥靖公署第二绥靖区司令王耀武指挥驻济、青的五个军约 10 万人,向胶济沿线我胶东、鲁中解放区大举进犯,扬言"半个月打通胶济路"。

明水镇位于章丘中部,坐落于南北群山间的小平原上,北倚长白山,南临泰山北麓,西接济南,东达胶东半岛,战略地位极为重要。我渤海三分区十三团接到了攻打明水镇的重任,决心拔掉敌人在济南东大门的这颗钉子。根据侦查,驻明水之敌:有国民党保安部队翟毓蔚的一个团,盘踞于百脉泉大殿周围;另有国民党的一个营把守火车站,敌交通大队把守南门里,土匪王连仲部把守西门,约有 2000 余人。十三团副团长张永忠、政委克明接受任务后,立即作了战斗部署。副团长张永忠说:"三营攻打南门,二营攻打火车站,一营在城东北以佯攻牵制敌人。"副团长部署完毕,政委克明作战前动员说:"旅长和政委亲临我团,指示我团一定要首战告捷。在战略上,我们可以藐视敌人。明水守敌虽装备精良,但他们除了草头王、地头蛇就是土匪,这些草寇与国民党正规军明争暗斗,缺乏统一的指挥和行动。在战术上,我们要重视敌人。他们占据交通要道,城墙坚固,与火车站之敌构成相互支援之势,因此我们不可轻敌,要坚决打好这一仗。"克明最后说:"马上部署下去,让战士们好好吃顿饺子,吃饱了今夜出发去包敌人这个'大饺子'。"战士们听后个个摩拳擦掌,精神百倍。擦枪的擦枪,捆炸药包的捆炸药包,紧张地做着战前准备,炊事员们更是忙得不亦乐乎,拌馅子、和面,各班分头包好水饺,不到半个小时大家就都吃完了。

　　夜幕沉沉,繁星闪烁,群山的脊背拱托着蓝天。十三团奉命从普集出发,沿铁路北的崎岖小路,踏着朦胧的月光,直扑明水镇。到达目的地后,各营迅速进入指定阵地,三营担任主攻,首攻南门,晚8点开始挖战壕、修掩体。营长黄经春同志命"钢八连"担任突击队任务。接着,副连长刘清亭和指导员王树光又把突击爆破任务交给了王士富、宗歧山、小马、小崔四人,宗歧山和小崔为第一爆破组,王士富和小马为第二爆破组。不多时,火车站方向枪声大作,二营和敌人交上了火。城南门之敌如惊弓之鸟,乱作一团,在城墙上又喊又叫,机枪步枪无目的地向城外扫射。三营八连指挥员当机立断,改偷袭为强攻,命爆破组为全营打开通路。宗歧山和王士富等人来到连部,营长黄经春同志走到他们面前,逐个拍拍他们的胸膛,整整他们的军帽,端详着四位爆破战士,目光中充满了信任。黄营长最后走到宗歧山面前说:"第一组先上!"宗歧山和小崔立即立正致敬:"请首长放心,保证完成任务!"黄营长转身命令刘副营长:"火力掩护,爆破手上!"刘副营长在机枪手旁亲自指挥,宗歧山抱起30多斤重的炸药包一跃而起,小崔紧跟着跃出战壕,他们忽东忽西,利用有利地形躬身向南门扑去。被敌人发现后,密集的弹雨织成一张火网封锁了路口,子弹从他们头顶嗖嗖飞过,宗歧山和小崔在麦田中匍匐前进,渐渐地接近城门。在他们距城门只有几步之遥时,借战斗中的火光观察地形,一条东西大道横在他们与城门之间,虽然近在咫尺,但要想越过这无遮掩的大道并非易事,动作稍慢,就会死在敌人的枪弹之下。宗歧山跟小崔耳语到:"唯一能安放炸药的地方,就是城门的墙垛子,动作要迅速。我先上,如果我牺牲了,你千万别管我。一定要完成我没有完成的任务!"小崔点点头,坚定地说:"你放心吧!"宗歧山抱起炸药包,箭一般地穿过敌人的火力网来到城下。城墙上的敌人慌作一团,接二连三地往下扔手榴弹。宗歧山沉着冷静地放好炸药包,一拉导火索,连翻几个滚,迅速跑回麦田,刚卧倒就听到天崩地裂一声巨响,顿时火光冲天,城门被炸开了。刘副连长、杨俊发排长带着突击排,如猛虎下山,冲入南门,吓得敌人抱头鼠窜。敌人交通大队长见势不妙,冲出庙门准备逃跑,被杨排长一枪击毙。

钢八连和七连战士奋勇杀敌,全歼敌交通大队一个营。此时东方已拂晓,团首长命令立即撤出明水镇到相公庄休整。接到命令后,战士们极不情愿地撤出了战斗。眼看就要端掉敌人的老窝了,却要撤出来,大家心里憋着一股火。利用休整的时间,副团长张永忠对夜间战斗进行了小结,口头嘉奖了出色完成爆破任务的宗歧山和小崔。望着心情不愉快的战士,张副团长诙谐地说:"没掏敌人的老窝闹情绪啦? 放心吧,仗有你们打的。"张副团长接着说:"二营没有攻下火车站,三营若穷追逃敌,孤军深入,如果敌人里应外合,我们就会腹背受敌,所以命三营撤出战斗。现在,你们消灭了敌人一个营的兵力,大伤了他们的元气,他们势必将外围之敌集中于城里,借土城顽抗以待救援。那我们就来一个速战速决,瓮中捉鳖。"一听有战斗任务,大家立刻来了精神。团部新的作战部署是:一营仍是佯攻;二营在塘子崖设伏,阻击增援之敌和逃敌;三营仍打主攻。三营的战士听说要打主攻,心中的不快顿时烟消云散。太阳像个上了年纪的老人慢吞吞地行走着,战士们个个急切盼望黄昏的到来。傍晚太阳缓缓坠落接近了地平线,整个原野沉浸在一片暮霭流霞之中,天色渐渐地暗了下来。全团战士原地待命做好了准备,团首长一声令下队伍出发了。

来到明水城外,果然见外围之敌龟缩在城里,被炸毁的城南门两侧用麻袋包堆起了两个土碉堡,机枪吐着火舌,交叉着封锁住进城的路口,第二次攻打明水镇的战斗打响了。此次敌人做好了顽抗的准备,不仅重兵把守城门,而且在城里沿街构筑了明暗碉堡,还在康家楼制高点配有重机枪和迫击炮,如果我们的战士每前进一步都要付出血的代价。我突击排正面进攻受阻,刘副连长亲自指挥爆破组沿街引爆了 15 包炸药,顿时火光四起,房屋坍塌,三营杀开一条通道,与敌人沿街厮杀,逐屋争夺,展开了激烈的巷战。三营虽炸开通道冲进城来,但敌人控制的制高点——康家过街楼仍有密集的火力压得我军无法前进。为减少伤亡拿下康家楼,宗歧山、王士富和小马抱着 50 斤重的炸药包,在机枪掩护下迅速向敌炮楼逼近。就在这关键时刻,敌人炮弹落在我机枪手身边,我方机枪哑了。敌人的机枪喷着火舌,像赤链蛇似的朝三位爆破手的方向射来。宗歧山担心炸药被子弹射中,从小马怀中夺过炸药包,紧紧压在身子下面。此时天已大亮,敌人一窝蜂似地反扑过来,我军被迫撤退。当大部分战士退到街里大槐树下时,刘副连长发现三个爆破手没撤下来,他不顾危险,用桌椅在槐树下架起护身堡,冒着敌人凶猛的火力,顽强地反击敌人,掩护爆破手撤退。三位爆破手边打边撤,敌人紧追不舍。宗歧山灵机一动,待敌人逼近,点燃炸药包往地上一放,迅速隐蔽起来。一声巨响,敌人被炸得血肉横飞,死的死,伤的伤,剩下的残敌也不敢再追了,就这样三个爆破手安全撤了下来。驻济敌军闻明水告急,来不及增援便派飞机空投作战物资援助。但此时的明水守敌仅踞城内一隅之地,空投物资大部分落入了人民解放军的手中。太阳升起又落下,二打明水镇激战了一天一夜,战士们没顾上喝一口水,吃一口饭,许多战士受了轻伤,随便包扎一下又投入了战斗。

天又黑了下来,副团长张永忠见明水之敌负隅顽抗,一时难以拿下,便请求旅部调警卫营的炮排前来助战。半夜时分,炮排的同志赶到了,个个都汗流浃背,原来他们是一路急行军从驻地周村赶来的,仅仅四个小时就跑了40多公里的路程。他们随即投入了战斗,只用了两发炮弹,敌人的制高点——康家过街楼就被炸毁。敌人马上乱了阵脚,不得不从城西北角仓皇逃窜了。埋伏在塘子崖的二营战士早已在此等候多时,待敌人走近后,全营发起猛烈地进攻,敌人像没头苍蝇到处乱撞。这时全团发起冲锋,枪弹声、手榴弹爆炸声、喊杀声震天动地,敌人早已吓破了胆,除个别顽固分子顺稻田水沟溜掉外,大部敌兵被我军俘虏。经过三个夜晚的激战,全歼驻明水顽敌两个营的兵力,缴获了大批武器弹药。战斗结束后,十三团在明水召开了祝捷大会,宗歧山、王士富被评为爆破模范。旅政委李曼村表扬了十三团所取得的辉煌战绩。从此明水镇回到人民手中。

十一、章丘城之战

抗战胜利以后,绣惠城作为济南到胶东的重要城镇,一直处于敌进我退、敌退我进的"拉锯"状态,人民解放军和武工队灵活机动、浴血奋战,四进章丘城,谱写了一曲可歌可泣的英雄篇章。

1945年8月15日日寇投降,中共泰山地委为开辟新解放区,决定将章丘县北部的一、二、三、四区和历城县东部四、五区划为章历县。抗战时期，该地一直为敌占区，国民党伪顽头子翟毓蔚长期盘踞，为非作歹，气焰十分嚣张。8月下旬，泰山军分区司令员廖容标从莱芜率部南下，攻克了南曹范，解放了寨子据点，俘伪军头目芦洪袍及部下200余人。这一军事胜利，震慑了二十公里外的章丘城之敌，伪县长李某、伪自卫团长李法传纷纷弃城逃跑。8月25日，上级派章历县县长赵一川和保卫科长槐亚东带两个连接管章丘城，部队从埠村绕过枣园车站(枣园车站有敌人)穿过胶济铁路开进章丘城，县委住在城里十字路口向东道北一冯姓群众家里，县政府住在东北隅一处小学里，成立了领导班子：苏克强任县委书记、赵一川任县长，建立了马棚、旧军、临济、刁镇、白云、龙山六个区。章历县委进驻章丘城后，针对城内外暗藏敌人特别多的实际，首先进行了肃敌清匪斗争，廖容标带主力部队从章丘城往北一直打到张家林，巩固了县城周边安全。同年冬，泰山军分区将警备二团二营下放到章历县为县独立营，进行剿匪反特活动。其次是广泛发动群众开展"反奸诉苦，减租减息"运动，由点到面逐步在全县展开，开始了乡村政权建设。

1946年6月下旬，风云突变，蒋介石公然撕毁《停战协定》，向解放区发动全面进攻。6月25日，国民党七十三军、九十六军的十四师、十五师在飞机的掩护下，从济南沿胶济铁路向章历县大举进攻，面对气势汹汹的敌人，县委机关避实击虚，主动撤出章丘城，留下精干武工队就地坚持斗争。在敌强我弱的情况下，采取机智灵活的方法打击敌人，多采取白天休息，夜里深入敌区。武工队发动民工，将龙山火车站附近的道轨扒掉，运出十公里外埋掉，目的是阻止国民党的铁路运兵。1947年2月，国民党军队在鲁南战役遭到重创，南下莱芜、新泰的策应之敌也全军覆没，我军乘胜收复胶济线500余华里，2月25日，章丘城第二次解放。

章丘城二次回到人民手中，全县人民开始了轰轰烈烈的"一手拿枪，一手分田"的土地改革运动。这次土改的方针是大胆放手发动群众，以乡为单位召开贫雇农大会，首先进行阶级教育，从中发现积极分子，以他们为骨干成立农会筹备委员会，领导群众学习政策，打通思想，学习划阶级定成分。当时农民思想一是怕变"天"，国民党回来报复；二是阶级觉悟低，认为穷是命中注定的，墓地风水不好，把人家肉割来安在自己身上长不住等。针对这种情况，县政府首先进行形势教育，说明我各个战场的胜利，其次进行谁养活谁的教育，找了穷根，挖了地主的富源，从而提高了群众觉悟，但个别地方也出现极"左"

倾向,不仅打击了地主,也伤害了自己的朋友(中农),但很快得到纠正。

正当土改运动进入复查纠错阶段时,1947年7月国民党反动派对山东进行了重点进攻,我华东主力部队为了诱敌深入,消灭大量有生之敌,全部由鲁中南撤至黄河以北,章历县形势骤然紧张。8月17日,章丘城又陷敌手。彼时地主、恶霸、汉奸、伪顽疯狂向翻身农民反攻倒算,屠杀共产党员和农会干部之多,难以计数,造成村村流血,庄庄悲声的惨状。苇陀村恶霸地主韩司芝带领还乡团回村,向280户农民一次倒算粮食82石5斗(约合5万余斤),绑走群众175人,杀害农会干部及革命家属8人;石珩村恶霸师子良,将正在怀孕的农救会会长刘希保之妻捆绑吊打20多次,逼她找回丈夫,同时把刘希保的岳父打得死去活来,逼他请客送礼,交纳3000斤小麦,最后折磨致死,如此惨剧不胜枚举……根据上级指示"枪打出头鸟,打击坏中坏"的精神,武工队"县不离县,区不离区"就地反击敌人的报复。一天夜里,刁镇区委书记吕庆桐带领武工队到任家道口村活动,找贫雇农了解情况,知道任九义从济南回来后疯狂向群众倒算影响极坏,武工队员将他的房子包围起来,跳过墙去开了大门冲到屋里,任九义看逃不脱,躺在床上装病不起,武工队员将他枪毙在床上。当天夜里武工队又到潘家庄,听农会员说大地主潘明柏回来了,正向农民反攻倒算,骡马都要了回去,还限期要农民交还他的东西。武工队员将潘家大院包围起来进行搜查,各屋搜查后未找到潘明柏。在再次搜查过程中无意发现伙房水缸中水瓢在动,原来他顶了个大水瓢藏在水缸里了,武工队员把他从水缸里弄出拖到村外就地枪决了。一夜枪决了两个坏蛋后,鼓舞了贫农的斗志,打击了敌人的气焰。这种地下斗争一直坚持到1948年春,人民解放军发动春季攻势,先后收复张店、淄川、博山等地,同年3月15日,章丘城解放,人民解放军三进章丘城。

1948年4月,人民解放军发起昌潍战役,时任山东省战区司令的王耀武亲率6个半旅从济南东援昌潍。人民解放军在章丘城西打援,师部驻刁镇茄庄,章历县政府成立了支前小组,每天供应部队粮、柴、草几万斤,该纵队顽强阻击了8天,完成任务后撤到邹平县,4月19日,耽搁了8天行程的敌军终于通过了章历县,顺道占领了章丘城,等他们到达益都时,昌潍已经解放。昌潍大捷后,王耀武折返西逃,退进了济南,但章丘城仍在敌人手中。5月27日,渤海纵队新11师侦察连、警卫连与敌84师483团二个营在大沟崖村展开激战,8时许,人民解放军19团由旧军赶至增援,奋战一上午将敌击溃,人民解

83

放军四占章丘城。

　　章丘城失守后,敌人不甘心失败,据此,渤海纵队调整部署,决定以章丘城、回村、大沟崖为一线,以山头店、韦陀为二线,坚决予敌严重杀伤,由新第七师二团守章丘城,该团一营守北关,二营守西关,三营守南关,三团控制山头店,茂李庄一带阵地,并派一部至东里庄、西里庄,保障章丘城左翼安全。6月18日,由济南东援之敌在十余架飞机轮番轰炸,数十门大炮轰击掩护下,用密集队形反复冲锋,尤以城北山最为激烈。当时匪首命令:"所有炮火向城北山齐放一百发",一时硝烟腾空,大地为之震撼,但敌人火力转移后,又被我军击溃。章丘西关二团阵地因临时修筑不够坚固,反复争夺几易其手,城北山阵地原系匪军构筑的几个孤立堡垒修补而成,孤存山头目标很大,山石坚硬又缺少交通沟及预备阵地,部队伤亡很大,但仍能连续打垮敌人数次冲锋,电话员魏全德同志两次负伤后,仍坚持抢修电话线,直至光荣牺牲。正是由于我军积极作战,完全粉碎了敌人的阴谋反扑。战后发现,仅城北山下王金庄前处即有敌尸百余具,据《军战史料》记载,此次战斗毙伤敌1160人,缴获各种武器707件,章丘城最终回到人民的手中。

第二部分

历代人物

第一章
先秦时期

一、春秋初期大政治家——管仲

管仲（？—公元前645年），名夷吾，字仲，齐国大臣。是春秋时期的大政治家、军事家。管仲的祖先是姬姓的后代，与周王室同宗。父亲管庄是齐国的大夫，后来家道中衰，到管仲时已经很贫困。为了谋生，管仲做过商人，到过许多地方，接触过各式各样的人，见过许多世面，从而积累了丰富的社会经验。

公元前698年，齐僖公驾崩，留下三个儿子，即：太子诸儿、公子纠和小白。齐僖公死后，太子诸儿即位，这就是齐襄公。但品质卑劣，齐国前途令国中老臣深为忧虑。当时管仲和鲍叔牙分别辅佐公子纠和公子小白。起初鲍叔牙对齐僖公令其辅佐公子小白很不满意，常称病不出。他认为"知子莫若父，知臣莫若君"。国君知道小白将来没有希望继承君位，又以为他没有才能，才让他辅佐小白。而管仲却不以为然，当他了解内情后，劝导鲍叔牙说："国内诸人因厌恶公子纠的母亲，以至于不喜欢公子纠本人，反而同情小白没有母亲。将来统治齐国的，非纠即白。公子小白虽然没有公子纠聪明，而且还很性急，但却有远虑。公子纠即使日后废兄立君，也将一事无成。到时还不是由你鲍叔牙来安定国家？"鲍叔牙听从了管仲的意见，便竭力尽心侍奉小白。不久，齐襄公与其妹鲁桓公的夫人文姜密谋醉杀了鲁桓公。对此，具有政治远见的管仲和鲍叔牙都意识到齐国将会发生大乱，所以他们分别替自己的主子想方设法找出路。公子纠的母亲是鲁君的女儿,因此管仲和召忽就保护公子纠逃到鲁国去躲避。公子小白同鲍叔牙也跑到莒国姥姥家避难去了。公子纠和公子小白去的地方虽然一南一西,但目的相同,都是静观事态的发展,伺机而动。

齐襄公十二年(公元前686年),齐国内乱终于爆发。齐襄公叔伯兄弟公孙无知因齐襄公即位后废除了他原来享有的特权而恼怒,勾结大夫闯入宫中杀死齐襄公,自立为国君。公孙无知在位仅一年有余,齐国贵族又杀死公孙无知,一时齐国无君,一片混乱。流亡在莒国的公子小白和寄居在鲁国的公子纠得到消息后,都觉得自己继承王位的机会来了,急忙打点行装,要回国争夺王位。公子小白接信后又和鲍叔牙仔细分析国内形势,然后向莒国借了兵车,日夜兼程回国。鲁庄公知道齐国无君后,也万分焦急,立即派兵护送公子纠回国。后来发现公子小白已经先出发回国。管仲于是决定自请先行,亲率30乘兵车到莒国通往齐国的路上拦截公子小白。管仲非常沉着,等公子小白车马走近,就操起箭来对准射去,只听当啷一声,一箭射中,公子小白应声倒下。管仲见公子小白已射死;就率领人马回去。其实公子小白没有死,管仲一箭射中他的铜制衣带钩上,公子小白急中生智咬破舌尖装死倒下。经此一惊,公子小白与鲍叔牙飞速挺进齐国都城临淄,顺利地登上君位,这就是历史上的齐桓公。

齐桓公即位后,由鲍叔牙极力推荐管仲,被齐桓公任用为相,尊称为仲父。管仲在齐国实行富国强兵的政策,攘夷狄,尊周室,九合诸侯,一匡天下。就是这样一位辅齐国称霸的显赫人物,其封地却世说不一。《春秋·桓公七年》:"夏,谷伯绥来朝。""庄公三十二年春,城小谷。"杜预注:"小谷,济北谷城县,城中有管仲井。"《左传·庄公三十二年》:"城小谷,为管仲也。"杜预注:"公感齐桓公之德,故为管仲城私邑。"丁山认为:"此谷介于齐鲁之间。即谷伯绥国所在,商代的谷氏也可能在此。"有史以来,夷夏交流一直是中国历史的主要内容。东夷族的西迁和华夏族的东征几乎成为夏商历史的重要脉络。所以,山东、河南一带常有异国两地、一名两国现象。若论管仲受封之小谷即商代之谷氏旧墟,史证较足,于理亦通。

管仲之封,世人多依杜预之说,地在"济北谷城县。"清人顾炎武曾作《小谷辩》认为"谷与小谷非一也,仲所居者,谷也。《春秋》庄公三十二年所城者,小谷也。《春秋》有言谷而不言小者甚多。盖小谷者别于谷也。"那么小谷又在何处呢?《谷梁传》范宁注:"小谷,鲁地。"孙复《春秋发微》谓:"曲阜西北有小谷城。"顾炎武、叶圭绶皆依此说。但是,若依《左传》"城小谷,为管仲也"之言而论,则小谷不能是鲁地。左氏为传,偏于史实,与公羊、谷梁等偏于义理有异,其说必有所依。书小谷乃别于谷也好,谷便是小谷也罢,谷与小谷均当为齐地。《春秋·庄公七年》:"夫人姜氏会齐侯于谷。"杜预注:"齐地。今济北谷城县。"即今山东东阿县治。按庄公七年为齐襄公十一年,姜太公受封于齐,方国不足百里,至襄公时其西界最多可达邹平一带。东阿一带直到齐桓公称霸扩张疆域,二年灭谭,五年灭遂后才属齐,且谷与管仲有着密切关系,管仲有大功于齐,食邑非一,经籍多有记载。除谷之外,另有小

■ 管仲

谷为管仲别邑,或管仲将封邑均称为谷,而按封地早晚分为谷和小谷,完全可通。旧志记章丘有汉土谷城。道光《章丘县志·古迹考》:"土谷城在县治东南 25 里明水镇东。"《水经注》云:"济水右纳百脉水,百脉水出土谷县城西。"百脉水即今绣江河,源出百脉泉及东麻湾。所以,土谷城应在明水之东侧,也就是现在的绣水以东地区。

二、春秋齐国贤臣——宁戚

宁戚,一作宁武,原是卫国人,在春秋齐国史上是一位赫赫有名的大人物,他与管仲、鲍叔牙一道为齐国称霸做出了巨大贡献。

宁戚家中十分贫穷,以为人赶车度日,他听说齐桓公是一位任人唯贤、治国有为的明君,便想去他手下干一番事业。但又没有什么礼物进见,于是便为商人赶车拉货来到齐国国都。夜晚宿在城门外,正赶上齐桓公晚上开门迎客,宁戚疾击牛角而歌,被桓公发现,以车拉至宫中。通过考试,被录用为上卿,后迁国相。《吕氏春秋》云:宁戚欲干齐桓公,穷困无以进,于是为商旅,赁车以适齐,暮宿于郭门之外。桓公郊迎客,夜开门,辟赁车者执火甚盛从者甚众,宁戚饭牛于车下,望桓公而悲,击牛角,疾商歌。桓公闻之,执其仆之手曰:"异

哉！此歌者非常人也。"命后车载之。桓公反至，从者以请。桓公曰："赐之衣冠，将见之。"宁戚见，说桓公以合境内。明日复见，说桓公以为天下，桓公大说，将任之。群臣争之曰："客卫人，去齐五百里，不远，不若使人问之，固贤人也，任之未晚也。"桓公曰："不然，问之，恐有小恶，以其小恶，忘人之大美，此人主所以失天下之士也。且人固难全，权用其长者。"逐举大用之，而授之以为卿。

■ 宁戚

"南山灿、白石烂，中有鲤鱼长尺半。生不逢尧与舜禅，短褐单衣适至骭。从昏饭牛薄夜半，长夜漫漫何时旦？"这首著名的《宁戚歌》真实地表现出了怀才不遇之士自求用世的复杂心态。据《东周列国志》载，周厘王二年（公元前680年）春，齐国攻打宋国，齐桓公先派管仲率一部分军队出发。一天，军队到猛山（山东临淄附近），管仲见一放牛青年冲他疾击牛角高歌，气质非凡，即派侍从把他招来，管仲问其姓名，答曰："卫国百姓，姓宁名戚"。管仲叩其所学，宁戚对答如流。管仲叹道："豪杰辱于泯涂，不遇汲引，何以自显？我国国君大部队在后，不过几日到此，我写封信你去拜见国君，必当重用。"数日后，齐桓公大军到此，宁戚又唱起《宁戚歌》。齐桓公闻听此歌甚感惊奇，派人将宁戚叫至跟前，问其姓名后，桓公说："寡人率领诸侯征战天下，百姓安居乐业，草木沾春，舜日尧天不过如此，你说不逢尧舜，又说'长夜不旦'，你是放牛的为何要讽刺朝政？"宁戚据理争辩，有些言辞冒犯齐桓公。桓公大怒，命令斩首。宁戚面不改色，仰天叹道："桀杀龙逢，纣杀比干，今宁戚为第三个！"这时身边大臣隰朋上奏说："此人见势不趋，见威不惕，非寻常放牛的。"桓公转念一想，怒气顿消，对宁戚说："寡人聊以试子，子诚佳士"。这时，宁戚从怀里拿出管仲的亲笔信，桓公阅后说："既有管仲的书信，为何不早呈上？"宁戚说："贤君择人为佐，贤臣亦择主而辅，君如恶直好谀，以怒气加臣，臣宁死也不自荐"。桓公听后非常高兴，即拜宁戚为大夫，与管仲同参国政。宁戚不负厚望,屡建战功。后又长期任大习田(农官)。他管理农事,奖励恳种,薄取租赋,使齐国很快富强起来。并著有《相牛经》一卷。他仕途四十余年,对齐桓公完成"九合诸侯,一匡天下"的霸业起了重要作用。

宁戚为桓公相,史书记载不多。到底他为齐国称霸立下了多么大的功劳,也少典籍可查,只能从个别文章的只言片语中查寻。《管子·杂篇二》:"桓公使管仲求宁戚,宁戚应之曰:'浩浩乎'。"一个"求"字,可看出宁戚在齐桓公心中的地位。而且是叫管仲去求,管仲身为桓公相,一人之下,万人之上,国人称其仲父,叫他去求宁戚,便将宁戚的地位大大提高了。而宁戚还佯佯不睬地不问所求之事,却云山雾罩地提出了"浩浩乎"的要求。意思是说森森无际的水中能养育出许多鱼,而鱼通过繁殖,又会育出更多的鱼。我来到这么个泱泱大国,立下了大功,到现在还没有成家立业。齐桓公便亲自为宁戚择偶成家,以便使其能够安心地为国出力。《吕氏春秋·贵直论》曰:"齐桓公、管仲、鲍叔牙、宁戚相与饮酒,酣。桓公谓鲍叔曰:'何不起为寿?'鲍叔奉杯而进曰:'使公毋忘出奔在于莒也,使管仲毋忘束缚而在于鲁也,使宁戚毋忘其饭牛而居于车下。'"齐桓公之所以成为春秋霸主与他们不忘过去苦难,团结一致,同甘共苦,勇于拼搏的精神是分不开的。从他们饮酒酣乐的情形也可看出他们之间的密切关系。

因宁戚为齐桓公春秋称霸做出了巨大贡献,被桓公将封邑封于章丘并建宁戚城。那么宁戚城在什么地方呢?《山东考古录》载:"宁邑故城在县城东北二十五里。"《齐乘》云:"章丘东北三十里。"《水经注》:"杨绪水,西北经章丘城东,又北经宁戚城西。"《章丘县志》则曰:"杨绪水,一名獭河,见《齐乘》,今又称小清河,与百脉水俱经章丘城东相去四、五里,百脉水近女郎山东麓至山之东北折而西,杨绪水近长白山西麓直北经宁戚城西。古济水自西来而东北趋海,故杨绪水北流注之。则宁戚城当在济水之南,獭河之东。旧志图城在獭河西,误矣。"按上述记载,杨绪水,今獭河,在章丘故城东北大体方位基本一致,只不过没有二十五里。

三、战国时期哲学家——邹衍

邹衍,战国末期齐国人。生卒年不详,据推断大约生于公元前324年,死于公元前250年。邹衍是战国时期"五德终始说"和"大九州说"的创始人,是我国古代阴阳家学派的代表人物,是齐国稷下的著名学者。在稷下学派中与孟轲、淳于髡、慎到、环渊、接子、田骈、邹奭齐名。

关于邹衍的籍贯,史籍并无详细记载,相传墓地在今章丘相公庄镇郝庄。但据宋代乐广的《太平寰宇记》记载:"(邹衍)葬齐州章丘县东十里。"清朝道光《章丘县志》载:"邹衍墓,在明水东北十里长白山西麓,相公庄镇郝庄西北角。"原有高冢、石碑,20世纪70年代因搞农田水利基本建设,冢已变形,只存一高阜,石碑无存。其墓北面和东面是连绵不断的长白山,西面是漯河,南面则是地势平坦、土地肥沃的平原。旧章丘城东关鱼市街有邹衍祠堂。明万历年间,章丘知县董复亨撰有碑记。碑文曰:"衍故邑人,邑东十里有衍墓。"由此可知,邹衍确为章丘人。

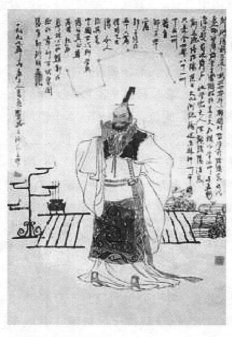

■ 古代大哲学家邹衍

邹衍的主要学说是"五德终始说"和"大九州说"。因他"尽言天事",当时人们称他"谈天衍",又称邹子。他活动的时代与孟子、公孙龙、鲁仲连是同时代人。

1. 五德终始

邹衍认为,从天地剖判以来的人类社会都是按照五德(即五行之德)转移的次序进行循环的。而五德转移是仿照自然界的五行相克即土克水、木克土、金克木、火克金、水克火的规律进行的。人类社会的历史变化同自然界一样,也是受土、木、金、火、水五种物质元素支配的,历史上每一王朝的出现都体现了一种必然性。邹衍说:"五德之次,从所不胜,故虞土、夏木。"五行相胜说认为:众胜寡,所以水胜火;精胜坚,所以火胜金;刚胜柔,所以金胜木;专胜散,所以木胜土;实胜虚,所以土胜水。邹衍根据土、木、金、火、水五行之间的这种循环相克关系创立了五德终始说,来解释历史发展和朝代更替。五德指土、木、金、火、水五种德运,它们之间存在木克土、金克木、火克金、水克火、土克水的关系。历史发展正是按照这种顺序循环往复,每一朝代都有五德中的一种与之相配合,由此种德运决定这个朝代的命运。新的朝代将要兴起之时,上天必然会出现某种符瑞作为征兆。

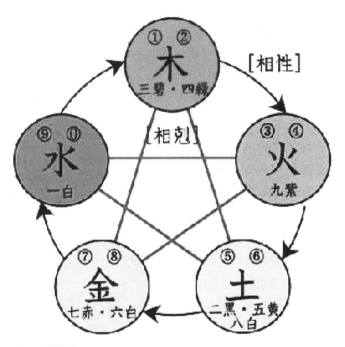

■ 五行相生

黄帝时出现大螾大蝼(螾为蚯蚓,蝼为蝼蛄),黄帝说:"土气胜。"所以黄帝属土,崇尚黄色。夏禹之时,草木秋冬之季仍不枯萎,禹说:"木气胜。"所以禹属木,崇尚青色。商汤之时,出现金刃生于水的现象,汤说:"金气胜。"所以商属金,崇尚白色。周文王时,出现赤鸟衔丹书集于周社的奇观,文王说:"火气胜。"所以周属火,崇尚赤色。按照五行相胜的原理邹衍推测代火者必为水德,而且会出现水气胜的征兆。水气胜,故崇尚黑色。但是如果不做好准备,就会失去承运的机会,而转为土德。这样五行之间的相胜关系就形成了一个封闭的循环过程,由此造成了王朝的更替和历史的周期性变化。

邹衍初学儒术,但是看到"有国者益淫侈,不能尚德",出于尚德的需要创立了五德终始说,希望国君闻其"怪迂之变"而感到恐惧,从而谨身修德,"整之于身,施及黎庶"。但是五德终始说的创立,客观上却迎合了战国后期各国君主实现统一大业的愿望,为他们提供了统一天下的理论依据。五德终始说在诸侯中的影响日益扩大,邹衍本人也因此受到各国的礼遇。邹衍到梁国,惠王亲自出城到郊外迎接,对他行宾主之礼。到赵国,平原君走在路旁,为他擦去座位上的尘土。到燕国,昭王为他扫路、引导,请求做他的弟子,在碣石为他建造了一所宫殿,亲自去听他讲授。邹衍的五德终始说不仅在当时受到重视,而且对后世的学术和政治也产生了重大影响。就学术而言,董仲舒将邹衍的阴阳五行学说与儒学相结合,开汉代儒学阴阳五行化的先河。就政治而言,五德终始说作为一种改朝换代的理论工具,受到历代新王朝建立者的推崇。秦始皇统一六国后,根据邹衍"水德代周而行"的论断,以秦文公出猎获黑龙作为水德兴起的符瑞,进行了一系列符合水德要求的改革,以证明其政权的合法性,遂成为五德终始说的第一个践行者。

《史记》集解引刘向《别录》说:"邹衍之所言……尽言天事,故曰'谈天'。"《史记·孟荀列传》说:"邹衍之术,迂大而宏辩……故齐人颂曰:'谈天衍'。"《文心雕龙·诸子》说:"邹子养政于天文。"同书《时序》说:"邹子以谈天飞誉。"可见善于谈天是邹衍的一大特点。然而邹衍不是为谈天而谈天,他以谈天为手段,以服务于当时的政治需要为目的。建立于阴阳五行基础上的五德终始说才是他学说的核心所在。

2. 大九州说

邹衍还提出了天下分为"大九州"的地理学说,成为中国古代具有"海洋开放型地球观"的第一人。在中国古代的宇宙论中,"盖天说"和"浑天说"是两种具有代表性的理论。盖天说认为"天象盖笠,地法覆盘",浑天说则认为"水(海洋)"不仅载着"地"同时也撑着"天";盖天说出自内陆,浑天说源于海洋。邹衍的"大九州"说就是受浑天说的启发而创立的。战国时代中国的航海水平已有所提高,人们对中国东部海域内的陆地或岛屿已经有所了解,加上齐地滨海的自然环境,海市蜃楼的奇妙景象和燕齐渔民商贾对异域风情的传闻和描述,这一切都激发了邹衍的灵感,开阔了他的思路,使他对自己生活的世界做出了大胆的推测,创立了"大九州"说。

邹衍认为战国时期儒家所谓的"中国"(指华夏族聚居的中原地区)并不是世界的全部,当时的全中国(指战国七雄疆土的总和)名叫赤县神州,赤县神州内另有九州,也就是大禹治水时所序列的冀、兖、青、徐、扬、荆、豫、梁、雍九州,像赤县神州这么大的州全世界共有九个,每一州的周围都有大海环绕,这个州里的人民与其他州不能由陆路连接相通往来,这样,儒家所谓的"中国"只不过是世界的八十一分之一而已。《淮南子》中还记载了大九州的完整名称:东南神州曰农土,正南次州曰沃土,西南戎州曰滔土,正西弇州曰并土,正中冀州曰中土,西北台州曰肥土,正北泲州曰成土,东北薄州曰隐土,正东阳州曰申土。纬书《河图括地象》则有两种不同的记载:其一,东南神州曰晨土,正南卬州曰深土,西南戎州曰滔土,正西弇州曰开土,正中冀州曰白土,西北柱州曰肥土,北方玄州曰成土,东北咸州曰隐土,正东扬州曰信土。其二,"昆仑之墟,下洞含右,赤县之州,是为中则。东南曰神州,正南曰卬州,西南曰戎州,正西曰拾州,中央曰冀州,西北曰柱州,正北曰齐州,东北曰薄州,正东曰阳州。"不管大九州的名称为何,邹衍在距今二千三百多年前就预言了大洲和大洋的存在,这比欧洲学者对地球做出相似的预测早了近一千八百年。邹衍的大九州说虽然是建立在主观推测的基础上,缺乏严密论证和科学判断,但是在当时对中国以外的地理几乎一无所知的情况下,无疑是突破了人们狭隘的地理观念,开阔了人们的视野,激发了人们探索域外的热情。在人们没有真正认识地球以前,"大九州"学说无疑是"闳大不经"的。王充评价邹衍的大九州说"此言诡异,闻者惊骇"。《盐铁论·论邹》中也批评大九州说"近者不达,焉能知瀛海?……无补于用,……无益于治"。但是随着中外文化交流的发展,海外各国与中国往来的日益频繁,"大九州"说的价值逐渐被人们所认同。元代的张翥在《岛夷志略·序》中说:"九州环大瀛海,而中国曰赤县神州,其外为州者复九,有裨海环之,人民禽兽能想通如一区中者,乃为一州,此邹氏之言也。"

郭沫若先生在《十批判书》中称邹衍是一大思想家;英国人李约瑟说他是"中国古代科学思想的真正奠基者"。邹衍作为我国古代著名的哲学家,深入发展了朴素的五行学说。经过他的改造和推广,"五德终始"说和"九大州"说虽没像儒学那样成为封建社会的主导理论,但它却潜伏在人们思想意识的深处,成为了封建时期各种政治观点和哲学理论的基本框架,各种自然科学也以邹衍的学说作为构架其理论研究的工具。

第二章
秦汉时期

一、西汉经学家——伏生

伏生,字子贱,亦名伏胜,生卒年月不详,西汉经学大师、《尚书》的创始者。秦时济南郡东平陵(现今山东章丘龙山街道)人。相传伏胜为孔子弟子宓子贱的后人(古代宓与伏通)。伏生自幼聪慧,从十岁起就攻读《尚书》,"以绳绕腰领,一读一结,十寻(八尺为寻)之绳,皆成结矣"。(段成式《酉阳杂俎》)。这种独特的学习精神,使得他受益匪浅,在耄耋之年都能熟背如初。

秦初,秦始皇为了完成统一大业,巩固已取得的政权,在全国选拔了七十名博古通今的经济家、方术士充当国策顾问,伏生即为其一。

公元前213年,在秦始皇参加的一次群臣宴会上,有位叫淳于越的博士引经据典,直言不讳地批评秦始皇,否定分封制。又说:"事不师古而能长存者,非所闻也!"这件事触怒了丞相李斯。李斯认为:这些儒生之所以如此"狂言",都是读书所致。于是他建议秦始皇除秦国的历史书以及有关医药、卜筮、种树的书之外,"天下敢有藏《诗》、《书》、百家语者,悉诣守、尉杂烧之"。甚至"有敢偶语诗书者弃市"。秦始皇采纳了李斯的建议即下令焚书,有书不交出者杀,伏生冒着生命危险将所存的《尚书》匿藏于家中墙壁里。余怒未息的秦始皇看到儒生们不服,又于次年在咸阳活埋了460名儒生,这时伏生早已流亡异乡了。经历了秦末的战乱,刘邦平定天下以后,伏生终于返归故里,在章丘的家中搜寻出其藏书,发现原藏《尚书》丢失数十篇,仅找到 29 篇,他把仅存的《尚书》一一抄录整理,并广招弟子进行传授。齐鲁一带的儒生纷纷拜他为师,"学者由是颇能言《尚书》,诸山东大师无不涉《尚书》以教矣"(《史记·儒林列传》)。

汉朝初期,刘邦吸取了秦朝统治的教训,采取了一定妥协和缓和的策略。对秦朝视为危险势力的儒学和儒生给予了充分重视。汉惠帝四年(公元前 191 年),除挟书律,汉惠帝时恢复了儒家经书的合法地位。汉文帝刘恒继位后,注重收集儒学书籍,征用发现儒学人才,即下

■ 伏生画像

令在全国寻求能治《尚书》者,但当时无人能传此书。后来听说伏生曾为秦朝博士,且专治《尚书》,文帝欲召其进朝传业,但伏生已年逾九十,行走十分困难。文帝只好下诏让主管宗庙礼仪、文化教育的太常掌故晁错亲自到济南伏胜家中学习《尚书》。伏胜传授《尚书》,一直是口授。因年事已高,言语喃喃,晁错很难听明白,伏胜便让女儿羲娥在一旁代为解说。羲娥讲的是方言——齐语,而晁错是河南颍川人,故仍是十有二三听不懂。经过数月的努力,晁错终于将《尚书》学完并记录下来。这就是传之后世的今文《尚书》,即用汉代通行的文字隶书写定的《书经》。此后,伏胜的弟子又根据伏胜对《尚书》的解释,编成《尚书大传》。然《四库提要》称"此书与经义在离合之间,属于外传文体"。

伏生传《尚书》于济南张生和千乘(今山东高青县高苑镇北)人欧阳生,欧阳生传千乘人兒宽。兒宽通《尚书》之后,"以文学应郡举,诣博士受业,受业孔安国",后得武帝赏识,官至御史大夫,张生亦为博士。其后,鲁(今曲阜市)人周霸、孔安国,洛阳(今属河南)贾嘉,均以研治《尚书》而著闻当时。

《汉书·儒林传》:伏生,济南人也。故为秦博士。孝文帝时,欲求能治

■ 伏生授经图

《尚书》者,天下亡有,闻伏生治之,欲召。时伏生年九十馀,老不能行,于是诏太常,使掌故晁错往受之。秦时焚《书》,伏生壁藏之。其后大兵起,流亡。汉定,伏生求其《书》,亡数十篇,独得二十九篇,即以教于齐、鲁之间。齐学者由此颇能言《尚书》,山东大师亡不涉《尚书》以教。伏生教济南张生及欧阳生。张生为博士,而伏生孙以治《尚书》征,弗能明定。是后鲁周霸、洛阳贾嘉颇能言《尚书》云。相关著作主要有《伏生尚书》、《尚书大传》等。

西汉思想文化界是今文经学的天下,在文、景、武、昭、宣诸帝统治时期,立于学官的五经十四博士皆为今文经学派,其中《尚书》一经所立欧阳生、大夏侯(胜)、小夏侯(建)三博士,悉出于伏生门下。由于伏生对传授《尚书》的特殊功绩,后世今文经学家将其与在汉武帝时期提倡"罢黜百家,独尊儒术"的董仲舒相提并论,合称"董伏"。济南伏氏,自伏生至献帝皇后伏寿,在秦汉时期,历四百余年,世传经学,号为"伏不斗"。伏生与他的今文《尚书》对中国儒家经学文化影响至为深远。

二、西汉少年英才——终军

终军(约公元前133—前112年)字子云。西汉济南人(郡治在今章丘市龙山街道东平陵城)。西汉少年外交家、爱国英雄、华夏志士。

终军,少年时代刻苦好学,以博闻强记、能言善辩、文笔优美闻名于郡中。18岁选为博士弟子,进了长安。他上书武帝,谈自己对治理国家的建议,武帝非常赏识他的文章,拜他为谒者给事中。有一次跟随武帝到雍去祭祀五畤,随从人员捕获一只白麟,一角而五蹄;同时又见到一棵奇怪的树,树枝旁出,又回合覆盖于树上。武帝问群臣出现这两种异物是什么征兆。终军回答说,这是国家统一、人民安泰的吉兆,"若此之应,殆将有解编发,削左衽,袭冠带,要衣裳,而蒙化者焉"。武帝听了很高兴,"由是改元为元狩"。恰好数月之后,越地及匈奴各王有率众来归降的,当时都认为终军言中了。其实,终军当时不过借武帝发问,而即兴称颂武帝的功绩而已。

元鼎年间(公元前116—前111年),博士徐偃巡视外地,假借皇帝的命令,让胶东(今平度一带)、鲁国(今曲阜一带)煮盐、冶铁,打破了国家盐铁专卖的政策。返京汇报情况后,调为太常丞。御史大夫张汤弹劾徐偃假称受诏的大危害,按法是死罪。徐偃认为,《春秋》经义,大夫出国境,如果有可以安定国家保存万民的事情,可以自作主张。张汤能施加法律,却无法驳倒他。皇上有令让终军去审讯,终军反问徐偃说:"古时候,各个诸侯国习俗不同,百里之外,消息不通,不时有朝见天子和参加盟会之类的事情,安危形势,瞬息万变,所以有未得到君主诏令允许就自作主张的道理;现在天下统一,万里风俗相同,所以《春秋》有'王者无外'的说法,是说天子总在自己的疆域内。你在汉朝的国境内巡视,却说是'出疆',什么道理?再说盐铁,各郡均有储蓄,你让二国煮盐铸铁,国家不值得当作大事,你却用安定国家保存万民为托辞,为什么?"又反问徐偃说:"胶东南近琅笽,北接北海,鲁国西靠泰山,东有东海,从四郡得到盐铁,徐偃你估计四郡的人口田地数目,日常的用具器物食盐,不够用来同时供给二郡国吗?还是实际有余,官吏无能呢?凭什么这样说呢?你假称受诏铸铁的理由,是想到春天耕种时满足百姓的器具需求。现在鲁国的铸铁,应先做好准备,到秋天才能点火。这话与事实是否相反呢?你以前上过三道奏折,皇上没有答复,你不考虑你的建议皇上不允许,竟然假称受诏,自作主张,作威作福,顺从百姓心愿,沽名钓誉,这是圣明天子必须加以严惩的。'枉尺直寻',是说小不直而大直,孟子认为不能这样说,现在你所犯的罪责很重,为什么还要做呢?还是希望侥幸不死,想以此钓取名声呢?"徐偃理屈辞穷,承认有罪该死。终军奏道:"徐偃假称受诏,独断专行,不是奉命出使的臣子应该做的,请求交给御史,召徐偃接受审判。"于是,武帝便诏御史大夫,究治徐偃。

终军少有大志,决心为统一强大的汉帝国作一番事业。当他从济南赴长安的途中,进入函谷关时,关吏给他一种缯符,让他出关时带来,作为符信。他说:"大丈夫西游,终不复传还!"弃缯而去。终军当了谒者,皇上让他巡视郡国,他持着节杖东行出函谷关,守关官吏认得他,说:"这个使者就是从前那个丢下符信的儒生。"终军巡视郡国,把他见到的对国家有好处的事情报告给皇上,返回后奏事,皇上很高兴。

匈奴是北方强敌,有时入侵到长安附近,对汉帝国构成严重威胁。汉匈之间,打打和和,不断有使者来往。一次,汉委派使节去匈奴,终军自请往使曰:"边境时有风尘之警,臣宜被坚执锐,当矢石,启前行。驽下不习金革之事,今闻将遣匈奴使者,臣愿尽精厉气,奉佐明使,画吉凶于单于之前。"他欲凭辩说利害,使匈奴停止战争。武帝听了他对付匈奴的策略,很高兴,擢升他为谏议大夫,并答应了他出使的请求。

终军一生中,最重要的外交活动,是为国请缨出使南越。南越是居住在今广西一带的少数民族建立的国家,秦时已置郡,归附内地,而秦龙川令、真定(今属河北)人赵陀乘秦末战乱,自立为王。汉初,赵陀表示臣服;汉也以之比为诸侯国加以对待。而后,由于汉的政策有不当之处,赵陀宣布脱离汉,并自称皇帝,发兵攻略汉边地。文帝时,曾派陆贾出使南越,说服赵陀去帝号,恢复与汉的关系。武帝为加强与南越的关系,召南越王及王太后入朝,以绝边患。但在汉与南越关系不太稳定的情况下,出使是要冒很大风险的。但为了国家安定统一,终军挺身而出,请求担当这一重任,并表示:"愿受长缨,必羁南越王而致之阙下。"武帝答应了他的请求。从此,"请缨"便成为为国勇担重任的代用语,直至今天仍然沿用。终军至南越,以利害说动了南越王赵兴,答应汉使随同太后入朝,比内诸侯。喜讯传来,武帝十分高兴,并立即颁授南越大臣印绶,令其遵用汉朝法令制度。同时,令终军暂留南越,负镇抚之责。就在这期间,南越内部以越相吕嘉为首的一部分人,坚决反对内属,并发兵杀掉南越王、王太后,终军也同时遇害,死时年仅20余岁,因此当时人称他为"终童",含有尊敬和惋惜之意。

终军著述,见于《汉书》本传的有《白麟奇木对》。《汉书·艺文志》著录8篇,已佚;清人马国翰《玉函山房辑佚书》辑有4篇。虽其如此,终军赤心报国的精神,却千古为人称颂。

三、新朝的建立者——王莽

王莽(公元前45年—公元23年),字巨君,祖籍山东东平陵(章丘龙山街道)人,是中国历史上新朝的建立者,即新始祖(8—23年在位)。王莽是西汉外戚王氏家族的重要成员,其人谦恭俭让,礼贤下士,在朝野素有威名。西汉末年,社会矛盾空前激化,王莽则被朝野视为能挽危局的不二人选,被看作是

"周公在世"。公元 8 年,王莽代汉建新,建元"始建国",宣布推行新政,史称"王莽改制"。历史学家一般都认为是王莽篡汉立新朝,同时也有史学家认为他是一个有远见而无私的社会改革者。王莽统治的末期,天下大乱,新莽地皇四年,更始军攻入长安,王莽死于乱军之中。王莽在位共 15 年,卒年 69 岁,而新朝也成为了中国历史上最短命的朝代之一。

《史籍》记载:王莽,字巨君,孝元皇后之弟(王曼)之次子也。元后(王政君)之父及兄弟皆以元(帝)、成(帝)之世封侯,居位辅政,家凡九侯、五大司马,语在《元后传》。唯莽父曼(王曼)蚤(同"早")死,不侯。莽群兄弟皆将军五侯子,乘时侈靡,以舆马声色佚游相高,莽独孤贫,因折节为恭俭。受《礼经》,师事沛郡陈参,勤身博学,被服如儒生。事母及寡嫂,养孤兄子,行甚敕备。又外交英俊,内事诸父,曲有礼意。阳朔中,世父大将军凤病,莽侍疾,亲尝药,乱首垢面,不解衣带连月。凤且死,以托太后及帝,拜为黄门郎,迁射声校尉。

■ 王莽画像

　　久之,叔父成都侯商上书,愿分户邑以封莽,及长乐少府戴崇、侍中金涉、胡骑校尉箕闳、上谷都尉阳并、中郎陈汤,皆当世名士,咸为莽言,上由是贤莽。永始元年,封莽为新都侯,国南阳新野之都乡,千五百户。迁骑都尉、光禄大夫、侍中。宿卫谨敕,爵位益尊,节操愈谦。散舆马衣裘,振施宾客,家无所余。收赡名士,交结将相、卿、大夫甚众。故在位更推荐之,游者为之谈说,虚誉隆洽,倾其诸父矣。敢为激发之行,处之不惭恧。莽兄永为诸曹,蚤死,有子光,莽使学博士门下。莽休沐出,振车骑,奉羊酒,劳遗其师,恩施下竟同学。诸生纵观,长老叹息。光年小于莽子宇,莽使同日内妇,宾客满堂。须臾,一人言太夫人苦某痛,当饮某药,比客罢者数起焉。尝私买侍婢,昆弟或颇闻知,莽因曰:"后将军朱子元无子,莽闻此儿种宜子,为买之。"即日以婢奉子元。其匿情求名如此。

是时,太后姊子淳于长以材能为九卿,先进在莽右。莽阴求其罪过,因大司马曲阳侯根白之,长伏诛,莽以获忠直,语在《长传》。根因乞骸骨,荐莽自代,上遂擢为大司马。是岁,绥和元年也,年三十八矣。莽即拔出同列,继四父而辅政,欲令名誉过前人,遂克已不倦,聘诸贤良以为掾史,赏赐邑钱悉以享士,愈为俭约。母病,公卿列侯遣夫人问疾,莽妻迎之,衣不曳地,布蔽膝。见之者以为僮使,问知其夫人,皆惊。

王莽的祖先原姓田,是战国时期齐王建的后代。秦朝灭亡后,项羽封田安为济北国王。到汉兴,田安失国,齐人因田氏世代为王,便称其后人为"王家",从而以"王"为姓。西汉文景年间,田安的孙子遂(字伯纪),将家族迁到东平陵城,从此开始了王氏家族在章丘的生活。王遂生子王贺,字翁儒,在汉武帝时任绣衣御史,逐捕魏郡群盗坚卢等以及官吏畏懦逗留当坐罪者,他皆宽大释放而不诛,故以奉使不称职而被免官。王贺被免后,因与东平陵终氏有怨,就外迁至魏郡元城(今河北大名东),为三老,有德行,为郡人称颂。王莽代汉后,为其立庙于元城,号曰儒王。王贺的儿子王禁(?—公元前43年),少年时代曾在长安学过律法,当作廷尉氏。王禁有大志不修廉隅,好酒色,娶妻妾多人,生有四女八子;八个儿子分别是王凤、王曼、王谭、王崇、王商、王立、王根和王逢时,四个女儿是王君侠、王政君、王君立和王君第。王政君是王禁的二女儿,由于王政君的生母李氏早年改嫁,王政君从小失去母爱,在复杂的大家庭中,养成了柔顺、怯懦的性格。她娴静、平实,与人无争。长大后,父亲为她择婿,接连两次,还没过门夫婿就死了,所以有人说她命中克夫。但是,王禁不以为然,从女儿小时就对其抱有希望,亲自教她读书,兼习琴棋书画,计划日后将她送进皇宫,祈望将来一朝得幸,光耀门楣。王政君十八岁那年,恰逢掖庭采选秀女充为"家人子"(后宫编制之外的预备宫人),王禁便将女儿送进宫。王政君等了一年,遇上皇后为太子选美,于是天公作美,赐给她一个绝好的命运。王政君尽管没有得到丈夫的爱情,但她是一个幸运的女人。黄龙元年(公元前49年),汉宣帝驾崩,皇太子即位,为汉元帝。因王政君为元帝生了唯一的儿子,宣帝又特别喜欢这个孙儿,生前常置于左右,唤作"皇孙",无疑把刘骜视作将来皇位的继承人,所以,母以子贵,元帝不得不立王政君为皇后。

王莽是西汉孝元皇后王政君的侄儿。在王莽少年时期,其父兄先后去世,他跟随叔父们一起生活。王氏家族是当时权倾朝野的外戚家族，王家先后有九人封侯，五人担任大司马，是西汉最显贵的家族。族中之人多为将军列侯，生活侈靡，声色犬马，互相攀比。唯独王莽独守清净，生活简朴，为人谦恭，而且勤劳好学，师事沛郡陈参学习《论语》。他服侍母亲及寡嫂，抚育兄长的遗子，行为严谨检点。对外结交贤士，对内侍奉诸位叔伯，十分周到，是这个世家大族中的另类，几乎成为了当时的道德楷模，很快便声名远播。王莽对其身居大司马之位的伯父王凤极为恭顺，王凤临死嘱咐王政君照顾王莽。汉成帝建始十一年（公元前 22 年）王莽被任命为黄门郎，后升为射声校尉。后其叔父王商上书表示愿把其封地的一部分让给王莽，当时朝中的许多知名人士都为王莽说好话，汉成帝也认为王莽很贤能。永始元年（公元前 16 年）封新都侯、骑都尉及光禄大夫侍中，王莽身居高位，却从不以自己为尊，总能礼贤下士、清廉俭朴，常把自己的俸禄分给门客和平民，甚至卖掉马车接济穷人，在民间深受爱戴。朝野的名流都称赞歌颂王莽，他的名声甚至超越了他那些大权在握的叔伯。

王莽的表兄即王太后的外甥淳于长发迹在先，地位超过了王莽，而且他善于阿谀奉承，又曾为汉成帝立赵飞燕为皇后出过力，深受汉成帝信任，很快升为卫尉，掌管皇宫的禁卫，成为九卿之一。这时大司马王根将退休，很多人认为淳于长应继任大司马。王莽为了扳到仕途上的竞争对手，秘密地搜集了淳于长的罪行。然后利用探望的机会告诉王根："淳于长暗中为接替担任大司马已做好了准备，他已经给不少人封官许愿了"，同时又说出淳于长与被废皇后许氏私通之事。王根大怒，随令王莽赶紧如实禀报给太后，王太后让成帝罢免了淳于长，查清了他的罪行，在狱中将其杀死。淳于长死后，王莽继他的三位伯、叔之后出任大司马，时年 38 岁。王莽执政后，克己不倦，招聘贤良，所受赏赐和邑钱都用来款待名士，生活反倒更加俭约。有一次，百官公卿来探望他的母亲，见到王莽的夫人穿着十分简陋，还以为是他家的奴仆。次年，汉成帝去世，汉哀帝继位后。他的祖母定陶国傅太后与丁皇后的外戚得势，王莽只得卸职隐居于封国（封地）新都，遂闭门不出，安分谨慎，其间他的二儿子王获杀死家奴，王莽严厉地责罚他，且逼王获自杀，得到世人好评。王莽隐居新都期间，许多官吏和平民都为王莽被罢免鸣不平，要求他复出，汉哀帝只好以侍奉王太后为名，重新征召王莽回京城，但没有恢复其官职。

元寿二年（公元前 1 年），汉哀帝去世，并未留下子嗣。太后王政君听说皇帝驾崩,当天就起驾到未央宫,收回传国玉玺。随后王太后下诏,要求朝中公卿推举大司马人选,群臣会意,于是纷纷举荐王莽,只有前将军何武与左将军公孙禄表示反对。两人于是互相推举对方,以示对王氏外戚专权的不满。不久后,王太后诏命王莽再任大司马、录尚书事,兼管军事令及禁军。其后拥立九岁的汉平帝登基,由王莽代理政务,得到朝野的拥戴,此后王莽的政治野心逐渐暴露。他开始排斥异己,先是逼迫王政君赶走自己的叔父王立,之后拔擢依附顺从他的人,诛灭触犯怨恨他的人。王莽知道要维持自己的地位就必须强化自己在朝中的势力,于是他主动巴结当时著名的儒者大司徒孔光,孔光是三朝元老,深受王太后和朝野的敬重,但为人胆小怕事过于谨慎。王莽于是一边主动接近和拉拢他,引荐他的女婿甄邯担任侍中兼奉车都尉,一边以王太后的名义逼迫孔光为自己宣传造势,利用孔光上奏的影响力充当自己排斥异己的工具。上奏弹劾何武与公孙禄,将他们免去官职,后又以各种罪名陆续罢免了中太仆史立、南郡太守毋将隆、泰山太守丁玄、河内太守赵昌等二千石以上的高官,剥夺了高昌侯董武、关内侯张由等的爵位。与此同时,王莽逐渐培植了自己的党羽,以其堂弟王舜、王邑为腹心,用自己的亲信甄丰、甄邯主管纠察弹劾,平晏管理机事事务。王莽平时表情严肃一本正经,当想要有所获取利益的时候只需略微示意,他的党羽就会按他意思纷纷上奏,然后王莽就磕头哭泣坚决推辞,从而对上以迷惑太后,对下向平民百姓掩盖自己的野心。

元始一年(公元1年),大臣们向王太后提出,王莽"定策安宗庙"的功绩与霍光一样,应该享受与霍光相等的封赏。王莽得知后上书表示:他是与孔光、王舜、甄丰、甄邯共同定策的,希望只奖励他们四人,以后再考虑他,并不顾太后多次诏令,坚决推辞。大臣们不断向太后建议,王莽在假意推辞再三之后接受了"安汉公"的称号,但始终拒绝接受封给他二万八千户食邑俸禄。此外,王莽与其三大亲信升任"四辅"之位:王莽为太傅,领四辅之事;孔光为太师、王舜为太保、甄丰为少傅,位居三公上。"四辅"大权独揽,除封爵之事外,其余政事皆由"安汉公、四辅平决"。王莽为了继续获取民心,先是建言对诸侯王和功臣后裔大加封赏,然后封赏在职官员,增加宗庙的礼乐,使百姓和鳏寡孤独都得到好处,对平民士人推行恩惠政策,从而再次博得朝野的好感。其次是建言太后王政君带头过俭朴的生活,自己又贡献钱百万、田三十顷救济民众,百官群起效仿。每逢遭遇水旱灾害,王莽只吃素食,不用酒肉。元始二年(公元2年),全国大旱,并发蝗灾,受灾最严重的青州百姓流亡。在王莽带头下,二百三十名官民献出土地住宅救济灾民。灾区普遍减收租税,灾民得到充分抚恤;皇家在安定郡的呼池苑被撤销,改为安民县,用以安置灾民。连长安城中也为灾民建了一千套住宅。大司徒司直陈崇为宣传王莽,于是上表赞颂王莽的功德,说他可与古代的圣人相比。

王莽担心汉平帝的外戚卫氏家族会瓜分他的权力,于是将平帝的母亲卫氏及其一族封安置于中山国,禁止他们回到京师。王莽长子王宇怕平帝日后会怨恨报复,因此极力反对此事,但王莽不听劝谏。王宇与其师吴章商议后,想用迷信的方法使王莽改变主意,于是命其妻舅吕宽持血酒撒于王莽的住宅大门,想以此为异象劝说王莽将权力交给卫氏。但在实行中被发觉,王莽一怒之下,把儿子王宇逮捕入狱后将其毒杀,并借此机会诬陷罪名诛杀了外戚卫氏一族,牵连治罪地方上反对自己的豪强,逼杀了敬武公主、梁王刘立等朝中政敌。事件中被杀者数以百计。王莽为了消除负面影响,又令人把此事宣传为王莽"大义灭亲、奉公忘私"的壮举,甚至写成赞颂文章分发各地,让官吏百姓都能背诵这些文章,然后登记入官府档案,把这些文章当作《孝经》一样来教导世人。

元始三年(公元3年)王莽的长女王嬿成了汉平帝的皇后(后来封为黄皇室主)。元始四年(公元4年)王莽加号宰衡,位在诸侯王公之上。王莽奏请建立明堂、辟雍、灵台等礼仪建筑和市(市场)、常满仓(国家仓库),为学者建造一万套住宅,网罗天下学者和有特殊本领的几千人至长安,大力宣扬礼乐教化,得到儒生的拥戴。先是四十八万余民众,以及诸侯、王公、宗室上奏请求加赏于安汉公王莽,再是公卿大臣九百人请求为王莽加九锡。于是朝廷赐予王莽象征至高无上礼遇的九命之锡。接着,王莽为了制造太平盛世的景象,先是派"风俗使者"八人到各地考察,回朝后大加赞颂天下太平,彰显王莽宣扬教化之功。其次通过重金引诱的政策,使匈奴等外族遣使来归顺朝贺,王莽遂成为人们心中治国平天下的贤良圣人。王莽掌权之初,得到了一部分人的拥戴,也遭到不少人的反对。王莽进京时曾召请新都相孔休,想任命他为国师,被孔休杜门谢绝。大司空彭宣、王崇,光禄大夫龚胜、太中大夫邴汉等也请求乞骸骨谢官归里。以后在他专权期间,一面大封其亲信,多达395人,一面将刘氏宗族诸侯王32人,王子侯181人废黜,其代汉野心逐渐暴露。因此,刘氏宗族及贵族官僚相继起兵反抗是必然的。居摄元年(公元6年),安众侯刘崇率百余人攻宛,因人少失败。居摄二年(公元7年)九月,东郡太守翟义打出为国讨贼，以安社稷的旗号，起兵十余万，立严乡侯刘信为天子，三辅二十三县十余万人起而响应。王莽闻讯后，连忙派关东甲卒前往镇压，闹得首都周围十分紧张，直到第二年二月，才将翟义等人的反抗镇压下去。居摄三年（公元8年）九月，期门郎张充等六人密谋劫杀王莽，拥立楚王，事发后被诛杀。王莽扫清了各种障碍，各种符命祥瑞纷至沓来，不断有人借各种名目对王莽劝进。初始元年（公元8年）十二月，王莽逼迫王政君交出传国玉玺，接受孺子婴禅让后称帝，即新始祖，改国号为"新"，改长安为常安，称"始建国元年"。王莽在朝野广泛的支持下登上了最高的权位，开了中国历史上通过（符命）禅让作皇帝的先河。

■ 王莽画像

由于汉末以来，政治腐败，朝廷奢华无度，地方搜刮盘剥，再加上豪强地主大量兼并土地，使得百姓流离失所，生活困苦，经济凋敝，所以人心浮动，政治危机愈演愈烈。王莽执政以来，为了获取民心，虽然采取了一系列缓和社会矛盾政策，但也始终未能在根本上解决问题。王莽信奉儒家思想，他认为天下要恢复到孔子所宣称的"礼崩乐坏"前的礼治时代，才可能实现政通人和。因此王莽当上皇帝后，企图通过复古西周时代的周礼制度来达到他治国安天下的理念，于是仿照周朝的制度开始推行新政，史称"王莽改制"。王莽在始建国元年宣布的政策是："将天下田改名'王田'，以王田制为名恢复井田制；奴婢改称'私属'，与王田均不得买卖。"其后屡次改变币制，更改官制与官名，把盐、铁、酒、铸钱及山林川泽收归国有。但由于这些政策只求名目复古，很多都是与实际情况相违背的，而且在推行时手段和方法不正确，在遭到激烈反对后，又企图通过严刑峻法强制推行，使诸侯、公卿直到平民因违反法令而受重罪处罚者不计其数，从而加剧了社会的动荡。人们未蒙其利,先受其害,各项政策朝令夕改,使百姓官吏不知所从,因此导致天下各豪强和平民的不满。王莽对边疆少数民族的政权也采取了一系列错误政策,胁迫羌人"献"出青海湖一带的土地设立西海郡,以便与国内已有的北海郡(国)、南海郡、东海郡合起来凑全"四海"。为了使这块荒地像一个郡,强制移民,增加了五十条法令,以增加成千上万的罪犯的措施来满足移民的需要。就是因为设立西海郡,王莽招来了最初的不满。他将原本臣服于汉朝的匈奴、高句丽、西域诸国和西南夷等属国统治者由原本的"王"降格为"侯"。又收回并损毁"匈奴单于玺",改授予"新匈奴单于玺",甚至将匈奴单于改为"降奴服于";高句丽改名"下句丽",各族因此拒绝臣服新朝。王莽又主动挑起了无谓的争端,轻率地决定动用武力,不仅导致边境冲突,还使数十万军队长期陷于边疆无法脱身,耗费了大量人力物力,造成边境战乱不绝。

新朝建立后,反莽活动仍没有停止。始建国元年(公元9年)四月,徐乡侯刘快率数千人起兵。真定人刘都等密谋举兵造反,事泄被诛。这些反莽活动,开始十分微弱,且被相继镇压下去,但却表明,刘氏宗族及一部分地主官僚与王莽的矛盾已经开始激化。与此同时,下层普通百姓的反抗活动也此伏彼起,层出不穷。王莽改制没有解决西汉末年以来的土地兼并以及流民问题,相反,由于

■ 王莽改制时的钱币

他兴师动众讨伐匈奴和周边少数民族,大兴土木,还大大加重了老百姓的赋税和徭役负担,甚至造成成千上万的百姓死于非命。例如征句町时,王莽发吏民二十万,因军粮前后不相及,士卒饥疫,三岁余死者数万人。人祸加上天灾,使土地荒芜,物价上涨,米价由汉文帝时的每石数十钱涨至二千钱。到王莽末年,更达到了每斛价值黄金一斤。天灾人祸迫使百姓流落他乡,人相食的惨状史不绝书,面对这种现象,王莽无计可施,竟然异想天开,派人教流落关中的饥民"煮木为酪"。这种悲惨的生活,逼迫百姓铤而走险,揭竿而起。始建国三

年(公元11年),各地百姓苦于新莽政权频繁的征发,相继弃城郭流亡为盗贼,其中并州(山西大绿林赤眉起义部及河北、内蒙古一部)等边境地区尤甚。天凤二年(公元15年),五原(今包头市西北)、代郡(今河北蔚县西南)一带百姓不堪北征匈奴士卒的骚扰,数千人起而造反,捕盗将军孔仁经过一年多的围剿,才将盗贼平定下去。天凤四年(公元17年)以后,天下愈愁,盗贼起,各地人民纷纷起而反抗。在这一年,瓜田仪在会稽长洲(江苏苏州)率众起义,坚持长达数年之久。同年,琅琊海曲(今山东日照)妇女吕母为被县宰冤杀的儿子报仇,率众攻破县城,处死县宰自称将军出没于海上,其势力迅速发展到数万人,吕母是中国历史上出现农民起义的第一个女领袖。天凤五年(公元18年),东海(今山东郯城北)人力子都率众起义,队伍迅速发展到数万人,活跃于徐州等地。王莽遣使者发郡国兵击之,不能克。在北方,也出现数十支起义军,其中较为著名的有铜马部、青犊部、上江部、城头子路部等;在南方,有张霸在南郡(今湖北江陵东北)的起义、羊牧在江夏(今湖北云梦)的起义、秦丰在南郡的起义、王州公在庐江(今安徽庐江西南)的起义,这些义军人数不等,少则数千,多则数万、数十万,其活动范围往往跨州连郡,活跃于广大地区。在国都附近的"三辅"地区,小股起义也多得不可胜数。在当时遍布全国的起义军中,有两支最大的队伍,成为农民起义的主流,这就是南方的绿林军和北方的赤眉军。

在王莽推行新政时,屡有旱、蝗、瘟疫、黄河决口改道等灾害出现,由于王莽改制没能缓和社会矛盾,反而造成了天下剧烈动荡,国库也耗费殆尽无法拨款赈灾,造成了民众生存难以为继。天凤四年(公元17年)全国发生蝗灾、旱灾,饥荒四起,各地农民纷起,形成赤眉及绿林大规模的反抗。地皇二年(公元21年),三辅盗贼麻起,甚至在长安城中也有盗贼出没,王莽不得不置捕盗都尉官,令执法谒者追击长安中,建鸣鼓攻贼幡,而使者随其后。地皇四年(公元23年)王莽在南郊举行哭天大典。同年,绿林军攻入长安,王莽在王揖等护卫下逃往渐台,公卿大夫、宦官、随从还有千余人。守城的王邑日夜搏斗,部下死伤略尽,也退至渐台。这时他的儿子侍中王睦正想脱掉官服逃命遭王邑的斥喝未逃,父子俩一起守着王莽,最后随从王莽的千余人全部战死。王莽在混乱中为商人杜吴所杀,校尉公宾问杜吴王莽的尸身在哪里,杜吴告诉他在"室中西北陬间"。公宾就斩了王莽的首级,悬于宛市之中,数十个军士争相杀王莽,分裂了王莽的尸体。百姓们听说王莽的首级在宛市,"共提击之,或切食其舌"。《后汉书·刘玄传》中记载了王莽被杀以后，头颅被割下送至南阳宛县更始帝刘玄的堂前，刘玄高兴地说："莽不如是，当与霍光等。"

王莽死后，王氏家族遂败落。据《后汉书·王莽传》载：更始二年，刘玄到达长安，下诏大赦，非王莽子，余皆除其罪，故王氏宗族得齐。

王莽通过禅让的方式代替汉朝成为皇帝，被古代多数封建儒士所否定。

班固在《汉书》中云：王莽始起外戚，折节力行，以要名誉，宗族称孝，师友归仁。及其居位辅政，成、哀之际，勤劳国家，直道而行，动见称述。岂所谓"在家必闻，在国必闻"，"色取仁而行违"者邪？莽既不仁而有佞邪之材，又乘四父历世之权，遭汉中微，国统三绝，而太后寿考为之宗主，故得肆其奸慝，以成篡盗之祸。推是言之，亦天时，非人力之致矣。及其窃位南面，处非所据，颠覆之势险于桀、纣，而莽晏然自以黄、虞复出也。乃始恣睢，奋其威诈，滔天虐民，穷凶极恶，流毒诸夏，乱延蛮貉，犹未足逞其欲焉。是以四海之内，嚣然丧其乐生之心，中外愤怨，远近俱发，城池不守，支体分裂，遂令天下城邑为虚，丘垅发掘，害遍生民，辜及朽骨，自书传所载乱臣贼子无道之人，考其祸败，未有如莽之甚者也。昔秦燔《诗》、《书》以立私议，莽诵《六艺》以文奸言，同归殊途，俱用灭亡，皆炕龙绝气，非命之运，紫色蛙声，余分闰位，圣王之驱除云尔！咨尔贼臣，篡汉滔天，行骄夏癸，虐烈商辛。伪稽黄、虞，缪称典文，众怨神怒，恶复诛臻。百王之极，究其奸昏。

霍韬《与夏公谨书》有云："王莽之学，一传而得宇文泰，再传而得王安石。然而安石惟能行泉府一法而已矣。盖泉府之政，即桑弘羊均输之政也。安石行焉，遂致元丰熙宁棼棼如也，犹不如宇文泰焉。宇文泰为大蒙宰，尽行《周官》之法，其嗣遂为周天王，然犹不如王莽。法行《周官》，身为宰衡，遂上兼舜禹而宅帝位。故曰：敢用《周礼》王莽其上也，宇文泰其次也，三安石其下也。"

杨慎说："以乡愿窃相位胡广也，以乡愿窃天位王莽也。"

中国古代强调忠君、家天下等理念，对王莽的评价普遍不高，一般都认为他只是一位"伪君子"，众口一辞的千古罪人。东汉朝修订的《汉书》就把王莽列作"逆臣"，而后世评价也大抵是受到了后汉时代史家所影响。事实上王莽本身是篡汉而取得的帝位，也是汉朝宗室所灭，从汉朝政权来看，王莽被视作"逆臣贼子"，并不奇怪。

近人胡适开始为王莽平反："王莽是中国第一位社会主义者。"他认同王莽改革中的土地国有、均产、废奴三个大政策。"王莽受了一千九百年的冤枉,至今还没有公平的论定。他的贵本家王安石受一时的唾骂,却早已有人替他申冤了。然而王莽却是一个大政治家,他的魄力和手腕远在王安石之上……可怜这样一个勤勤恳恳,生性'不能无为',要'均众庶,抑并兼'的人,到最后竟死在斩台上,……竟没有人替他说一句公平的话。"也有史学家认为他是一个有远见而无私的社会改革者。但从另一角度看,王莽也是书生式政治家。王莽登位后推行之新政,大抵都是为了仿照周朝的制度推行,如屡次改变币制、更改官制与官名、以王田制为名恢复井田制,把盐、铁、酒、币制、山林川泽收归国有,都是不停恢复西周时代的周礼模式。可是古今风俗不同,环境各异,源于古制的新法,未必一切都合时宜。而这些新政都是违反了历史规律,所以推行失败,自属历史必然。所以从这个角度看,王莽是一个事事复古,脱离现实的政治家,正如史家钱穆所言:"王莽的政治,完全是一种书生的政治。"

第三章
隋唐时期

一、唐朝贤相——房玄龄

房玄龄是唐朝初期著名良相、杰出谋臣,唐"贞观之治"的主要缔造者之一。他是一位出身"书香世家"的纯正儒生,跟随秦王十年艰辛征战;终生"效父清白"的饱学之士,辅佐太宗二十载稳任首宰。房玄龄智能高超、功勋卓越、地位显赫。但他善用伟才、敏行慎吉、自甘卑下、常行让贤。"群星捧月月隐平,治世夜空灿月明",是对他特有的名臣气度、良相风格的赞言。作为一名雅士,他颇具可佩可学的典范;作为一代勋臣,他堪称可歌可颂。

唐太宗在位期间,房玄龄受封为梁国公。官任中书令、尚书左仆射、司空等职,总领百司,掌政务达 20 年。参与制定典章制度,使唐律比前朝显为宽松,律条也臻完备,其参与制定的《贞观律》为后来的《永徽律》及中国现存最古老、最完整的封建刑事法典《唐律疏议》奠定了基础。监修国史,主编了二十四史之《晋书》;与魏征同修唐礼;调整政府机构,其省并中央官员之举为贞观善政之首;善于用人,不求备取人,也不问贵贱,随材授任;恪守职责,不自居功,后世以他和杜如晦为良相的典范。如《旧唐书》赞曰:"文含经纬,谋深夹辅。笙磬同音,唯房与杜。"因玄龄善于谋划,如晦善于决断,史称"房谋杜断"。

房玄龄,(579—648 年),别名房乔,字玄龄(一说名玄龄、字乔松),汉族,齐州济南郡章丘房庄(今山东章丘市相公庄镇房庄)人,是中国唐朝时期的开国宰相。小时候就很聪明,广泛地阅读了经书、史书。工于草书和隶书,善于写文章。房玄龄少年时代随父亲去京师,当时隋文帝当国,天下宁晏,一片大好太平景象,但弱冠之年的房玄龄已经对世事有精到的分析,私下对父亲讲:"隋帝本无功德,只知诳惑百姓。而且他不为国家长久之计,诸子嫡庶不分,竞相淫侈,最终会互相诛夷倾轧。现在国家康平,但灭亡之日翘足可待。"十八岁时,被本州推举为进士,朝廷授予羽骑尉的官职。父亲生病绵延十个月,玄龄的心思全部用在父亲的药物和膳食上,不曾脱衣睡过一次好觉。李世民攻占渭水北边的土地,玄龄驱马到军门求见,太宗初次见到他,就像老朋友一样,让他代理渭北道行军记室参军,玄龄也知已遇知己之人,便用尽自己的全部心力效于李世民。每次平定贼寇,众人争着去寻找珍宝古玩,唯独房玄龄四处访寻英杰人物,并把他们荐于秦王李世民。因此府中的谋臣猛将都十分感念房玄龄推荐之恩,尽死力报效。

■ 房玄龄画像

房玄龄在秦王李世民府中十多年,常负责管理文牍,每逢写军书奏章,停马立即可成。文字简约义理丰厚。高祖曾经对侍臣说:"这个人深重地了解机宜,足能委以重任。每当替我儿陈说事务,一定能了解人的心理,千里之外,好像对面说话一样。"后来太子李建成斥逐秦王府宫属,房玄龄与杜如晦一并被驱斥于外任。隐太子(太子李建成的谥号)将要发动兵变时,太宗令长孙无忌召房玄龄和杜如晦,叫他们穿道士的服装,暗中带进内阁商量大事。太宗成为太子之后,提升房玄龄担任太子右庶子,赐绢五千匹。太宗论功行赏,把房玄龄跟长孙无忌、杜如晦、尉迟敬德、侯君集五人作为第一等,晋爵为邢国公,赐实封千三百户。贞观三年,任命他为太子少师,他坚决推辞不接受,代理太子詹事,兼礼部尚书。第二年,代长孙无忌为尚书左卜射,改封魏国公,监编国史。房玄龄担任总领百司的官职以后,日夜虔诚恭敬,用尽全部的心力,不让每一个人才失去应当处的位置。听到他人的长处,好像自己拥有一样高兴。他对行政事务明晰练达,用文献经典来加以整治。他审查修订法令,意在宽容和平稳。他不以求全来选人,不用自己的长处来要求他人,看他的才能任用,不因他人的地位卑贱而排斥,议论的人都称赞他是良相。

　　高宗成为太子之后,加玄龄为太子太傅,仍或主持门下省事务,监管编撰国史像原来那样。不久因撰写《高祖太宗实录》成,赐下玺书表彰,赐物一千五百段。这一年,玄龄因继母去世丁忧服丧离开职位,朝廷特地下诏在昭陵赐给他墓地,不久他又从回本官职位。贞观十八年(643年),李世民亲征辽东高丽,命房玄龄留守京城。贞观二十三年(648年),房玄龄旧疾复发,当时李世民在玉华宫,闻讯命人用自己的担舆把房玄龄抬入御座前,两人相见,感怀流泪,哽咽不能言。太宗命太医疗治,每日以御膳供房玄龄食用。听说他病有好转,太宗就喜形于色;听见病情加重,太宗马上愁容顿现。临终之时,房玄龄对诸子说:"当今天下清平,只是皇上东讨高丽不止,正为国患。主上含怒意决,臣下莫敢犯颜。我知而不言,就会含恨而死啊。"于是抗表进谏,请求太宗以天下苍生为重,罢军止伐高丽。太宗见表,感动地对房玄龄儿媳高阳公主说:"此人病危将死,还能忧我国家,真是太难得了。"临终之际,李世民亲至其病床前握手诀别,立授其子房遗爱为右卫中郎将,房遗则为中散大夫,使其在生时能看见二子显贵。不久辞世,享年七十,朝廷三日不上朝。

　　房玄龄在世时,一直告诫儿子们不要以地望凌人,切勿骄奢沉溺,并集汇古今圣贤家戒,亲书于屏风上,分给各房子嗣,说:"如能留意上面的内容,足以保身成名。"

■ 贤相房玄龄

长子房遗直嗣爵,高宗初年做到礼部尚书。次子房遗爱在太宗活着的时候,由于妻子高阳公主特受宠爱,他作驸马时与皇室别的女婿也大不相同,礼赐恩宠异于诸婿。高阳公主骄恣成性。高宗继位后,她想让自己的丈夫房遗爱承袭房遗直的公爵爵位,就诬告房遗直调戏她。高宗让舅舅长孙无忌鞫审此案,竟审出高阳公主和房遗爱两人想要谋反的事情。可惜房玄龄一世忠贞,家族终为逆子恶妇所累,公主赐自尽,房遗爱伏诛,诸子都作为刑徒流配岭南。房遗直因父亲之功,总算保得不死,除名为庶人。

房玄龄一生著有《高祖实录》二十卷、《太宗实录》二十卷、与高士廉《文思博要》,曾受诏重撰《晋书》。其言论主要见于《贞观政要》中。

《资治通鉴·唐纪十五》中的柳芳曰:玄龄佐太宗定天下,及终相位,凡三十二年,天下号为贤相;然无迹可寻,德亦至矣。故太宗定祸乱而房、杜不言功,王、魏善谏诤而房、杜让其贤,英、卫善将兵而房、杜行其道,理致太平,善归人主。为唐宗臣,宜哉!

二、隋末农民起义首领——杜伏威、辅公祏

(一)杜伏威

杜伏威,齐州章丘人。少落拓,不治产业,家贫无以自给,每穿窬为盗。与辅公祏为刎颈之交。公祏姑家以牧羊为业,公祏数攘羊以馈之,姑有憾焉,因发其盗事。郡县捕之急,伏威与公祏遂俱亡命,聚众为群盗,时年十六。常营护诸盗,出则居前,入则殿后,故其党咸服之,共推为主。

隋末各路农民起义中,江淮杜伏威是最大势力的三家之一。杜伏威是齐郡章丘县人,自幼与辅公祏交好,二人为刎颈之交。大业九年(613年)十二月,出身贫苦的杜伏威,无以维生,他的好朋友辅公祏挺身而出,偷了人家的羊送给杜伏威。杜伏威虽知是贼赃,但为了生存就收下了。后来此事泄露出去,官府追查得很严,当时正逢天下大乱,老百姓纷纷造反。情急之下,隋炀帝采用恐怖手段镇压,允许地方官对这些盗贼"生杀任情",偷羊不是什么大事,但如果碰到酷吏,偷一文钱就有可能被杀头,更何况是偷羊呢!二人惧怕之下,就近参加了一只小起义军,这年杜伏威仅16岁。刚加入时只是小卒,但杜伏威十分勇猛,出则居前,入则殿后,很快就取得了大家的尊敬和信任,被推为首

领。为了壮大自己的势力,杜伏威努力寻找机会去联合和吞并附近的其他起义军。杜伏威派辅公祏送信给下邳苗海潮说:"力分则弱力合则强,如果你认为能力足够,我就投靠你;如果你认为不如我,就来加入我。"苗收信后率所部归降了杜伏威。海陵赵破阵的实力强过杜,遂派人到杜处招降,杜假意同意,只带了十几人去赵处投诚并献上礼物,赵一向轻视杜伏威,认为他必然投降,因此毫无防

■ 杜伏威

备,结果被杜当场刺杀,辅公祏同时率领大队人马前来接应,赵部群龙无首,当场全部归降。实力大增后,杜伏威自称将军,纵横淮南,江淮杜伏威的名字逐渐传扬开去。

大业十一年(615 年)十月,东海李子通率所部万余人来淮南投靠杜伏威。李子通起兵时是依附在长白山(山东境内)左才相手下,后来因太得人心,招左才相嫉恨,只好率其愿意跟随的部下逃难至淮南。因李子通部的加入使杜伏威实力大增,不料李子通也是一个不肯屈居人下的人,突发兵变妄图吞并杜伏威的地盘。杜伏威措手不及,全军大乱,杜本人在李部追杀下身负重伤,关键时刻,杜的养子(杜在军中挑选壮士收为养子,共有三十余人)兼大将王雄诞背负他藏匿到芦苇丛中,侥幸躲过了追杀。这次兵变,杜伏威的势力受到很大挫伤。隋军也趁杜伏威兵败前来进攻,杜此时正在养伤,无法指挥,结果全军大败。其部将西门君仪的妻子勇而多力,背了杜伏威夺路而逃,王雄诞领着敢死队拼命断后,杜这才逃得一命。隋军在进攻杜伏威的同时也攻击了李子通,李部大败后领残部逃往海陵。

连续两次死里逃生,杜部伤亡很大,只好四处游击,不断吸收流民加入以扩充势力。经过半年的恢复,杜伏威又有了数万人的实力,并控制了江都附近的六合县作为根据地。与此同时,左才相往来淮北,李子通占据海陵,都有数万兵力,江淮一带即以这三家起义军为首。大业十二年(616 年)七月,隋炀帝遣陈棱统宿卫精兵八千人进攻。次年,杜伏威奋勇突阵,大败隋军。起义军乘胜破高邮(今江苏高邮北),占领历阳(今安徽和县)。杜伏威自称总管。以辅

公祐为长史,收取属县。江淮间小股反隋武装争来归附。伏威选敢死之士五千人为上募,待遇优厚,战时作为前锋;又以壮士三十余人为假子,分领部众,与共衣食;军令严整,有功必赏,临阵后退者必杀;所得资财,都作为军资。

大业十四年(618年)三月,宇文化及在江都煽动骁果兵变,弑逆隋炀帝。这时杜伏威的势力已十分稳固,宇文为拉拢杜,派人封杜为历阳太守,结果被杜嗤之以鼻。杜反而上表于洛阳的皇泰主,自称为臣,皇泰主封杜为东道大总管,楚王。随后宇文化及留陈陵部守江都,自己率十万骁果返回长安,江都一带基本成为势力真空。这时在江都周围有三大势力,分别是杜伏威、李子通和沈法兴。沈法兴是江南世家,任吴兴郡守,打着为杨广报仇的旗号聚众造反,靠着家族的号召力,短时间内就发展到七万余人,并占领了江都南方重镇毗陵。杜伏威据历阳,李子通据海陵,沈法兴据毗陵,三大势力都对江都虎视眈眈。

武德二年(619年)九月,李子通先下手为强,率主力围攻江都。陈陵兵微将寡,只得分别向杜、沈求救。二人均不愿李子通占领江都,于是都派出援军,杜是亲自领兵,沈则派出自己的儿子沈纶。双方都来的结果是谁也不动手,大家互相观望。李子通抓住杜、沈双方互不信任的弱点,派出小部队化装成沈部夜袭杜伏威,杜果然上当,怒火中烧下立刻突袭沈部,两路援军先打成一团。李子通于是得以全力进攻江都,陈陵势不能支,弃城投奔了杜伏威。李子通占领江都后,以得胜之师进攻沈纶,沈兵败逃走。三大势力中本以杜伏威兵力最强,结果反而让李子通取巧占领了江都,杜对此深恶痛绝,但大局已定,也只好愤愤收兵。李子通随即自称皇帝,国号吴。

此时李渊已经自称帝,建立唐朝,消灭了关西的割据势力薛举、李轨,开始谋求关东。李渊派出使者向杜伏威招降,杜就于武德二年(619年)九月宣布归降唐朝,受封为淮南安抚大使,后来又逐步升官到东南道行台、尚书令、楚王,最后在武德三年(620年)升级为总管江淮以南诸军事、吴王。

武德三年(620年)是乱世的高潮,天下局势已经明朗,李渊、王世充、窦建德三足鼎立之势已基本形成,三巨头之间摩擦不断,随时都有爆发战争的可能。在这种背景下,李子通全力进攻沈法兴,渡江攻克了沈的重镇京口,又击杀了沈派来迎击的大将蒋元超,沈主力丧失殆尽,只得放弃丹阳、毗陵,逃回吴郡老家。趁李、沈交战,杜伏威以辅公祐为主将,阚陵、王雄诞为副将(这二人是杜的养子,军中号称大将军、小将军),领数千精锐进攻李刚夺取的丹阳。

李子通亲率主力数万迎战，军容极盛。辅公祐观李部军容极盛，寡众不敌，情急之下活用了杜伏威对"上募"的方法，辅挑选千人持长刀为前锋，又以千人紧随其后，自己领其余兵力再紧随其后，宣言说，前阵有退后者，后阵斩之。江淮军本就剽悍，再有如此严酷的军法，自然人人奋勇向前，尤其前锋的长刀阵更是有进无退。双方一接战，李子通部气为之夺，当即败退。但是辅公祐忘记了自己兵力过少，下令追击，结果反而被逼急了的李部击败，从追击者沦为逃跑者。当夜，李子通因取胜而轻敌，扎营不设防备，王雄涎力劝辅公祐夜袭，辅过于谨慎不敢出击，王干脆擅自领了几百人自行出击。王部在李子通营中大肆纵火，李部猝不及防，几万人大败溃散。战败后，李子通守不住江都，只得主动撤往京口，又逃往太湖，江西之地尽为杜伏威所有。

李子通随即收集余部，又聚集了二万余人，突袭沈法兴的老巢吴郡，沈根本没来得及恢复元气，自然不是李的对手，结果只剩几百人逃了出来，本打算投奔同乡闻人遂安，不料又和闻人所部起了冲突，沈落水溺死。

武德四年（621年）十一月，李子通势力又有所恢复。为永绝后患，杜伏威派王雄涎进攻李子通。李领精兵据守独松岭与王相持，王看出李色厉内荏，派人多造旗鼓，夜间则虚设灯火，尽力制造数十万大军的假象。可能是上次被夜袭留下了严重的心理阴影，李子通草木皆兵，居然自行烧了营帐，连夜全军撤退。王追击到杭州城下，李部崩溃，李子通穷蹙投降，被杜伏威献俘给李渊。消灭李子通后，杜伏威又派王雄涎进攻江淮间其他独立势力，杜伏威完成了江淮的统一。

武德五年（622年）夏，李世民率部镇压窦建德余部刘黑达和徐圆朗，徐的地盘与杜伏威接壤，李世民借攻击徐圆朗之机，在杜伏威境上耀显扬威。当此之时，隋末蜂起的各路反王大多已经烟消云散，梁师都、高开道、徐圆朗之辈或僻处边疆，或灭亡在即，唯一能对李唐构成威胁的就是杜伏威了。自古异姓封王，即便功臣大多都为人所忌，从无好的结局，何况杜伏威只是个归顺的反王。杜自然明白李世民的用意，心中十分不安，担心成为李唐下一个进攻目标。为免嫌疑，杜索性上书李渊，请求入朝。李渊收到杜伏威的上书后甚悦，批准杜伏威入朝，于是杜将江淮军交给义子王雄涎，自己带了少数亲信于当年七月到长安朝见李渊。杜的主动献忠心让李渊很是满意，李渊加封杜伏威为太子太保，位在齐王元吉之上至此，他仅次于李渊、李建成、李世民三人，为大唐第四号人物。不过不再让杜伏威回江淮了。

在武德四年（621 年）年底被杜伏威所擒后就被送到长安向李渊献俘的李子通，没有受到李渊的惩处，而是在长安给了他房子和佣人，让其过上平民的幸福生活。不甘示弱的李子通一直在伺机东山再起的机会，今看到杜伏威被"羁縻"于长安，李子通料想江淮军没了首领，江淮的局势一定不稳，此时正是趁此良机回去浑水摸鱼，集合旧部东山再起。李待下宽厚，能得士卒之心，如果让他逃回去，也许真能东山再起。可惜的是李逃到蓝田关时就被守关士兵发现，就擒后又被押回了长安，李渊这次没再手下留情。

果然如李子通所料，杜伏威离开后，江淮军出了大乱子。当年创立江淮军时，最高领袖是杜伏威和辅公祏两个人，辅比杜年长，杜就称辅为兄，军中称辅公祏为"辅伯"，辅的地位与杜相当。但随着势力的壮大，在权力的引诱下两人的友谊终于出现了裂痕，杜伏威认为辅公祏的地位过高，影响了他的领导权，因此杜夺了辅的兵权，让他担任位高而无权的仆射一职。辅公祏对此心中不平，于是借口与故友左游仙学神仙术，主动退出权力之争，平时不理政务。杜伏威临去长安时，将政务交给辅公祏，而将军务交给了自己的心腹义子王雄涎，同时密令王监视辅。

辅公祏不是甘心雌伏之人，杜伏威一走，他就和左游仙密谋发动兵变。辅唯一的障碍就是王雄涎，王雄涎是杜伏威的义子和最宠爱的大将，又手握江淮军大权，不除掉他兵变就不可能成功。于是辅公祏伪造了杜伏威的笔迹写信给王雄涎，信中无缘无故地责备王雄涎有二心。王雄涎虽是在战场上有勇有谋的良将，但在政治斗争就显得弱小了，王雄涎收信后非常伤心，就此托病在家不再沾手军务。王雄涎的行为正中辅公祏下怀，辅公祏就势接管了江淮军权，又伪造了杜伏威密令，说在长安受到虐待，要辅公祏起兵造反。以辅公祏在江淮军中的号召力，加上又有辅公祏假造的杜伏威密令，兵变非常顺利，江淮军于武德六年（623 年）八月宣布脱离李唐重新独立，辅公祏自称皇帝，国号宋，以左游仙为兵部尚书。直到辅公祏派人到王雄涎家中劝王归顺，王雄涎才明白自己上当受骗，但大势已去，已无法阻止。王雄涎尽忠于杜伏威，严词拒绝了辅公祏的劝降，后被辅杀害。武德七年（624 年）二月，杜伏威在长安暴卒。

隋朝末年，天下大乱，军阀割据，民不聊生，纷纷揭竿而起，章丘（今属山东）农民起义军首领杜伏威的妻子单云英，是瓦岗寨老英雄单雄信的嫡系侄女。她父母早丧，自幼跟随叔父单雄信闯荡江湖练就一身武艺，胸怀侠义肝肠。起义中她与杜伏威不期而遇,相互倾慕结成良缘,她谙熟韬略足智多谋,杜伏威称誉为贤内助。她待士兵如兄弟视百姓如父母,深受士兵和百姓的爱戴,尊她为"杜夫人"。为了抵御朝廷的镇压,杜伏威镇守历阳,单云英率领一队精兵扼守长江的咽喉要塞。起义军纪律严明,英勇善战,深得百姓拥护。因此,接连打了许多次胜仗,一时声震大江南北。隋王朝覆灭之后,李渊一口吞下了农民起义军的胜利果实,自己做起了皇帝,改年号为"武德"。李渊深知杜伏威率领的江淮起义军是他的心腹大患,便巧施花招以共商大计为名,将杜伏威骗至长安,并要他下令命辅公祏、单云英率军来附。杜伏威不知是计,遂作手书一封派特使送来历阳,单云英一看便知是骗局,并严词拒绝。李渊见骗局失败,恼羞成怒,便用药酒毒杀了杜伏威,而后命李勣率大军前往历阳施行武力招降。噩耗传来全军举哀,单云英悲痛欲绝,发誓与唐军势不两立。她策励将士严阵以待,准备和李渊大军决一死战,次时唐军兵已临城下,传圣旨要单云英速速归降。单云英勃然大怒撕碎圣旨,立斩来使。李勣见诱降不成遂下令屠城。单云英身先士卒,奋勇抵抗使唐军遭到重创,但是终因寡不敌众被迫放弃城池退守梁山。唐军紧追不舍,将梁山围之数重,单云英临危不惧,背水而战。辅公祏闻讯率军来助,但是由于兵力悬殊,叛徒内应,惨遭失败。单云英驻足西梁山岭,五内俱焚,敌军蜂拥而上,一片喊杀之声。当敌军来到近前之时,单云英一咬牙纵身投入波涛汹涌的大江。单云英跳水以后,随水流到太阳河口南边江滩上被发现,乡人将其埋葬渡口边缘,人们为纪念这位英勇不屈的巾帼英雄,就地立庙曰杜姬庙。

(二)辅公祏

辅公祏(?—624年),隋末唐初齐郡临济(今章丘市黄河乡临济)人,农民起义首领。辅公祏少年时,与杜伏威交谊很深,常共率乡里伙伴劫富自给或接济贫苦人。隋大业九年(613年)前后,山东、河北等地爆发了大规模农民战争,有识之士纷纷参加起义,辅公祏和杜伏威也深为所动。同年十二月,辅公祏与杜伏威率起义队伍反上长白山(今章丘县境),与左才相起义军会合。不久,由于得不到信任,二人又率部反出,于次年十二月进入淮北。其后不久,辅公祏奉杜伏威之命到下邳(今江苏邳县),劝说在这一带活动的苗海潮农民起义军合力抗隋,使江淮农民起义军的队伍进一步壮大。这次谈判成功后,辅公

■ 杜姬庙

祐在起义队伍中的威望日隆。由于他与杜伏威是好友,又年长,杜伏威常以兄称之,起义军中也呼其为"伯",对其敬畏程度不下于杜伏威。

大业十七年(617年),辅公祐、杜伏威率军打败了隋将陈棱八千精兵的讨伐,破高邮,下历阳(安徽和县),建立政权。杜伏威自称大总管,任命辅公祐为长史。武德三年(620年),杜、辅农民起义军渡过长江。十二月,杜伏威命辅公祐率精兵数千与另一农民军李子通部激战。李子通兵多将广,十倍于辅公祐,战斗十分艰难。这使辅公祐的军事才能得到了最充分的发挥。他精选勇壮军卒千余人,各执长刀,为先锋;又命千余人殿后,并严令:"有退却者斩!"安排完毕,他下令冲击,自带其余将士从两翼迂回拼杀,李子通大败,逃往京口。这一仗,使杜、辅起义军得以顺利占据丹阳(今南京),并在这里建立吴国。武德二年(619年),杜伏威率部降唐,辅公祐被夺去兵权,唐高祖委任他为淮南道行台尚书左仆射,封舒国公。但辅公祐人降心不降,他依旧领兵在外,与左游仙共谋伺机起事。

杜伏威降唐后,中原的农民起义军相继失败,全国农民战争接近尾声,辅公祐对此十分焦虑。武德五年(622年),杜伏威被召居唐都长安。临行前,他对辅公祐和王雄涎说:"我到长安,若有官职,你们也可同去,否则便不要放下武器。"又单独告诫王雄诞,要他监督辅公祏。那时杜伏威已隐约感到辅公祏必反之意。杜伏威赴京,长期没有音讯。辅公祏便借王雄诞卧病之机,假托杜伏威来信让举事,于武德六年(623年),辅公祏杀掉王雄诞,发动第二次起义。很快便在丹阳称帝,国号宋,年号天明,聚众十余万,设置政权机构和文武百官,任协同他起事的左游仙为兵部尚书、东南道大使、越州总管,镇守会稽(浙江绍兴);以江州农民起义军首领张善安为西南道大行台,联合起来共同反唐。他增修军械,储备粮食。在准备充分后,一方面派大将徐绍宗攻海州,陈正通攻寿阳;另一方面派张善安出兵北伐,扼制长江中游。使几近沉寂的隋末、唐初农民战争,又出现了兴旺的苗头。

武德七年(624年)十二月,唐高祖派赵郡王李孝恭率舟师进江州(江西九江市),岭南大使李靖领南诸军向宣州(安徽宣城),怀州总管黄君汉自谯、亳(安徽亳州),齐州总管李世绩出兵等围剿辅公祏。辅公祏以舟师三万驻屯博望山(安徽当涂县西南江畔),以步骑三万驻屯青林山(当涂县东南),并以铁锁断江路筑城、结垒以拒唐军。但粮道被断,辅公祏连战连败,对方复以老弱诱战,他弃城出走,最后只与数十人逃至武康(浙江德清县西)不幸被俘,由乡民执送丹阳斩首。

三、唐朝忠义良吏——李君球

李君球,齐州平陵(今章丘龙山)人。其父李义满,于隋乱之时纠合余党,据堡守卫村间,外盗不敢侵。唐武德二年(619年),李义满率县降唐朝,被封为齐郡通守。唐是年诏令以其堡为谭州,为平陵县。不久,唐置谭州,以李义满宅为谭州总管府,辖章丘、平陵、亭山、营城、临邑、临济、邹平七县,李义满被封为谭州总管、平陵郡公。李义满卒,李君球嗣守平陵。

君球少任侠,颇涉书籍。唐贞观十七年(643年),齐州都督齐王李祐据州城举兵作乱,平陵人不从,君球与兄子李行均守县城。李君球对齐王李祐的行为早就不满;又者,大唐新立,兵精将勇,文武济济,李祐反唐不过如只手撼山、蚂蚁摇树,失败是其必然下场。李君球诀不愿将这种耻辱和灾难强加在家乡人的身上。于是他下定决心,与兄之子李行均募兵备战,坚守平陵县城,不敢有丝毫的懈怠。此时,青州、淄州、莱州、密州之兵,不但不随李祐反唐,反而聚起人马围攻起齐州城来。李祐的部下见势不妙,便劝他"多掳子女财帛走豆子卤亢为盗"，计尚未决，齐州兵曹杜行敏亦发动兵变，将李祐就地生擒并押送京师。到了京城，唐太宗非常伤心地对李祐说："吾常诫汝勿近小人，正为此耳。往吾子，今国仇，我上惭皇天，下愧后土。"遂贬李祐为庶人，赐死。至此李祐之乱平。唐太宗论功行赏，凡李祐治下未从反者各有封赠。因李君球之立场坚定，忠贞可嘉，授游击将军之职；他所在的平陵县亦被封为全节县，以彰显李君球忠于职守。此后李君球仕途颇顺，累迁左骁卫将军、义全府折冲都尉、蔚州刺史、同州刺史、扬州大都督府长史，官终灵州都督。在为政期间，李君球政尚严肃，人吏惮之，但贼屏迹，唐高宗频降书劳勉之。

唐高宗龙朔三年（663年）三月，唐高宗下诏讨伐高丽，李君球上书进谏，文曰："臣闻心之病者，不能缓声；事之急者，不能安言；性之慈者，不能隐情。且食君之禄，死君之事。今臣食陛下之禄矣，其敢爱身乎？臣闻《司马法》曰：'国虽大，好战必亡，天下虽安，忘战必危。'兵者凶器，战者危事，故圣主明王重行之也。爱人力之尽，恐府库之殚，惧社稷之危，生中国之患。故古人云：'务广德者昌，务广地者亡。'昔秦始皇好战不已，至于失国，是不爱其内而务其外故也。汉武远讨朔方，殆乎万里，广拓南海，分为八郡，终于户口减半，国用空虚，至于末年，方垂哀痛之诏，自悔其失。

彼高丽者，辟侧小丑，潜藏山海之间，得其人不足以彰圣化；弃其地不足以损天威。何至于疲中国之人，倾府库之实，使男子不得耕耘，女子不得蚕织！陛下为人父母，不垂恻隐之心，倾其有限之货，贪于无用之地。设令高丽既灭，即不得不发兵镇守；少发则兵威不足，多发则人心不安，是乃疲于转戍，百姓无聊生也。万姓无聊，即天下败矣！天下既败，陛下何以自安？故臣以为征之不如不征，灭之不如不灭。"

李君球认为讨伐高丽，疲中国之民，倾国家之财，使男子不得耕耘，女子不得蚕织；如高丽被灭亡，又要发兵镇守，士兵疲于转戍，百姓将不聊其生；若如此，则国家就有破败的危险。

这篇谏文有理有据，文词优美；在谏辞之始，李君球先将死摆出来，明显一副死谏的样子。正因如此，他才敢直言铺陈，指出了平高丽的没必要性。然而他的谏文并未被高宗采纳，龙朔元年（661年）五月，高宗命右骁卫大将军、凉国公契苾何力为辽东道大总管，左武卫大将军、邢国公苏定方为平壤道大总管等，率兵三十万东征高丽。战事持续两年，但平壤城却久拿不下来，无师无功而返亦如李君球所言。此后不久，李君球迁兴州刺史，后累迁扬州大都督府长史。吐谷浑常犯边塞（吐谷浑，古代西北民族及其所建国名。本为东北鲜卑慕容部一支。西晋末，首领吐谷浑率部西迁。后扩展，统治了今青海、宁夏、甘南和四川西北的羌、氐部落），朝廷因李君球素有威望，转其为灵州（今宁夏灵武西南）都督。

四、唐朝贤臣——贠半千

贠半千（620—712年），字荣期，齐州全节（今章丘龙山平陵城）人。其祖先原居彭城（今江苏徐州），本姓刘氏，系南北朝时刘宋王朝皇族。后宋灭齐立，其十世祖刘凝之亡命北魏，以忠烈自比伍子胥，因此改姓为贠。

贠半千原名余庆，自小由其叔父抚养，童年就能读通经书。唐贞观初年，随叔父客居晋州（今山西临汾），被推荐参加应童子科考试，成绩优异，殿试对诏，已经能讲解《易经》、《老子》，宰相房玄龄对他特别赏识。长大后，与同乡何彦先一同拜名儒王义方为师。他见贠半千才学超群，非常器重，不无感慨地说："五百岁一贤者生，子宜当之。"从此改名为半千。意思是，贠半千就是那五百年才有一个的贤者。

贠半千也的确才学超群，后来参加科举考试，凡举八科皆中。但因家世清寒，政界又没有任何关系，因此长期没有得到重用。为表白自己欲一展雄才为国效力的心迹，咸亨年间（670—674年），贠半千写了一篇感情激越甚至有些狂傲的《陈情表》，直接上书唐高宗，推荐自己。半千入仕后，不但有胆有谋，而且敢于进谏。一日，武后召见，说："我早就听到你的名声，原以为是位古人，却在朝任职，境外出使之事，何用你去，你应留在朝中待命。"随即召命入阁供奉，升司宾寺主簿，不久，任弘文馆直学士、待制显福门下。又提升他为正谏大夫兼右控鹤内供奉。控鹤府是武后圣历二年（公元699年）设置的宫中近侍卫机构，以武后的男宠张易之为监（长官），半千不屑与之为伍，上奏武后恳请予以罢黜，由此得罪了武后，调为水部郎中，又外任棣州刺史。回朝，仍任弘文馆学士。武三思掌权，对他十分忌恨，把他排挤出京城，先后担任濠州、蕲州刺史。半千不专任吏，常以文雅粉泽，故所至礼化大行。睿宗初（710年），召为太子右谕德，仍学士职，累封平原郡公。

半千事五君，有清白节操，年老不衰，乐山水自放。开元九年（721年），游尧山、沮水间，爱其地，遂定居。卒年94岁，"即葬焉，吏民哭野中"。

负半千与唐初的著名文人骆宾王最友善,二人常有文字来往,骆宾王《答负半千书》至今流传。负半千文笔极佳,曾修《三教珠英》,撰《明堂新礼》三卷,作《封禅四坛碑》12首,武后赞之,赐绢千匹,还曾著《三国春秋》二十卷,可惜其文集多半遗失。

五、唐朝著名诗人——崔融

崔融(653—706年),字安成,唐代齐州全节(今章丘市龙山街道)人。初应八科制举,皆及第,累补宫门丞、崇文馆学士。中宗李显为太子时,崔融为侍读,兼侍属文,东宫表疏多出其手。全节,唐初称平陵县,治所在今济南章丘。贞观十七年(643年),齐王李祐反,平陵人坚决抗争。反叛平定后,朝廷为表彰平陵人的气节,改称全节县。初应八科制举,皆及第,累补宫门丞、崇文馆学士。中宗李显为太子时,崔融为侍读,兼侍属文,东宫表疏多出其手。

从新旧《唐书》可知,崔融自小好学上进,并且顺利应举中第。崔融中第后,几经升迁,做了"宫门丞,兼直崇文馆学士"。这两个官职,都属于太子东宫。其中的崇文馆,是始设于贞观年间的太子学馆。崇文馆学士,就是专司掌管东宫经籍图书,并且教授崇文馆诸生的官员。可见崔融一入仕,就以文采被选入了当时的最高教育机构。中宗李显为太子时,崔融为侍读。史料记载,唐高宗永隆元年八月,太子李贤被废,李显被立为太子,崔融侍读东宫,应该就在这个时候。683年,李显的父亲高宗李治病死,李显即位,但到次年2月却被贬为庐陵王,皇位被睿宗李旦所取代。这个时期,政权掌握在武则天的手中。到了690年,武则天易唐为周。李显被废以后的几年间,崔融的经历无迹可寻。直到后来武则天到嵩山,见到他所撰写的《启母庙碑》,他才被武皇重新发现,迅速晋升为"著作佐郎"。尔后,又晋升为凤阁舍人,即中书舍人。从陈子昂的《送著作佐郎崔融等从梁王东征》,以及杜审言、戴叔伦的送别之作来看,崔融在696年已经做了著作佐郎。受到当朝皇帝的重用,当然是一件好事,但福祸本来就是相伴相生的。崔融的升迁,也使他和当时的不少文人学士一样,因为攀附武氏的宠臣张易之、张昌宗兄弟,留下了一段为人诟病的经历。

圣历元年(698年),武则天封中岳(嵩山),见崔融所撰《启母庙碑》,大加赞美;封禅毕,又命崔融撰《朝觐碑》。遂由魏州司功参军擢授著作佐郎,转右史。圣历二年(699年),授著作郎,兼右史内供奉。圣历四年(701年)迁凤阁舍人。久视元年（700年），崔融因事惹怒了张昌宗，被贬为婺州（今浙江金华）长史。但令人奇怪的是，没过多久，张昌宗的怒气就消了，崔融旋即被召为春官郎中，知制诰。长安二年（702年），再迁凤阁舍人。翌年，兼修国史。崔融职迁，这其中固然有崔融才华横溢的原因，但与他主动投靠张氏集团恐怕也不无关系。《新唐书》说："张易之兄弟颇延文学士，融与李峤、苏味道、麟台少监王绍宗降节佞附。"可见对他的这段历史评价不高。神龙元年（705年），张柬之等人拥重新被立为太子的李显发动政变，杀张氏兄弟，武则天被迫让位。在这个过程中，崔融虽然也受了牵连，被贬为袁州刺史，但没有多久即被召回，"拜国子司业，兼修国史"。国子司业，是国子监稍低于主官国子祭酒的次官，堪称位高人显。

中宗神龙二年（706年），崔融因"撰（则天）哀册文，用思精苦，遂发病卒，时年五十四"。实际上崔融是累死在修史的岗位上，算得上鞠躬尽瘁、死而后已。崔融死后，重新登上皇位的中宗李显念及当年的侍读之恩，追赠他为卫州刺史，谥号"文"。崔融是个很讲感情的人，他对武则天的知遇之恩始终充满感激之情。武则天死后，他曾满含深情地写下了两首《则天皇后挽歌》，最终也因撰写《则天哀册文》发病而死，更可以看出他对武则天的仰慕敬佩之情。他对友人同样也是这样，崔融死后，杜审言因为受到崔融的奖引，"为服缌麻"，像同宗亲属一样为他服丧三个月，可见对崔融的无比感激和尊崇。

崔融为文华美，当时无出其上者。凡朝廷大手笔，多由皇帝手敕，付其完成。其《洛出宝图颂》《则天哀册文》尤见工力。作《则天哀册文》时，苦思过甚，遂发病而卒。唐代的"济南名士"崔融"海佑此亭古，济南名士多"是杜甫留在历下亭的名句，"济南名士"也因此成为泉城济南的骄傲。从古至今，"济南名士"不胜枚举，而那个与杜甫的祖父杜审言、李峤、苏味道并称为"文章四友"的崔融，理应就是其中重要的一位。

附一：崔融诗作

拟　古

饮马临浊河，浊河深不测。河水日东往，河源乃西极。

思君正如此，谁为生羽翼。日夕大川阴，云霞千里色。

所思在何处，宛在机中织。离梦当有魂，愁容定无力。

凤龄负奇志，中夜三叹息。拔剑斩长榆，弯弓射小棘。

班张固非拟，卫霍行可即。寄谢闺中人，努力加飧食。

从 军 行

穹庐杂种乱金方,武将神兵下玉堂。天子旌旗过细柳,
匈奴运数尽枯杨。关头落月横西岭,塞下凝云断北荒。
漠漠边尘飞众鸟,昏昏朔气聚群羊。依稀蜀杖迷新竹,
仿佛胡床识故桑。临海旧来闻骠骑,寻河本自有中郎。
坐看战壁为平土,近待军营作破羌。

留别杜审言并呈洛中旧游

斑鬓今为别,红颜昨共游。年年春不待,处处酒相留。
驻马西桥上,回车南陌头。故人从此隔,风月坐悠悠。

横吹曲辞·关山月

月生西海上,气逐边风壮。万里度关山,苍茫非一状。
汉兵开郡国,胡马窥亭障。夜夜闻悲笳,征人起南望。

咏 宝 剑

宝剑出昆吾,龟龙夹采珠。五精初献术,千户竞沦都。
匣气冲牛斗,山形转辘轳。欲知天下贵,持此问风胡。

则天皇后挽歌二首

宵陈虚禁夜,夕临空山阴。日月昏尺景,天地惨何心。
紫殿金铺涩,黄陵玉座深。镜奁长不启,圣主泪沾巾。

前殿临朝罢,长陵合葬归。山川不可望,文物尽成非。
阴月霾中道,轩星落太微。空馀天子孝,松上景云飞。

附二:《旧唐书》"崔融"条

崔融,齐州全节人。初,应八科举擢第。累补官门丞,兼直崇文馆学
士。中宗在春官,制融为侍读,兼侍属文,东朝表疏,多成其手。圣历中,
则天幸嵩岳,见融所撰《启母庙碑》,深加叹美,及封禅毕,乃命融撰朝观
碑文。自魏州司功参军擢授著作佐郎,寻转右史。圣历二年,除著作郎,
仍兼右史内供奉。四年,迁凤阁舍人。久视元年,坐忤张昌宗意,左授婺
州长史。顷之,昌宗怒解,又请召为春官郎中,知制诰事。长安二年,再迁
凤阁舍人。三年,兼修国史。时有司表税关市,融深以为不可,上疏谏曰:
"伏见有司税关市事条,不限工商,但是行人尽税者,臣谨按《周礼》九赋,
其七日'关市之赋'。窃惟市纵繁巧,关通末游,欲令此徒止抑,所以咸增
赋税。臣谨商度今古,料量家国,窃将为不可税。谨件事迹如左,伏惟圣

旨择焉。"

往古之时，淳朴未散，公田籍而不税，关防讥而不征。中代已来，浇风骤进，桑麻疲弊，稼穑辛勤，于是各徇通财，争趋作巧，求径捷之欲速，忘岁计之无余。遂使田莱日荒，仓廪不积，蚕织休废。弊缊阙如，饥寒猥臻，乱离斯起。先王惩其若此，所以变古随时，依本者恒科，占末者增税。夫关市之税者，谓市及国门，关门者也，唯敛出入之商贾，不税来往之行人。今若不论商人，通取诸色，事不师古，法乃任情。悠悠末代，于何瞻仰；济济盛朝，自取嗤笑。虽欲宪章姬典，乃是违背《周官》。臣知其不可者一也。

臣谨案《易》《系辞》称："庖羲氏没，神农氏作，日中为市，致天下之人，聚天下之货，交易而退，各得其所。"《班志》亦云："财者，帝王聚人守位，养成群生，奉顺天德，理国安人之本也。仕农工商，四人有业。学以居位曰仕，辟士殖谷曰农，作巧成器曰工，通财鬻货曰商。圣王量能授事，四人陈力受职。"然则四人各业久矣。今复安得动而摇之！萧何云："人情一定，不可复动。"班固又云：曹参相齐，齐国安集，大称贤相。参去，属其后相曰："以齐狱市为寄，慎勿扰也。"后相曰："理无大于此者乎？"参曰："不然。夫狱市者，所以并容也，今若扰之，奸人安所容乎？吾是以先之。"夫狱市，兼受善恶。若穷极，奸人无所容窜；奸人无所容窜，久且为乱。秦人极刑而天下叛，孝武峻法而刑狱繁，此其效也。老子曰："我无为而人自化，我好静而人自正。"参欲以道化其本，不欲扰其末。臣知其不可者二也。

四海之广，九州之杂。关必据险路，市必凭要津。若乃富商大贾，豪宗恶少，轻死重义，结党连群，喑呜则弯弓，睚眦则挺剑。小有失意，且犹如此，一旦变法，定是相惊。乘兹困穷，或致骚动，便恐南走越，北走胡，非唯流逆齐人，亦自搅乱殊俗。又如边徼之地，寇贼为邻，兴胡之旅，岁月相继，倘同科赋，致有猜疑，一从散亡，何以制禁？求利虽切，为害方深。而有司上言，不识大体，徒欲益帑藏，助军国，殊不知军国益扰，帑藏逾空。臣知其不可者三也。

孟轲又云："古之为关也，将以御暴；今之为关也，将以为暴。"今行者皆税，本末同流。且如天下诸津，舟航所聚，旁通巴、汉，前指闽、越，七泽十薮，三江五湖，控引河洛，兼包淮海。弘舸巨舰，千轴万艘，交贸往还，昧旦永日。今若江津河口，置铺纳税，纳税则检覆，检覆则迟留。此津才过，彼铺复止，非唯国家税钱，更遭主司傲贿。船有大小，载有少多，量物而税，触途淹久。统论一日之中，未过十分之一，因此壅滞，必致吁嗟。一朝失利，则万商废业，万商废业，则人不聊生。其间或有轻诋任侠之徒，斩龙刺蛟之党，鄱阳暴谑之客，富平悍壮之夫，居则藏锢，出便铗剑。加之以重税，因之以威胁，一旦兽穷则搏，鸟穷则攫，执事者复何以安之哉？臣知其不可者四也。

五帝之初，不可详已；三王之后，厥有著云；秦、汉相承，典章大备至如关市之税，史籍有文。秦政以雄图武力，舍之而不用也；汉武以霸略英才，去之而勿取也。何则？关为御暴之所，市为聚人之地，税市则人散，税关则暴兴，暴兴则起异图，人散则怀不轨。夫人心莫不背善而乐祸，易动而难安。一市不安，则天下之市心摇矣；一关不安，则天下之关心动矣。况浇风久扇，变法为难，徒欲禁末流、规小利，岂知失玄默、乱大伦。魏、晋眇小，齐、隋龌龊，亦所不行斯道者也。臣知其不可者五也。

今之所以税关市者，何也？岂不以国用不足，边寇为虞，一行斯术，冀有殷赡然也！微臣敢借前箸以筹之。伏惟陛下当圣期，御玄策，沉璧于洛，刻石于嵩，铸宝鼎以穷奸，坐明堂而布政，神化广洽，至德潜通。东夷暂惊，应时平殄；南蛮才动，计日归降。西域五十余国，广输一万余里，城堡清夷，亭堠静谧。比为患者，唯苦二蕃。今吐蕃请命，边事不起，即目虽尚屯兵，久后疑成驰柝。独有默啜，假息孤恩，恶贯祸盈，覆亡不暇。征役日已省矣，繁费日已稀矣，然犹下明制，遵太朴，爱人力，惜人财，王侯旧封，妃主新礼，所有支料，咸令减削。此陛下以躬率先，尧、舜之用心也。且关中、河北，水旱数年，诸处逃亡，今始安辑，倘加重税，或虑相惊。况承平岁积，薄赋日久，俗荷深恩，人知自乐。卒有变法，必多生怨，生怨则惊扰，惊扰则不安，中既不安，外何能御？文王曰："帝王富其人，霸王富其地，理国若不足，乱国若有余。"古人有言："帝王藏于天下，诸侯藏于百姓，农夫藏于庾，商贾藏于箧。"惟陛下详之。必若师兴有费，国储多窘，即请倍算商客，加敛平人。如此则国保富强，人免忧惧，天下幸甚。臣知其不可者六也。

陛下留神系表，属想政源，冒兹炎炽，早朝晏坐。一日二日，机务不遗，先天后天，虚心密应。时政得失，小子何知，率陈瞽辞，伏纸惶惧。

疏奏，则天纳之，乃寝其事。

　　四年,除司礼少卿,仍知制诰。时张易之兄弟颇招集文学之士,融与纳言李峤、凤阁侍郎苏味道、麟台少监王绍宗等俱以文才降节事之。及易之伏诛,融左授袁州刺史。寻召拜国子司业,兼修国史。神龙二年,以预修《则天实录》成,封清河县子,赐物五百段,玺书褒美。融为文典丽,当时罕有其比,朝廷所须《洛出宝图颂》、《则天哀册文》及诸大手笔,并手敕付融。撰哀册文,用思精苦,遂发病卒,时年五十四。以侍读之恩,追赠卫州刺史,谥曰文。有集六十卷。二子禹锡、翘,开元中,相次为中书舍人。

第四章
宋元时期

一、北宋著名文学家——李格非

李格非(约 1045—1106 年),字文叔,章丘(今济南市章丘县)人。北宋著名文学家,著名女词人李清照之父。宋神宗熙宁九年(1076 年)中进士,初任冀州(今河北冀县)司户参军、试学官,后为郓州(今山东东平)教授。宋代有兼职兼薪制度,郡守见他清贫,欲让他兼任其他官职,他断然谢绝,表现了廉洁清正的风节。

李格非勤奋好学,博学多通,善文章,兼通经学。《宋史·李格非传》云:"其幼时,俊警异甚。有司方以诗赋取士,格非独用意经学,著《礼记说》至数十万言,遂登进士第。调冀州司户参军,试学官,为郓州教授,郡守以其贫,欲使兼他官,谢不可。"于宋哲宗元祐元年(1086 年),入补太学录,再转博士,任职至元祐八年(1093 年)。在此期间,恰逢苏轼官翰林,李格非以文章受知于苏轼。他于宋哲宗绍圣元年(1094 年),通判广信军,在任此职期间,惩治邪恶,为民除害,颇得民心。《宋史·李格非传》载:"有道士说人祸福或中,出必乘车,甿俗信惑,格非遇之涂,叱左右取车中道士来,穷治其奸,杖而出诸境。"

元丰八年(1085 年)九月十三日,李格非为已故同里人、家住明水以西廉家坡村的齐鲁著名隐士廉复撰写《廉先生序》一文,述其平生,证其为人,传其不朽。宋哲宗元祐元年(1086 年),官太学录。他专心著述,文名渐显,于宋哲宗元祐六年（1091 年），"再转博士，以文章受知于苏轼"，与廖正一、李禧、董荣同在馆职，俱有文名，称为苏门"后四学士"。同年十月，哲宗幸太学，李格非奉命撰《元祐六年十月哲宗幸太学君臣唱和诗碑》。元祐四年（1089 年），官大学正。绍圣元年（1094 年），章惇为相，立局编类元祐诸臣章疏，召李格非为检讨，拒不就职，因而得罪，遂被外放为广信军（今河北徐水遂城西）通判。

绍圣二年（1095 年），李格非被召为校书郎，迁著作佐郎、礼部员外郎，后

■ 李格非

又任提点京东刑狱。宋徽宗崇宁元年（1100 年），朝廷内排挤元祐旧臣。李格非名列"元祐党"，被罢官。《宋史·李格非传》："提点京东路刑狱，以党籍罢。"根据元祐党人"不得与在京差遣"的规定，李格非只得携眷返归明水原籍。宋徽宗崇宁元年（1102 年），李格非因名在元祐党人名籍，被罢官。绍圣二年（1105 年），李格非召为校书郎，著作佐郎。是年撰成他的传世名文《洛阳名园记》。《宋史·李格非传》云："尝著《洛阳名园记》，谓洛阳之盛衰，天下治乱之候也。其后洛阳陷于金，人以为知言。"《洛阳名园记》10 卷，记洛阳名园，自富郑公（富弼）以下凡 19 处。北宋朝廷达官贵人日益腐化，到处营造园圃台谢供自己享乐，李格非在对这些名园盛况的详尽描绘中，寄托了自己对国家安危的忧思。崇宁五年（1106 年）正月，毁元祐党人碑，大赦天下，除一切党人之禁，叙复元祐党人。李格非与吕希哲、晁补之等"并令吏部与监庙差遣"（《续资治通鉴拾补》），但禁止到京师及近钱州县。"监庙"是一个没有实权的空头职衔，故此后李格非仍在原籍居住。绍圣四年（1107 年），李格非升任

礼部员外郎。

大观二年(1108年)三月八日,李格非曾陪同当时的齐州知州梁彦深游于历山东侧佛慧山下的甘露泉,并镌文于"秋棠池旁之石壁上,题名曰:"朝请郎李格非文叔"(乾《历城县志》)。李格非卒年不详,《宋史·李格非传》仅载:"卒,年六十一。"

李格非刻意于词章,诗文俱工致,尝言:"文不可以苟作,诚不著焉,则不能工。"刘克庄评论其"文高雅条鬯,有意味,在晁、秦之上,诗稍不逮",然亦多佳篇(《后村诗话》续集卷三)。《洛阳名园记》为其散文代表作,南宋楼昉谓其文"不过二百字,而其中该括无限盛衰治乱之变,意有含蓄,事存鉴戒,读之令人感叹"(《崇古文诀》卷三二)。也能诗,《过临淄》、《试院》等篇清朗雅洁,为人所诵(《后村诗话》续集卷三)。著有诗文四十五卷,今已佚。其《洛阳名园记》自宋时即有单刻本行世,今存《百川学海》本、《宝颜堂秘笈》本、《津逮秘书》本、《四库全书》本。《全宋诗》卷一○三一录其诗九首。《全宋文》卷二七九二收其文一卷。事迹见《东都事略》卷一一六、《宋史》卷四四四本传。

李格非著作颇丰。《宋史·艺文志》载,李格非有《礼记精义》十六卷、《史传辨志》五卷、《洛阳名园记》一卷、《永洛城记》一卷。又,《遂书堂书目》及《后村先生大全集·诗话续集》载《李格非集》四十五卷、《涧泉日记》卷上载有《济北集》、张邦基《墨庄漫录》载有《历下水记》。只可惜各书皆佚,现仅有《洛阳名园记》一卷传世。

李格非现存遗文、断篇及书目可知者尚有《廉先生序》(载《章丘县志》)、《书战国策后》(载南宋绍兴丙寅姚宏《重校战国策·叙录》)、《人元柏六年十月哲宗幸大学君臣唱和诗碑》(载《枫窗小牍》)、《傅尧俞疏》(载毕沅《中州金石志》)、《破墨癖说》(载张邦基《墨庄漫录》)、《杂书》二篇(载《墨庄漫录》、《人冷斋夜话》)、《李格非论文章》(载彭乘《墨客挥犀》)、《祭李清臣文》(载《后村先生大全集·诗话续集》)。齐鲁书社出版的《儒家石头上的文献——曲阜碑文录》第169页可见现存于曲阜孔林思堂之东斋的北墙南起第一方石碣刻,上面写有:"提点刑狱、历下李格非,崇宁元年正月二十八日率褐、过、迥、逅、远、迈,恭拜林冢下。"

李格非强调作者为文应"诚",要有真实诚挚的思想感情,主张"字字如肺肝出。"而其在创作中亦身体力行,所以《宋史》本传有云:"格非苦心工于词章,陵轹直前,无难易可否,笔力不少滞。尝言:'文不可以苟作,诚不著焉,则不能工'"。他评论古人的文章,也是以"诚"为标准。凡以情为文、文章出自肺腑者,他即加以肯定、赞扬,否则,则予以贬斥。这从他有关言论中可以得到印证。如他认为:"诸葛孔明《出师表》、刘伶《酒德颂》、陶渊明《归去来辞》、李令伯《陈情表》,皆沛然从肺腑中流出,殊不见斧凿痕。是数君子在后汉之末,两晋之间,初未尝以文章名世,而其意超迈如此。吾是知文章以气为主,气以诚为主,故老杜谓之'诗史'者,其大过人在诚实耳。"(见宋释惠洪《冷斋夜话》卷三)李格非所强调的为文要"诚"的"诚",实际上是指的真情实感。

李格非终生在积极从事政治活动的同时,勤奋著述,其文章体现了他为文要"诚"、"字字如肺肝出"的主张,文风平易自然,流畅宛转。著有文集45卷,《礼记精义》16卷,《永洛城记》1卷,《史传辨志》5卷,都已失传。其传世著述,尚有《洛阳名园记》1卷。另有可考者10数篇,散见于《冷斋夜话》、《枫窗小牍》、《汴京遗迹志》、《墨庄漫录》、《宋稗类钞》等。诗仅存《临淄怀古》1首,载《露书》(见王士禛《香祖笔记》)。

附录:

《书〈洛阳名园记〉后》论曰:洛阳处天下之中,挟殽渑之阻,当秦陇之襟喉,而赵魏之走集,盖四方必争之地也。天下常无事则已,有事,则洛阳必先受兵。予故尝曰:"洛阳之盛衰,天下治乱之候也。"方唐贞观、开元之间,公卿贵戚开馆列第于东都者,号千有余邸;及其乱离,继以五季之酷。其池塘竹树,兵车蹂践,废而为丘墟;高亭大榭,烟火焚燎,化而为灰烬,与唐共灭而俱亡者,无余处矣。予故尝曰:"园圃之兴废,洛阳盛衰之候也。"且天下之治乱,候于洛阳之盛衰而知;洛阳之盛衰,候于园圃之废兴而得,则《名园记》之作,予岂徒然哉?呜呼!公卿士大夫方进于朝,放乎一己之私意以自为,而忘天下之治忽,欲退享此乐,得乎?唐之末路是矣!

二、"千古第一才女"——李清照

李清照,宋代(南北宋之交)女词人,号易安居士,济南章丘人。她生于神宗元丰七年二月初五日(1084年3月13日),卒于高宗绍兴二十五年四月初十日(1155年5月12日)。她出生于书香门第。早期生活优裕。其父李格非藏书甚富,她小时候就在良好的家庭环境中打下文学基础。出嫁后,与丈夫赵明诚共同致力于金石书画的搜集整理,共同从事学术研究。志趣相投,生活美满。金兵入据中原后,流落南方,赵明诚病死,李清照境遇孤苦。一生经历了表面繁华、危机四伏的北宋末年和动乱不已、偏安江左的南宋初年。

■ 李清照

李清照出生于一个爱好文学艺术的家庭。父亲李格非是进士出身,苏轼的学生,官至提点刑狱、礼部员外郎。藏书甚富,善属文,工于词章。现存于曲阜孔林思堂之东斋的北墙南起第一方石碣刻,上面写有:"提点刑狱、历下李格非,崇宁元年正月二十八日率褐、过、迥、逅、远、迈,恭拜林冢下。"母亲是状元王拱宸的孙女,很有文学修养。

李清照一生经历可以宋室南迁为界,分为前后两个时期。

1.前期。由于家庭的原因,特别是父亲李格非的影响,李清照少年时代便工诗善词。李清照的成长,与她所处的自然环境也是分不开的。李清照幼年大部分时间,是在风景如画、人文荟萃的家乡章丘明水度过的。大约在她五六岁时,因父亲李格非作了京官,她便也随父母迁居东京汴梁(今河南省开封市),在东京长大。那时候,北宋统治阶级享乐成风,东京表面上仍极繁荣。李清照作为一个士大夫阶层的大家闺秀,由于封建礼教的禁锢,不可能像男子一样走出家门接触整个社会。但她毕竟出身于城市,不像乡村地主家里的女子那样闭塞。她不仅可以划着小船,嬉戏于藕花深处,而且可以跟着家人到东京街头,观赏奇巧的花灯和繁华的街景,这一切,陶冶了她的性情,丰富了她的精神生活。李清照爱好自然的性格和描摹自然的能力,她曾经受过故乡山东的涵育。而她在爱情描写上的"毫无顾忌",显示了都市社会风气和文学气氛对她的熏染。

十八岁时,李清照与赵明诚结婚。婚后,与丈夫情投意合,如胶似漆,"夫妇擅朋友之胜"。他们一同研究金石书画,过着幸福美好的生活。赵父是当时有名的政治家,官右丞相。婚后,她把整个身心都放在文学艺术的深造和金石文字的收集研究上。她同赵明诚互相砥砺,进行词的创作,技法日臻成熟。

■ 李清照画像

一年重阳节,李清照作了著名的《醉花阴》,寄给在外当官的丈夫。词为:"薄雾浓云愁永昼,瑞脑销金兽。佳节又重阳,玉枕纱橱,半夜凉初透。东篱把酒黄昏后,有暗香盈袖。莫道不销魂,帘卷西风,人比黄花瘦。"秋闺的寂寞与闺人的惆怅跃然纸上。据《嫏嬛记》载,赵明诚接到后,叹赏不已,又不甘下风,就闭门谢客,废寝忘食,三日三夜,写出五十阕词。他把李清照的这首词也杂入其间,请友人陆德夫品评。陆德夫把玩再三,说:"只三句绝佳。"赵问是哪三句,陆答:"莫道不销魂,帘卷西风,人比黄花瘦。"由于朝中新旧党争愈演愈烈,赵李隔河相望,饱尝相思之苦。

2. 后期。1127年,北方女真族攻破了汴京,徽宗、钦宗父子被俘,高宗南逃。李清照夫妇也随难民流落江南,漂流异地。多年搜集来的金石字画丧失殆尽,给她带来沉痛的打击和极大的痛苦。后来金人铁蹄南下,南宋王朝腐败无能,自毁长城。同年,赵明诚被任命为建康知府,在一次城中叛乱中,赵明诚缒城逃跑,使得李清照对其心灰意冷,并于第二年逃亡江西途中,行至乌江时写下有名的《夏日绝句》,赞项羽讽明诚,赵明诚自感羞愧,心情郁郁,后死于上任湖州知事途中。在李清照孤寂之时,张汝舟(一作张汝州)为骗取李清照钱财，趁虚而入，对李清照百般示好。李清照当时无依无靠，便顶世俗之风嫁给张汝州。婚后，二人发现自己都受到了欺骗，张汝州发现李清照并没有自己预想中的家财万贯，而李清照也发现了张汝州的虚情假意，甚至到后来的拳脚相加。之后，李清照发现张汝州的官职来源于行贿，便状告张汝州，在当时的社会环境下，妻子告发丈夫，即使印证丈夫有罪，妻子也要同受牢狱之苦。李清照入狱后，由于家人收买了狱卒，入狱九天便被释放，这段不到百天的婚姻就此结束。

目睹了国破家亡的李清照，虽处忧患穷困而志不屈。在"寻寻觅觅、冷冷清清"的晚年，她殚精竭虑，编撰《金石录》，完成丈夫未竟之功。金兵的横行肆虐激起她强烈的爱国情感，她积极主张北伐收复中原，可是南宋王朝的腐朽无能和偏安一隅，使李清照的希望成为幻影。李清照在南渡初期，还写过一首雄浑奔放的《夏日绝句》："生当作人杰，死亦为鬼雄。至今思项羽，不肯过江东。"借项羽的宁死不屈反讽徽宗父子的丧权辱国，意思表达得痛快淋漓，表达对宋王朝的愤恨。多年的背井离乡，她那颗已经残碎的心，又因她的改嫁问题遭到士大夫阶层的污诟渲染，受到了更严重的残害。她无依无靠，呼告无门，贫困忧苦，流徙漂泊，最后寂寞地死在江南。

李清照是中国古代罕见的才女，李清照工诗善文，更擅长词。李清照人称"易安词"、"漱玉词"，以其号与集而得名。《易安集》、《漱玉集》，宋人早有著录。其词流传至今的，据今人所辑约有45首，另存疑10余首。她的《漱玉词》既男性亦为之惊叹。她不但有高深的文学修养，而且有大胆的创造精神。

她擅长书、画，通晓金石，而尤精诗词。她的词作独步一时，流传千古，被誉为"词家一大宗"。她的词分前期和后期。前期多写其悠闲生活，多描写爱情生活、自然景物，韵调优美。如《一剪梅·红藕香残玉簟秋》等。后期主要是抒发伤时念旧和怀乡悼亡的情感，表达了自己在孤独生活中的浓重哀愁、孤独、惆怅。李清照前期的词比较真实地反映了她的闺中生活和思想感情，题材集中于写自然风光和离别相思。如《如梦令》二首，活泼秀丽，语新意隽。《凤凰台上忆吹箫》、《一剪梅》、《醉花阴》等词，通过描绘孤独的生活和抒发相思之情，表达了对丈夫的深厚感情，宛转曲折，清俊疏朗。《蝶恋花·晚止昌乐馆寄姊妹》写对女伴们的留恋，感情也极其真挚，如《声声慢·寻寻觅觅》。她的人格像她的作品一样令人崇敬。她既有巾帼之淑贤，更兼须眉之刚毅；既有常人愤世之感慨，又具崇高的爱国情怀。她的词虽多是描写寂寞的生活，抒发

■ 李清照书法

忧郁的感情,但从中往往可以看到她对大自然的热爱,也坦率地表露出她对美好爱情生活的追求。这出自一个女作家之手,比起"花间派"代言体的闺怨词来要有价值得多。王灼说:李清照"作长短句,能曲折尽人意,轻巧尖新,姿态百出。闾巷荒淫之语,肆意落笔。自古缙绅之家能文妇女,未见如此无顾籍也"(《碧鸡漫志》卷二)。这种批评正说明了李清照词的意旨在客观上是违背了封建规范的。

　　李清照南渡后的词和前期相比也迥然不同。国破家亡后政治上的风险和个人生活的种种悲惨遭遇,使她的精神很痛苦,因而她的词作一变早年的清丽、明快,而充满了凄凉、低沉之音,主要是抒发伤时念旧和怀乡悼亡的情感。在流离生活中她常常思念中原故乡,如《菩萨蛮》写的"故乡何处是,忘了除非醉";《蝶恋花》写的"空梦长安,认取长安道",都流露出她对失陷了的北方的深切怀恋。她更留恋已往的生活,如著名的慢词《永遇乐》,回忆"中州盛日"的京洛旧事;《转调满庭芳》"芳草池塘"回忆当年的"胜赏",都将过去的美好生活和今日的凄凉憔悴作对比,寄托了故国之思。她在词中充分地表达了自己在孤独生活中的浓重哀愁,如《武陵春》通过写"物是人非事事休"的感慨;《声声慢》通过写"寻寻觅觅,冷冷清清,凄凄惨惨戚戚"的处境,运用叠词,表达了自己难以克制、无法形容的"愁"。又如《清平乐》中"今年海角天涯,萧萧两鬓生华"的悲伤;《孤雁儿》中的悼亡情绪,都是在国破家亡、孤苦凄惨的生活基础上产生的,所以她的这部分词作正是对那个时代的苦难和个人不幸命运的艺术概括。

李清照不仅有卓越的才华,渊博的学识,而且有高远的理想,豪迈的抱负。她在文学领域怀禅微刻《李清照词二首》里取得了多方面的成就。在同代人中,她的诗歌、散文和词学理论都能高标一帜、卓尔不凡。而她毕生用力最勤、成就最高、影响最大的则是词的创作。她的词作在艺术上达到了炉火纯青的境界,在词坛中独树一帜,形成了自己独特的艺术风格——"易安体"。她不追求砌丽的藻饰,而是提炼富有表现力的"寻常语度八音律",用白描的手法来表现对周围事物的敏锐感触,刻画细腻微妙的心理活动,表达丰富多样的感情体验,塑造鲜明、生动的艺术形象。在她的词作中,真挚的感情和完美的形式水乳交融,浑然一体。她将"语尽而意不尽,意尽而情不尽"的婉约风格发展到了顶峰,以致赢得了婉约派词人"宗主"的地位,成为婉约派代表人物之一。李清照在早年还写过一篇《词论》,提出词"别是一家"的说法,是宋代的重要词论,也成为她词创作的理论依据。沈谦《填词杂说》将李清照与李后主并提说:"男中李后主,女中李易安,极是当行本色。"易安词在群花争艳的宋代词苑中,独树一帜。"侯寅《眼儿媚》调下题曰:"效易安体";辛弃疾《丑奴儿近》调下题曰:"博山道中效易安体"。词作自成一体,表明已形成鲜明的个性风神。李清照杰出的艺术成就赢得了后世文人的高度赞扬。后人认为她的词"不徒俯视巾帼,直欲压倒须眉",她被称为"宋代最伟大的一位女词人,也是中国文学史上最伟大的一位女词人",有"千古第一才女"之美誉。

李清照有《易安居士文集》、《易安词》等著作,但久已不传。现存诗文集为后人所辑,有《漱玉词》1卷,《漱玉集》5卷。代表作有《声声慢》、《一剪梅》、《如梦令》、《醉花阴》、《武陵春》、《夏日绝句》等。

附录:

如 梦 令

常记溪亭日暮,沉醉不知归路。兴尽晚回舟,误入藕花深处。争渡,争渡,惊起一滩鸥鹭。

渔 家 傲

天接云涛连晓雾,星河欲转千帆舞。仿佛梦魂归帝所。闻天语,殷勤问我归何处。我报路长嗟日暮,学诗谩有惊人句。九万里风鹏正举。风休住,篷舟吹取三山去。

醉 花 阴

薄雾浓云愁永昼,瑞脑消金兽。佳节又重阳,玉枕纱厨,半夜凉初透。东篱把酒黄昏后,有暗香盈袖。莫道不消魂,卷帘西风,人比黄花瘦。

武 陵 春

风住尘香花已尽,日晚倦梳头。物是人非事事休,欲语泪先流。闻说双溪春尚好,也拟泛轻舟。只恐双溪舴艋舟,载不动许多愁。

声 声 慢

寻寻觅觅,冷冷清清,凄凄惨惨戚戚。乍暖还寒时候,最难将息。三杯两盏淡酒,怎敌他,晚来风急?雁过也,正伤心,却是旧时相识。满地黄花堆积。憔悴损,如今有谁堪摘?守着窗儿,独自怎生得黑?梧桐更兼细雨,到黄昏、点点滴滴。这次第,怎一个愁字了得!

夏日绝句

生当作人杰,死亦为鬼雄。至今思项羽,不肯过江东。

三、元朝著名散曲作家、文学家——刘敏中

刘敏中(1243—1318 年)、字端甫,号中庵,济南章丘(今绣惠镇西皋村)人,元朝初期大臣,著名散曲作家、文学家。他写的许多诗词、散曲至今仍为人们津津乐道。他曾先后在地方和中央担任过许多职务,是元朝中期著名的政治家。自幼卓异不凡,曾任中书掾、兵部主事、监察御史等职,因弹劾秉政的桑哥,辞职归乡。后又入为御史、御史都事、翰林直学士,兼国子祭酒、翰林学士承旨等,还曾宣抚辽东山北,拜河南行省参政等。刘敏中一生为官清正,以时事为忧,敢于对权贵横暴绳之以法,并上疏指陈时弊。仕世祖、成宗、武宗三朝,多为监察官,受到皇帝的嘉纳。

刘敏中出生于一个官僚家庭。祖父刘鼎于元初因功封授广威将军,任益都总判兼安慰济南、淄、德军民劝慰使。其父刘景石"十岁通五经,能词章"(《章丘县志·人物志》),官至山东转运经历。景和居官廉正,与上司不和,以疾免归。归则固穷自爱,甘于淡泊。其学识和品格,对幼时的刘敏中当有很大影响。刘敏中的曾祖父和祖父曾做过金朝地方上的小官。他的父亲刘景石,

■ 刘敏中

在蒙古灭金后,也曾做过监管淄州的官吏。由于刘敏中的父亲性格刚直,为政廉洁,为世俗不容,于是很快被以疾免归。刘景石很有才华,精通五经,并善词章,在罢官居家后,将全部精力都用于教育儿子上,其儿子刘敏中在学识和品格上受其很大影响。

刘敏中天资聪明,《元史》本传说他"卓异不凡,年十三,语其父景石曰:'昔贤足于学而不求知,丰于功而不自炫,此后人所弗逮也。'"此话的意思是说,古代的圣贤,学问充实而渊博,并不是希望知名于天下;建立了丰功伟绩,也从不自我夸耀,这是后人所不能及的啊!

刘敏中少时勤奋好学,卓异不凡,13岁能谈论治学为人之道,当时的散曲作家杜仁杰非常欣赏其才学。20余岁,征召入朝,授中书掾。至元十一年(1274年),擢兵部主事,拜监察御史。时蒙古贵族桑哥把持朝政,横行不法。朝中官员,或畏之如虎,或诒事如神,而刘敏中秉公执法,刚正不阿,上书弹劾桑哥罪行,但元世祖为庇护桑哥,不予理睬。刘敏中愤而辞职。不久,又任命他为御史台都事、燕南肃政廉访副使。后桑哥获罪罢官,刘敏中入为翰林直学士、国子祭酒。元成宗大德七年(1030年),任为宣抚使、巡行辽东、山北诸郡。他深入体察民情,关心百姓疾苦,而对暴横害民的地方官吏则查清劣迹,绳之以法。入为集贤殿学士、商议中书省事、上书陈事,力主革除弊政。

大德十一年(1307年),元成宗去世后,朝中展开皇位继承权的争夺。刘敏中从维护国家统一的大局出发,力争怀宁王海山继位,反对皇后称制听政,因此得罪掌权的后党,被排挤出京。后来怀宁王继位,即为武宗。元武宗继位后,授集贤殿学士、皇太子赞善、商议中书政事、历任东平路总管、陕西行台治书侍御史、河南行省参知政事、淮南肃政廉访使、山东宣抚使等,终官翰林学士承旨,以疾还乡,卒赠光禄大夫,追封齐国公,谥文简。刘敏中一生居官清正,执法不避权贵,谏言不畏祸咎。"平生不怀币,口不论钱;义不苟进,进必有所匡校。援据今古,雍容不迫。每以时事为忧,或郁而弗伸,则戚形于色。中夜叹息,至泪湿枕席"(《元史》本传)。刘敏中为官清廉,忧国恤民,每次巡行,如遇地方灾情,必开仓放粮,救民于水火。这一切,在吏治十分黑暗的元代,刘敏中不失为一个忧国爱民的好官。

刘敏中不但为元朝名臣,同时也是著名词人。今《中庵集》收有词149首,由于他的社会地位和经历的限制,词的题材比较狭窄,缺乏反映社会现实生活的佳作。但在感喟时事、抒写心志,特别是抒发对家乡山水的热爱之情时,也时见清新俊逸之作。他身居高位,而无力革除弊政,深感"学古无成,于今何补"(《木兰花慢·适得醉经乐章》),而为岁月蹉跎而满怀惆怅;他在仕途宦海中,历尽颠簸浮沉,厌倦了"兵麈蜗角"的争逐,以疾辞官,"无穷尘土与风涛,名利两徒劳。解印便消遥,算只有渊明最高"(《太常引·忆归》)。在老病中,希图隐逸以终。因此,归家后所写的一组山水乐章,笔调轻松,情趣恬淡,充满了对故乡山水的热爱之情。如《菩萨蛮·送秦主簿赴宿迁》:绣江江水清如玉,梅花香满清江曲,风味此中论,可怜唯有君。江头春正好,别去君何早,折得一枝梅,送君三百杯。《中庵集》中的这类短词小令,大都写得清丽飘逸,为元初词作中的上品。就其全部作品而言,抒怀遣兴之作,率意讴吟,明白晓畅;写景之作,则清新明丽,语淡情浓。"不藻缋而华,不琢镂而工。户枢门楗,庭旅陛列,进乎古人之作"。(韩性《中庵集序》)其诗文"率平正通达,无勾章棘句之习,在元人中,亦元明善、马祖常之亚。"(《四库全书总目提要》)无论词、诗、文,刘敏中都可称得起为元初大家。著有《中庵集》25卷、《平宋录》3卷。记叙至元十三年(1276年)元军南下临安及宋幼主赵㬎被俘北迁事,颇有史料价值。

四、元朝著名廉吏、散曲家——张养浩

张养浩(1207—1329年),字希孟,号云庄,唐朝名相张九龄的弟弟张九皋的第23代孙。祖籍山东章丘市相公庄,元朝著名的政治家、诗人和豪放派词曲家。一生"以道德、政事名于天下。其为学,则卓乎有所见,而不杂于权术;

其操行,则确乎有所守,而不夺于势利。"他可谓是对宋朝范仲淹的"居堂庙之高则忧其民,处江湖之远则忧其君"思想典范的继承与发展。因其被元廷七次征召,而六次坚辞不赴,因此其弟子张起岩为其居所取名"七聘堂",以彰其淡泊名利的高风亮节。后人遂以"七聘堂主"称之。

据张养浩《寿子》诗,可知他自认为是少昊青阳氏第5子挥和历代张氏名人之后。但至他曾祖前情况、曾祖名讳,均不知。曾祖,曾授从五品武散官武略将军,任阳邱燕镇(即今相公庄)监酒,生4子:长子早死,次子无后,三子万,四子山;祖父张山,迁历城,享年91岁,因孙贵,赠安远大将军(从三品)、益都路淄莱万户府中万户(从三品)、轻车都尉(从三品),追封济南郡侯(从三品)。妻苗氏、杨氏,追封济南郡夫人。苗氏生2子:兴、郁。大伯父张泽,张万长子,曾在四川任库管。

张养浩的父张郁,字威卿,1242年元乃马真后元年生。16岁即担起家庭重担。曾行商于江淮之间。元英宗至治元年(1321年)农历十二月二十八日卒,终年80岁。因子贵,封通议大夫(正三品)、吏部尚书(正三品)、上轻车都尉(正三品)、济南郡侯(正三品)(元代"郡侯"爵有正三品和从三品两等)。妻许氏,追封济南郡夫人;继妻尚氏,封济南郡太夫人,生3子:英、塞、养浩;长兄张英;次兄张塞(早卒),生2子:居、安;养浩生2子:强、引。

张养浩从小就有德行和节义。有一次出门,碰到一个人把钞票遗失在路上,当张养浩发现的时候那人已经走了,张养浩就捡起钞票追上去还给了他。十岁的时候,就一天到晚不停地读书,他白天默默地背诵,到了夜晚就关上房门,点上灯,偷偷地读书。后来他被选授为堂邑县尹。他带头捣毁了滥设的神祠三十多所,免除了有强盗前科的人每月初一、十五例行到官府接受审讯检查的规定,张养浩说:"他们都是善良的百姓,因为生活困难、饥饿所迫不得已而去做了强盗。已经用刑法处罚了他们,还把他们当强盗看待,这就断绝了他们改过自新的路!"强盗们感动得流了眼泪,他们相互劝诫说:"不要对不起张公。"有一个叫李虎的人,曾经杀过人,他的同党也都是暴虐残忍,为害百姓,百姓不堪忍受。前任的县尹都不敢过问这件事。张养浩到这里以后,将他们全部依法惩处,老百姓都个个高兴赞好。

张养浩居官清正,敢于犯颜直谏。在堂邑县,他关心民瘼,抑制豪强,赈灾济贫,做了不少好事。拜监察御史之后,他绳纠贪邪,荐举廉正,弹劾不避权贵,举荐不疏仇怨,"入焉与天子争是非,出焉与大臣辨可否"(《风宪忠告》),

■ 张养浩墓

蹈厉风发,"道之所在,死生以之"(《风宪忠告》)。其门人黄溍说他"力排权奸,几蹈祸而不悔"(《滨国公张文忠祠堂碑》)。张养浩调离堂邑十年,百姓仍然为他立碑,歌颂他的恩德。张养浩经历了世祖、成宗、武宗、仁宗、英宗、泰宗和文宗诸朝。这恰是大元帝国由盛转衰的特殊时期。

延佑七年(1320年),元英宗继承皇位后,命令张养浩参与中书省的工作。适逢元宵节,皇帝打算在宫禁之内张挂花灯做成鳌山,张养浩就上奏给左丞相拜住。拜住将奏疏藏在袖子里入宫谏阻,奏疏大概说:"元世祖执政三十多年,每当元宵佳节,民间尚且禁灯;威严的宫廷中更应当谨慎。现在皇帝打算在宫禁之内张挂花灯,我认为玩乐事小,影响很大;快乐得少,忧患很多。我希望(皇上)把崇尚节俭思虑深远作为准则,把喜好奢侈及时行乐作为警戒。"皇帝大怒,看过奏疏之后又高兴地说:"不是张希孟不敢这样说。"于是取消了点燃花灯的计划。就赏赐给张养浩钱财布匹,来表彰他的正直。

天历二年(1329年),陕西大旱,饥饿的老百姓人吃人,朝廷特拜张养浩为陕西行台中丞,张养浩接到任命后,立即把自己家里的财产都分给村里的穷人,自己便登上车子向陕西进发,碰到饥饿的灾民就赈济他们,看到饿死的灾

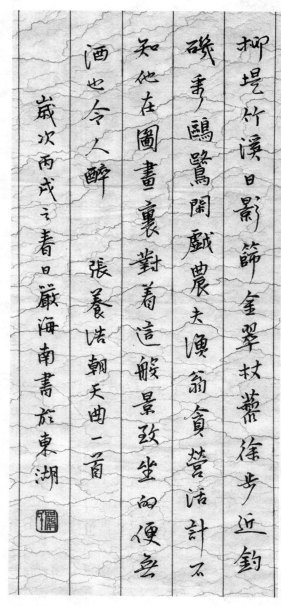

柳堤竹溪日影篩金翠扶叢徐步近鉤

磯季鷗鷺閑戲農夫澳翁貪營活計不

知他在圖畫裏對著這般景致坐的便要

酒也令人醉

　　　張養浩朝天曲一首

嵗次丙戌之春日巌海南書於東湖

■ 张养浩的作品

民就埋葬他们。路过华山，就到西岳庙去求雨，哭拜在地上都爬不起来，这时天空忽然阴云密布，一连下了两天雨；张养浩到了官府，又到土地庙里去求雨，结果大雨如注，下了三尺深才停下来，庄稼由此长起来了，陕西的民众无不欢欣。当时一斗米值十三贯钱，百姓拿着钞票出去买米，钞票稍有不清或破损商人就不收，只好拿到府库中去调换，有些奸刁之徒营私舞弊，百姓换十贯只给五贯，而且有人等好几日都换不到，老百姓处境非常困难。于是张养浩检查府库中那些没有损毁、图纹可以看得清的钞票，共有一千八百五十多万贯，全部在它的背面盖上印记，又刻十贯和五贯的小额钞票发给穷人，命令米商凭钞票上的印记把米卖给他们，到府库验明数目便可换取银两，于是那些奸商污吏再也不敢营私舞弊。张养浩听到民间有一为了奉养母亲而杀死自己儿子的事，为此大哭了一场，并拿出自己的钱救济了这户人家。张养浩到陕西做官四个月，从来没有回到自己家里住过，一直住在官府，晚上便向上天祈祷，白天就出外救济灾民，一天到晚没有丝毫的懈怠。每想到一件牵挂的事，就按着胸,感到痛苦,于是卧病不起,去世的时候才六十岁。陕西的老百姓,悲哀得像失去了父母一样。

张养浩遵循儒家学说,始终言行一致。《为政忠告》代表了他一生主张为官清廉的主导思想。《为政忠告》又名《三事忠告》,其中《牧民忠告》作于当地方官员时,《风宪忠告》作于当监察官员时,《庙堂忠告》作于当中央官员时。三事忠告,就是对地方官员、监察官员、中央官员的真诚劝告。《为政忠告》是元代吏道专著的重要组成部分,对于研究当时的政治思想、上下政务以及社会风气都有重要参考价值,对于后世的封建统治观念亦有相当影响。以《牧民忠告》为例,分述拜命、上任、听讼、御下、宣化、慎狱、救荒、事长、受代、闲居之要义,"采比古人嘉言善行,自正心修身,以至事上惠下,除奸决疑,恤隐治赋,凡可为郡县楷式者,无不曲尽其宜,且简而易行,约而易守,名之曰《牧民忠告》"(林泉生《风宪忠告·序》)。在"事长"篇中,张养浩提出六条准则,即各守涯分、宁人负我、处患难、分谤、以礼下人、不可以律己之律律人。论述言简意赅,如"不可以律己之律律人"指出,"同官有过,不至害政,宜为包容。大抵律己当严,待人当恕,必欲人人同己,天下必无是理也。"寥寥数语,尽得要领。无怪乎当时很多地方官吏"家藏一书,遵而行之"。这部著作虽非巨制,但对今天的领导者亦颇有启迪作用。

张养浩从政期间的诗文并不多,而归隐田园则使他成为一个著名散曲家。历经宦海风波,感受到了上层统治集团的黑暗,其体会自然真切感人:"才上马齐声儿唱道,只这的便是送了人的根苗。直引到深坑里恰心焦。祸来也何处躲?天怨也怎生饶?把旧来时威风不见了"(《朱履曲·警世》);当其归隐之初,如鸟儿返林、鱼儿纵渊,心情十分愉快:"离省堂,到家乡,正荷花烂开云锦香。游玩秋光,朋友相将,日日大筵张。汇波楼醉墨淋浪,历下亭金缕悠扬,大明湖播画舫,华不注倒壶觞,这几场忙杀柘枝娘!"(《寨儿令·辞参议还家连次乡会十余日,故赋此》)。他给自己隐居的别墅起了一个雅号,叫云庄,云庄内修建了一座绰然亭(也叫翠阴亭),亭后盖了一座遂闲堂。"绰然一亭尘世表,不许俗人到。四面桑麻,一带云山妙。"(《雁儿落兼清江引》)"绰然亭后遂闲堂,更比仙家日月长,高情千古羲皇上。北窗风,特地凉。客来到,尊酒淋浪。花与竹,无俗气;水和山,有异香"(《水仙子·咏遂闲堂》)。这一时期的散曲大多抒写个人心境与所见所闻,而吟咏故乡的山光水色之作,工丽清新,取得较高艺术成就。

张养浩的散曲《潼关怀古》感人至深,这是他赴陕西救灾途经潼关所作的。"峰峦如聚,波涛如怒,山河表里潼关路。望西都,意踌躇,伤心秦汉经行处,宫阙万间都做了土。兴,百姓苦! 亡,百姓苦。"特别是其中的最后一句,几成千古绝唱。这种关心人民疾苦,并努力为人民排忧解难的思想在《为政忠告》中得到充分体现,如"心诚爱民智无不及"、"民陷水火,如己陷水火"等等。张养浩也正是这样身体力行,勤恳安民的。《新元史》上评论道:"张希孟以道事君,自度不能行其志,屡征不起。及闻陕西灾,投袂赴之,甘以身殉。孟子有言,'禹思天下有溺者犹己溺之,稷思天下有饥者犹己饥之',推希孟之用心,其庶几禹稷乎?"斯言信哉!

五、元代贤吏、史学家——张起岩

张起岩,字梦臣,于元世祖至元二十二年(1285 年)生于济南章丘。其祖上因避金、宋战乱迁至山东禹城。张起岩参加了元朝首届科举考试,成为元朝的第一名状元。据史料记载,张起岩母亲丘氏在要分娩时,忽然见一条数丈长的蛇爬到了其床下,不一会就不见了,丘氏受惊生下了张起岩。

张起岩从小便师从其父张范,20 岁时,以察举任福山县学教谕(元朝在科举取士制度恢复之前,官员的主要来源是阴叙和察举)。张起岩在福山任职期间,适值县官率人去捕蝗虫,将县里的政务交给张起岩代管,由于张起岩言行果断公允深得民心,时间一长,百姓都说:"如果张教谕是我们真正的县尹,我们还有什么可忧虑的?"后来,张起岩因政绩突出升迁为安丘县尹,举家迁至安丘。

张起岩生于累代仕宦之家。其高祖曾官至元帅右监军权知济南府,曾祖张福为济南路军民镇抚兵钤辖权府事,祖父张铎为东昌录事判官,父张范官至四川儒学副提举。其天质颖秀,幼从父学,过目成诵,17 岁受察举,被任命为福山县学教谕。文宗延祐二年(1314 年),元朝首开科举,张起岩状元及第,授登州同知。在张起岩近 40 年仕宦生涯中,他先后任集贤院修撰、国子监丞、国史院编修、监察御史、礼部尚书、中书省参议、翰林院侍讲、陕西行台御史、中书侍御史、燕南廉访使、御史中丞,入翰林为承旨,辽、金、宋三史总裁等职务。

元延祐乙卯年(1315 年),元朝首次开科取士,深通儒学的张起岩得中榜首,钦点状元,并授登州知事。但元仁宗十分垂爱这位与自己同日出生的状元,特旨将张起岩改为集贤修撰,转国子博士,后升任国子监丞,进翰林待制,兼国史院编修。这一年,母亲去世,张起岩回家为母守孝三年,期满后出任监察御史。当时中书参政杨廷玉因有错被台臣纠劾,在朝堂上被奉旨逮捕,丞相倒剌沙痛恨台臣纠劾他的同伙,便诬蔑台臣欺君罔上,要求重新授杨廷玉官职。张起岩虽然新任台臣,但他不惧权高势大的倒剌沙,抗章奏道:"台臣按例纠劾百官,论列朝政,是他们的职责所在。现在他们奉行职责却被强加罪责,法纪被歪曲,正直的人不敢说话,忠良寒心,这是盛世所不该出现的。况

■ 张起岩

且世祖皇帝设立台阁,广开言路,维持治体,皇上即位后下诏延续祖宗治体。现在台臣遭谴,公论被杜塞,何以维护祖宗治体?"张起岩三上奏章都没有报到仁宗手里。张起岩上朝时又与倒剌沙发生激烈廷争,终于使仁宗感悟。后来张起岩升任中书右司员外郎,进左司郎中兼经筵官,并拜太子右赞善。期间,张起岩因父亲去世守孝,期满后改任燕王府司马,升礼部尚书。元文宗即位后,曾亲自巡视京郊,张起岩任大礼使,他安排的礼仪周密,仪仗威严,文宗非常高兴,事后赐给张起岩很多物品,改任张起岩参议中书省事。

元宁宗死后,燕南突起牢狱之灾,有一男子上报称部使中有人欲图谋不轨,经查证不实,但谎报者没有被治罪。主管法司的说:唐朝律法就有谎报者不被治罪的先例。张起岩对此不满,愤然对同列说:现在君主尚未即位,人情危疑,如果不杀此人,及早处理好这件事,以杜绝奸谋,恐怕有碍大计。元顺帝即位后,下令中书省铨选官员,张起岩推荐了一名儒士,右丞相不同意,张起岩抬身而起,丞相认为张起岩不顺从自己。但张起岩不畏其权势,从不趋附。后来,张起岩升任翰林侍讲学士、知制诰兼修国史,修前三朝实录,同时兼任经筵

官。御使台上奏请求任命张起岩为浙西廉访使,顺帝不同意。不久,升张起岩为陕西行台侍御史,张起岩即将上任时,又被留任侍讲学士,后转任燕南廉访使。张起岩任燕南廉访使期间,不畏艰险,打击豪强,百姓拍手称快。那时,真定一带百姓深受滹沱河水之害,苦不堪言。张起岩派人修堤筑坝,平息了水患,深得百姓拥戴。之后,张起岩升任江南行台御史中丞,拜翰林学士承旨,知制诰兼修国史,知经筵事。时右丞相别里怯不花因台臣纠劾,被顺帝罢官,不久,别里怯不花再度为相,向顺帝谗言台臣是非,张起岩在上朝时与别里怯不花据理争执。不久,张起岩升任御史中丞,他论事刚直,无所顾忌,常与上官不合。

元至正三年(1343 年),顺帝下诏修辽、金、宋三史,张起岩再次入翰林任总裁官之一。他熟悉金朝渊源典故、宋朝儒道学说源委,加上潜心研究,致使学问深厚醇雅、理致自足,史官中凡有自以为是的,每当立言不当,张起岩总是据理力争。三史修成,张起岩已是 65 岁的老人了,于是上书请求告老还乡,顺帝同意,授荣禄大夫。史料记载,张起岩面如紫琼,美髯方颐,眉目清扬,是雅量君子。他临政决议,屹若泰山,如有不同意见,争论得面红耳赤也不计较,朝廷有时也怕他,知道的人都说他外和中刚,不受别人笼络,如同欧阳修,名闻四方。张起岩不但是一个政治家,他还是一个有极高造诣和成就的历史学家。他的一生有相当长的时间主持国史编修和辽、金、宋三史的编撰。张起岩博览群书,学问渊博,尤其熟悉金、辽典章故实、宋儒道学源委。在国史和三史编撰中,他殚心竭力、一丝不苟。别人的稿子他都一字一句地进行修改,最后高质量地完成了三史修撰。他自己著有元《泰定、天历两朝实录》,史料翔实、立论精当,保留了大量第一手史料。史成,年六十五,遂告老归。

张起岩孝顺父母,常常从百里外背米侍奉父母,他还悉心抚养幼弟张如石,教授知识,关怀备至。他曾出钱为 20 余位亲族办理丧事,并购买田地送给他们的亲属。而每当得到俸禄和赏赐,总是与亲友宾朋共同享用。张起岩一生廉洁自守,平生不事产业。为官所得俸禄皆用于周济同族和师友故人。以至于他死后,廪无余粮,家无余财,两袖清风。元至正九年(1349 年),张起岩致仕回乡后的第四年病逝于家乡,享年 69 岁,被追授"文穆"谥号。

张起岩还是著名的文学家,他才思敏捷、文笔优美,擅长篆、隶,一生留下多种文集。著名的有《华峰漫稿》、《华峰类稿》、《金陵集》等。《元史本传》藏于家。

第五章
明清时期

一、明代杰出的戏曲家——李开先

李开先(1502—1568年),字伯华,号中麓子、中麓山人及中麓放客,章丘绿原村(今埠村街道东鹅庄)人。明代杰出的戏曲家、文学家。嘉靖初年,李开先与王慎中、唐顺之、赵时春等并称八才子。嘉靖八年(1529年)进士,历官户部主事、吏部考功主事、员外郎、郎中,后升提督四夷馆太常寺少卿。

李开先出生于明代的书香世家。自幼聪慧,琴棋书画无所不通,尤醉心于金元散曲及杂剧。嘉靖七年(1528年)中举,次年中进士。在户部云南司任主事,先后两次奉命运军饷去宁夏边防。曾针对边患严重、防务废弛的情况,上奏朝廷,提出澄清吏治、富国强兵,扫除边患的主张,但未引起朝廷的重视。嘉靖十三年(1534年),调任徐州监管粮仓。在任上大力整顿粮政,由于触犯宦官的利益,整顿受到抵制和破坏,最后以失败而告终。不久,调入吏部。先后任考功司主事、司勋司员外郎、文选司郎中等职,官制太常寺少卿。嘉靖八年(1529年)中进士,在户部任事。曾运饷金至宁夏归途经陕西关中,登门拜访当时削职家居的文学家康海和王九思,为他们所赏识,自此缔交。自嘉靖十一至二十一年(1532—1542年),历任吏部考功司主事、稽勋司员外、文选司郎中、太常寺少卿,并曾提督四夷馆。这一时期他和王慎中、唐顺之、陈束、赵时春、熊过、任瀚、吕高等人诗文唱和,人称"嘉靖八子",他们反对"文必秦汉,诗

■ 李开先画像

必盛唐"的文风,主张学习韩愈、柳宗元、欧阳修和曾巩,强调作品的思想内容,要求文字平易朴实。当时,朝廷政治腐败,嘉靖帝不理朝政却崇奉道教,在宫中大兴土木营造宫殿。夏严、严嵩之流各自培植自己的势力,打击异己,陷害忠良。时值天下大旱,灾民离乡背井,冻饿而死者不计其数,李开先同至友王慎中、赵时春一同上书弹劾夏严内阁,结果失败,被削职为民。嘉靖二十年(1541年),他被罢官还乡,当时年仅39岁。李开先回乡后,在章丘绿原山与同乡好友结成"词社",又组织成立"富文堂词会",搜集戏曲及民间文学作品。他利用当时民间小曲的形式,写成《中麓小令》100首,流传很广,王九思曾和了100首,合刻为《傍妆台百曲》。嘉靖二十六年(1547年)写成传奇戏曲《宝剑记》。晚年他用金、元院本形式写成《园林午梦》、《打哑禅》等6种,总名《一笑散》。还用民间流行的《山坡羊》小曲形式写成《市井艳词》一书。嘉靖三十五年(1556年),其《闲居集》问世,收录诗词四卷、文章八卷。他还非常推崇民歌,认为"真诗只在民间",先后编刻《烟霞小稿》、《傍妆台小令》等民歌集。

明亡清立之后,李开先隐居彭水县,终日读书写诗,不问世事。40多岁时,妻子不幸去世,有人想为他介绍一个年轻貌美,家资富豪的对象,怀着对妻子对爱情的忠实,他婉言相拒:乱世之际,大丈夫当立德立身,岂可贪享财色?清朝大臣孙可望仰慕他的才学,多次引荐他入仕做官,为清廷效力,但他出于对明朝的忠诚,婉言拒绝。

李开先的父亲明朝时任麻阳刺使,与清军进行了坚决抵抗。清顺治七年,李开先听说父亲与清军决战,宁死不屈,英勇就义之后,便弃家寻父,用布条写上"千里寻父"四字背在背上,当时兵荒马乱,此举是为了一路行走减少麻烦,但走到贵州之后,道路不通。李开先寻父不成,一路悲恸不已。四川巡抚李困英听说李开先的才名,命人用官车将其护送回重庆。并多次请他出仕为官,李开先婉拒多次不成,竟不辞而归。李开先人格气节上讲求忠孝,淡泊名利,宁静致远。他一生致力于钻研学问,经史现学、天文地理无不涉猎,一生著述颇丰。当时,曾有知名学者赠与他"日月争光"、"文峰千仞"的匾额。《四川历代文化名人辞典》,以前的长寿县志、重庆府志都有关于的他的记载。

　　李开先在《后象棋歌》中总结了自己的象棋实战经验,汇集了一些基本理论,提出了"莫走颠崖,宜居要地";"势有大小,贵能善时";"彼强我弱避其锋,我寡彼众张其势"等等这些类似顺口溜的诗句,言简意深,通俗易记。他强调"当头用炮能惊众,夹肋藏车可突围"认为当头炮布局优于其他布局;李开先还特别注意发挥兵卒的实战作用:"再较一局,用卒当先,彼敌为其阻碍,我师借以遮拦。行行不断,着着求先。纵仇越复,恤弱邪迁。昏中见日,火星生莲。出能破局,入可斩关。禁子若泰山之压,成家如磐石之安。"这个结论和清末的一代象棋国手巴吉人(《反梅花谱》原作者)的用卒理论一脉相承,所见略同。这是棋艺到了巅峰的化境,棋子的威力发挥到了极致的高深境界后,所得出的结论。

　　李开先一生"三好":一好戏曲,二好藏书,三好交友。曾改定元人杂剧数百卷,用金元院本形式定成杂剧《园林午梦》等六种,撰有戏曲理论著作《词谑》。其散曲《中麓小令》流传很广,当时乡村街头到处有人歌唱,为这部曲题"跋"的名流多达84人之多。其传奇剧作品以《宝剑记》为代表。该作品以林冲的故事为题材,是明代中期的三部重要传奇之一,对当世及后世戏曲界影响颇大。性好蓄书,藏书甲于齐东,李开先做官时,其薪俸主要用来购书。称李氏藏书闻天下,与金陵焦竑称为"南北两大家"。回乡后,修建"藏书万卷楼""词山曲海"为藏书处所,所藏以词曲话本最多,有"词山曲海"之誉。后人称赞他的藏书"甲于齐鲁"、"名闻天下"。并根据藏书辑录了部分明代戏曲资料,评选了不少散曲和杂剧的曲文,对后世文学研究有较高参考价值。当时著名藏书家边贡、刘西桥等人也以藏书知名,但藏书不久即散佚,而李氏藏书长达百年。曾编辑有《李中麓书目》,早佚,据其《藏书万卷楼记》称:"乃仿刘氏《七略》分而藏之。楼独藏经学时务,总之不下万卷,余置别所凡五"。李开先极为好客,凡志趣相投者均视为知己。曾至陕西拜访著名的戏曲家王九思和康海,三人一见如故,诗曲唱和。所藏书在明末清初被毛扆"汲古阁"、朱睦 木 挈"万卷堂"、徐乾学"传是楼"所收。

附录:

《宝剑记》

《宝剑记》是李开先戏曲的代表作。据苏洲(号雪蓑渔者)序:"坦窝 始之,兰谷继之,山泉翁正之,中麓子成之。"可知他的友人也参与了创 作。全剧共52出,演《水浒传》中林冲的故事,情节较之小说有很大更 动。李开先在《词谑》中曾提及《水浒传》,他看过此书,创作传奇时以此 为依据。他在《宝剑记》中对情节加以改动,写林冲一再上本参奏高俅和 童贯结党营私,祸国殃民,被高俅和童贯设计陷害,误入白虎堂,并把高俅 之子图谋林冲妻子张真娘一事移到林冲发配之后,是为了突出朝廷上的 忠奸斗争。这和作者本人身受奸相迫害而罢职闲居有关。他胸中积郁了 不平之气,写此剧正是指斥当时的黑暗政治。剧中以主人公林冲的形象 最为突出,作者着重描写了他爱国忧民的思想和行动。第37出描写林冲

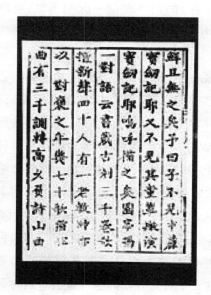

■《宝剑记》

夜奔一场很精彩,写出了林冲被逼上梁 山的复杂心理,抒发了大丈夫有泪不轻 弹,只因未到伤心处的悲愤情怀。剧中 写张真娘的坚贞、高俅的凶狠,也很出 色。其他人物如鲁智深、陆谦、富安,形 象模糊,性格欠突出,远不如小说。把 《水浒传》中的故事改编成为长篇传奇, 而且写得有特色,李开先有首创之功。

《断发记》

李开先的《断发记》写唐代李德武 妻裴淑英孝节之行,词甚工整,当时或颇 流行。院本《一笑散》原有6种,今存 《园林午梦》及《打哑禅》两种。另一种 传奇《登坛记》已佚。《园林午梦》写一 渔翁梦见崔莺莺和李娃争吵,红娘及秋 桂两个丫鬟也各为其主,争论的中心是两个妇女是否平等。崔莺莺怀有 门第偏见,自恃相国千金,鄙视曾为娼女的李娃,结果被对方一一驳斥。

《打哑禅》写一屠夫打破长老的哑禅,结果小和尚发现长老是误会其意。两剧短小精悍,幽默有趣,别具一格。

《中麓小令》

李开先的散曲中最著名者为《中麓小令》(又名《傍妆台百曲》),其中混杂着悲愤的情绪和消极的思想。他的诗文编入《闲居集》。其中有关心时事之作,如《夏日闻倭报》、《边报行》、《塞上曲》等诗。

二、元朝叔侄宰相——张斯立、张友谅

张斯立(生卒年不详),字可与,号绣江,今章丘市相公庄镇人,官至元朝中书省参知政事。张斯立自幼聪明过人,日记千言不忘,在父亲的教育下立志求学。长大后,刻苦攻读,得到同乡名士刘文瑞赞许,后被举荐为山东提刑按察司掾史。从此名声日增,后入京任御史台掾。元至元十六年(1279年)升江浙行省员外郎、郎中。至元二十七年(1290年),入京升任参议中书省事。元大德元年(1297年),升任中书省参知政事,连任7年。元大德七年(1303年)农历三月,因受朱清、张瑄贿赂而获罪罢官。此后无史料记载。一生善交结,与当朝名士多知己。通《易经》,能诗词,"才落纸,便传去",一生未有作品传世。

张友谅(1268—1350年),字元朴,自号盘泉,今章丘市相公庄镇人,元朝中书省参知政事张斯立的侄子,官至元朝翰林兼国史院承旨、商议中书省平章政事。元大德三年(1299年),张友谅从八品属官奉礼郎入仕;元至大元年(1308年)至元延元年(1314年),任尚书省右司员外郎、左司都事;元延六年(1319年)改任江浙行省都事。此后,因母逝守制在家,至治元年(1321年)守孝期满,任吏部员外郎,改任监察御史。不久,改任左司都事,升员外郎。因受权臣打击报复,出任江浙行省左、右司郎中;后改任参议中书省事,又改任户部尚书。元泰定二年(1325年),调任浙西廉访使,后改任都水庸田使。任满,改任淮东廉访使。越3年,升任江浙行省参知政事,同年冬,入中书省任参知政事;翌年出任江南行台侍御史;不久,入御史台任侍御史;同年五月至九月,再入中书省任参知政事;十月,升任中书省左丞。元至顺二年(1331年),改任翰林兼国史院学士。一年后,改任御史中丞,未赴任,又改任山东廉访使。不久,因病辞归。元至元六年(1340年),授翰林兼国史院承旨;至元七年(1341

年),特授商议中书省平章政事,此后以年迈告归。张友谅一生仕成宗、武宗、仁宗、英宗、泰定帝、天顺帝、文宗 7 朝,声望赫赫 30 余年。他能为文,曾为刘敏中、张宽书撰墓碑铭。天历元年(1328 年)请张养浩为其父张斯和撰神道碑。天历三年(1330 年)于张氏先茔立碑石时,自写碑阴记。

三、明朝廉洁贤臣——李冕

李冕(1490—1563 年),字端甫,号脉泉,今章丘市明水街道人。浮沉于宦海 30 余年,最高做云南布政使,领从二品衔。一生刚直不阿,秉公执法,廉洁自持。

李冕自幼囿于困顿,因而读书勤奋刻苦,7 岁时就志趣出群。明弘治十六年(1503 年)考中秀才,深受章丘著名宿儒郑鸾的器重,并以爱女许之。在岳父的精心培养下,明正德十一年(1516 年)取为举人,但第二年赴京参加会试却落榜。此时,李冕已婚,并生有子女,家境本来贫困,长期读书无暇顾及生计,有时竟靠郑夫人典当嫁时簪珥衣裳维持全家生活和供其读书。加之连年水旱灾害,父亲又贫病交加去世,李冕自己也因愁伤过度生了一场大病,一度灰心于仕途。后与明水街道三盘村的胡来贡,隐藏到莱芜雪野的深山中继续攻读,于明嘉靖五年(1526 年)36 岁时考中进士,官授河北魏县知县。因出身贫寒,李冕特别能体恤民情。上任之始就遇连年饥荒,为救民于水火,李冕冒死开仓赈饥。县里存粮不足,又为民请命于郡守,力促从国库中发粮 4000 石,保住魏县饥民的性命。由于在魏县六年卓有政绩,明嘉靖十年(1531 年)李冕被提拔赴京任台内(即都察院)经历拔差御史。时值朝中党争纷起,不了解官场险恶的李冕被卷入政治旋涡。嘉靖十二年(1533 年),李冕被贬为钧州(今河南禹县)州同知(同知:官名,知府、知州的佐官,分管督粮、缉捕、海防、江防、水利等,分驻指定地点),与知州刘魁兴建书院,集州中学子亲自为之讲学,整饬了地方学风。不久,又先后晋升为永平府(今河北卢龙)同知,南京户部员外郎郎中、杭州知府。在杭州任职期间,李冕廉正自束,改革了许多于国于民不利的弊端。仅为朝廷织造龙衣每季就用白银数万两之巨,当时约定俗成每百金克其一,这样知府一季即可得银百两,李冕毅然革之。

明嘉靖十七年(1538 年),李冕母亲康氏病故,他回家守孝 3 年。至嘉靖二十年(1541年)服满,被授处州(今浙江丽水)知府。处州矿产非常丰富,因管理不善经常发生盗矿井事件,并曾杀害钦派官员。李冕严厉法度,恩威并施,在任期间没再发生矿变。境内有二条埋塞300余年的大水渠,在李冕的督导下也重新修复使用。之后晋升河南按察司副使,兵备大名(今河北大名),参与镇压红罗女起义。越三年,又晋升为陕西参政,与常常干预地方行政的明王朝宗师进行过斗争,因有功,曾获御赐银币之殊荣,特晋升为陕西按察使。从此更以执法为己任,对疑案、冤狱多加平反,曾受到翰林王获野"执法不挠,使无辜而坐者复生"的赞语。后晋升为山西右布政使,因辨别冤狱而得罪了一位御史,被降职为四川参政,此事引起公论,后经吏部调停,认为李冕冤枉,又复用为贵州按察使。不久朝廷将他晋升为右布政使到云南任职。终因他在多年秉公执法过程中得罪了奸佞小人,又不会逢迎当朝权奸,嘉靖三十五年(1556年)被迫以老而有病之名辞官还乡。

李冕环游三十年,足迹遍及河北、北京、河南、南京、杭州、浙江、陕西、山西、四川、贵州、云南等大半个中国,实属历朝少有。嘉靖四十二年(1563年)病逝于家,享年73岁。

四、明末著名清官——胡东渐

胡东渐(1526—1631年)字向若,号怀南,章丘三盘村人。胡氏第九世祖,明末著名清官。胡东渐自幼聪颖,沉默寡言,下笔为文则出语惊人。17岁时赴童、岁、科考均列前茅,获县、府、院三试第一。明万历十八年(1590年)中举人,万历二十二年(1594年)取为进士。初授广平府(今河北省永年县)司理,掌刑狱诉讼。他秉公执法,使境内弊绝风清,秩序井然,不久升任户部浙江司主事,主理赋徭财税,一丝不染,清廉有声。曾主典四川武科考试,恪守法规,尽收三川奇异之士;又调至吏部,从事文选主持、选调官员事务,因杜绝私情,刚正不阿,故常与上官发生抵触。明万历四十一年(1613年),胡东渐曾回章丘小住。后补淮运司副使,随即升任南京吏部员外郎转虞衡郎中,又调任南京祠祭司郎中,再调南京文选司郎中、晋南京太仆寺少卿。明天启五年(1625年),特拜南京都察院右佥都御史提督操江,他简官约材,惩凶治恶,保障了江防安全。时值奸宦魏忠贤当道弄权,无端索要库银40万两,胡东渐坚拒不给,免除了一场派征之祸,使沿江百姓俱得安宁。老百姓感其恩德,献"忠爱廉孚"数十本,为此得罪了魏忠贤。当时一些官员为了谄媚巴结,纷纷给魏忠贤立生祠,南京监管染织的胡太监谋求废江防营地为魏忠贤建祠,被胡东渐怒斥恶拒,胡太监另辟一地动工修建。建成后,众人纷纷膜拜,胡东渐独不往,惹怒了魏忠贤,他篡改圣旨勒令胡东渐辞官,胡东渐愤然还乡。崇祯帝继位后,魏忠贤被清除,下旨诏求胡东渐返朝为官,拟授他南京少司徒。胡东渐绝意仕途未再受职。晚年生活异常清苦,食无重味,衣无重绮,精研学问,尤工书法并古文词,著有《佳树堂诗》、《向若诗稿》。崇祯四年(1631年)五月十九日去世。

五、明朝惠民廉吏——李缙征

李缙征(1591—1641年),字济斋,号伯卿,章丘梭庄人,明代进士,保定府知府。缙征生性端正谨严,不苟言笑。10岁就能撰写文章,20岁补博士第子。每次考试,他都位居第一。明朝天启四年(1624年)应乡试中举,时年33岁;崇祯元年(1628年)中进士。任职后,毁淫祠,破迷信,廉洁奉公,颇有惠政。1632年晋升为员外郎;不久,又擢为彰德知府。他秉性刚直,不徇私情,常遭人诬陷。后调任保定府知府,莅任后,他不畏权势,锄暴安良,尤对触犯科律者,严惩不贷。一罪犯,乘夜入室,以重金相赂,以求开脱罪责,被当即严厉叱责,将其逐于门外。他主持童生考试,择其优者,选送朝廷。边境传讯,丁令要塞的城墙倒塌、壕沟陷落。他下令疏浚河道,修筑提防。竣工之日,尽将府库贮银按日计酬,发放酬金。既未劳民伤财,工程又如期完成,且民工按劳付酬。对此,乡民无不敬畏佩服,并以"甘棠"(有惠于民的官吏之美称)誉之。

崇祯十三年(1640年),他辞官回乡时逢瘟疫流行,赤地千里,"饿殍盈途不忍看"。缙征见状,异常痛心。他想方设法减除赋科,开仓赈济。梭庄为东谷先生张茂兰(正德末年任户部郎中)的别墅所在,东谷先生去世后,家道中落。其坟墓深埋于杂草荆棘之间,满目凄凉。缙征为其整修墓地、植树立碑,并感慨曰:"先生一生为官清白,为何不让后人见其墓、记起名呢?"不久,缙征也因昼夜操劳,致身心交瘁,卒于任所,时年仅50岁。他一生为官清廉,以致身后仓无余粟,家无余财,抖着两袖清风而去。其好友焦蕌芷(绣惠大高村人,著名官员)挽其亡友曰:"宁方勿园,宁拙勿巧。"其可谓知心之言!

六、明朝清正贤吏——焦馨

　　焦馨字宁考,号蘅芷,明官吏。明代济南章丘绣惠镇大高家村人。自幼聪慧,相传7岁时即能过目成诵。15岁为博士弟子,万历二十五年(1597年)中举,1601年(明万历二十九年)进士,授知县,不久升中书舍人。焦馨为官清廉,曾两次奉旨督运粮饷,对下属馈赠一无所受。三十八年(1610年),迁驾部员外郎,掌东宫旗尉。焦馨抵任,定规章,严军纪,将随便使用驿传、邮符和虚领饷银的弊端一一革除。四十三年(1615年),转任河南按察司副使,备兵大名,辖顺德、广平、大名三府。时三府豪右结党,横行不法,危害地方,焦馨将首恶一一法办,地方遂平定。经一番整顿,三府成为畿南的有力屏障,号称"河朔重镇"。天启元年(1621年),焦馨升为按察使,仍管边事。旋改河南布政使,备兵磁州。天启七年(1627年),授都察院副都御史,巡抚宁夏。当地有汉唐二渠可引黄河水灌田,但因年久淤塞,已无法正常使用,焦馨下令将二渠疏浚,恢复灌溉之利。时魏忠贤专擅朝政,各地趋炎附势之人纷纷为其建生祠,独焦馨不为所动,下属惧祸,再三敦请,焦馨毅然说:"吾头可断,祠不可建。"直至魏忠贤败亡,宁夏始终未建其祠。崇祯帝即位后,焦馨遭人诬告,遂坦然辞官东返,在家乡闲居13年。明崇祯四年(1631年)登州游击孔有德率所部增援辽东,中途叛归,沿途烧杀掳掠。焦馨以乡绅身份,倡议捐金,聚众备守御,县境赖以安。崇祯十二年(1639年),清兵越北京直下山东,接连攻陷济南、兖州,前锋距徐州仅百余里。章丘密迩济南,岌岌可危。焦馨仍倡前议,以安定地方。后卒于家,赐祭葬,赠工部侍郎。淄川县翰林、太史唐梦赉为之传。著作有《栋云斋文集》传世。

七、清朝亲民贤吏——李缙明

　　李缙明,字康侯,号仲卿。清顺治进士,李缙征胞弟。据道光十三年《章丘县志》载:"已丑殿试,授大理寺左评事,累官至工部郎中,有传载仕绩。"缙明自幼聪颖,学文习武皆通。尤其嗜书成癖,读书可一目十行而不忘。20岁时连上几处泮宫,每次考试多为第一。崇祯八年(1635年)拔为贡生。1644

年清顺治称帝,礼部按贡次定职,缙明被推为一州守。顺治四年(1647年)中进士,顺治六年(1649年),赐二甲,授大理寺左评事。任职期间,他忠于职守,谨慎行事,处理公务,井然有序。顺治十一年(1654年),他分较北闱,所拔18名贡生,个个真才实学,皆为当地名士。顺治十四年(1657年),调任督中河。他到任后,发现民工劳役不合理,徐州民工多在邳县夏镇劳役,而夏镇之民却在徐州服役,异地服役,往返不便,劳民伤财。对此,他下令让两地民工各回乡里劳作,当即发给民工粮饷,以取信于民,减少了往返之劳。他还在中河地区兴办商号,规劝农民植树造林、蓄养水土,很快使一方百姓休养生息、安居乐业。

当地的土耳河发生洪涝,危及铜山县的吕梁城,缙明带领民众奋力抗洪,疏通河道,修堤筑城;并拿出俸银为民减轻百姓负担。顺治十六年(1659年),徐州一带灾荒,饥民相食。他亲自募捐赈灾,用赈银购买粮食,按户发给百姓,拯救了数以万计的生命,百姓无不感恩戴德。灾年多盗,他严格保甲,训练乡丁,确保一方平安。在任期间,他还修徐州桥、兴贤育才,弦诵不辍。当地百姓念其德政,送其一副颂联:"随山酬主眷,似水见臣心。"顺治十七年(1660年)缙明奉命到江南监察芦政衙门,经过周密查访,竟查获芦银一万五千锞。他操劳过度,积劳成疾,卒于任上。

缙明一生爱书如命,公务之暇必博览群书。他还撰写《蓄德录》100余卷,其中天官、地理治国教家之道无不毕备。他一生著述颇多,其中著名的有《彭门腐草》、《字学蠡测》、《通俗字学》、《破蹄集》等。并建"啸园"一处,他携带图纸亲自到长安遍找诸名家求诗觅词,并亲撰《啸园自记》。每遇天气晴朗,他经常邀请亲朋好友聚园中饮酒赋诗,陶冶情操。故此,被乡里人俗称:"书麓"、"酒仙"。

八、清朝贤吏——王世睿

王世睿(1674—1745年),字圣聪,又字道存,号龙溪,今山东章丘市相公镇王氏第十二世祖。入仕前,因家贫,以教书为业。清康熙五十二年(1713年)以五经中试万寿科举人,康熙五十四年(1715年)中已未科二甲进士第35名。初授翰林院教习,雍正四年(1726年)出任四川芦山县知县,并充该年四川乡试同考官。在芦山任上,减赋除税,抚辑有方。曾因在四川巡抚平定凉山叛乱,以军功委任署天全(今四川天全县)宣威土司印。天全自唐代就归少数民族土司世袭管理,已有 1000 余年历史。王世睿到任后采取镇、抚两种手段进行统治,并制定了"建官吏、稽户口、科地亩、清疆界、编保甲、造军器"六条措施加以规范管理,很快完成了天全地区的改土归流,被推升为吏部中书科中书留补天全州知州。雍正十年(1732 年),擢升泸州(今四川泸州)知州。上任前,朝廷又特任其为钦差大臣,持封印、金币进藏封王,使西藏地方政府拥护中央政府,始终维护祖国统一。从西藏归来,王世睿仍任泸州知州,在泸州任知州两年,兴利除弊,颇有政声。后遭人诬陷,回归故里。在家乡设立乐育书院,教书育人,并将进藏所历所闻,写成《进藏纪程》一书,记载了沿途山川形势、气候物产、藏民风情、交通险隘、佛寺城堡等。乾隆五年(1740 年)得重新起用,补授江苏江浦知县,后调任上海知县,捕蝗赈灾,为民称道。曾于乾隆六年(1741 年)和九年(1744 年),两任江南乡试同考官。《章丘县志》载:"在泸两载,利兴弊除,"颇有政声。后因有人参奏他进藏虚报功劳,欺君妄上,曾被免官家居,在龙溪草堂改馆教书达五六年,至乾隆五年(1740 年)才得以平反,又被重用。据相公庄《王氏家谱》记载:王世睿"后又补江南江浦县(今南京市江浦县),调上海县(今上海市上海县)知县。"又载他曾任"乾隆辛酉(1741 年)甲子(1744 年)二科江南乡试同考官"。清乾隆十年(1745 年)去世,终年 71 岁。

王世睿一生著有《龙溪草堂集》10 卷,《进藏纪程》、《纪遇诗》、《捕蝗记事》若干卷。

九、"白面包公"——李慎修

章丘在清代出了一位名扬青史的清官李慎修。至今,在民间仍广泛传颂着他为官刚正清廉、为民率直淳朴的事迹,人们亲切称他为"白脸包公"。

李慎修(1685—1753 年),字思永,号雪山,章丘普集镇西埠村人。年少时家境贫寒,曾一度乞讨为生,兄弟中排行老二,因其生的五短身材,乡邻们都戏称他为"李二矬"。他善言辞、喜交际,被本村一高氏乡绅看中,资助其读书十载。他聪颖过人、发奋苦读,26 岁时考中进士。他从清康熙五十一年(1712 年)中进士,先授官内阁中书主事,雍正四年(1726 年)出任杭州知府,翌年进京为刑部郎中。李慎修"身材矮小而胆大于身",以直言敢谏闻名。如曾有一个京官,找一屠夫作佃户,并贷以金。但屠夫的妻子素来淫荡,乘屠夫醉酒后将其勒死,而污蔑嫁祸于该京官。此案长期拖延,不能昭雪。后经李慎修认真勘察、严格执法,终平反冤案。故有"白面包公"之美誉。乾隆初年,他先后任河南南汝光道、湖北武汉黄德道、江南驿盐道,乾隆帝曰:"李慎修老城直爽,宜授御史职",乃改授李慎修为江西道监察御史,他多次上书言事,论述户部征钱粮苛急繁琐种种弊端,朝廷采纳其奏疏进行了一些改革。

李慎修在刑部任职 18 年间,秉公执法、廉洁自律。他初到陕西任职时,有一叫周世坤的官员监守自盗、侵吞公款。案发后,周即用金钱贿赂官员,打通道道"关卡",被刑部轻判为"挪借公款"。李慎修悉心调查取证,把案情弄得水落石出后,要依法重判。他考取进士时的阅卷官刘在诚,收了周世坤的贿赂,出面为其求情,说轻判是皇太后的旨意。李慎修听后反驳说:"皇意是皇意、法律是法律,我若执法犯法,我还有什么资格坐堂理案?"终使周世坤受到收监入狱七年的重判。乾隆元年(1736 年),他被调河南省任南汝光道台。上任伊始,他便先整顿社会治安、惩办邪恶势力。抓捕合伙拦路抢劫霸首 5 人、同案犯 18 人。当地百姓无不拍手称快。为感谢他的恩威,庄头社长联众聚款,为李慎修建祠塑像,尊称他为"白脸包公"。李慎修知晓后,找到当事人说:众人的心意我领了,但这做法欠妥。他责令部下将自己的塑像,改换为范文公彩塑。当地百姓更加称颂他为"包公再世、范公传人"。

李慎修的刚烈清白、主持公道,蜚声朝野。乾隆皇帝曾亲授御笔墨宝:"老成淳厚"。一次,他因事重返武汉,一名叫吉玉勤的富商为报答他当年的恩德,指使下人敬献当地名优特产为其贺寿祈福,被李慎修婉言谢绝。吉玉勤误认为礼轻拒收,当晚他亲自奉献珠宝玉器。李慎修对吉含笑厉声说道:"我交友是清茶一杯,从不做金银之奴!"乾隆十二年(1747 年),花甲之年的李慎修,因身体虚弱退职还乡。当乾隆皇帝得知他在老家章丘只有三亩旱田、二子和盲妻后,赞他一生廉洁自律,亲赐他官田六百亩。李慎修则以低息租于当地农家耕种,歉年粮租免除。故土百姓感恩于他改村名为"官庄"自此沿袭至今。

李慎修回到故乡,那熟悉的山川土地,浓郁的桑梓之情,使这位思乡已久的"游子"如鱼得水,很快融入其中,其脍炙人口为人传颂的《归田赋》,即道出了他归田后的潇洒轻松，散发着一股纯朴清新的乡土气息，向人们展现出一幅幅清纯朴素的乡村画卷。

乾隆十三年（1748年）圣驾南巡，李慎修从家中去济南接驾，皇上见了他很高兴，有心再擢用他，他以年老多病为由婉然谢绝。为此，皇上降旨原品休致。三年后（1751年），乾隆帝东巡，李慎修再次到济南接送圣驾，皇上称赞他历仕三朝，业绩卓著，口碑遍于天下，功名垂于竹帛。自此回家老景清闲，如啖蔗露，度过了7年的田园生活。

乾隆十八年（1754年）11月16日，这位清朝前期名吏、三朝重臣与世长辞，享年六十九岁。史书说他"好为诗，才情纵逸，下笔千言立就"，一生著作很多。其中《内讼编》、《吏治厄言》、《恤囚说》、《检验说》等是他办案的经验总结和理论探讨；此外，还著有《雪山诗草》、《劝民俗话》、《伦理至言》、《立继说》等诗歌和伦理作品。

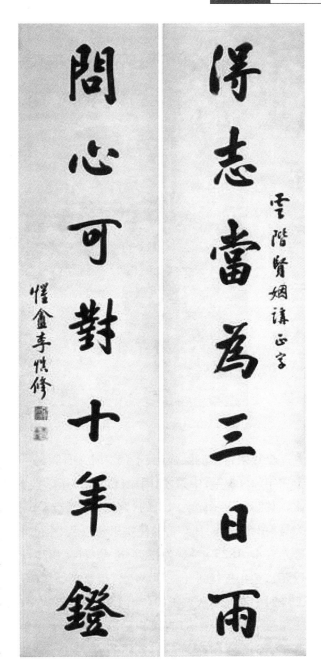

■ 李慎修书法对联

十、一代廉吏——李廷棨

李廷棨(1789—1849 年),字戟门,号蕚村,今埠村镇西鹅庄人。清朝官吏、学者、藏书家。

■ 李廷棨故居

李廷棨自幼聪颖强记,十余岁时文誉腾起,二十岁补博士弟子员。清嘉庆十三年(1808 年)中秀才,因家贫难以继续学业,中秀才二十年,一直以教书为业。其间写下了脍炙人口的《窝窝赋》、《跛驴赋》。体现了作为穷秀才的李廷棨与"田舍公"同甘共苦的民本思想以及"全才难得,俗累易招"的人才观。清道光五年(1825 年)选为拔贡,道光八年(1828 年)中山东乡试举人第二(亦称亚元),翌年连捷进士三甲 44 名,授直隶新城(今河北新城)知县,此时李廷棨已经四十岁。不久调玉田(今河北玉田)迁宛平(今北京城西南)知县,旋即升任深州(今河北深县)直隶州。清道光二十一年(1841 年)授广州遗缺知府,道光二十二年(1842 年)补知雷州府(今广东海康县),不久授荆宜施道(今湖北江陵、宜昌、恩施一带)。道光二十六年(1846 年)移任直隶霸昌道(今河北霸州市),途中擢顺天府(今北京市)府尹,但未履任,仍任道员。道光二十七年(1847 年)授通永河道(今通县、永定河一带)。

由于李廷棨出身社会下层,深知民间疾苦,所以居官后,本色不易,为官清廉且勇于任事。在新城任上,一次督役永定河归来,见邑中饥民载道,立即前往拜见当时在白沟(今河北白沟)巡视地方的巡抚琦文勤,恳请开仓恤民。时已夜半,琦文勤呼灯命见很受感动,发粮赈灾,救活了一方百姓。在玉田、宛平、深州任上,李廷棨平反了许多冤狱,被上峰以贤员荐引觐见皇上,得到道光皇帝的高度评价。清道光二十二年(1842年)夏天,李廷棨任雷州知府。正值此地发生水灾。李廷棨急忙命人保护米仓,发给穷人粮食,并头顶草帽,身披蓑衣与士卒工役坚守大堤,积劳成疾,从此得了怔忡之疾(现中医称为心悸)。道光二十六年(1846年),李廷棨曾在移任霸昌道途中擢升为顺天府尹,但却未履任。由于道光皇帝昏聩无能,大权落于军机大臣穆彰阿和直隶总督琦善手中。李廷棨两袖清风又生性耿直,进京赴任,既未入"穆门"送礼,也未进"琦门"行贿。到京6天后被穆彰阿参了一本,不予擢升,仍以道员任用。道光二十七年(1847年)改授通永河道。李廷棨不以升迁为怀,仍然忠于职守,秉公理事。

李廷棨为官勤政,但闲暇之余,不辍创作,故一生著述颇丰,计有《纫香草堂文集》2卷,《纫香草堂诗集》10卷,《纫香草堂诗余》1卷,《四库文》4卷,《试体诗律赋》各2卷,《夏小正诗》1卷。此外,他与同窗好友吴连周(章丘市明水镇柳沟村人)编辑出版了长达8卷的《绣水诗钞》,并刊刻《高唐齐音》、《赠云山馆诗集》等图书。通过搜集上自周朝下迄道光年间200多名章丘籍诗人所写的千余多首诗歌,成为研究章丘文学史的宝贵资料。

李廷棨还是一名书法家和收藏家。他收藏的明代胡震亨原刻《齐民要术》,清嘉庆年间陶蕴辉据宋抄本校刻的《太玄经集注》,清乾隆年间拓本《大唐三藏圣教序》、《魏公墓先庙残碑》,章丘藏书家、古籍专家马国翰手扎几页,以及在雷州任知府时写的《雷州记》一书的手写底本1册等。对保存和发展祖国传统文化做出不朽贡献。李廷棨的遗作现收存于山东省博物馆和山东省图书馆。

李廷棨一生屡遭封建官场的挤兑和打击,郁郁不得其志,又加上早已患"怔忡之疾",终于道光二十九年(1849年)卒于通永河道任上,年仅60岁。死后葬于家乡章丘西鹅庄村南门外,其墓与李开先墓遥遥相对。清同治年间,章丘知县蒋庆弟曾上报朝廷,在李廷棨墓前建牌坊棚以旌表。牌坊楹联:十年树木人何在,千里之官客未归。横批:京兆尹。李廷棨贫苦既仕,为官清正,体

■ 李廷榮书法

恤民情,关心百姓,刚直不阿,堪称一代好官。

附录:

绣水诗钞序

　　济水伏流地中,涌百脉泉,潋荡扬波,经阳丘城北入清河者为绣江。东南一带,太湖长白,嵯峨掩映,与为融结,清淑之气,蔚而为人物,发而为文章,代有作者,显晦异矣。忆自束发以来,过庭(鲤趋而过庭,指承受父训)之余,先君子每为述前辈轶事,诵其著作,虽一二语,辄谨志焉,弗敢忘。每思网罗放失(搜集散失之文献),汇为一书,备他年文献。继以宦游四方,足迹车轨,日远里门,息壤之意,遂成惄置(惄然置之)。乙未(道光十五年)春,吾友菊农来新昌(直隶新城县,今高碑店市),征尘甫拂,即以所纂《绣水诗钞》稿本见示。因得公余考订、删次、缮写成帙焉。嗟呼!士君子抗怀古昔,三代以前,万里之外,犹思访其遗迹,求其绪论,御芬芳于绝代,综鞶帨(腰带和配巾,比喻华美辞藻)于遥年,况乃父母之邦、桑梓之敬,前辈流风余韵,听其散落飘零而不之惜,非甚无情其忍? 出此书也,或约取于前集,或偶得于蟫编(蠹鱼啃坏的书籍)、鼠简(老鼠咬坏的书籍)、纸堆、石壁,或旁参于父老之传闻、他书所载附,大抵求图俱存,则取之无滥;尊彝偶见,则少而益珍。菊农以此补耆旧之传,而吾兼于此,寄庄舄之吟(指怀乡之咏)也。同志之士,或更有穷幽极邃、旁披远绍,寻缀绪之茫茫,备吾乡之文献者,其以是钞为十驿之祖,并桴之江源乎? 书以质后君子。

十一、清朝廉吏——翟中策

翟中策,字殿飚,号清溪,山东章丘相公镇桑园村人。生于清乾隆九年

164

（1745年），卒于嘉庆二十年（1815年）。其生平政绩在《章丘县志》及他的《生平自叙》中多有记载："生于熙朝昌明之会，厕身仕林，天又假我以古稀之年。所历之境，所为之事，毕生甘苦何容默也。"

翟中策聪明过人，其先人"皆有奇杰之姿以流传于世"。至乾隆初，家衰，"碌碌如策，奚足当此"。中策少时家贫，三岁丧父。以给财主放牛换取与财主子弟一起读书的机会。但他天赋甚高，卓异不凡。家境略有好转后，入家塾，由其祖父亲自执教。学《三字经》、诵《四书》、《五经》，苦读数载。一年春节，其母佩戴新买的耳环，入厨煮水饺，中策随口吟曰："戴得玉纲坠，吃得寓褒贬。"祖父闻声惊愕且欣喜，曰："此子才，行且以科名起家矣。"十一岁应童子试，诵五经，学使谢未堂先生批阅其卷曰："五经纯熟，但文理尚未贯通，具此天资，急用学力以充之，定成大器，毋庸躁进也。"18岁始受知于学使蒋长洲先生而考中秀才，后到莱芜浆水沟村边教书边学习。乾隆三十年（1765年）开始会试，至乾隆三十年（1770年）被选为副榜贡生。又据翟中策《生平自叙》载："年二十有五，先大父寿七十有七，于卧榻阅余课曰：汝文思深而气沛，秋闱可获隽。吾苦读数十年，颇也有声庠序，然未博一第。汝其勉继吾志。"乾隆四十二年（1777年）中策已32岁，领乡荐，幸得魁。乾隆四十九年（1784年）中第三甲44名进士时，"忆入泮至今，家无儋石，舌耕糊口。邑侯王君专水，名进士也。尝邀余置署为文，闻余贫，出十金周之。策辞曰：'一饱易足，何须十金。'"（《生平自叙》）。

李廷荣勤政爱民。乾隆五十九年（1794年），49岁的翟中策入都谒选江苏省仪徽县令。到任不久，正值该县闹水灾，洪水泛滥，中策带领民工日夜奋战40多天，疏导洪水，加固堤堰，终于遏止洪流，共耗去白银2万余两，皆从官俸、库银中支付，丝毫不向百姓摊派，当地民众颇为感激。这在《章丘县志》中就有记载："中策，乾隆甲辰进士，授江南仪徽令，抵任时，河决于徐州仪徽，中策设法疏导，四十余日，功乃成，费金二万余。"仪徽县有一刘姓船夫，晚上将船系于朴树湾，倒头睡去，不料夜间被人暗杀。乡里认定是船夫之妻因有外遇而谋害亲夫，一时纷扬四起，不可收拾。中策镇定自若，据实情，细勘察，理辩析，寻觅迹，经一个半月后，将杀人者从苏州抓捕归案，乡民无不叹服。

嘉庆四年（1799年），54岁的翟中策调任江西省高安县令。"值太上皇蠲粮漕高邑，又素霍诸多拮据；惟日与邑之生童讲学论文，作制艺数十篇，皆为生童携去。"当时，县内有个叫王三秀的人聘刘氏女为妻，后王三秀家贫，刘有悔婚之意。翟中策因势利导,给刘家明大义,讲道理,并拿出钱来为王、刘两家办理婚事,男女双方俱欢天喜地。翟中策还将此事写成文章,教育他人,在当地传为佳话。他还重教育,兴学塾,并亲自执教,使高安一带民风习俗为之大变。翟中策常以翟方进(西汉成帝时丞相,以儒雅缘饰吏事,史称通明)为榜样,十分欣赏其"居官不烦苛,以儒雅缘饰吏事"为官、做人的品质。常以"游学成名,上蔡通明相业"的典故教育后人。

嘉庆五年(1800年),其母病故,他卸职回乡守孝。此间数年,他先后丧子失弟,家庭步入窘境,后投奔于山西乡县(今武乡县)李晴峰处教书。不久又携五子辗转流入京江(扬子江)谋生,但因不善奉谀,郁郁不得志。直至嘉庆十七年(1812年),复进京谒选,时已68岁的翟中策,于嘉庆十八年(1813年)二月二十三日被任为四川省万县知县。到任后,时值万县连年灾荒,贼盗蜂起,他一面上书请求赈银,一面组织人力剿除盗贼。当时朝廷只拨给白银600两赈灾济贫,然米价昂贵,这些银两无异于杯水车薪。翟中策力主开仓赈济,散发库存钞锭(纸币)办理平粜,劝谕富民出粟给予奖励,以米施粥,解救燃眉。此举救活了众多百姓。翟中策以民为父母甘为公仆,虽然他年迈体弱,未有一日安居,亲自到各地督视赈务,昼夜勤劳,可谓鞠躬尽瘁,不久积劳成疾,于嘉庆二十年(1815年)卒于任上,"万县民众痛悼如失父母"。

十二、清朝著名学者——马国翰

马国翰,字词溪,号竹吾。生于乾隆五十九年(1794年),原籍山东章丘大柳树村(今属章丘三涧溪),其曾祖父时迁居历城南权府庄(今济南市历城区全福庄),遂入历城籍。是清代著名学者、汉学家、藏书家。

马国翰自幼随父在山西读书。嘉庆十四年(1809年),马国翰的父亲病逝于太原,16岁的马国翰遂回到济南,从此挑起了养家糊口的重担。嘉庆十七年(1812年)19岁时,在家乡考中秀才。此后近20年,以教书为业。先后开学馆于古祝、冶山及鲍山黄石兴隆寺等地。道光十一年(1831年)辛卯乡试,马国翰中第三名举人。次年晋京赴春闱,以第三甲67名考中道光十二年(1832年)壬辰恩科进士,时年39岁。被朝廷分发陕西省任知县。后来,又被调迁石泉、云阳等县知县。1838年因"政绩卓越"得到皇帝召见。道光十九年(1839年),马国翰以"去家既久,坟墓庐舍均须修治"为由,辞官回故里。居

166

家 5 年期间是他专心辑佚的开始和最努力的时期。这一时期他还悉心研究农事,把流传民间的古今农事谚语收集起来,编著了《农谚》、《月令七十二候诗自注》、《夏小正诗自注》等有关农事生产的书。并与历下才子周二南(乐)、何苹野(邻泉)、谢问山(煜)、王秋桥(体涵)等结鸥社于大明湖上,出与友朋为乐,入与诗书为朋,悠游于故乡山水之间,诗酒唱和。道光二十四年(1844 年)因擢陕西陇州(今陇县)知州,马国翰离家赴任。咸丰三年(1853 年),马国翰60 岁,告病还乡,回到济南,居清门琉璃庙街孙少尹宅。4 年后,咸丰七年(1857 年)病故于家,享年 64 岁。葬历城九里山南麓。

马国翰生平嗜书,家人称他为“书痴”。任县令时,所入薪俸,大半用以购书,每见异书,手自抄录。专于考证、校勘和搜集古代文献,至道光二十九年(1849 年),所藏古籍已达 57500 余卷,藏书楼有“玉函山房”、“红藕花轩”。根据家藏,悉加条理,仿晁公武《郡斋读书志》和陈振孙《直斋书录解题》体例,撰《玉函山房藏书簿录》25 卷,又作《续编》1 册,分经、史、子、集 4 编,61 类,是一部有价值的提要目录。所收秘、珍本较少,而以类书、实用之书较多。在搜集、考证古籍时,对古籍散佚深为痛惜,虽有一部分为大型类书所征引,但数量不多,遂致力于古书辑佚,广搜博采,不遗余力。于道光二十四年(1844 年)辑成《玉函山房辑佚书》,收佚书 594 种,搜罗丰富,卷帙浩繁。全书分经、史、诸子 3 编、33 类,皆为宋以前已散亡之书和久无传本者,其中精编为多。是我国最大的私家辑佚书,对考求古代文化学术有很高参考价值。

马国翰晚年无子,去世后,所有刻书书版和藏书尽归于李廷棨。著《农谚》、《夏小正诗注》、《玉函山房文集》、《月令七十二候诗自注》、《买春轩国风说》、《分类编典稿》、《订屑编实》、《论语捃说》、《目耕帖》、《竹如意》、《红藕花轩泉品》、《玉函山房诗集》等。

十三、一代儒商——孟洛川

十八世纪前后,在中国北方崛起最具实力和威望的大商业集团中,要算山东章丘旧军孟氏家族了。章丘旧军孟氏素有“东方第一商人”之称,其在中国封建社会晚期纷乱复杂的国际国内形势下,以其敏锐的眼光、雄厚的实力、精明的投资、诚实的信誉成为中国民营经济巨头之一,也是中国早期民族工商业的典型代表。

当时全国曾流传一句民谣:"山西康百万,山东袁子兰,二位财神爷,抵不上一个孟洛川"。孟洛川是孟氏商业集团一位主要代表人物,他使家族事业达到了鼎盛时期。

■ 瑞蚨祥创始人孟洛川

章丘旧军镇孟氏家族,是以官僚地主起家,而后转向商业经营的,他们各家遍布全国的商号中,最显著的特点是绝大多数字号中都带有一个"祥"字,人称祥字号。最初具有代表性的是谦祥益、元祥、万蚨祥、阜祥、瑞生祥、泉祥、瑞林祥、春和祥,即享誉天下的"八大祥"。虽然后来各号及经营者有变化,但经营主体变化不大。瑞蚨祥创立于清同治元年(1862 年),最早的资东是章丘旧军镇孟家矜恕堂的孟洛川之母高氏。高氏先在济南院西大街(今泉城路)路南购买地皮,建起了 5 间门面楼房,以后又在本市及外埠设立了分店。当时经营的项目有绸缎、绣货和布匹,其中以销售布匹为主。由于它是一个新兴的字号又地处闹市,门面华丽引人,内部装饰新颖,而且备货充足、适应时令,因而一开张生意就十分兴隆,很短时间即赶上甚至超过了济南原有的庆祥和隆祥两家绸布业老店。

咸丰元年(1851 年),中国近代历史上著名的民族工商业巨子孟继笙出世了。孟继笙,字洛川,为孟传珊第四个儿子。孟传珊虽自己无意读书仕进,但对四个儿子却仍寄予厚望,夫人高氏更是严厉督促他们用功读书,将来好博取功名,以光宗耀祖。然而,孟洛川偏偏继承了父亲的天性,自幼虽聪慧过人,却唯独对读书读不进去。每逢随父亲到周村来,五光十色的商业街市和繁华的商业经营氛围深深吸引了他,而且对于谋划筹算无师自通,小小年纪就特别钟爱经营方面知识,父母再责罚也无济于事,最后只得由他去了。孟洛川十几岁时,父亲因病去世,母亲将他交给三伯父孟传廷,带着他经常外出参加贸易往来活动,从而增长了他的商业阅历和经验。孟洛川确为商业奇才,仅仅几年工夫,就对商业经营和管理之道烂熟于胸,并处理了几件令长辈和业界拍案叫绝的事情。年纪不大,便主持了矜恕堂的经营业务,凭着他的雄才大略和过人胆识,使矜恕堂很快在族业中异军突起,并陆续兼并了其他堂号的产业,成为旧军孟氏工商业的主要代表。

孟洛川(1851—1939.9.7),名继笙,字雒川,孟子第六十九代孙,山东省章丘市刁镇旧军村人。著名商人,祖辈为地主兼商人。1868年,十八岁的孟洛川到北京负责庆祥、瑞生祥等企业的经营,从此一生掌管孟家企业。瑞蚨祥开业不久,孟洛川便从钱业界拉来了沙文峰充当瑞蚨祥经理。沙文峰也是章丘人,精明能干,眼界开阔,头脑灵活,处事果断严谨,管理井井有条。沙文峰对孟洛川忠心耿耿,孟洛川在沙文峰辅佐下生意迅速红火起来。1893年(光绪十九年)和1896年,先后在北京大栅栏和烟台开设“瑞蚨祥”,经营绸缎、洋货、皮货、百货。1900年八国联军入侵北京,前门一带被焚,瑞蚨祥成为一片瓦砾,不得不迁至北京天桥设摊营业。1903年,北京瑞蚨祥新营业楼落成。后又在北京增设瑞蚨祥鸿记绸缎店、西鸿记茶店、东鸿记茶店、鸿记新衣庄;光绪三十年(1904年),在青岛设立瑞蚨祥缎店;次年,在天津增设瑞蚨祥鸿记缎店;1924年,济南瑞蚨祥增设鸿记分店。所经营的瑞蚨祥、泉祥等“祥”字号商号,遍布京、沪、津、济、青、烟等大中城市;至1934年,已分别在北平、天津、济南、青岛、烟台、上海等地设立商号达24处,有员工1000余人,房产3000余间。1900年资本总额约40万两白银,到1927年时,年利润即达300万两白银。据不完全统计,至20世纪30年代,瑞蚨祥共有16个企业,3000余间房产,房产总值800余万元,仅济南一地即有房产1000余间,资金180余万元(以上产值、资金均按银元计算),孟洛川成了南北闻名的巨商富贾。他除投资于企业外,还广置田宅,在章丘有田产2300余亩,另在山东沾化、利津、泰安、莱芜亦置有庄田。孟洛川的章丘住宅为六进院落,前厅后楼、左右厢房共近100间。他成为当时全国知名的商业资本家,京津及济南等城市报纸皆以“金融巨头”称之。

孟洛川虽是商贾,但举止言行,待人接物,唯孔孟之道是遵。他常说,为人要做到“忠恕”,“忠恕违道不远,施诸己而不愿亦勿施于人”,尽己之心,推己及人。他特别反对打架斗殴,因此在铺规中的第15条明文规定:同仁之间,不得吵嘴打架,如有违犯,双方同时出号。当时,一踏进济南瑞蚨祥店门,便能望见正面墙上“践言”两个大字,与之相对的墙上则有“修身”二字。“修身”意味治店要以圣训为本,“欲治其国者,先齐其家;欲齐其家者,先修其身;欲修其身者,先正其心”。要规规矩矩做人,诚诚恳恳待人。“践言”即是要求大家要把修身正心付诸实践,言行一致。孟洛川在同经理掌柜闲谈时,常提到的一句话是"《洪范》五福先言富,《大学》十章半理财"。告诫大家"生财有道,生之者众,食之者寡,为之者急,用之者舒,则财恒足矣"。作为一代儒商,在孟洛川长达60年掌管瑞蚨祥大权的时间里,孟洛川立下的店训是"货真价实,童叟无欺"。孟洛川善于经营。进货注重质量,瑞蚨祥的绸缎呢绒都在苏州定织,并在每匹绸缎的机头处织上"瑞蚨祥"字样。瑞蚨祥的花色布匹,都是用上好的棉纱交给作坊定织定染的,这种布缩水小不褪色。孟洛川不嗜烟酒,不喝茶,不修边幅,食宿穿戴不甚讲究。书房内不摆书籍,闲暇以翻阅账册自娱。而对理财却一丝不苟,锱铢必较。企业利润按东七西三分配,购置修葺房产和设备从管理费中开支,不列资产,既不需东家投资,又可成为东家财产;对代理人的使用不签订任何合同,随时有被辞可能,因此被称之为"水牌上经理"。

孟洛川不仅掌管了瑞蚨祥绸布店,而且还兼管了孟家三恕堂、其恕堂、容恕堂、矜恕堂4房共有的庆祥布店和瑞生祥钱庄。瑞生祥是当时济南有名的钱庄之一,与山东地方官僚有着密切关系,官僚们多把一些来路不明的资金存入该钱庄,不求利息优厚,只求为其保密。孟洛川便经常将那些数目大、利息小的官僚存款,自瑞生祥提供给瑞蚨祥使用;另外,章丘还有一家隆聚钱庄也经常在瑞生祥存款,这些外来存款对瑞蚨祥的初期发展起了很大的作用。清末民初,军阀割据,战乱不已,孟氏怕官场失利,危害他们的商业,便畏避官途,不直接出面为官。但他们为了自身的利益,又必须维护政治上的声望,寻找达官贵人做靠山。因此,便通过各种关系,交结官府、军阀和新旧政客,或联姻成婚为"秦晋",或结交拜把成"金兰"。如孟洛川的长女,是济南高官沈延杞的儿媳,二女儿嫁入大总统徐世昌之门为妇,三女儿与南洋大臣张之洞之后结缡;法部侍郎王垿的女儿是孟洛川三子孟广址的续弦,济南大官僚何春江的女儿是孟广址的再续弦;孟洛川的孙女(孟华峰之女)是张宗昌军法处长白荣卿的儿媳,白的女儿又进孟家为妇,军阀曹锟、官僚陈钦等也都先后与孟家联婚为亲。

光绪十七年(1891年)至光绪二十年(1894年),福润任山东巡抚期间,为他奏准江苏即用候补道之职;光绪二十五年(1899年)山东受灾,巡抚毓贤委孟洛川为平粜局总办,孟洛川与其兄孟继箴认赈巨款,毓贤为其奏准知府补用道二品顶戴;1905年,参与组建济南商务总会;光绪三十四年(1908年),山东劝业道成立后,被任为济南商务总会协理;1906—1909年,端方任两江总督期间,为其奏准头品顶戴,朝廷还诰封其为奉直大夫,诰授为光禄大夫。孟洛川善于结交权贵,其中最著名者为袁世凯,袁父死后,他作"三多九如"贡席,亲往路祭;袁母出殡担任治丧总管,袁世凯于1914年7月18日,任命孟洛川为参政院参政。

孟洛川是一个爱国商人。在八国联军侵占北京时,孟洛川在北京大栅栏门,把他店里经营的洋布全部焚之一炬,并宣布当时全国的18家分店只卖国布,在全国引起了轰动。在章丘土地上生长起来的孟洛川,也为家乡办了些善事。清光绪年间,黄河章丘段屡次决口,居民深受其害,孟

■ 北京瑞蚨祥的门牌

洛川与二兄孟洛鑫在章丘城立社仓,囤谷备荒对灾民进行救济。孟洛川的故乡旧军西临绣江河,绣江河因水涨决口,孟洛川出巨款堵口修堰,翌年河水再涨却无溃漫,受到乡人感激。此外,他还举办过许多慈善事业。每年腊月做200套棉衣,并用大锅煮粥进行冬赈;夏季做200套单衣,备好茶汤进行夏赈。同时还施舍医药,免费为穷人看病拿药。孟洛川一生多次举办慈善和公益事业,诸如设立社仓,积谷备荒;修文庙,建尊经阁;设义学,经理书院;捐衣施粥及捐资协修《山东通志》等。因此博得慈善家的称号,被誉为"一孟皆善"。

1925年孟洛川被张宗昌敲诈10万元;张宗昌滥发"军用票",士兵以此买货,商家不敢拒收,收后无处兑换,成为废纸;1928年土匪张鸣九占据章丘,意欲抢掠孟家财银,孟洛川与族人约孙殿英部来章丘剿灭,但孟洛川不肯破钞,孙殿英部化装夜袭旧军镇,孟家细软被掠一空,孟宅被烧;"七七事变"沦陷期间,日本侵略者实行全面经济控制,更使瑞蚨祥等企业备受掠夺。

1937年七七事变发生后,瑞蚨祥及其各地分店逐渐衰败。济南沦陷之初,日本尚未控制全部经济命脉,一般行业尚有利可图或勉强维持。但自1940年以后,日本将一切物资都控制在"经济组合"中,商业货源便日渐紧缺。日本人控制成立的"纤维组合"勒令各绸布商将存货全部呈报,又限令定价,

■ 位于北京前门外大栅栏街 5 号的瑞蚨祥

名曰"自肃价",不得随意涨价,不得囤积不售,进销多少及其价格须逐日上报。由于物价不断上涨,"自肃价"虽小有变动,但仍低于市价很多,因此市民争相抢购,大量棉布销售一空,而进货却受到极大限制,这样经常低价售出,高价买入,再加上日军及汉奸的敲诈勒索,瑞蚨祥的流动资金很快便损失殆尽了。天津、北京、烟台、青岛等各瑞蚨祥分店情况也大致如此。抗战胜利后,瑞蚨祥以为时来运转,孰知国民党政府的苛捐杂税和敲诈勒索并不亚于日本。特别是全面内战爆发后,通货膨胀严重,给瑞蚨祥带来巨大的损失。其中最大的损失是法币和金元券的贬值。法币自 1946 年下半年开始膨胀,以后又出现了金元券,每 1 元金元券兑法币 300 万元。此时的物价上涨速度之快,达到了令人难以置信的程度,一袋面粉高达法币 2700 万元。再加上交通阻塞,物流不畅,严重影响着业务经营。瑞蚨祥在日本投降时残存的一点家底,仅两年多时间就损失大半,至 1948 年济南解放前夕,流动资金与"七七事变"前夕比较,损失达 90%以上,至此瑞蚨祥已日薄西山,气息奄奄,纷纷关门。

晚年孟洛川无力驾驭诸代理人,各店号走向萧条。1939 年 9 月 7 日,孟洛川病逝于天津。章丘十个区分别选一代表去天津吊唁,并赠送了"乡谥靖惠"的大匾。

十四、周总理的恩师——高亦吾

　　高亦吾(1881—1941年),名盘之,又名守铭,号亦吾,山东章丘县城西关高家(今章丘市今绣惠镇西关人)。1881年出生在一个家学深厚、颇有名望的耕读之家。他自幼天资聪颖,又勤奋好学,6岁入私塾后,遵循塾师的安排,自晨至晚,开始了饶有兴味的读书学习。其中有些书,他在父辈们的指点下,已耳熟能详,再听老师讲解,更是心领神会,一听就懂。高亦吾的记忆力和理解力特别好,几乎是授课老师所教的课文只教一遍,他就基本上能背诵下来。12岁时,就已读完四书五经,是才识闻名乡里的"神童"。16岁时自设私塾,教育蒙童,惠及乡里。1901年,刚满20岁的高亦吾,参加省乡试中,一举名列榜首,成为生员(即秀才)。当时,由于帝国主义的不断入侵,中国开始从一个独立主权国家走向半封建半殖民地社会,遭到西方列强的残酷蹂躏和掠夺。年轻的高亦吾,为国家失去了150多万平方公里的国土、著名的港口、无数的金银财宝、超美绝伦的圆明园、海关的自主权、昔日的大国威严和气魄而忧愤不已。为追求救国救民真理和探索拯救祖国的道路,高亦吾于1907年通过府试,以优异的成绩被选入山东高等学堂历史科深造。

■ 高亦吾先生

当时考入山东高等学堂的高亦吾,被以孙中山为代表的资产阶级革命民主思想所吸引,他如饥似渴地研读了孙中山的著名论文《中国问题的真解决》,还阅读了山东同盟会为宣传资产阶级民主革命思想创办的《晨钟报》、《利群》、《白话报》、《渤海日报》等报刊。在这些书刊、报纸和山东同盟会开展的一些革命活动的影响下,高亦吾很快加入了同盟会,由一个爱国忧时的进步青年,成为一名宣扬资产阶级民主革命思想、积极反清反帝、救国救民、匡复中华的英勇斗士。加入同盟会不久,为了宣传资产阶级民主革命的思想,开展反清救国的活动,他先后在高等学堂的同学中组织成立了"乐群学会"和"玫瑰花诗社"。在带领这两个学生组织进行反清反帝的活动中,他才思敏捷,出口成章,提笔成文,常以"中国的存亡"、"中国的革命"、"中国的命运"为题,写文做诗、与同学集会或走上街头演讲,观者、闻者无不悲愤交加,大有共赴国难、不畏生死之气概。他目睹戊戌变法和义和团的失败及清政府的腐败无能,激于民族义愤和爱国热情,不怕杀头,脱下长袍,剪掉辫子,走向街头,投入到轰轰烈烈的反清运动中去。后被通缉,高亦吾逃往东北,妻母遭牵连被捕入狱。

1909 年末,高亦吾辗转来到东北奉天(沈阳),在族兄的帮助下,高亦吾进入奉天东关模范学校任教。因授课严谨认真,受到广大师生尊敬和爱戴。在校期间,在一年级丁班结识入校新生周恩来。高亦吾在授课中,很快喜爱上这位浓眉大眼,目光炯炯,说起话来声虽不高,却清楚有力,走起路来昂首阔步、踏实稳重的英俊少年。高亦吾不仅视少年周恩来为知音,更视他为民族的未来与希望,国家将来之栋梁。他把只身逃出山东时,一直珍藏于身边的《革命军》一书,推荐给了这个心爱的学生。

在高亦吾老师言传身教的影响下,少年周恩来在追求救国救民新思想的道路上愈加勇猛精进。他根据高老师的指点与推荐,不仅常利用课余时间到图书馆阅读或借阅《警世报》、《民报》和《孙逸仙》等进步报刊与书籍,还利用节假日深入社会走访调查。辛亥革命爆发以后,高亦吾率师生上街游行示威,振臂高呼:"民国不立,四万万炎黄子孙誓不罢休"。周恩来返校后当众第一个剪掉发辫,发誓"为中华之崛起而读书"。

1913 年夏,15 岁的周恩来小学毕业,离开沈阳。临行前,高先生执手送别,勉励他如同"翔宇"二字一样,鲲鹏展翅,翱翔腾飞,义无反顾。后来,周恩来在天津南开读书,积极投身领导学生运动。周恩来曾两次到北京探望已在京兆尹公署任科员的高先生。高先生秘嘱："你在天津办的觉悟社已轰动京畿，当局要严令取缔，你务要当心。"周恩来表示谨记在心。不久，周恩来不幸被捕，高先生闻讯，多方奔走，积极营救。1936年12月，西安事变爆发，周恩来代表中共去和平解决。期间，见到担任张学良将军机要秘书的小学同学卢广绩（新中国成立后曾任辽宁省政协副主席），叙起同窗之谊，便急切打听高先生。周恩来说："我对高先生的印象最深，受他影响最大，至今思念尤甚。一想起他魁梧的身影和爽朗的笑声，就如同见到他一样。"此后，师生二人再未谋面。

后高亦吾重返济南任职于山东省建设厅。"七七事变"后辞职返乡在西关私塾任教。1938年章丘沦陷后，有人推荐他去伪公署任职，他断然拒绝道："国家蒙难，民不聊生，替敌效劳，实亏堂堂华人国民"。为了生计，高亦吾后在济南布政街开馆施教谋生。1941年春节后，因患脑膜炎不治辞世，享年60岁。

第三部分

文化遗产

第一章
文物古迹

一、古 遗 址

（一）城子崖遗址

中国黄河下游地区新石器时代的龙山文化遗址位于山东省章丘市龙山镇东城子崖台地上,高出地面约 3—5 米,面积约 20 万平方米,文化层堆积厚约 3 米,因其外形像城垣,故当地村民称之为"城子崖"。1928 年,由清华大学学生吴金鼎发现;1930—1931 年,中央研究院历史语言研究所与山东省教育厅联合发掘,李济、傅斯年、梁思永等 7 人撰写了考古报告集《城子崖》。遗址内涵丰富,包含新石器时代和东周时代文化遗存,其中新石器时代文化遗存以磨光黑陶为主要特征,考古界将此类文化遗存命名为"龙山文化"。遗址周围发现夯土围墙遗迹,发掘工作对中国史前考古与古史研究产生了深远影响,享有中国考古圣地之誉,闻名遐迩。1961 年,国务院公布为第一批全国重点文物保护单位。

城子崖遗址包括龙山文化、岳石文化等遗存及部分商代遗物。龙山文化的陶器多素面、磨光黑灰陶,器表常饰弦纹、压划纹,流行盲鼻和横向宽鋬。代表器型有白衣黄(红)陶粗颈袋足鬹、素面肥袋足甗、素面筒腹袋足鬲、扁三角形足或鸟首形足的各式鼎及扁足盆、高圈足盘、直腹宽鋬筒形杯等。石器多磨

■ 城子崖遗址

制,有斧、铲、镰、半月形穿孔石刀、镞等。骨角器有锥、针、笄、镞、鱼叉等,还有穿孔蚌刀和带齿蚌镰。此外首次发现由牛和鹿等肩胛骨修治的卜骨。在遗址周围还发现版筑夯土城址,南北长约450米,东西宽约390米,墙基宽约10米。《城子崖》的编著者确认是龙山文化遗存,有的学者对此曾有异议。

近年来,在龙山文化时代已发现多座城堡遗迹。从其规模和建筑技术等方面分析,城子崖城址属龙山文化晚期阶段。

1928年4月,当时还在清华大学上学的吴金鼎,到离龙山镇城子崖遗址不远的汉代平陵城遗址作假期野外考察。4月4日,他途经龙山镇城子崖时,不经意地回头一望,路沟边断崖的横截面引起了他的注意,在阳光下一条延续数米的古文化地层带清晰可见。此后,吴金鼎先后5次到城子崖实地考察,发现了大量色泽乌黑、表面光滑的陶片,这也就是日后龙山文化的代表——黑陶。吴金鼎很快将自己的发现报告给了他的老师李济先生。李济先生被称为"中国考古学奠基人",是中国第一位人类学及考古学博士,正是他在1930年主持了城子崖遗址的第一次大规模发掘。1930年至1931年对龙山镇城子崖遗址的发掘,最突出的代表是造型独特、工艺精美的黑陶,所以考古学家最初称其为黑陶文化,不久即被命名为龙山文化。在城子崖之前,中国出土的古陶器大都是含沙量极高的彩陶和红陶,而以河泥为原料的黑陶可以说是4000多年前东夷民族所独有的创造。城子崖出土的黑陶艺术品蛋壳杯杯壁只有0.5毫米厚,重量只有50克左右,是黑陶中的极品。不要说是4000多年前的前人,就是今天想要烧制出这样成色的陶器都非常困难。

龙山文化的陶器在制法上有了很大的进步,普遍使用轮制技术。因而器型相当规整,器壁厚薄十分均匀,产量和质量都有很大提高,龙山文化陶器以黑陶为主,灰陶不多,还有少量红陶、黄陶和白陶。黑陶的烧成温度达1000℃,红陶950℃,白陶800—900℃。黑陶有细泥、泥质、夹砂三种。细泥乌黑发亮,学者们称为"蛋壳黑陶"。蛋壳黑陶是龙山文化最有代表性的陶器,反映了当时高度发展的制陶业的水平。以素面或磨光的最多,纹饰较少,主要有弦纹、划纹和镂孔等几种。器形较多,主要有:碗、盆、罐、瓮、豆、单耳杯、高柄杯、鼎、鬲等。龙山文化鬼脸式鼎腿、圆环状鼎足最有特色,为其他文化所罕见。黑陶是陶胎较薄,胎骨紧密,漆黑光亮的黑色陶器,它在龙山文化陶器中制作最为精美。黑陶在烧制时采用了封窑烟熏的渗炭方法,器表呈现出深黑色光泽。它表面磨光,朴素无华,纹饰仅有少数弦纹、划纹或镂孔。黑、薄、光、纽为黑陶的四大特点,其中有一种薄胎黑陶,漆黑乌亮,薄如蛋壳,称蛋壳陶,代表这一类型陶器的杰出成就。

■ 出土的陶器

城子崖遗址发掘的重大意义,还在于它那深刻的学术背景。20世纪二三十年代,西方学者所谓"中国文化西来说"流行一时,就连中国的"疑古派"学者们也多是深信不疑。城子崖遗址的发掘和龙山文化的确认,使中国文化西来说不攻自破,有力地证明了中国五千年文明史的辉煌。

■ 城子崖遗址博物馆

城子崖遗址博物馆是山东省第一座史前遗址博物馆,占地 2 万平方米,设计风格独特,造型古朴典雅,于 1994 年 9 月落成。馆内陈列了西河—北辛—大汶口—龙山等文化时期出土的珍贵文物,突出展示了西河遗址、城子崖遗址、东平陵故城三处国家级重点文物保护单位的文物精品。

(二)西河遗址

该遗址位于山东省章丘市龙山镇龙山三村西北 500 米处,遗址呈缓坡状隆起,周围渐低。西部向河凸出,东西约 500 米,南北约 350 米,面积约 15 万平方米,文化堆积厚约2—3米,是山东省境内新石器时代中期文化遗址中,保存较好、面积较大、内涵丰富的一处典型聚落遗址。东距城子崖遗址约1600米,其主要文化遗存为后李文化时期,还有少量大汶口文化、龙山文化以及部分汉唐时期的遗迹和遗物。距今8400—7700年,是山东地区目前发现的最早的考古学文化遗存,填补了山东地区旧石器时代向新石器时代过渡的空白,是山东已知最早的新石器时代文化——后李文化的典型遗址之一。

■ 西河遗址挖掘出的瓷器

　　西河遗址以新石器时代早期后李文化(距今约八九千年)为主要遗存的遗址。位于章丘市龙山镇西北约400米,地处巨野河支流(俗称西河)东岸的平原上,东距城子崖遗址1.5公里,济青公路从遗址中间通过。1987年春,济南市文化局文物处和章丘县博物馆在文物普查时发现。因砖厂取土,遗址已被破坏约6000平方米。1991年7—8月,山东省文物考古研究所对遗址进行抢救性发掘,发现房址、墓葬、灰坑等遗迹和陶器、石器、骨器等遗物,时代分属于新石器时代较早时期的后李文化、大汶口文化、龙山文化和唐代。这次发掘较为重要的收获是清理了两座后李文化的房址。房子均为半地穴式,面积40余平方米,房子西半部地面和部分墙壁先用黄泥抹光后经火烤而成,地面干燥坚硬;房子中心建置有三组由三个石质支架组成的灶,其中西北一组的支架上还留有一件陶釜;出土遗物有陶釜、盆、罐、壶、碗等,石器有磨盘、磨棒、铲等。1992年被公布为山东省第二批重点文物保护单位。

(三)东平陵故城

章丘市平陵古城遗址,为山东省重点文物保护单位。其始建于春秋、继于战国,汉代又重新修筑。为春秋战国时期齐国的平陵邑,汉代济南国、济南郡、平陵县治所遗址。为区别关中长安附近的另一个"平陵县",故又称史为"东平陵"。

■ 东平陵城遗址

东平陵故城,位于章丘市龙山镇,西距济南市38公里,是济南地区保存最完好的古代城址,是汉代济南国、济南郡、平陵县治所遗址。自公元前204年至公元815年,历经1000年。也是山东地区地面城垣残存比较完整的汉代郡国都城遗址,因其位置在古济水之南而故名,是今济南的前身。1992年被列为山东省重点文物保护单位,2006年又被列入国家重点文物保护单位。两千年来,平陵城虽时兴时废,最终成为一片遗址,但其自身所经历的历史风雨,却给后人积淀下了无尽的文化遗产,让人们凭吊流连。两千年前的郡国故都东平陵城,是春秋时期齐国的平陵邑,到西汉昭帝时期因为在咸阳设置了平陵县而更名为东平陵,战国时期,平陵邑晋升为平陵县,成为齐国在济南地区的政治、经济中心。考古所见众多战国钱币、钱范等文物表明,这里曾经是齐国一处商业和手工业的中心。

两汉时期,东平陵曾三次被确立为郡国的国都。第一次是西汉初年,平陵被封为吕国,时间是公元前187年,汉惠帝病逝,吕后临朝称制,将其侄子吕台封为吕王,考虑到臣民的情绪,吕后的分封采取了先刘家后吕家的方式,把吕氏成员夹杂在刘邦子孙之中集体分封,以掩盖天下人的耳目。但是吕台在被封王的第二年就病逝了,吕王遂由其太子吕嘉接班,由于吕嘉的品行不好,不到4年王位就被吕后废掉,让给吕后的另一个侄子吕产。公元前181年,吕产被改封为梁王,梁国因此成为吕国,原来的吕国则改成济川国,皇子刘太被封为济川王,而这位皇子并不真是刘邦的血脉,他还没来得及走马上任,就随着吕后的去世和诸吕势力被铲除而销声匿迹,济川国也因此结束了其短暂的历史使命,被改为济南郡,重新划归了齐王刘肥。

■ 东平陵城遗址现存城垣

吕后之所以对济南如此重视是因为这里是齐国的门户,而齐王刘肥是刘邦的庶长子。刘邦在世时,对这个长子宠爱有加,把最富庶的齐国分封给了他,为此吕后始终耿耿于怀。有一次刘肥回长安探亲,吕后曾经谋划用毒酒将其杀害,刘肥虽然以主动割让出一块封地赠送给吕后所生的女儿而消除了灾祸,但吕后还是强行将属于刘肥的济南收拢到了自己的手下,赏给自己的侄子以削弱刘肥的势力,同时也切断了刘肥与首都长安的联系。在吕后的眼里,济南是牵制齐国的重要战略要地。

东平陵第二次被正式封为郡国是汉文帝当政以后,汉文帝借助在长安的刘氏皇族和刘邦旧臣的力量登上皇帝宝座后,出于对齐国兄弟子侄的感激,将济南国重新归还齐国。公元前164年,又分封齐王刘肥的儿子刘辟光为济南王,济南国由此确立。但是,刘辟光并不领文帝的情,十年后公然参加了吴楚七国之乱,谋反朝廷,结果兵败身亡,济南国因此成为济南郡,西汉诸侯国的历史从此结束。

随着东汉王朝的覆灭,东平陵城的郡国地位逐渐下降,由诸侯国改为州、县行政办事处,到唐朝元和十年(815年)并入历城县后,东平陵城的行政管理职能被取消,城内居民也随之流散他处,这座郡国都城终于完成了其千年的历史使命,将一座空空如野的城垣留传给后人。任凭其风雨吹打磨蚀到了今天。

从地面残存城墙可以看出,东平陵城平面呈正方形,边长约1900米。城内总面积约360万平方米。南面和西面的城墙保存较完好,最高处6米,城墙墙基宽40米,墙体厚24米,全部由土夯筑而成。从20世纪70年代以来数次考古勘探和发掘结果看,城墙之外有深4米、宽43米的壕沟,城内有宫殿和手工业作坊,其中宫殿遗址位于东北,西北一带则是制陶和冶铁手工业区,南部和东南部未作详细发掘,推测应该是市民住宅区。

东平陵城内,出土了大量陶、铁、铜、石等文物,其中以出土铁器数量最多,种类最丰富,是其他同类郡国都城遗址所罕见的。在城址西部一个被称为"铁十里铺"的地方,是面积达4万平方米的冶铁遗址,地上地下时时可见零星的铁屑和炼铁炉渣。1975年的调查勘探表明,在出土的汉代文物之中,仅铁器一项就达300多件,既有犁、铧、铲、锸、镬、锄等农具,有斧、锯、凿、刀、锤、钻、钳等工具及其铸造这些铁工具的铁范,有釜、鼎、灯、勺等日常用品,还有大量铁兵器如戟、矛、剑、刀、箭镞等等,可以说举凡当时社会所需的各种铁制品,在这里都能够找到相同的样式。另外,根据对出土铁制品的金相分析,这里的铁器既有一般的铸铁和可锻铸铁,也有强韧性铸铁、碳钢和高碳工具钢。种类众多和高质量钢铁制品的出土表明,两千年前东平陵城的冶铁制造业已经十分成熟和发达,其技术水平堪居全国榜首。因此,《后汉书·郡国志》在描述济南国时称"东平陵,有铁",济南国所辖的"历城,有铁",铁成了济南国的标志。为了加强对冶铁业的管理,西汉王朝在全国设置了48处以"铁官"命名的冶铁机构,来负责当地的冶铁生产和经营,其中,山东铁官14处,济南国2处。这两处铁官一个在平陵城,另一个在历城;西汉昭帝时期发生盐铁论战后,虽放开部分地区的国家垄断,但济南国的两处铁官仍保持官营,继续由中央政府控制和管理。由此可见,当时济南国的冶铁是何等重要!中央政府可以将其他地方的铁官下放给民营而济南国的不能放弃。优良的铁矿和一流的冶铁技术,不但使济南一带的冶铁产品让世人所瞩目,而且其冶铁的传统也生生不息,流传至今已有2000余年。

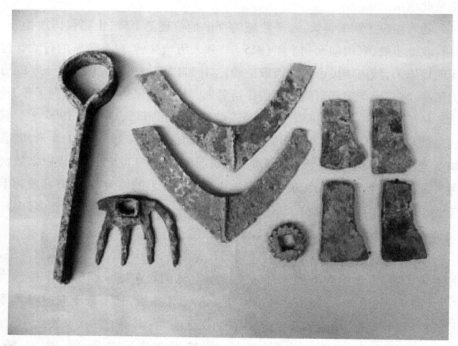

■ 东平陵城遗址出土的器物

正是因为这里有着雄厚的战略资源,所以楚汉之争时,不但韩信想赖在这里不走做齐王,连刘邦打下天下后,也不肯把这块富庶之地分封给他人,而是留给了自己的庶长子。韩信和刘邦之所以如此看中包括济南在内的齐国,是因为这里有着丰富的资源。因此东汉王朝的第一代济南王刘康才有财力扩建宫室,畜养厩马和奴婢,长期过着锦衣玉食的奢华生活。

　　184 年,29 岁的曹操因为参与镇压黄巾起义有功而被封为济南国相,在东平陵城度过了三个年头,开始了他管理地方郡国的政治生涯。曹操二十二岁时就担任过短暂的顿丘(今河南濮阳)县令,但真正施展其政治抱负的实践是在济南国开始的。按照两汉时期的规定,诸侯国相相当于郡守,是中央政府委任到郡国的最高行政长官,有权管理和处置郡国所属的各级政府官吏和所有行政事务,而国王们则只能享受郡国的赋税收入,无权干涉郡国政务,国相实际上就是郡国的行政"一把手"。秉承着中央政府赋予的权力,年轻的曹操一上任就雷厉风行的干了三件大事:一是打击地方豪强势力;二是罢免了一批不称职的官吏;三是禁绝了当地乌烟瘴气的迷信淫祀。济南是西汉齐国的领地,齐王的儿子刘章曾经因为诛杀了吕后侄子吕产立了大功,被分封为城阳景王,治所在今莒县一带,其子孙后人以刘章有大功而为其建立了祠堂,世代祭祀,这股风气由城阳国影响到济南。到东汉末年,济南一带仅祭祀刘章的祠堂就有 600 多所,一些地方豪绅趁机推波助澜,在济南一带大兴神怪迷信之事,骗取百姓钱财。曹操一到,皆毁坏祠堂屋宇,禁止官民祭祀,清除了乌烟瘴气。曹操捣毁祠堂的事实之所以被写入史书,是因为在东汉末年,社会动乱,迷信思潮汹涌澎湃,曹操敢于逆潮流而动,在自己所管辖的政区内破除迷信,其行动足以让世人所惊诧,所震撼;曹操做的第二件事是整顿吏治,免除贪赃枉法的地方官吏。当时济南国管辖有 14 个县,不少县令依附权贵,受贿贪污,前几任国相投鼠忌器,不敢惩治,曹操到任后一下子就"奏免其八",给郡国上下大小官吏以强烈震慑,接下来他还采取了平心选举的方式,任免了有关官吏;曹操做的第三件事是打击豪强势力,针对一些富商大贾依仗财势藐视王法,公开借官府车马仪仗招摇过市、炫耀势力的不法行为,给予了严厉处置。曹操的三项举措使济南一带风气为之大变,史书称其为曹操整饬十县,奸宄逃窜;政教大行,一郡清平。但是,在当时整个东汉王朝行将入木的腐朽时代里,连曹操也无法抗拒权臣、贵戚的压力,在济南国从政三年后,不得不告病回乡,等待时机的降临。曹操在济南国的政治作为,为东平陵城的郡国历史增添了光彩,也使东平陵城的历史文化更加引人入胜。

（四）小荆山遗址

该遗址位于山东省章丘市刁镇茄庄村南约 200 米处,因地处小荆山山阴的平原上而得名。是以新石器时代早期西河文化为主的遗址,兼有北辛文化晚期、大汶口文化早期、龙山文化、东周、汉代及宋元时期的遗存。

小荆山遗址是以新石器时代早期后李文化为主的遗址,兼有北辛文化晚期至大汶口文化早期、龙山文化、东周至汉代及宋元时期的遗存,遗址南北约 800 米,东西约 300 米,总面积约 24 万平方米。1991 年秋,济南市文化局文物处和章丘县博物馆对遗址进行了抢救性发掘,发掘结果表明,遗址文化堆积厚约 1.5—2 米,内涵较为单纯,主要为后李文化遗存,具有明显的氏族聚落特征。聚落内区域分工明确,居住区里有众多的房子、窑、灰坑等遗迹;房址一般长 5—5.5 米,宽 4—4.5 米,呈圆角方形;圆角部分有烧痕,居住面中部有石支架灶坑 2—6 个不等,挖出的两座圆角长方形半地穴式房屋,室内周壁皆有柱洞,居住区东南为墓葬区,墓葬的年代距今约 8000—9000 年;墓地位于居住区东南 30 米处,墓坑东西向密集排列有序,为南北长方形竖穴式土坑墓,葬式以单人仰身直肢葬为主,头向大都为北偏东 6°—18°,基本无随葬品,个别手握一蚌壳。发掘过程中出土了大量石、骨、蚌、陶器,石器有斧、铲、磨盘、磨棒,陶器有釜、罐、钵、碗、壶和猪、人面陶塑,骨、蚌器中有许多饰物。此外,在遗址边缘地带,还可零星见到北辛文化晚期至大汶口文化早期、龙山文化、东周至汉代及宋元时期的遗迹、遗物。该遗址是山东省目前所知为数不多的新石器时代遗址中较为重要的一处,对于了解和认识海岱地区、乃至国内同时期文化的面貌,具有极为重要的价值。1992 年被公布为山东省第二批重点文物保护单位。

（五）大康遗址

2001 年 5 月,章丘市博物馆对相公庄镇大康遗址进行调查清理,共开探方 2 个,清理灰坑 5 个、新石器时代墓葬 1 座,出土陶器、石器等 10 余件。

（六）马安遗址

2004 年 4 月 13 日至 2005 年 10 月 28 日,济南市文物考古研究所与章丘市博物馆对双山街道马安村马安遗址进行抢救性发掘。共开探方 77 个,发掘面积 5150 平方米,发掘墓葬 102 座,灰坑 239 个,出土各类文物 157 件。

(七)王官遗址

位于刁镇王官村南,属北辛文化至战国时期的遗址。遗址东西宽约 600 米,南北近 500 米,总面积约 30 万平方米。1989 年,山东省文物考古研究所曾对此遗址进行试掘,区域内主要为北辛文化晚期至大汶口文化早期遗存,是泰沂山系以北的一处重要古文化遗存。1992 年被公布为山东省第二批重点文物保护单位。

(八)焦家遗址

位于龙山街道焦家村西约 800 米处。遗址中部隆起,四周低平,为大汶口文化遗存,并有龙山文化、岳石文化和商代、汉代的遗存。其东西长约 900 米,南北宽约 700 米,西部一直延伸至历城区境内。1987 年发现,1990 年山东省文物考古研究所进行试掘,出土及采集大量石器、陶器等。1992 年被公布为山东省第二批重点文物保护单位。

(九)王推官遗址

位于宁家埠镇王推官村南,向北可延伸至村中。东西约 800 米,南北约 200 米,面积 16 万平方米以上,文化堆积厚约 2.5 米,包含有龙山文化、岳石文化、商周和汉代的遗存。1987 年文物普查时发现,1989 年曾先后对该遗址进行试掘,清理房址 6 座、灰坑 96 个、墓葬 16 座、灶 1 个,出土各类陶器 30 余件。1992 年,被公布为山东省第二批重点文物保护单位。

(十)侯家遗址

位于明水街道侯家庄北约 700 米,1987 年 3 月文物普查时被发现。文化堆积厚约 1 米,面积约 10 万平方米。主要为春秋、战国时遗存,采集遗物有陶鬲、豆、盆、罐等,是济南地区东周时期的重要遗址之一。

(十一)宁家埠遗址

位于宁家埠镇宁家埠村北约 200 米处,1988 — 1989 年,山东省文物考古研究所曾进行大规模发掘。遗址面积约 20 万平方米,有龙山文化、岳石文化、商周和汉代遗存,以商周时期遗存最为丰富,出土遗物有陶鬲、豆、簋等,保存较好。

(十二)巡检遗址

位于相公庄镇巡检村西北,1987年4月文物普查时发现。面积约10万平方米,文化堆积厚1.5米左右,主要为商周时期遗存,是济南市商周时期重要遗址之一。

(十三)邢亭山遗址

位于曹范镇北3公里处,遗址南北地势略高,向东为缓坡,西为大沟,河边台地;东西宽约150米,总面积在3万平方米以上,文化层厚约2.5米,最深处达3米以上,属龙山文化时期遗址。1982年发现该遗址,1985年曾试掘,出土的遗物有石、骨、蚌、陶器等,陶器以黑色多见,器类丰富多彩,造型优美别致。1995年,被公布为济南市第二批重点文物保护单位。

(十四)南河遗址

位于绣惠镇南河村东200米处,1987年3月文物普查时发现。面积约10万平方米,文化堆积厚2米以上,主要为商周时期遗存,采集遗物有陶鬲罐等,是济南市商周时期的重要遗址之一。

(十五)埠村东南遗址

位于埠村街道埠村东南约100米,西巴漏河东岸,1987年11月文物普查时发现。面积约1万平方米,文化堆积厚0.5—2.4米,主要为北辛文化遗存。

(十六)黄桑院遗址

位于龙山街道黄桑院村北,1987年文物普查时发现。面积约10万平方米,包含龙山文化、岳石文化、商周等时期遗存,以岳石文化最为丰富,是济南市岳石文化的重要遗址之一。

(十七)土鼓城遗址

位于明水街道绣水居东。《水经注》云:"济水右纳百脉水,百脉水出土鼓县故城西"。(按:土鼓城百脉水出其西,杨绪沟水迳其东,二水之间其城在焉)1973 年文物普查时,在绣水村东发现有汉代陶片。1980 年,明水大街展宽时,在小峨眉山北端挖出编钟三个。

(十八)旧军遗址

据旧《章丘县志》载:"清平军在县治北一十五里旧军镇"。宋景德三年(1006 年),齐州以章丘置清平军。宋熙宁三年(1070 年),废军复为县,隶齐州,称旧清平军镇。后沿革为旧军镇。当时旧军镇水陆交通便利,村西南有白云湖,盛产鱼虾、藕苇。小清河从村中穿过,船只往来如梭,景似江南。明洪武二年(1369 年),外县移民迁至旧军镇落户,以姓氏集中居住,李姓住李家亭街,孟姓住南北孟家寨。为防洪水、战乱,筑土围墙。明洪武十七年(1384年),旧军镇设税课局,收白云湖税达 56 年之久。清咸丰十一年(1861 年),旧军围墙重修加高按古城式样建炮台、城楼,四门有石镌横额:东作、西成、南、拱北;民国初,为南北交通要道,汽车站设于镇中心。新中国成立后,存有孟氏故宅 1 处,现已残缺不全。1981 年文物普查时,将清平军城垣和孟氏故宅列为县级文物保护单位。

(十九)宁戚城遗址

据旧《章丘县志》载,在县治东北 12.5 公里。《水经注》云:"宁戚城当在济水之南,獭河之东。"1981 年,文物普查时,在刁镇东南张官、王官两村之间发现大片文化层,有灰陶豆、罐烧土层及汉代墓葬多处。因张官、溪柳两村窑场用土,遗迹大部破坏,所掘陶器属战国、秦、汉时期文物。

(二十)水寨城遗址

汉建安十二年(207 年),黄巾军首领张角为屯兵,在今水寨镇城子庄建城堡,称黄巾固(齐人垒堡为固故名)。

(二十一)冶铁遗址

位于枣园街道权庄村东南 400 米处,南北长 30 米,东西宽 20 米,总面积 600 平方米。上边现一窑口,有生铁渣、铁镢头、砖瓦、灰陶器等,四周崖壁有红烧土多处,均属汉代遗物。1981 年,文物普查时定为汉代冶铁遗址,属县级文物保护单位。

（二十二）广宗、平郭故城遗址

章丘市文祖镇《魏书·地形志》云,东平原郡领县六,五曰广宗。旧《章丘县志》载:"广宗城在县治东南五十里文祖镇"。文祖镇为章(丘)、莱(芜)通衢。镇东南青山下与镇北孤山南分别为广宗、平郭两城。城南大溪西通爪漏河(今西巴漏河)。近年来,群众在文祖镇南"夜战沟"挖出大批铁杆镞头、刀币、钱范等物,多属战国、秦、汉遗物。

二、古　建　筑

（一）齐长城

位于市境南部,明水南23公里处。城墙石、土结构,宽、高各8米,境内城段西南起垛庄镇岳滋,东北至官庄镇北王庄,全长42公里。齐长城系齐宣王年间所筑。西接长清,东至海,文祖镇三槐树村南1公里处的长城城墙紧靠莱芜市长城岭村,原锦阳关城门在该村北口,现已无痕迹,为章莱公路通道。从道口往东500米,往西300米,城墙大部破坏。西山一段尚好,长约500米。有清同治年间重修城墙碑记2块(残为3块),存于章丘市博物馆。

齐长城是我国最早的城墙,比明长城早建约200—400年,其建筑年代及规模都可谓中国之最,尤其是依崖省墙、因山就势、土石混筑、片石干垒等结构特点更是令人赞叹,而处在章丘境内的长城岭一段保存最好。在章丘一段,东起阎家峪乡三台村东约3公里的山头与淄博相连,西至垛庄镇的岳滋西南山头与历城相连,东西方向沿山脊而筑,全长约70公里。章丘境内的齐长城主要有三大关口:锦阳关、黄石关、北门关。锦阳关位于文祖镇三槐树村南约2公里处,关东西两面横锁着烽火台、长城岭山。清咸丰十一年农历二月,捻军攻占章丘,首领赵浩然率10万大军由博山首先占领黑峪口,清军以锦阳关为屏障与捻军展开激烈的战斗。咸丰年间,清军为防捻军,锦阳关多次重修;黄石关:因关西有黄石悬崖而名,又名王陵关,位于阎家峪乡三台村正南1公里处,关前原有孟姜女坟、石亭,西南有火郎台;北门关位于垛庄镇桥子村东南约30公里处,石土混砌的墙体因倒塌成梯形乱石堆状,现为章丘至莱芜的通路。

■ 古代齐长城遗址

　　齐长城是齐国的南部屏障,是一项巨大的国防工程。起初,修建的目的是为了防御南部的强大邻国——鲁国。后来,楚国的势力向北扩张,长城又成了齐国防楚的主要屏障。齐国凭借长城进可以攻,退可以守。所以齐军常沿淄水而上,出青石关攻打鲁国,如艾陵之战、长勺之战。秦的统一,使齐长城失去了原有的军事价值,渐渐地因废置而损坏。关于齐长城的年代,众说纷纭。经过考察认为:齐长城早于万里长城,在当时条件下,如此工程,不可能成就于一时。很可能是在周显王初年就已开始。当时,齐国大治,国富民足,乃成战国七雄之一。齐国励精图治,内修政治,外固国防,一直关注南部的防御,经过几代人的努力,纵横千里的长城工程到齐宣王时得以最后完成。孟姜女哭长城的传说,其中所指的长城就是齐长城。孟姜女名的来历可见《孟姜女故事研究集》。现在章丘与莱芜交界处齐长城下尚有孟姜女坟、庙和孟姜女石等遗迹。作为中国最早的长城,齐长城具有极为重要的文物保护价值。1979 年 9

月,齐长城被定为济南市重点文物保护单位。1982 年,立碑碣 1 块;2001 年,被国务院公布为"第五批国家重点文物保护单位"。

■ 章丘兴国寺的县级文物保护碑

(二)兴国寺

章丘兴国寺位于叶亭山村东面,坐北朝南,宏大的规模和雄伟的气势,实属少见。兴国寺仅存门殿、东、西配殿和大殿几座主体建筑。这些建筑虽未坍塌,但却破损严重。兴国寺的大门朝南,拱门上方的石匾上刻着"兴国寺"三个大字。这三个大字的右边还刻着"天启七年夏重修"一行字,兴国寺的门殿曾在明代天启七年(1627 年)重修过,在门殿的东、西两侧各有一个卷棚旁门,院落里有东、西两座配殿和北面的正殿这三座大殿,东、西两座配殿整体保存还算完好,但屋檐上的小筒子灰瓦大多已损坏,檐角上的木质檐椽也都已经腐朽。

兴国寺在 20 世纪五六十年代,曾被当作仓库、学校,学校搬走后,兴国寺便逐渐衰败。经过济南市考古研究所考证,初步判断兴国寺可能建于宋元时期,但还有待进一步考证。正殿是整个兴国寺最为宏伟大气、雕琢精美的主体建筑。正殿坐北朝南,坐落在半米高的石基之上,面阔 5 间,进深 3 间,飞檐斗拱,上覆金黄色琉璃瓦。看上去,正殿有金碧辉煌之势,房顶为单檐歇山顶,房脊上雕有六条腾云驾雾的青龙,黄色琉璃瓦和雕琢精美的建筑细节,无一不透露出当年兴国寺的奢华和壮观。正殿里有一座有 6 米多高的石刻佛像,佛像面朝南屈膝盘坐在大殿中央,大佛身披红色绸纱。据考古专家推断,大佛像实为唐代石造像。大殿内还有 12 根 7 米高的顶柱,其中 4 根是 12 棱的砂石柱,直径粗约半米,北面的石柱上还刻有一行小字:"嘉庆十六年岁次辛未三月三日吉旦立柱"。

"兴国寺在 1979 年被济南市人民政府公布为第一批市级文物保护单位,2006 年 12 月又被山东省人民政府公布成为了省级文物保护单位"。济南市考古研究所石刻造像研究专家王晶介绍说,有的专家判断兴国寺的石佛造像是隋代的,整体建筑风格是宋代的,但他根据佛像风格和大殿内原始柱础,以及梁架结构等判断,石佛造像是唐代晚期的,整体建筑是元代的。"由于历代进行过重修,兴国寺遗留的建筑构成比较复杂。现存斗拱的用材和布局为宋代风格,四根石柱也是宋代的,但整体建筑应该是元末的"。

(三)张舜臣碑楼

■ 张舜臣碑楼

位于宁家埠镇马彭村南 200 米张氏祖坟内,明隆庆元年(1567 年)奉旨建造,距今已有 400 年的历史,为章丘市级文物保护单位。碑楼系砖石结构,灰瓦歇山顶,呈塔状,共三层,高8.6米,由下至上逐渐缩小,东南西北各有拱门,各层具有仿木斗拱,建筑精巧美观。整座碑楼除四角稍有残缺,基本保存完好。张舜臣,字熙伯,号东沙,宁家埠镇马彭村人,品行端方,才猷敏毅,为诸生时即负俊声,名闻乡里。嘉靖七年(1528年),张舜臣中戊子科亚元。嘉靖十四年(1535年)乙未进士及第,擢贤科后三仕令尹,四历步司,勤劳懋绩,廉能丕著,得朝廷赞许,累官至南京户部尚书。隆庆元年(1562年)因疾归乡,至邹县而卒。隆庆皇帝爱念旧勋,特降优荣,赠其太子少保之崇阶,颁布谕祭之优典,并为之亲撰谕葬文,极称其"赋性耿亮,操履清修"。张舜臣葬于张氏祖坟内,奉旨立碑刻石并建碑楼以蔽风雨侵蚀。

(四)张氏牌坊

位于文祖镇郭家庄村内,建于清道光十二年(1832年),距今约160余年的历史。清道光年间,郭家庄为表彰郭云修其妻张氏上孝公婆,下抚幼子,贤淑仁惠之事,报请朝廷批准,建造的这座孝恩牌坊。牌坊坐北朝南,东、西、北三面紧靠民房,向南5米为山间河道,水声淙淙,风景优美。牌坊全为花岗岩建筑,总高7.8米、宽3.35米、南北深1.67米,顶部为砖瓦式石雕,中间为一宝葫芦,两边有龙头,下刻"圣旨"二字;下为三层横石梁,每层都有龙纹雕刻与题记,圣旨坐石下面刻"名标天府"四字。两边又出檐,檐上各蹲一朝天猴,挂金铃;"名标天府"石下又刻有"爵秩峥嵘","貤赠登仕佐郎翰林院待诏郭雲修孺人张氏坊,道光岁在壬辰";坊两边有对联,上联为"宠锡孝思黄麻诏",下联是"恩荣家庆紫泥封";联下前后各有雌雄石狮一对,狮下为三层立石到地。此牌坊造型美观,石刻精湛,有极高的欣赏价值,是章丘唯一保存完整的石牌坊。

张氏牌坊由清朝道光年间翰林院设计。不论远观还是近看,既宏伟又壮观。说起这座牌坊的来历,有一个典型东方女性的传奇故事。

郭家庄郭雲修之妻张氏,三十六岁其丈夫因病过世,撇下父母双亲和年幼的儿子郭存龙,家庭生活的重担落在张氏身上。张氏精心孝敬公婆,辛苦养育孩子,勤劳持家清白贞洁。因张氏姿色很美,惹得一些好色之徒垂涎三尺。一个姓李的男人对她羡慕已久,为能得到她,便来到张氏家当长工,因李长工能言善辩、手脚勤快,渐渐地取得主人的好感,便不拿他当外人看待。李长工以为时机已到,便想出一个歪点子。一日,秋粮入仓,因囤高需要梯子,李长工登

■ 张氏牌坊

上梯子,故意把腰带弄断,露出了下身,以此调逗张氏。张氏看出了李的用意,连羞带怒的就把李长工立即赶了出去。

几年后,张氏之子郭存龙长成一条壮汉,并娶妻生二子,长子叫郭士礼,次子叫郭士信。从此张氏把家业交于儿子掌管,自己精心照看孙子。张氏的长孙郭士礼从小聪明好学,写一手好文章,十二岁便到明水镇康家庄读书,与本地康郎成为同窗好友,拜为异姓兄弟。康郎家境贫寒,张氏便拿些衣物赠予康郎,并常给康家送些粮米救济。这一年,郭士礼与康郎同去章丘城参加考试时,郭士礼作完试卷准备上交,却见康郎还在为题发愁,便将自己的试卷悄悄塞给康郎,使康郎一举中榜首。此后康郎连连夺魁,成为京官。而郭士礼在考举人时因正患伤寒而落榜,康郎念念不忘郭士礼及其祖母张氏,回乡探家时前去郭家庄拜访,恳求报谢恩德。郭士礼对同窗好友说,家庭生活并不困难,只是苦了奶奶张氏,奶奶半生守寡,一生清白勤劳,若能为其讨个名份,也算是报答了祖母对全家的养育之恩。于是,康郎将张氏的贞洁、勤劳向道光皇帝奏明。道光帝被张氏的道德精神所感动,遂下圣旨为她建贞洁牌坊,并亲题了"府名"和匾牌,由翰林院设计牌坊图纸。后由康郎将圣旨、图纸及建牌坊所需银两从北京送至文祖镇郭家庄村。历经五个月施工,牌坊在张氏门前树起。

在建牌坊的同时,为张氏大门授匾"恩寿荣光"。现在此匾在该村郭光臣家保存。

当地百姓非常爱护珍惜这座牌坊,亲切地称它为"石铁门"。该牌坊也被章丘市列入重点文物保护。

■ 汉画石桥碑

(五)汉画石桥

汉画石桥位于圣井街道山后寨村西的通济桥上。桥身大部分构件来源于一座当地汉墓,上面都雕刻有精美的汉代石刻画。由于汉画石刻的珍贵,所以这座石桥也就相当的珍贵。原桥为砂石结构,后将一汉画像石墓出土的32块刻有羊头、龙、虎、兽花纹图案的汉画石修补到桥上。桥东头迎壁现存有一块民国元年刻制的《山后寨重修通济桥碑记》仍存。碑文云:"危山之阳有通济桥焉,跨于寨子镇之西门,为车马往来之冲路久矣。事不可一日圮焉者也。"为章丘市级文物保护单位。

（六）千年三清观

三清观建于南宋乾道元年（1165 年）。三清观位于埠东村中间的一个大院里，大院的正北面就是三清观的大殿，大殿历时近千年，且饱经风霜。坐南朝北，南北长约 65 米，东西约 50 米，大殿面阔五间，进深四间，砖、石、木结构。硬山顶，正脊，垂脊均塑有飞禽走兽，以示吉祥。三清观在建观之初名叫通真观，后来因为道观中塑有高大的玉清元始天尊、上清灵宝道君、太清太上老君这三尊神像，而又称为"三清观"。和大多数建于名山大川之间的道观不同，三清观自建观那天起就在闹市中，一直与民房相伴，与周围百姓相邻。建于名山大川之间的道观，因其险峻的地势，高高的台阶，巍峨的建筑，总是透出一股可望而不可即的威严，总给人一种不怒而威的压迫感。相比之下，位于埠东村的这座三清观，就平易近人得多。

■ 章丘三清观碑

隋代道教兴盛时期，大殿四周又陆续建了廊、庑、堂等，形成了规模可观的庙宇群；到元朝末年，道教形成了"正一"和"全真"两大派别。三清观属于"正一"派,信奉太上老君,道士们诵《道德经》,不吃斋,可蓄发、娶妻、生养子女。到明朝洪武年间,三清观达到了鼎盛时期,三清观的周围也逐渐形成庙群,仅属于道教派别的就有真武庙、玉皇庙、北极阁、娘娘庙、观音庙、三官庙、灵官庙以及老君殿等。三清观成了当地方圆百里的一个道教中心。主持三清观的有王本霞、马仁镇、牛仁满等十位道长,这十位道长被尊称为"十大仙师",他们在当地群众中享有很高的威望。每到腊月十五和正月十五,三清观就要组织祭祀活动,奉祀三清老祖。周围的群众也会自发来到三清观上香祭拜。组织祭拜的当日,三清观内香火缭绕、笙管齐鸣、颂歌齐唱,热闹非凡。1942年,三清观就被当作学校使用了。大门上挂着"区立第一小学"的大牌子。当时的三清观有前后两个大院,前院内东侧的一排房子成了教员办公室,西侧的那排房子则成了校长办公室,校长是由当时的镇长兼任。那个时候,大殿内的神像保存完好,大殿正面中间是元始天尊,左右两侧分别是灵宝道君和太上老君,这三尊神像都很高,加上底座大概超过6米。大殿内的四周还分布着三十六天罡神像,这三十六尊神像神态各异,栩栩如生。殿内墙上画满了壁画。大殿还有一个后门,正冲后门的地方还有一尊神像,是真武大帝的像。出了大殿的后门就是后院,后院的东西两侧也各有一排房子,当时也被当作教室来使用。

在抗战时期,埠村镇是章丘南部以及莱芜北部的一个重镇,也是一个抗日根据地。国共两党的部队,都经常在这里活动,组织群众抗击日寇,因此,三清观里总有驻军。但是也依旧不断有群众集会,特别是逢年过节的时候,群众会自发地从四面八方赶来,三清观还是特别热闹。抗战胜利后,道教被宣布解散,三清观里的道士被遣散,部分道士还俗。农救会的人,将绳索套在神像的脖子上,很多人一起牵着绳子用力拉,将这三尊"三清神像"全部拉倒。其他三十六天罡的神像也同时遭到破坏。新中国成立以后,三清观成了一片空房子。后来被列为文物保护单位保护起来。2005年7月,三清观被公布为章丘市级文物保护单位。

近千年的历史,三清观可谓饱经岁月风霜,阅遍人间沧桑。三清观最后一任道长是马秀廷道长的后人,他曾讲过一段冯玉祥夜宿三清观的故事。1934年,冯玉祥从泰安到邹平宣传抗日,在返回的途中来到了三清观。当时天色已晚,冯玉祥见三清观建筑宏伟,且有大院,相对安静,于是决定住在三清观。当时马秀廷道长并不认识冯玉祥,只见来者一行六七人,都骑着高头大马,身上带着武器,威风凛凛。马道长不敢怠慢,赶紧迎进观中,沏茶倒水,并将来者奉为上宾。冯玉祥提出要夜宿道观,马道长一口应下,随后让观中的小道士收拾房间,准备晚餐,备草喂马。第二天,临走时,冯玉祥拿出钱要付房费,马道长不收。冯玉祥过意不去,就提出要给三清观留些字。马道长很快找来了笔墨纸砚,冯玉祥挥笔写下"二马人主"这四个字,并且落款"一宿"。马道长不解其意,也未敢多问,只好收下并认真装裱起来。后来,马道长和埠村镇的镇长马化堂说起此事,马化堂看了这幅字后,恍然大悟!"二马人主"与"一宿"合起来不正是"冯住一宿"吗?加上马道长的描述,马化堂断定来者便是冯玉祥。

(七)老君殿

老君殿,又称倒坐观(旧县志称"常道观")。现存为正殿 3 间,大殿坐落在 1 米多高的青石台上,高约 13 米,砖、石、木结构,屋顶系原殿顶。大脊上有骑兽仙人和鸱尾,每条垂脊上有 6 个吻兽,即龙、凤、狮、天马、海马、狻猊,据说他们能祛妖避邪。殿内原有太上老君像,背面是倒坐观音。大殿东侧小殿为吕祖庙,西侧乃关帝庙,大殿背面是白衣殿,在关帝庙和白衣殿之间,有两块人形怪石,壮若一对翁媪,面带微笑,含情对视,当地人称其为石公石母。县志上也没有提及准确创建的年代,根据建筑的形式来看,可能为明末建造,清代重修过。为章丘市级文物保护单位。

■ 老君殿(常道观)

1. 传说老君殿由鲁班一夜建成

老君殿,亦称为常道观,据称始建于春秋时期。埠村街道办事处东鹅庄位于 309 国道北侧,国道南侧是明代著名文学家李开先出生的东鹅庄。东鹅庄是章丘知名的古村落,村内现存的老建筑比较多,随处可见老房子以及特色鲜明的老门楼和四处散落的石碑。在村子中部的幼儿园内有一座雄伟壮观的大殿,这就是东鹅庄著名的常道观,又称倒坐观、老君殿。

老君殿大院的正门原本朝南,院里最早一共有三座大殿,还有好多石碑和两棵高高的松树。在新中国成立之前遭到战争破坏,后来又赶上"文革"时期的人为破坏,两侧的两座大殿已经消失。正中间的这座大殿得以保留,成了学校的教室,但里面的神像则被清理一空。这座大殿修建于半米多高的台基之上,坐北朝南,三间;青砖墙,琉璃瓦;屋檐下有多重斗拱,正脊和垂脊之上都有精美的雕刻,正脊中央雕有一身驮宝瓶的麒麟,麒麟头高昂着,张开大嘴作吼叫状;一红衣力士紧贴着麒麟站立一旁,一手抓着麒麟的嘴巴,一手抔腰,造型生动,惟妙惟肖。大殿的南北砖墙很明显是后来重修的,粗糙的墙面与保存相对完好的东西立面墙体,形成了鲜明的对比。在大殿的背面立有一块保护碑,这块保护碑是由章丘市政府在 2000 年 1 月树立的,上面写着:常道观,章丘市第一批重点文物保护单位。石碑上面还有一块塑料板,板上写有常道观的简介:东鹅庄常道观又名倒坐观、老君殿。传说春秋战国年间修建。章丘道光志载:常道观,规制奇异,相传鲁班所构。工匠欲仿其遗法,仰视竭目力,出门即忘之。这段话的意思是,常道观的架构奇异、复杂。传说是由鲁班建造的,后世的工匠想效仿,结果在费力观察之后,一出门就忘记了。关于常道观的形成在东鹅庄村一直流传着一个说法,那就是这座大殿是由鲁班在一夜之间建成的。所以,在"文革"期间,其他的大殿被毁坏,这座大殿因这个神奇的说法有幸保留下来了。虽然传说这座大殿是由鲁班建造,但山东建筑大学副教授邓庆坦以及建筑历史教研室的陶莎老师认为,这座大殿应该是建于明代早期,因为该建筑带有明代早期的一些典型特征。

这座大殿面阔三开间,为单檐四阿顶(清代称庑殿顶),无推山处理。所谓"推山"是将四阿顶正脊向两端推出,是清代之后庑殿顶处理的定规。但该大殿的正脊较短,无推山处理,加上较为平缓的屋面举折,据此可以断定为明代建筑。另外,这座大殿屋脊装饰采用琉璃屋脊和龙吻的大式做法,正脊采用龙与卷草结合的龙卷草图案;两端龙吻的卷尾已经脱落,残存的拒鹊可以判定为典型的明代早期特征,因为拒鹊在唐代已经出现,明清之后则演化为剑把;正脊除了两端的鸱吻,中央雕有宝顶,由葫芦、麒麟、力士等造型构成,这是典型的宗教建筑做法。两位专家还称,这座大殿的屋顶原先铺满绿色琉璃瓦,但因风吹日晒,部分琉璃瓦表面的釉层脱落,形成了目前红绿斑驳的色调;从雕刻的花纹来看,大殿的垂脊同样采用卷草图案,垂脊端部的仙人走兽已大部脱落,翼角的套兽也已残损,仅保留了垂兽;檐口瓦当尚保留勾头、滴水,勾头处有瓦钉遗存,由此可以判断,目前保存的瓦当应为原构。针对大殿的斗拱,两位专家认为,该大殿斗拱采用五踩重昂斗拱,昂头卷曲的卷昂处理,是典型的民间做法。大殿的正立面有 2 个柱头斗拱、2 个角科斗拱;正立面的明间有 3 个平身科斗拱,次间也有 3 个平身科斗拱;屋角有飞檐翼角,角科斗拱之上挑檐桁、大连檐、小连檐、檐椽、飞椽和老角梁、仔角梁等木构件清晰可见。如此构造,的确繁杂,以至于让日后的工匠"仰视竭目力,出门即忘之"。这样的斗拱设计,也是明初较为显著的特征。因此,两位专家认为,这座大殿应该建于明代早期。

2. 颇具传奇色彩的东鹅庄

东鹅庄村民绝大多数都姓李,且在明代出了大文学家李开先。说起东鹅庄的村名,还有一个风趣的传说。东鹅庄原名绿原村,在北宋末年,因金兵屡屡南侵,宋朝北方一带生灵涂炭。李开先的先祖李演扶老携幼,南下避祸,几经漂泊,最后来到章丘的长城岭下安家落户,因此,世称长城李。后来,又举家北迁,到达绿原村,也就是如今的东鹅庄。绿原村北邻南北两个蔡庄,南接两个范庄,居民多为蔡、范二姓。"蔡者,菜也;范者,饭也。有口实可长子孙"。于是,就在此居住。后人,又据此将绿原村村名改为鹅庄,是考虑到鹅的脖子长,向北伸头可以吃菜,向南伸头,可以吃饭。随着绿原村改名鹅庄后,鹅庄的邻村南北蔡庄与南北范庄也先后改名为南北太平和南北凤庄。另有传说,太上老君曾下界察看,发现绿原村有屡屡紫气冉冉升起,于是便来到了绿原村。经过仔细观察,老君明白了,绿原村东侧有胡山,西侧有危山,南有锦屏山,北有女郎山,群峰环绕。而且在村东西两侧各有一条三里多长的南北走向的大沟,恰似两根轿杆抬着绿原村这挺大轿。而且村子西侧还有一个水湾,恰似泮池。老君知道,过不了多久,这个村肯定有文曲星降世。果然,在明代弘治十五年,李开先出生,此后便成为明代中期著名文学家,与王慎中、唐顺之等并称"嘉靖八子"。

■ 石崤寺碑

（八）石崤寺

石崤寺，位于普集镇三山崤村北的高坡上。始建于何年，难以考定。"文化大革命"中曾在寺东茔地中挖出墓志铭1块，有"明朝永乐二年"字样。由此可知，石崤寺至迟应建于明永乐二年（1404年），至今已有近600多年的历史。石崤寺，原为石崤庵，庵中有尼姑修行。乾隆初年，石崤庵易主，周村王道士成为寺中主持。当时正值瘟疫流行，王道士略知岐黄之术，三山崤百姓多赖其存活。为报王道士恩德，乡民乃捐资修缮庙宇。乾隆二年（1737年）工程竣工，重修了山门，寺东西两侧有龙王庙、灵官庙。重修山门碑现仍镶嵌于寺山门之东壁。王道士以后，在石崤寺修行的道士凡4代，历史近百年。清道光二十三年（1843年），再重修石崤庵，所立石碑现镶嵌于山门西侧墙上。1938年2月，李曼村、陈瑛等在石崤寺建立章丘第一支抗日武装。1986年，为纪念

■ 石峪寺大门

"章丘人民抗日救国军"成立 48 周年,普集镇人民政府将山门、大殿重新进行维修;2003 年又再次重修。1995 年 10 月,被市委、市政府命名为爱国主义教育基地。2000 年,成为章丘市级文物保护单位。

(九)纪氏祠堂

纪氏祠堂,位于辛寨镇柳塘口村,始建于清嘉庆初年。现有大门与正厅 3 间。正厅为硬山顶,长约 11 米,宽约 5.5 米,高约 10 米。前出厦,厦内东西两侧楷书"忠"、"孝"两个大字,厅内有对联 1 幅,匾 1 块,皆为清著名才子纪昀亲笔所题。匾悬正中,为"九两之一"四个大字,上款为"嘉庆十年岁次乙丑二月之吉",下款为"经筵讲官太子少保协办大学士礼部尚书河间宗人昀拜题",印章为"纪晓岚印"。纪昀,字晓岚,河北献县人,乾隆十九年(1754 年)进士,先后任《四库全书》总编、礼部尚书。嘉庆元年,移兵部尚书加太子少保。昀贯澈儒籍,旁通百家,后被誉为清代大手笔。相传纪昀跟随乾隆皇帝微服南巡时,巧遇在此开店的柳塘口村纪姓掌柜,闲聊中得知该村人丁兴旺,百姓安居乐业,高兴之余留此墨宝。匾额上书"九两之一"的"九两"出自《周礼·天官·太宰》:"以九两系邦国之民"。本意为治国治民之法。纪氏祠堂现为该村村委会办公室,其对联和匾额保存完好。2000 年,为章丘市级文物保护单位。

■ 祠内正中悬挂的木匾

日前,在章丘市辛寨乡柳塘口村有一座饱经岁月的纪氏宗祠,宗祠里挂着纪晓岚亲笔写的对联,全村的纪姓人家每年正月初一都会来这里给纪氏祖先磕头。这个毫不起眼的乡村、纪氏宗祠和大清才子纪晓岚之间到底有何渊源?历史上真正的纪晓岚又是什么样子呢?让我们一起走进章丘的纪氏宗祠。

1. 流放路上巧遇本家人

乾隆三十三年(1768 年),乾隆皇帝南巡。时任内阁学士的纪晓岚见此行实在是劳民伤财,便"不识时务"地进行劝阻。不料乾隆勃然震怒:"朕以汝文学尚优,实不过倡优蓄之,汝何敢妄谈国事!"乾隆本来就对纪晓岚的恃才傲物颇有微词,这次更是恼了。此后,乾隆便一直想找机会整整纪晓岚。机会终于来了,皇上暗示要抄纪晓岚的姻亲,时任两淮盐运使卢见曾的家,使得纪晓岚去通风报信,让乾隆抓住了这个机会,为此,乾隆三十四年(1769 年),皇上下令将纪晓岚流放至乌鲁木齐三年。在新疆的三年间,纪晓岚写成了《阅微草堂笔记》。三年后,与纪晓岚交往甚密的刘墉向皇上请求让纪晓岚回来。乾隆想到纪晓岚确实也是人才,并且即将要修《四库全书》,便召纪晓岚回京。回京后,乾隆想看看纪晓岚有没有磨掉一些锐气,便召纪晓岚觐见,商谈修著《四库全书》的事。乾隆见纪晓岚一副胸有成竹的样子,便问:"卿读过多少书?"纪晓岚答:"臣无书不读!"皇上一听顿觉恼火,心想:"好你个纪晓岚,还是这么狂妄自大!"皇上有心刁难他,便拿出一本《藏经》,称该书中有"猪耳大,龙耳小"是为何意?纪晓岚一时语塞。乾隆借机下旨将纪晓岚再次流放到云南。

　　连遭两次打击,纪晓岚很是郁闷。刘墉便给他出主意说:"你先去河北暂避,等朝廷有事我立马通知你,你很快就可以回来的。"纪晓岚听了刘墉的安排,来到了河北。有一天,他满怀心事地来到一家客栈喝酒。这家店的老板见他一个人独自喝闷酒,便上前与其搭讪。一问之下方知眼前这位竟是大才子纪晓岚,而更为巧合的是店老板也姓纪。难道是一家人?老板说自己叫纪龙彪,是山东章丘柳塘口村人。纪晓岚高兴异常,在颠沛流离的外地能巧遇本家人,该是多么让人欣喜的一件事啊!两人促膝夜谈,各自续了家谱,发现果然是一家人。纪晓岚是河北献县人,纪龙彪则是从胶州莱阳迁到章丘的。两人都是一个祖先。纪晓岚像捡到珍宝一样开心,立马挥毫泼墨写成一副对联。上联是"锡姓自南阳溯当年水土功勋华胄遥遥望并姚姬著族",下联是"迁居近东济庆迩日宗支汇合披图沥沥派分沭泗清流",横批为"九两之一"。纪晓岚嘱咐纪龙彪,回乡后一定要在纪氏宗祠里挂上这副对联,让所有纪姓人家都明白自己的身世族谱,要时时纪念老祖宗。后来,纪龙彪回到山东,于嘉庆十年重修"纪氏宗祠",并把纪晓岚写的对联裱刻出来挂在正厅堂前。

　　2. 纪氏宗祠

　　据村里的老人们讲,纪氏宗祠原有大门和正厅以及两排厢房组成。可是如今,大门与两排厢房已经消失无踪,只剩下一间孤零零的正厅。但仔细看,整个宗祠正厅依然气势恢宏。青瓦飞檐、雕梁画栋,瓦当上刻着精美的花纹,檐壁顶上雕刻着一朵朵莲花,瓦檐上刻着栩栩如生的龙头,只是因为年岁太远,已经只剩下一两只。正厅为硬山顶、前出厦。厦内东西两侧分别刻着"忠"、"孝"二字。进入大厅,一抬眼便看见了厅内正中的悬匾"九两之一"。

当年纪晓岚亲笔写的对联已被刻在檀木上,挂在两侧。对联上的落款为:"经筵讲官太子少保协办大学士礼部尚书河间宗人昀拜题",印章为"纪晓岚印"。宗祠在"文革"期间遭到破坏,到现在只剩下这一间正厅。纪晓岚对联的含义:匾额"九两之一":《周礼·天官太宰》中曾记载以"九两系邦国之民",九两其一曰牧,以地得民;其二曰长,以贵得民;其三曰师,以贤得民;其四曰儒,以道得民;其五曰宗,以族得民;其六曰主,以利得民;其七曰吏,以治得民;其八曰友,以任得民;其九曰薮,以富得民。这九事谓之九两。而九两之一就是指其一曰牧,用现在的话就是说"只要能处理好土地的问题,人们就能安居乐业。"上联所蕴含的意思是:纪氏家族是古纪国的后裔,原居南阳河畔,因协助大禹导河入海有功,故被赐以国为姓。这是一个显贵的家族,可以和姚、姬等贵族之姓相提并论。而下联则是说:迁移到东济水附近的纪氏宗支,如今又联系上了宗,又汇合在了一起,打开族谱,源流清清楚楚,都受到鲁文化的教养,保持了礼仪之邦的优秀传统。

(十)李氏宗祠

李氏祠庙位于绣惠镇茂李村。据民国十二年(1923年)修《李氏族谱》记载:李氏元代由河北枣强迁至章丘茂李村。清咸丰初年(1855年),创建宗祠,距今已有140余年历史。整个祠堂院落南北长100米,东西宽22米,分前后两院。前院主要建筑为大门和过厅。硬山顶,上施灰瓦,砖、石、木结构,门上悬"李氏先祠"匾1块;过厅居前后院中间,5间,面阔12.4米,斗拱系五铺座单下昂,硬山顶,灰土瓦,砖、石结构,是原来李家用作集会的地方。在过厅两旁各有砖墙相隔,并在砖墙上都有一拱形便门,院内有两棵古松,分别与两块卧碑并立,传说是清初栽植,现直径粗都在0.4米以上,高均8米之多。后堂5间,堂内供奉祖先,并由向北后门可达祖墓,每逢祀事,往来便利。李氏祠庙是全市宗祠中现存最好的建筑。后院内也有两株古松,并有龙爪槐两株,直径粗均在0.4米以上,高3米之多,枝干盘屈,宛如虬龙。1982年,被济南市林业局确认为济南市龙爪槐之冠。据《李氏家谱》得知,李家人氏从元至正二年(1342年)迁至此居。家谱写明李家祠堂于明代始建,于清代乾隆年间和民国二十年(1931年)重修过,根据建筑柱础看,现存的建筑体应为清代。李氏祖墓占地26官亩(约1.73万平方米),遍植柏、柿、青桐、海棠,取"百世同堂"之意。祖墓旧址现仍保存有李氏一世祖净渊公神道碑一座。

■ 李氏宗祠

附录:

　　《宗祠记》:祖墓东南为李氏宗祠,占地 3 官亩(约 2000 平方米),分前后院。据《李氏族谱·宗祠记》记载:宗祠前有大影壁,左右各有木栅便门。门上有横匾,左"本本",右题"水源"。过影壁西侧有大青石,平坦如床,人呼为"卧龙榻"。人言明太祖朱元璋微时在此牧牛,夏日尝倡卧其上,枕杆仰卧,舒布四肢,如"天"字之形。朱元璋登九五后,石突绽一角如蟠龙蜿蜒,远近来观,叹为奇异,因共呼为"卧龙榻"。石上原刻有"卧龙榻"三字及诗二首,其一曰:"补大遗剩饱风尘,流落簧喂獭水滨。光武钓台休艳羡,牧人下榻有前因。"一曰:"弄笛归来戴月明,脱蓑堰息像'天'形。人龙飞舞石龙现,霖雨苍生颂太平。"

(十一)兴隆寺

　　兴隆寺位于官庄镇石匣村东之轿顶山南麓,乡人俗称"东寺"。考寺内碑,清乾隆八年(1743 年)三月初六曾重修一次。自山下历阶而上,迎面是山门。山门为直脊,圆拱门,两边各有圆石窗。山门左右斜立石碑 2 座。两侧为乾隆八年重修寺庙碑;东侧为乾隆三十年(1765 年)造寺前盘路并群墙、山门碑。经过山门,院内有松树1株,高数丈,夭矫苍翠,颇为壮观。院东有石碑2座。北边一座为清光绪十七年(1891年)十二月"重修兴隆寺碑",南边碑为光绪辛卯修寺前照壁碑。兴隆寺山门南面一片山地,树木间掩映着九世僧众的墓碣。最南边一座碑,为兴隆寺谱牒碑,记录了历代僧众的谱系,于光绪十八年(1892年)立。碑高2.5米,宽1.5米,上有碧檐,下有方座,碑阴书一斗大"福"字,两边有联,曰:"真山自有真人卧,吉地容多吉士居"。横披:"别有洞天"。寺庙按四合院建筑,稳健庄重,古朴典雅,佛像肃穆,壁画逼真,体现了我国古代建筑的高超技艺。院内碑联:万善创修后不重修创修恰似凌烟阁,古人肇始今弗继始肇始犹如阿房宫。

古松苍翠:院内正中有一松正对四门,拔地而起,直冲云霄,古松参天,鸟语啁啾,清风拂过,松涛如浪,有诗为证:南山幽幽藏古寺,青松苍苍冲云天。古松树高16米,粗2.06米;轿顶巍巍:寺北轿顶山,又一说,灵鹫山,释迦牟尼诵经念佛之圣地,远看一顶轿,佛祖坐轿来,传经布道,教化世人。

寺南为东寺陵墓,历代禅师安葬于此。2000年1月,为章丘市重点文物保护单位。

(十二)大冶清真寺

大冶清真寺,位于埠村街道大冶村东路南,坐落在大冶村街中心。始建于明正德、嘉靖年间,迄今约有500年的历史。清真寺是一组较完整、古朴、严谨的古建筑群,其建筑全部为砖、石、木结构,硬山顶。一进三院,总面积1400平方米。有正殿五间,东厅房三间,北讲堂四间,中讲堂三间,南讲堂七间;门上横匾镌"清真寺",门廊上槛雕有奇花异草,门口两侧有小石狮一对,门前有大石狮一对;院内有重修清真寺碑四方,说明此寺经过了4次重修,一为康熙三十四年(1695年)三月重修碑;二为清咸丰十一年(1861年)重修碑,为阿訇丁和倡修;三为清光绪二十年(1894年)年,阿訇高希圣首倡;四为民国二十八年(1939年)年重修碑。由于战乱兵燹,寺垣殿堂毁坏,村民纠工集资进行了4次重修。中院是全寺的主体建筑,坐西朝东,进深三间10.25米,南北面阔五间16米,青大筒瓦屋顶,屋脊雕有鳞甲,饰有龙吻;4条垂脊上各饰有狮、凤、鸱尾、天马、狻猊、押鱼、斗牛等,形态各异,有檐柱,为鼓镜式柱础,屋内为九架梁。该殿基本系清代建筑。礼拜堂对面是对厅,对厅后墙有一照壁,上挂"背子上殿"图,一条喷云吐雾的巨龙背负小龙。据传每当电闪雷鸣之时,二龙蜿

■ 兴隆寺

蜒若动,一时传为奇观。3 间中讲堂背面与 7 间南讲堂构成后院,西边是 5 间
沐浴室;北、中、南讲堂结构均为古式平房。整座寺院南北长,东西宽,布局合
理,古朴大方,历经沧桑,但至今仍保持着它的原始风貌,具有极高的社会文化
价值。2000 年,为章丘市级重点文物保护单位。

■ 大冶清真寺

(十三)白云寺

白云寺,位于曹范镇西南1公里处。始建于明朝末年,大殿坐西朝东,三间11.6米,进深6.4米,高5米,砖、木、石结构,硬山顶。瓦系灰色筒瓦,梁架为五架梁。木质为荆木,上面刻有龙的图案,古朴壮观。里面有8根木立柱,柱础为石鼓形。殿外有一平台,台下南侧有一螭首龟趺碑,系乾隆七年(1742年)立"重修白云寺碑记"。南北各有配房三间。据乾隆年碑文记载:"其始建也由来远矣",创建年代不详,但据现存在的石鼓形柱础看,属清代建筑,可定为清初建筑,现建筑保存尚好。2000年,为章丘市级重点文物保护单位。

章丘深山藏古寺　白云深处好风光

群莺乱飞的时节,小雨初霁,碧空如洗,艳阳高照,轻风拂煦;远山含黛,近畴凝绿。从山东省省会济南驱车50余公里,便可来到地处章丘曹范镇南部的群山之中,远远望去整座白云寺如镶嵌在大山的摇篮之中,坐西朝东悠然幽哉,娴静淡然,梵音缭绕,是那般的超凡脱俗,真乃修心养性的绝佳胜地。

■ 中华之最——玉佛手

　　白云寺坐西朝东,占地千余亩,坐落在泰山主脉青龙山与凤凰峰中间山坡上,娴静而典雅,一派超凡脱俗的淡然。寺院门前左边,杏花丛中矗立着"中华之最——玉佛手",佛手重达3吨,高3.2米,其形态饱满,朝向东面,仿佛有一种佛法无边的精妙。来寺朝众每每都朝拜抚摸佛玉手求得平安吉祥。

■ 白云寺大肚佛

　　拾阶而上,转过影壁,可看到院门上方悬镶寺匾,凸刻"白云寺"三字苍劲有力。真有"清磬数声,与天风答响;白云一片,随野鹤飞来"的仙境。进入院内南、北两侧分别是鼓楼和钟楼。两棵多年柿树造型独特,一如苍龙出海,一如凤凰欲翔,龙腾凤舞,使寺庙增加了无限神韵,中间供奉园头大耳,大腹便便,袒胸敞怀,笑容满面的弥勒佛。"大肚能容,容天下难容之事;开口便笑,笑世上可笑之人","开口便笑,笑古笑今,凡事付之一笑;大肚能容,容天容地,于己何所不容",给人一种大慈大悲的感觉。弥勒佛像背后,塑有韦驮立像,向里有几通石碑,是历朝历代重修白云寺时所立。其中一通石碑上这样记载:庙,创建有年。古传,宝区递闻圣境,凤寨护右,苍茫白云之中。仙岭环左,幽雅翠柏以内。高耸愈于危山,烟云敢比鹊华。古柏丛生,异鸟成群,虽无泰岱灵岩之佳景,而云山松柏亦章邑之奇观也。从存世的古碑可知白云寺历史悠久,源远流长。后经专家考证,此寺可追溯到大唐盛世,当时名僧云集,香火熹盛,后几经兴衰,毁于动乱年代。

■ 华佗洞

据寺庙里的小师傅介绍,过去白云寺里的高僧都医术精湛,以救治天下穷苦百姓为己任。大概在三国时期,神医华佗在此采药炼丹,悬壶济世,就住在寺庙中的洞中。当地百姓为了纪念这位神医,便在山坡上种植杏树以示怀恋。华佗洞是一个天然山洞,其入口仅能容一人弯腰进入。进洞后下行约1米,便是洞底,洞高约3米,洞内面积有三四平方米,就在正对洞口的洞壁上,有神医华佗的坐像。坐像前有一小石桌,桌上有祭拜过的痕迹。因此,一年四季游览朝拜华佗者络绎不绝。

　　一般寺庙的朝向大都是坐北朝南,而白云寺的布局又为何是坐西朝东呢?这里边到底有什么缘由呢?对于这个疑问,法师的徒弟是这样说的:初期的白云寺与多数庙宇一样也是坐北朝南,但是民间建村有一原则,村落的位置宁在寺前不在寺后,宁在寺左不在寺右。白云寺大殿坐北朝南,正好位于寨山后村之前。于是,在后来寺庙重修之时,村民们撺掇风水先生一起劝说住持改变了大殿方位。里面有个有趣的故事:风水先生对当时主持说:如果将现在坐北朝南改变成坐西朝东的话,寺内可逐渐发展到一万名和尚,当时主持趋于功名的诱惑遂将寺庙改变了坐向,而这次重建也花去了寺中多年积蓄,寺庙建成后的数年,和尚的人数并没有增加,后来寺中新来了一个俗姓万的和尚也算是对当时风水先生预言最为合理的诠释吧。不管传说如何,就其独特的地理位置来说,白云寺都应坐西朝东,因为白云寺南、西、北三面环山,如果寺门朝南面山,给人以局促狭隘之感,唯有朝东才能视野开阔,也方便修葺通往寺庙的道路,以利于慕名前来的善男信女供奉朝拜。

■ 白云寺景色

　　回看白云寺三面环山,山上树木茂密葱盛,景色幽静、雅致。青苔,苍松,白云,小草,花朵,构成一幅画,一首诗,显示出大自然永恒的魅力。它如同一位仙风道骨的高僧,静坐在茫茫林海之中。

■ 白云寺内的方丈寺

三、古 墓 葬

(一)洛庄汉王陵

　　洛庄汉墓位于枣园街道洛庄村西 1 公里处,1999 年 6 月,因当地农民取土被发现。1999 年 6 月至 2000 年底进行发掘。面积约为 4 万平方米,墓葬方向为东西向,平面结构呈"中"字形。墓室东西各有一条墓道,墓室的深度约 20 米。墓室面积约 1300 平方米,是境内发现的汉代诸侯王土坑墓中最大的一座。经两次发掘,共发现大型陪葬坑 15 座,小型陪葬坑、祭祀坑 21 座。各陪葬坑内发现的随葬品分类放置,各不相同,其种类和内容相当丰富。分为仪仗木俑坑、出行车马坑、兵器坑、饮食庖厨坑、乐器坑、祭祀牛坑、马坑及小型祭祀坑等,是迄今发现的大型汉墓中陪葬坑最多的一座。在 14 号坑中,发现编钟一套 19 件,编磬六套 107 件,编磬的数量超过全国汉代考古发现编磬数量的总和。出土文物 3000 余件,金马具数量最多。在东墓道的南北两侧,发现一座罕见的建筑遗迹,为研究汉代诸侯王陵的埋葬制度提供了新的资料。根据出土文物和《史记》、《汉书》等古文献记载的推测,洛庄汉王陵的主人极有可能是西汉早期被分封在济南(东平陵城)的吕国国王吕台之墓。洛庄汉墓的考古发现,被列为 2000 年度中国十大考古发现之一。

■ 洛庄汉墓出土的编钟

济南洛庄汉墓考古出土金银饰品有 700 多件,它们大的有 70 多克,小的只有 5、6 克,并出土一大型编钟。专家鉴定,洛庄出土的大型编钟工艺考究、保存完好,为西汉第一编钟。这套编钟是在洛庄汉墓主墓室陪葬坑内出土的,同时出土的还有 6 套石磬和鼓、笙等西汉王室乐器。这套编钟共 19 件,上面 14 件为稍小的钮钟,下面则是大型的甬钟。洛庄汉墓出土的这套编钟是目前为止国内考古中发现的第一套西汉时期的编钟,它与战国编钟在形态、花纹等方面都有明显区别。

陪葬坑内的随葬品分别是:11 号为车马坑,共发现 3 辆实用真车,其中 1

■ 洛庄汉墓 2 号车

辆立车,2 辆安车,均为单辕驷马,车马器具齐全,且大部分为鎏金饰品。12、15 号为木俑坑,已全部腐朽,从痕迹可知有人、马、偶车等。13 号坑为牛坑,内埋 2 头水牛。14 号坑为乐器坑。16 号坑也为俑坑,但坑较小,除发现木俑、木马外,还发现约 200 余件兵士泥俑。17—20 号坑,均为小型陪葬坑,每坑内只埋一匹真马,无马具。

■ 洛庄汉墓 14 号坑乐器

14 号陪葬坑位于主墓室东北部,南北向,人口朝南。通长 22 米,宽 4 米,深 28 米。坑内随葬品由北向南可分为 3 区。

A 区为弦乐器,主要发现 7 面瑟,这些瑟南北向置于圆木支成的东西向架子上。瑟均为木制,已全部腐朽,仅剩痕迹,瑟面均髹有极薄的一层漆。其中3面有鎏金铜瑟枘和铜轸,另有1面为骨轸,其余未见金属构件者,从痕迹看应为木制构件。如7号瑟长约1.05厘米、宽40厘米、侧边高约8厘米,瑟尾安有3枚烫金瑟枘,尚残留丝弦痕迹,瑟首有6件铜轸。值得注意的是,在这批瑟的下面发现了一枚完整的"吕大行印"封泥,为证明洛庄汉墓为吕国诸侯王墓葬,提供了新的证据。

B区主要为敲击乐器,均已腐朽。从漆皮痕迹可知,计有建鼓一面,悬鼓及支架两套,扁圆形小鼓2件。特别重要的是,在B区东侧南北向竖立着一架由錞于、钲、铎组成的乐器架。木架由横梁、立柱和底座组成,横梁上镶嵌着三个铁环,其下正对着3件乐器。

C区绝大部分为打击乐器,主要是编钟1套、编磬6套,另有3件瑟钥和极为罕见的8个球形铜铃。编钟和编磬原来均悬挂于木架上,木架全部朽坏,但痕迹尚较清晰,由北向南分两列排列。最北的西部为一架编钟,架子为上下两层,上层悬挂钮钟14件,下层悬挂甬钟5件。除3件破裂外,其余均完好无损。这套编钟保存非常好,只有少量锈蚀痕迹,大部分斑斓锃亮。钟内调音痕迹清晰可见,可以肯定是实用器。与编钟相对的东侧是第一套编磬,共20件,少数因悬绳朽断而摔裂,大部分保存完好,均为实用器。最为重要的是,这套编磬的股博下刻画有铭文,从小到大分别为"左一"至"左十"和"右一"至"右十"。6套编磬每套20件的4组,14件的1组,13件的1组,总计107件。这107件编磬几乎相当于已发现的西汉编磬的总和(明器除外),实在令人叹为观止。

(二)危山汉墓

位于圣井危山风景区内,2002年11月,圣井镇政府在对危山风景区进行绿化挖掘树坑时发现一陪葬坑,山东省文物考古研究所、济南市考古研究所、章丘市博物馆联合对危山汉代陪葬坑进行发掘,2003年7月发掘结束。共发掘陪葬坑3座,汉代小型墓葬1座,汉代窑址2处,出土文物400余件。其中1号坑为出行仪仗类,其规模及阵势极为恢宏。兵马俑坑南北长约9.7米,东西宽1.9米,坑内出土了4辆车,1—3辆为单辕骊马车,第四辆为双辕车,拉车的马均饰有彩绘,另有100个陶俑组成的步兵方阵、55匹马、60余件盾牌,150余个车、马、俑的构件及建鼓、璧、珠等遗物。从整体看,应是反映汉代显贵出行的兵、车、马队列的形式。坑中出土的陶俑、陶马和车辆都是模制而成,多数饰有彩绘,个别构件为插件,显示出当时制陶工艺的高超,为研究汉代王陵制度和车辆制造技术以及中国美术考古史,提供了真实的资料,2003 年被评为全国十大考古发现之一。

■ 危山汉墓出土的文物

(三)女郎山战国匡章墓

　　该墓位于绣惠镇北女郎山西山坡上。1990 年春,山东省文物考古所组织发掘的 1 号战国古墓即为此墓。关于这座古墓,历史上早有记载。(道光)《章丘县志》引《三齐记》:"章亥有三女,溺死葬此,故名。高冢现存。或曰子张之墓,或又曰齐匡章子,未详孰是。"可见墓主是谁,远在隋唐以前即无定论。该墓为甲字形土坑竖穴,上部为夯筑填土,现存墓口,南北长 13.15 米,东西宽 12.58 米,墓口以下四壁有宽大的二层台,二层台有 5 座陪葬墓和 1 个器物库。椁室为长方形,葬具为 3 椁 1 棺。外椁盖板上面埋有一被肢解的殉人。椁室四周填鹅卵石,骨架仰身直肢,为一老年男性。5 座陪葬坑内均有自己的葬具,都为年轻女性。墓内随葬品数量不一,殉葬品甚丰富,有青铜器及陶、

■ 危山汉墓出土的兵马俑

玉、玛瑙、骨、石、蚌类达 6000 余件,从青铜器形制及殉葬物推断,墓主是战国时期上大夫或卿一级的军事将领。

在一号陪葬坑中出土了一套陶制的彩绘乐舞俑,共 38 件,是该墓最重要的发现。这套陶俑有击磬者、击钟者、坐弹琴者、击大鼓者、击小鼓者各 1 人,长袖翩翩起舞的舞女 10 人,还有舞蹈者、列坐观赏俑、歌唱俑等不同的造型,另有鸟 4 只,兽 4 尊列于旁。这组乐舞俑形象地再现了战国贵族的生活场景,它比济南无影山发现的西汉杂技俑要早四五百年。这组彩绘乐舞陶俑的造型生动,组合有序,保存完好,色彩艳丽,人物动作刻画得优美逼真,祥鸟造型栩栩如生,堪称神形兼备、生活气息较为浓郁的战国陶塑佳作之精品,为研究战国时期齐国的文化艺术、乐舞服饰等,提供了极其珍贵的实物资料。

此墓定为匡章墓。据《战国策·齐策》记载,匡章,又称匡子、章子,是战国时期齐国威、宣两代国君的著名军事将领。匡章曾率军击退秦国的进攻,并于公元前 334 年跟随齐威王参加过齐、魏"会徐州相王",与魏相惠施进行了针锋相对的辩论。后又于齐宣王五年(公元前 314 年),趁燕王哙让位于子引起内乱之机,"以引北地之众以伐燕",一举攻破了燕国,杀死了燕王哙,取得了辉煌的战绩,创造了历史上"齐宣王破燕之战"的著名战例。由此可见,匡章在齐国的地位显赫,战绩卓著,其地位应与卿相接近。该墓的规格与匡章的身份地位十分相近。

■ 李开先之墓

(四)李开先墓

李开先墓位于埠村街道东鹅庄村南,济王公路南侧。李开先墓园南北长80米,东西宽50米,墓封土高2.5米,直径约5米。李开先墓系砖、石结构,前后二室,面积约15平方米,"文化大革命"中曾遭破坏,出土墓志、石砚等遗物。墓前有石门,两边刻有"生来惟天命,死后此地藏"联,额刻"生封死葬",墓门前有石碑,书"明太常寺少卿中麓李公墓"。墓地现有额书"李氏先茔"石牌坊1座,碑碣4通,翁仲、石马、石羊和石虎共16尊。1992年,被公布为山东省第二批重点文物保护单位。

(五)平陵王墓

平陵王墓位于圣井街道危山之巅西侧,基旁原有祠,碑文详记原委,今俱已废圮。该墓主为西汉济南王刘辟光。现封土直径17米,高4米,封土为夯土,上面盖有一亭。据山顶弘治三年(1490年)碑文记述云:"庙于西……平陵

223

王冢自建毕方园皆平事良田环居者富庶康宁而无灾、咎,皆为神之,以赐感应也……"《太平寰宇记》云:"汉文帝十六年封齐悼惠王子为齐孝王,景帝三年孝王与吴、楚谋,自杀,葬此山巅,俗称为'铁墓顶'。"据说汉景帝闻之辟光自杀,以为他是"被迫劫为谋,非其罪也",命人在危山顶上修筑了高大的陵墓,以重礼厚葬,这就是铁墓顶。相传铁墓顶下有旺盛的喷泉,用三口大锅扣着,以生铁浇铸。抗日战争前美国人曾对此墓进行钻探,墓东侧有被掘痕迹。

(六)黄土崖汉画石墓

黄土崖汉画石墓位于圣井街道黄土崖村东砖厂内,1992年由章丘市博物馆发掘,为境内第一座正式发掘并自己整理研究的汉代墓葬。墓葬券顶,系石、砖混筑而成,由墓门、前室、中室、后室及东、西侧室6部分组成,南北长10.4米,东西宽6.5米。因此墓多次盗扰,珍贵文物荡然无存,共清理出能复原陶器39件,五铢钱134枚。该墓出土最有价值的是25块画像石上的40幅画像。这些画像分别刻在墓门和各墓室的门楣、门框、门扇和中柱上,内容丰富多彩,除一般墓常见的龙、凤、瑞鸟、祥云等图案外,还有"孔子见老子图""主人享乐图""仙人升天图"等,布局疏朗简洁,雕刻粗而浅浮雕,具有古朴豪放风格。从墓葬结构、刻画风格和出土钱币上推断,该墓为东汉中晚期。

(七)茄庄元代壁画墓

茄庄元代壁画墓位于刁镇茄庄南,1986年发现,墓葬为单层砖筑仿木结构,坐北朝南,全墓由门楼、甬道和墓室3部分组成,墓内四隅砖砌仿木倚柱,上施普柏枋,柱上承转角斗拱,从转角斗拱向上墓壁内收成穹隆顶,顶部由下而上以四周凸棱分隔成四层,内有砖雕图案,墓室四壁均有彩绘,内容以花草、云朵等图案为主,画技粗糙,当出自民间画师之手。随葬器物有瓶、罐、碗、盘等瓷器10件,唐、宋、金、元钱币40枚。

(八)金代壁画墓

金代壁画墓位于宝岛农贸市场内,2002年5月发现。墓葬为仿木结构的砖筑双室墓,坐北朝南,由墓道、墓门、甬道、前、后墓室组成。墓室内以转角斗拱为界,分上下两部分,下部的四隅分布有砖砌仿木倚柱4个,皆彩绘。南壁为墓门所在,北壁为小墓室门,西壁砌有一个三屉桌,东壁为一砖雕灯檠。基壁下层绘有雉鸡图、供奉图、侍女图、掌灯图、骑马图等,墓室内壁上层绘有二十四孝中的"丁兰图"、"郭巨埋儿图"等图案,简洁传神。用彩红色耀眼醒目,墨色淋漓。从转角斗拱往上,条砖逐层叠涩收拢成穹隆顶。墓葬因多次被盗,劫余的随葬品散弃各处,经清理有瓷碗2件,铜钱6枚。根据墓中出土的钱币、墓葬形式,壁画人物形象等,对比同期墓葬资料,断定此墓的埋葬年代为金代。金代壁画墓多发现于山西、河南等地,在山东高唐等地亦有所发现,在济南章丘为首次发现,此墓的发掘对研究济南地区金代的绘画、服装等社会风格,及当时的政治、经济等提供了有价值的资料。

(九)呆家战国墓

呆家战国墓位于龙山街道呆家村西北巨野河东岸30米的高地上,2004年3月发现。墓葬为长方形土坑竖穴墓,东西方向,墓圹长3米,宽1.8米,深约2.9米,葬式为仰身直肢葬,葬具为一棺一椁,因严重腐烂,形制及结构已不明显。墓底四周有熟土二层台,随葬陶器都置于二层台上,出土陶器有鼎、豆、壶、钵、杯、盘等29件,均有彩绘;墓主腋下有一青铜剑,小腿外侧摆放一青铜戈,身下有一腰坑,坑内随葬有一动物头骨。墓葬虽经破坏,出土器物还是比较丰富,特别是出土器物上大多有鲜艳的彩绘,为研究战国时期陶器的装饰艺术及战国早期当地墓葬的葬俗制度等都提供了有效的实物资料。

四、石刻 碑碣

(一)赵八洞石刻造像

赵八洞石刻佛像为章丘最大的石窟造像,位于官庄镇赵八洞村南800米处,坐落于偏西山峰之下,东、南、西三面是山崖峻岭。赵八洞原名"龙堂洞",又名"龙藏洞",洞口朝北偏东,高约5—20米,宽约8米,深50米,十分宽阔,可容千余人。进洞不远,在右侧高10余米处有一天然洞窗,方阔2米左右,日光可透窗而入。相传有八条小龙兴风作浪,危及民间,触犯天律,玉皇大帝便将其囚禁于此洞中。这龙不服约束,后来施展神法,炸开天窗,潜入东海。故事所云"天窗",即今洞顶朝天通透之圆孔,天然造就,直径约两米。白昼艳阳朗照,穹隆通明。夜间皎月穿窗,满洞清辉,景观奇特。洞内南侧有一高约3

■ 赵八洞石刻造像

米的平台,夏秋有山泉沿平台流下,冬春则平滑洁净,人称"龙床"。西南角有石床、石桌,再往西南有一深洞,洞口狭窄,向前几米便窄小难进,再向前深不可测。进洞 5 米处南北两壁有宋、元、明代雕凿的浮雕造像 85 尊。距洞口 1.5 米处南壁有一石匾,上书"通天透地"四个行书大字,落款是"明嘉靖己酉岁四月雪蓑子苏州为中麓山人龙洞题"。其笔势狂而不乱,熟而不俗,气贯长虹,神韵俱佳,是不可多得的书法精品。洞里钟乳嶙峋,地上水洼清冽,清凉沁骨,是一处绝好的避暑胜地。1979 年 9 月,被列入济南市级重点文物保护单位。现已将洞开辟为"U"字进出两个口,是赵八洞风景区的主要景点。

（二）廉先生碑刻

廉复,北宋河南祥符(今开封)人,隐于绣江之畔(今廉坡村)。元丰七年(1084 年)卒,绣江李格非(李清照之父)曾作《廉先生序》以祭之。宣和五年(1123 年),廉复之孙宗师将序文刻石,李格非从子李迥为其作跋。元时,因兵荒劫火,石碑仆于故居之湄,断裂已不可再现。廉复后人廉锐等乃于元至正六年(1346 年)重新刻石,并增刻了廉锐表叔著名文学家刘敏中的《廉先生碑阴记》，廉锐子遵谅作跋。碑原高 2.03 米，宽 0.55 米，厚 0.43 米，顶上有瓦垄样封盖。碑的四面皆刻有文字，正面是李格非序文，题 1 行，文 12 行，满行 51 字，最后两行移至石刻左侧；序后为李迥、廉遵谅跋语，前者 4 行，后者 3 行，文字低 1 格。石刻背面是刘敏中《碑阴记》，题 1 行，文 13 行，最后两行移至石刻右侧。明嘉靖二十五年(1546 年)，原石失去封盖，乡人移至村内关帝庙一侧，关帝庙被拆除后放了了村南井旁。"文化大革命"中遭破坏，后经市文物工作者多方搜寻，仅觅得残石 6 块，好在 4 项文字俱有保存，且《廉先生序》、《碑阴记》二文写作年月及署名俱清晰可辨，遂成了李格非、李清照原籍在章丘最具说服力的实物证据。残碑现保存于章丘市博物馆内，是章丘市的重要文物之一。1996 年，章丘市人民政府依据原石规模、样式，参照《章丘县志》和《济南金石录》所录的 4 项原文，重新刻石，立于百脉泉公园之清照园门东侧。

(三)蒲松龄撰碑

章丘市现存的清代碑刻中，清代大文学家蒲松龄撰写的《创修五圣祠碑记》当为这一时代的精品。此碑原在官庄镇长申地村的一座浆水庙故址的残壁中，1962 年被群众发现。

这是蒲松龄在淄川西铺毕际有家任教时，应长申地群众之请而撰写的。该碑写于 1699 年，迄今有 300 多年的历史，是其《聊斋志异》外的又一文化遗产。此碑现藏于章丘市博物馆内，高 2 米，宽 0.72 米，圆首，碑右下角已残，字迹尚清晰，系康熙年代立，碑文如下："长申地，章丘东南山村也。环村皆山，气秀而野，四顾层翠叠峦，如列屏障。地虽隶章，因近淄，淄之豹岩、龙丹诸山，螺髻烟鬟，近在几榻。村中数十家，率朴识有古道，结庐人境，而无车马之喧，则鸣犬桑麻，何此异桃园村巷哉？凡村皆有神祠，以寄歌哭。村以小，故无，居人忧憾之。比年稍丰，共发愚忱，捐金庀材，创为五圣祠。庶几春秋祈报，可托如在之诚。浆水呼名，亦有招魂之地。词虽近俚，而固无害于义，乡人之诚朴，亦从可知也。初冬落成，使余记之，余亦从俗，而为之记。康熙三十八年岁次己卯阳月中淄川蒲松龄沐手拜撰"。

(四)东魏石造像

东魏石造像 1972 年出土于刁镇张官砖厂，现收藏于章丘市博物馆。石造

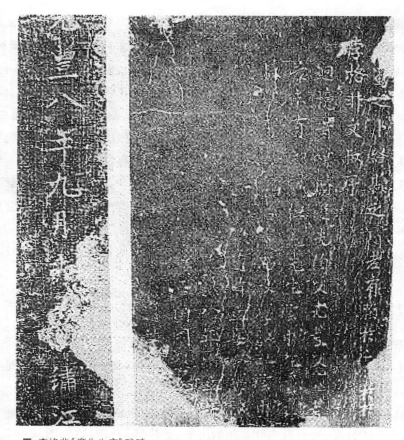

■ 李格非《廉先生序》残碑

　　像为石灰岩质,上尖下方形,自中部断为2截,背光为舟形,正面3个高浮雕像,背面有铭文,通高0.9米,宽0.4米。石正中为立身造像,高肉髻,高鼻大耳,头微低,双目稍下视,面相丰腴,神态庄重,身着宽袖长衣,左手施愿印。右侧菩萨头戴花冠,面部丰满,身着宽袖长衣,右手提香袋,左手施无畏。左侧菩萨头戴宝冠,方面大耳,左手执衣下垂,右掌施无畏,光背为飞天图案,整座雕像刻技娴熟,布局合理,线条流畅,神态生动。造像背面阴刻正楷铭文14行,分上下两部分,上部为正文,下部为众僧法号及善友姓名。

　　(五)大寨禁赌碑

　　大寨禁赌碑在文祖镇大寨村内,碑螭首龟趺,高2.2米,宽约0.83米,厚0.12米,全文共298字,阴刻,宋体字。立于1883年,记叙了光绪年间村民因

228

赌博致倾家荡产,官府为此公立规约,刻石立碑,以示警戒。碑文如下:"钦加同知御蒙阴县调署济南府章丘县正堂加七级记录十次乔:为出示晓谕严禁,以安良民而端风化事,据明四里大寨庄民陈方美、孙发清、赵殿文、黄书田、张怀英、王和、王茂、闫佩福等呈称:切身等庄,业习耕织风尚,俭朴由来已久,唯恐奢华之辈不事农业,设局赌博,此风一开,无弊不出,洵为可恨。身等公立条规,凡在庄中,无论老幼、贫富,不惟不准设局会赌,即掷骰、门牌、些屑小博,凡称为赌钱之事,皆列禁止条内,一概不准,倘有故犯,定引送官治,叩悬。仁台恩准出示勒石,以重久远,均感无极,□情到县。据此,除呈批示外,启出示严禁。为此,示仰该□人等知悉;自示之后,尔等务厥职,安分守业,倘有无耻之辈仍蹈前辙,局赌妄为,一经查出或被告发,定按律究办。本县言出法随,决不宽宥,万勿视为具文,自罹法网,各宜禀遵毋违,特示。光绪九年十二月十四日示"

(六)水龙洞护林碑

水龙洞护林碑在文祖镇南10公里处。水龙洞附近的山区原是林木茂密、古木参天,当地乡民因上山拾柴、伐树,常引起械斗。清宣统二年(1910年),章丘县衙制定保护山林的乡规民约,张贴水龙洞庄,并刻石立碑,碑高2米,宽0.77米,楷书,碑文如下:"抚院营务处赏戴花翎兼袭云骑尉署理章丘县正堂加十级记录十次傅:为出示严禁事,据明四里水龙洞庄民王清臣、斤家康、郑开甲、于茂瑞、王曰勤、郑在治、王曰仁、王曰和、苏凤明、郑良东、王曰英、王曰馍等呈称:切身等民宅,东西坐落,山坡古有林木,藏风聚气,庄中风脉有关,向来公议保护,不许作害。现有无赖之徒,不遵社规,经往藉口拾柴,将山坡林木混行现伐,一经劝禁,不但不服,而且惹仇。身等忝列庄长、首事,不忍坐视,为此来案公叩仁天恩准,赏示立碣,以便封禁,而助风脉。均感上叩等情到县,除批示外,合行出示严禁。为此示仰附近该庄居民人等知悉,自示之后,尔等务各遵照。凡山坡林木,一体妥为保护,不准任意砍伐,倘有无知之徒,胆敢仍蹈故辙,许该庄首示指名,禀送来县,以凭从重究办。该首示等亦不得挟嫌妄禀,致干究,其各凛遵毋违,特示。"

五、馆藏文物

1984 年,章丘县博物馆成立,至 2005 年,有藏品 1.3 万多件。其中国家一级文物 9 件,二级文物 37 件,三级文物 334 件,陶器共 932 件。从西河文化、北辛文化、大汶口文化、龙山文化、岳石文化各个时期的陶器都有代表,古文化序列的器物完整无缺。年代最早的是距今 8000 年前的西河文化时期的陶釜及椭圆形的匜形器,大汶口时期的彩陶壶、白陶,器型规整,色彩清晰,为这一时期的精品。龙山文化遗址出土的 400 多件器物中有各式的鼎、鬶、罐、盆及磨光细腻的石斧,薄如蛋壳的黑陶杯等,都是龙山文化时期的精品器物,是博物馆收藏的特色。铜器以商周时期的为多,珍品首推商代提梁卣,卣上的铭文是商代宁氏部落发现的第六个祖徽,具有重要的研究价值。另外还有"郭甘鼎",其铭文为研究"郭氏之墟"提供了珍贵的实物资料。1992 年桃花山出土的 2 件铜甬钟,高近 70 厘米,在山东馆藏铜器中亦属少见。汉代铜器主要是 1999 年在枣园洛庄汉王陵 5 号坑出土的鼎、匜、壶等 94 件,另外,汉代铜器中有代表性的是一对东平陵故城出土的"双鱼纹洗",纹饰精美,1985 年曾赴日本展出。铁器共 3662 件,主要是 1975 年发掘东平陵故城冶铁遗址时出土的器物,品种繁多,多为劳动工具类,如斧头、六角方孔锄、剪刀、齿轮等,代表了汉代工艺的高超水平,也表明当时东平陵所在地的经济、手工艺品的繁华程度。瓷器共 507 件,时代从商周至明清几乎都有,其中精品有河北磁州窑产的龙凤罐,图案清晰流畅,器物敦厚高雅,为馆藏精品。辽、金、元时期的四系瓶、黑釉碗、碟等,数量较多,在馆藏瓷器中占了一定的比例。

明清时期的瓷器较多,种类也多,大到近 1 米高的青花将军罐,小到口径仅 3 厘米的鸟食碗、鼻烟壶,造型各异,色彩鲜艳。珍品有官窑祭蓝大瓶,蓝中透亮;粉彩七巧盘将《西厢记》的故事,描画在大小不一的七个瓷盘上,瓷质精细,人物刻画准确,亦为馆藏精品。馆内收藏的字画共 34 幅,比较有价值的代表作品有:李开先对联一副,是李开先为家乡留下的唯一手迹。明万历二年(1574 年)圣旨一幅,现保存尚好。清代著名画家李霞的人物画 3 幅,将人物刻画的纤丝明晰,惟妙惟肖,栩栩如生,颇有功力,为馆内精品。1999 年,洛庄汉王陵出土器物 700 多件。2000 年埠村街道西鹅庄村李应顺捐献的家传清代著名学者马国翰的木刻雕版 5966 张,11023 页,涉及书籍 627 种,873 卷,计

420 万字,内容丰富,保存完好,是研究清代文学与历史、印刷技术等的珍贵实物资料,是镇馆之宝。2002 年危山汉兵马俑坑出土车、马、俑共 400 件亦收藏入馆。

六、古村古镇

(一)中国历史文化名村——朱家峪

朱家峪是中国北方地区典型的山村型古村落,是山东省唯一的"中国历史文化名村"。具齐鲁第一古村之誉。

朱家峪位于泰沂山脉北侧,章丘市东部官庄乡境内。北纬 36 度,东经 117 度。周围群山环抱,村内溪流纵横,山川形胜,钟灵毓秀。据《章丘县志》、《章丘地名志》记载:朱家峪,原名城角峪、富山峪,明洪武四年(1371 年),朱氏家族始祖朱良盛携家眷自河北枣强迁到该村,因朱是国姓,即与明太祖朱元璋同姓,故更名为朱家峪。

1. 地理风貌

古村三面青山环绕,峰峦起伏,风光秀丽,景色宜人。西有青龙岭蜿蜒盘绕之形,东有白虎岭镇卧之势,南面文峰、横岭横亘其间,胡山南耸为之屏障。北面,青龙、白虎两山相汇,扼守村之北门。在风光秀丽的群山峻岭环绕之中,古村近围,还有九山环拱,俗称"九山不露头"。南有文峰独秀,坤山、鼻山、杏山、康山和艮山点缀村边,金山、米山、面山构成笔架山形偎依在村之西首。石崖下,清泉长流,与西园半井之水合而汇成涓涓溪流,折而向东,又与文峰山下长寿泉、坛井之水相汇于黄石洞旁,蜿蜒北去。村北首是文昌阁和方池,为村之"水口",有古圩子墙横亘两山之间,把住村口,墙外为平原。古村就像坐在一把巨大的太师椅里,体现了旧时"枕山、环水、面屏"选择村址的理念。古村整体为梯形聚落,高低参差,错落而有致。

朱家峪村位于章丘中部胡山东北方向,自然环境优美,气候宜人。属于山区温带湿润季风气候,雨量较多,四季分明。古村总面积 480 亩,全村现有人口 1886 人。

2. 古村格局

俯瞰全村,古村在一长形山峪里,位于南北走向的两山之间,东依白虎岭,

■ 朱家峪村

西靠笔架山,南端起于文峰山脚下,北向止于古圩子墙。村落因地势而发展成南北长、东西窄的狭长形聚落。古村北自礼门,南至文峰山,长约 2300 米,东西山麓间最宽处约 780 米。建筑随山形自然分布,参差错落。峪中冲沟纵贯南北,既是排泄山洪的渠道,亦为居民生活废水的排放沟。夏季雨量充沛时,潺潺的流水又给村落带来了生气。村内缘冲沟布置道路系统,入村口铺设南北向的石板干道,至村中岔分为四条主路,诸多支巷疏密有致地与主巷有机地联系在一起,曲径小巷又抵达各家各户,构成村落的主要格局。村中主要建筑讲究群体布局,以祠堂为中心,符合"君子营建宫室,宗庙为先"的原则。民居的规模均未超过祠堂,且没有遮挡与其遥相辉映的山丘河流,影响风土,妨碍宗族的繁荣兴盛。为方便出入通行,跨明沟筑有石拱桥涵。村中散布着许多公共井泉,这是居民用水的主要来源。街巷自然纯朴,多采用青石或卵石铺砌而成,形式自由,有一些地面也采用夯实的土路,由于地面存水性较好,路边植被较为茂盛。随着街巷的或曲或折,植被的或疏或密,一个个公共活动空间节点随之形成,不仅丰富了街巷的景观效果,也满足了村民交往的生活之需。

纵览整个古村,错落有致,几乎没有笔直的小巷。主街道呈 S 型,蜿蜒曲折,冬天的寒风、夏天的洪水不能影响此地。受传统的"天人合一"思想和风水观念的影响,村落选址都源于一个美好的自然环境,其布局与设计凭借自然,与山水天然融合,表现出与时空的和谐。古村南有灵秀胡山,其"脉源于岱(泰山),尾亘于海",为道教传播地,因此,古村设计受"道法自然"观念的影响,尊重自然、顺应自然、利用自然、保护生态环境成为朱家峪几代人建村的设计理念。古村选址讲究,规划严谨,风格古朴,与自然环境和谐相融,与江南那些富豪云集、奢华气派的古镇风格迥然有别,朱家峪村一切都显得朴素而自然。这里的村民自古生活简朴,民居、小桥和古道多就地取材,以石筑造。即使一些家境富裕的大户望族、书香世家也不追求排场。院落根据地势巧妙安排布局,在质朴中多了些书卷气。与北方平原的村庄也有所不同,朱家峪房舍布局不是传统的正南正北、方方正正,街巷也不横平竖直、排列有序,而是顺山就势,高低错落,疏密有致。一条条山径古道,蜿蜒起伏,幽深静谧,扑朔迷离,使这座村子多了几分神秘。街巷的交通走向、排水、通风等均以其地形、地貌为依托,这使其建筑风格、特色符合人性、自然、生态规律的需求。素雅是朱家峪建筑风格特色的集中体现,不仅反映了北方民居建筑风格的艺术追求,更体现了北方民居文化的内涵,体现了朱家峪人朴实、深厚的生存理念。

朱家峪有大小古建筑百余处,大小石桥几十座,井泉众多。康熙立交桥、文昌阁、魁星楼、关帝庙、朱氏家祠、双轨故道、坛井七桥、东岭朝霞、团山瀑布、碧塘倒影等人文景观、自然景观不胜枚举。朱家峪被专家誉为"齐鲁第一古村",2005年9月被建设部和国家文物局评选为"中国历史文化名村"。古村还有较好的安全防卫体系、宗教设施体系和道路交通体系。村内建筑物依山就势、高低参差,人与自然和谐共存,这些资源都具有很好的旅游价值。

3.历史渊源

朱家峪历史悠久,据专家考证,在距今3900年前的岳石文化时期,便有先民在此繁衍生息。至商周约1500年内村中一直没有出现断层,留下了大量的陶器和骨器等文物。宋元两代,石、魏、康、董、郭、卢、高、侯、王、满、胡等姓氏居住于此。自明代至今,山村虽经600余年沧桑巨变,仍较好地保留着原来的古门、古哨、古桥、古道、古祠、古庙、古宅、古校等明清乡土建筑风貌。随着时间的推移,周围的村庄大多因经济的发展而产生巨大的变化,但朱家峪受山形地势的限制,当地居民只能将生活空间拓展外移,在村北另辟新村,这无意中却使古村的古朴风貌得以保存。

4.人才辈出

朱家峪钟灵毓秀,自古以来尤为重视文化教育。自明末至新中国成立前,各类私塾星罗棋布,有17处之多,重教之风可见一斑。清末以后,文峰小学、女子学校和山阴小学先后建立。明末"五岁贡生"朱振典,精理学,以《三字经注疏》一书行世,被朱氏后人奉为神童。清康熙年间武进士朱士豸,曾为济南卫守备,文治武功,青史有载。清末,"明经进士"朱逢寅教学有方,培养了众多有用人才。村内有朱氏、李氏等家祠,体现了古村重视宗族文化的传统。朱家峪名人履迹、诗文著述也十分丰富。历史文化名人马福厚、李廷荣等人都留下许多脍炙人口的名篇佳作。古村优美的自然环境、独特的山村风貌和明清时的民居,成了众多影视拍摄的外景地。《闯关东》、《黑白往事》等影视剧都曾选择这里作为拍摄的场景。如今,朱家峪不仅成为天然的影视基地,还成为众多作家、摄影爱好者、民俗学者访古探幽和寻找灵感的理想之地。

(二)历史古村——三德范

三德范村位于章丘市文祖镇中部,是一个面积约14平方公里、拥有6000多人口的大村。

村子究竟建于何年,村民众口不一。村民们曾在村外不远处的皮坡子岭上发现旧石器时代的石斧,说明那时这里可能有人居住了。后来考古专家也来调查过附近的几处遗址,证实西周时这里可能有人定居。关于三德范的历史年代始终没有明确的记载。《三德范庄志》大事记中记载:明初,因花子军之乱,版籍虚脱,本邑之民十有九来自河北直隶真定府枣强冀州。三德范也不例外,原属地居民只有车、袁二家,即所谓"车、袁二家坐地户"。三德范古称"三队反"、"三敌反"、"三坠反"、"三推饭",清道光二十三年(1843年),重修禹王庙碑记上首见"三德范"之名。不但三德范的历史年代是个谜,村里还保留下了一些谜一样的古建筑和老街巷。

三德范的村委会位于村子中间,是玄帝阁的所在,它是村里现存的重要古迹之一。玄帝阁为阁楼式高台建筑,上面是大殿,下面是拱形阁洞,青石砌成,南面门额上刻着"玄帝阁"三个大字。它高约10米,阁面三间,前后廊厦,楹柱梁枋,条石护栏;大殿外形完好,飞檐翘角,脊顶青砖上二龙戏珠的图案依然栩栩如生,立于檐壁上的龙之三子依然英姿飒爽。玄帝阁到底建于何年,为何人所建,均不知晓。唯一的记载便是玄帝阁外太平门前的方石碑。石碑是雍正七年(1729年)重修玄帝阁时所立,但因年代久远字迹已辩认不清,玄帝阁下有一条发亮的青石板路穿阁洞而过,宽约3米。

■ 禹王庙的壁画

禹王庙位于村南,是村里值得一提的古建筑。禹王庙建在一个用石块垒成的五六米高的高台上。庙宇大殿残破不堪,殿内墙壁上隐约看到绘有壁画。大殿的东面屋脊已经断裂,房梁也已扭曲变形;大殿面阔三间,砖石结构,楹柱出厦,典型的明清式建筑。虽然大殿破败不堪,但屋檐、柱础、台阶、脚石等做工精细。尤其殿内四面墙上的精美壁画,更是让人称奇。殿内的壁画为清宣统年间绘制,虽墙皮已经斑驳,但总体保存完整。后墙上绘有壁画二十幅,上层十幅,绘有花瓶、宝扇、渔鼓、书卷等,此十幅画内暗藏八仙、道家八宝;下层十幅描绘了春、夏、秋、冬四季美景和农家生活;前墙上绘有七幅壁画,有老者、胖娃娃、仙鹤等,无不惟妙惟肖;西墙上绘有大禹治水三过家门而不入的故事,共有六幅。这些壁画色彩鲜艳,虽历经百年,图案和字迹仍清晰可辨。

禹王庙始建年代不详,约为清朝康熙年间。现在山门两侧立有两块石碑,一块是乾隆五十七年重修禹王庙时所立,另一块是道光二十三年重修禹王庙时所立。除了禹王庙,村里还有关帝庙和龙王庙,但是这两座庙宇只剩下残址。

　　除了庙宇,村里还有几条老街巷颇有趣味。其中最有意义的要数辛庄巷,辛庄巷在禹王庙以北数百米处,巷口两头建有石门,从西头而入,巷口石门门额上刻有"人和"两个大字,楷书字体,浑厚自然,"人和"右侧写着"同治七年三月立",左侧写着"历下毛鸿宾书"。毛鸿宾乃是清朝两广总督,位高权重,为官清正。毛鸿宾为何为这样一座小村庄题字,原因则是众说纷纭,扑朔迷离。

■ 禹王庙的残缺壁画

　　三德范不但历史悠久,古迹众多,而且村里也出了不少奇人奇事。清朝中期出了一个能治百病的神医张永申,20世纪下半叶,村里又出了"殊才四星"即:滑稽大王张传淇、板话天才姜福九、曲艺魁首赵荣朝、音乐天才王起业。关于他们的一些奇闻轶事,村民总在茶余饭后津津乐道。

　　其中最传奇的还是要数神医张永申,据村里张氏族谱记载,张永申精通儒学,后攻医术,擅长妇科和疑难杂症。相传,有一天,张永申自外地返乡,走到一个村头时看到一行人正在送葬,他发现棺材里竟然滴出点点血迹,他仔细一看,血鲜红有光泽,一定是活人的血。于是张永申赶紧拉住棺材说明缘由,众人赶紧把棺木打开,棺材里躺着一个少妇,已没了气息。张永申一看,便说:"这女子定是难产,一口气上不来,是假死而非真死。"他拿针刺在女子人中穴上,过了一会儿,女子竟然哇得一声哭了起来,众人大惊。自此,张永申"神医"的名号便传开了。村里这样的奇人有较多,发生的奇事也不可胜数,这也正是三德范的神奇之处。

(三)千年古村——梭庄

梭庄位于章丘市相公庄镇北部长白山脚下,这里汉末就有了人迹,晋隋时代即开始有人居住,唐代晚期正式建村,距今已有 1000 多年的历史。这里山青水秀,人杰地灵。长白山连绵起伏,女郎山如天然迎壁;村子里泉眼众多,常年溪流不断,有一河、二沟、十三峪、七十二泉之称。据道光十三年《章丘县志》及《李氏族谱》记载,早在元代,这里就出过贤达三人:"钦赐带职还第,敕旨三章,后有御批兰草,载通省志。"明代时,该村的大户李氏家族曾享有"一门三代七举人五进士"之美誉,轰动朝野。另外,现在村中还留存着许多非常有特色的古代村居建筑,正是这些丰厚的人文遗存,才使得这座看似本默默无闻的小山村却名声大振。

梭庄古村李氏宗祠现为章丘市重点文物保护单位,当地人称"家庙",座落在梭庄古村东南角河的北岸,与河南岸的"南阁"遥相呼应。李氏先人于宋、金时期迁来章丘后转迁于梭庄。家庙的前身是一座花园,名为"啸园"。始建于大明万历四十年,后经多次整修;现在只存一座院落,主要建筑是一间坐北朝南的大殿和门楼。大殿名为"君子堂",是当年供奉李氏门中列祖列宗牌位的地方。

从西头进村,首先映入眼帘的是屹立在梭庄大街西首的文昌阁,此阁首建于大明嘉靖年间,经万历年间的大规模扩建,用来供奉文昌帝。沿着文昌阁向东伸展的石砌老街,路过一些老门楼来到梭庄东南角,会看见一座稍显破旧的院落,这就是已被定为章丘市重点文物保护单位的李氏宗祠。除以上古迹外,梭庄至今仍保存着众多珍贵的文化遗迹,如石板路上的大脚印、明万历年间大戏楼遗址、药王殿、元音楼、李氏先茔谱系碑、青龙泉、梯子崖、镇护风水石雕狮子、千年古槐、卧龙槐、奎文池、七十二崖头、"金星爷"陨石等,还保存有不少

■ "啸园"旁的老屋

■ 宗祠院内的卧龙树

明清时期的民居。

大殿西侧有一棵参天大树,体干挺拔,枝叶繁茂,已有近500年的历史,这是梭罗树,俗称"红叶树"。梭罗树生长在江南,江北很少见,据说,当时李氏某祖先曾在福建延平府为官,政绩卓著,朝廷御赐梭罗树植于李氏祠堂。李氏祠堂之梁、柱、檩、椽皆南方之木;在宗祠南侧有水塘,是当年修建的小水库,而水库南岸的古阁楼,就是祠堂原来的正门——南阁。南阁有两层,沿西侧坡道上楼,阁上北墙已改为护栏,阁内墙上留有字画残迹。

梭庄的人文历史中,最主要的就是"一门三代七举人五进士"。在当时县衙前面的路北,有被李氏家族人敬称为三老奶奶的"节孝可风"牌坊(崇祯八年落成),大约在1950年前后因街道拓宽被拆除。据说,这座牌坊"高二丈四尺,阔一丈二尺",顶端有"圣旨"二字。这些历史在《李氏族谱》中都有记载。在对"啸园"进行初步整修时,挖掘出许多碑刻。

梭庄村是一个山林面积大、植被茂密,独具山区特色的村落。村东各峪泉眼众多,常年溪流不断,松间泉、上方井、青龙泉等曾载入史册,有一河、二沟、十三峪、七十二泉之称。茂密的山林中,有古银杏树、古槐树和种类众多的山果、乔木、灌木,有丰富的中草药资源。

梭庄村也是一个民俗文化古村,至今保存有明万历年间的大戏楼遗址、规模较大的二月二庙会、技艺精湛的石材雕刻等传统风俗和手工艺特色产业。村中还有历史悠久的"二月二戏会"、"祈雨收供"等民俗文化活动,虽然已不像以前那样红火,但在四里八村也有很大的影响力。据了解,村里已开始着手对村中的各处古迹和老建筑进行整体维修,争取能更好地展现出这座千年古村的文化神韵。2011年梭庄被评为山东省历史文化名村。

(四)博平县侨置地——博平村

博平村,章丘市普集镇辖村,位于普集镇政府驻地西北4公里处。《中国古今地名大辞典·博平县》载:"南朝宋置,北齐省。故城在今山东章丘县东南。"另据《县志古迹考》介绍,博平城在县治东南三十里博平镇。《水经注》记载,章丘之博平镇,在杨绪沟水东。从以上记载可知,东晋末年刘裕北伐,收复江淮间广大地区,曾在章丘境内设置过很多寄置外地、远离实土的侨县,博平就是其中之一。

章丘县博平村是一座距今已有一千五百年的古村,村中现在保存有大量

■ 李家街一号院

■ 沿街拴马桩

的清至民国的老建筑,这其中既有地主的气派大宅,也有普通人家的民居,还有祭祀宗族的祠堂。位于博平村李家街的1号院。从外面看,显然是一座建于上个世纪初的传统宅院,高高的门楼,飞檐翘脊,大门两侧墙体上各镶有一个拴马桩;推开厚厚的木门,迎面是一座影壁墙,影壁墙上方还镶嵌着半个用青砖雕砌的门楼;左拐进入院落,立刻有一种豁然开朗的感觉。这是一座四合院,正北面是一座两层的楼,五开间,中间三间明显要比两侧高,此楼是由青砖垒砌,上下两层的门窗均为拱券式,青砖发券,算不上精致,但显得特别厚实。一层门窗是后来更换的玻璃门窗,二层则为原装木板门窗;小楼的屋顶为传统的硬山式,上面铺着黑色的小筒瓦,正脊由青瓦叠压而成,两端微微翘起,垂脊则为两段式;走进楼内感觉特别凉爽,地面上铺着大块的青砖,墙体及屋顶已经装修过,无法看清其真实结构。在最东侧的房间内,有一木楼梯直通二楼,曾经的二楼一般是大户人家的闺房。院内东、西两侧的建筑也是两层的,墙体与北面小楼不同,为砖混结构。门窗则十分相似,都是青砖发券。

据介绍,这座四合院曾经是当年村里的大户人家刘连权的宅院。刘连权懂医术,尤其精通针灸,因此小有积蓄,经过多年积累,置办了此等家院。博平村还有几处这样的院落,不过这一院落保存得最为完好。

博平村位于章丘市绣惠镇政府的东南三十里处。绣惠镇曾是古章丘县的古城,博平正是从东面的周村穿过章丘进入济南的必经之路,往来于旱码头周村与济南之间的商贾,无不在此留下足迹,而这里也因其独特的地理位置而逐渐繁华起来。在博平村内有一条东西走向的古官道如今已经废弃,没有了曾经往来不断的商贾,也没有了疾走如飞的骏马,剩下的只是一个个高大气派的古老门楼,见证着这条东西北大街曾经的繁忙。这条东西北街宽约4米,长约200米。走进这条并不算长的老街,一个个古典高雅的门楼,会让你不停地驻足张望,流连忘返。短短的老街上有数十个这样古典雅致的门楼,这在其他任何古村都是难得一见的,如今行走在这条幽静而独特的老街上,思绪就会穿越到那个车水马龙、川流不息的古村——博平。

(五)清代富足之村——三涧溪村

三涧溪有着悠久的历史,从古到今人才辈出。先民们在神仙顶子建造房屋,构筑古城,该地出土的精美铜器和古朴端庄的陶器都是祖先勤劳智慧的结晶。

2009年6月初,下了一场大雨,位于章丘市双山街道办三涧溪村的石岗子小广场上,出现了一个被水冲出的洞口,而当村民进洞查看后,发现下面埋藏着一个四通八达、基本连通着整个村子的地道网,是山东甚至整个北方地区发现的最大的地道网之一。

三涧溪村由西涧溪、东涧溪和北涧溪三个自然村组成,三个自然村地下都有地道相连。这些神秘的地道究竟是谁、在什么时候修建的?它又是为何而建?不久前到三涧溪村考察的济南市考古研究所所长李铭,对村中地道和古建筑等多处进行了点评。古地道结构复杂,蜿蜒曲折,连接全村,四通八达,总长大约5公里,有的地方是上中下3层,全村上百户人家有地道口,初步鉴定乾隆时期就存在。清代这里处在周村和济南两个最繁荣的商埠之间,整体实力很强,也出现了很多名人,村子里马姓村民基本都是清代名人马国华的后人。三涧溪村地道最早是以家庭为单位挖掘的隐蔽所,后因战乱等原因,开始往纵深挖掘,慢慢相连成网。而这样做是经全村人同意,并由德高望重的人号召并筹划的。从现状看,这处地道只用来隐蔽人,没有作战功能。因大多数空间都较小,所以可以认定地道是暂时的藏身场所,主要作用是保护人身和财产安全。

下图是三涧溪村现存最完整的老街——富荣街。街为东西向,从东口进入,只有路南一侧的院落还保持着旧有模样。

富荣街有东西两个拱门,始建于清同治六年,现存为近年重修,由马国华题写。《马氏宗谱》载:"马国华,行四,字荣山,增贡生。济人利物,好义轻财。咸丰四年重修涧西家祠,十一年南寇肆虐,葺修锦阳关、黄石关及一切险要隘口。莫不亲身督工,不辞劳苦。率众御贼,屡捍大患。同治五年,监修涧西圩墙,却捻匪以救乡邻……"

清同治年间,为抵御捻军,在马国华带领下修建圩子墙,圩子墙有3个门楼,没有东门。聚奎门为西门,始建于同治五年,原址在现三涧溪公寓,此为易址重建。

《章丘地名志》载:章丘市双山街道三涧溪村由东涧溪、西涧溪、北涧溪三个自然村组成。从胡山后红花山下往北延伸,有东西两条涧溪。元末,马赵二姓依西涧溪建村,故名西涧溪;明初,赵王二姓于西涧溪北建村,取村名北涧溪;元末,李马邢三姓依东涧溪建村,故名东涧溪。

■ 富荣街

（六）猇县故城——旧军镇

旧军位于章丘市刁镇镇政府驻地西侧,分为旧东、旧西、旧北、旧南四个行

■ 聚奎门

政村,人口 6000 人,其中 1/3 为孟姓,是孟氏家族的大本营。清道光年间,孟家在孟子六十八代孙、传字辈时形成十大堂号。十大堂号中后来尤为发达的矜恕堂(孟洛川)、进修堂(孟养轩)的宅院都位于旧西村。

　　旧军,汉武帝时叫猇城。东汉时改城为县,属济南郡;南北朝时,为高唐县。隋开皇年间又改高唐县为章丘县。到宋朝景德年间,"移县北置清平军,后废清平军置军使"(《章丘县志》)。从此称旧清平军镇,简称旧军镇。全镇有李家亭、南北二孟家寨、两古城、龙虎庄六个自然村组成。北宋初年开凿的运粮河由镇西径流向北,小清河从镇中东西穿过。平坦大路与县治、省城相通,水路两运便利。南近白云湖,收鱼虾之利;北接平原,获五谷之丰。清康熙、雍正、乾隆年间,镇容繁华,商贾云集,物阜民殷,"世族名流、毂击肩摩",素有"小济南"之称。旧军孟氏系亚圣孟子后裔。据《孟子世家流寓章丘支谱》记载,孟子五十五代孙子位、子伦兄弟二人于"明洪武二年(1369 年)三月二十六日,自河北枣强迁居此地定居"。

　　孟氏故居在章丘市明水镇北 20 公里处的旧军村,旧军为清平军遗址。始为商贸小户,到清末民初商业经营已发展到鼎盛时期,旧军孟氏已成为当地名

■ 旧军古镇图

■ 章丘旧军孟氏故居——崇和堂

门望族,楼房成片,鳞次栉比,"祥字号"遍及全国。

　　孟氏故居多分布于旧军西门至真武庙一带,分为三恕堂、其恕堂、容恕堂、矜恕堂、学恕堂、承恩堂、世泽堂、承训堂、乐会堂、进修堂10家大堂号,并有其他小堂号,如历耕堂等。其中矜恕堂(孟洛川)、进修堂(孟养轩)是最大的两个堂号,都在旧军西村。其府第建造在孟氏堂字号中也最具代表性,大门口有拴马桩、上马石,左右狮子把门,高大的门厅,房顶饰有二龙戏珠,从大门到内宅都是高台丹柱,雕梁画栋。矜恕堂的主宅在村西门里路北,6院俱是前厅后楼,左右厢房,共有房屋百余间。有马院和南北花园各一处,占地2.33万平方米左右。

进修堂在矜恕堂东面,一宅6院,3座过厅,4排楼房,6条甬道,8台庞厦,共计房屋80余间。另马院、花园各1处。花园内有花厅、花墙、假山及人造河渠。清末,在孟洛川的倡导下,兴建了"孟氏宗祠",其建筑造型仿照邹城孟子庙样式,面积5000多平方米。宗祠第一道门是铁门,中有一石坊,上书"亚圣支祠"4个镏金大字。飨殿供奉着孟氏先祖灵位,庞廊两侧高悬着孟氏先人历代的官衔、谥号等。民国17年,张鸣九占章丘,虎视旧军孟家。孟氏议请军阀孙殿英剿匪,不料"引狼入室",孙殿英夜袭旧军镇,大肆抢掠,并放火烧了孟氏几大堂号的住宅,孟氏损失惨重,从此一蹶不振。新中国成立后,仅有进修堂孟氏故宅1处。1981年,文物普查,将清平军遗址和进修堂孟氏故居列为县级重点文物保护单位。

第二章
民间艺术

一、民间工艺

（一）章丘铁匠

章丘是全国有名的铁匠之乡。自古以来,章丘铁匠们为了生计四处奔波,足迹遍及祖国各地,故又有"章丘铁匠遍天下"之说。章丘人民千年的铁匠生涯,形成了独特的生活风俗,而这一风俗,也被有关部门成功申报为省级非物质文化遗产。

作为一项独特的非遗项目,近几年,章丘市一直在努力,希望将这些手工业风俗能够得以保护并发扬下去。可是,随着科技的发展和时代的变迁,昔日的铁匠多数进工厂当了机械工人,风箱变成了鼓风机,手锤变成了夹板锤、空气锤,手工铁匠越来越少。与此同时,关于铁匠的生活风俗也就很少有人知道了。

在众多金属中,铁的出现和应用较晚。据现有出土文物测定,大约在商代铁才被发现,而对它的使用直到西周尚不普遍。从考古中得知,山东约在春秋初期,开始使用铁质农具。铁质农具的兴起和使用,带动了矿石采掘的迅猛发展,促成了铸(如农具犁、铧等)、锻(如锄、镰等)行业的产生。铁用于农业生产是一场农具革命,使古代农业生产发生质的变化,是农业发展史上一次具重

■ 章丘铁匠

要意义的飞跃。相对于青铜,人们对铁的认识要晚得多,加之熔点高,冶炼制作技术都还处于摸索阶段,其产品也因质地粗糙而被称为"恶金",它的使用价值也远比"美金"(青铜)要低。齐桓公时,国相管仲曾说过:"美金以铸剑戟试诸狗马,恶金以铸钼夷斤劚试诸壤土。"铁在古代的另一使命是作为货币流通各国。近人考证:春秋战国时,各国对功臣大将的赏赐动辄千金(据《史记索隐》一金亦称一溢,同"镒",一溢等于二十两),国事活动经费动辄金万斤,如齐威王与大臣田忌赛马,赌注千金;韩国暴聂政尸悬赏千金购识之者;秦王行金万斤于魏,求晋鄙客,令毁(造谣中伤)公子(信陵君魏无忌)于魏王;齐国大臣田婴"私家富累万金",就连沦为附庸的卫国的一个小小的蒲(地名)守,一次即能效(行贿)金三百斤,请求秦国带兵大将樗里疾退兵。上面提到的金千斤、万斤,都是指这种名金实铁的"恶金"。尽管铁质农具能改善耕作,提高产量,加速农业发展,但由于它可以充当货币流通,奴隶主决不肯弃眼前小利,毁货币(铁)制农具,以减轻对农奴血汗的榨取,这就是为什么铁质农具出现在春秋初年,而我国真正进入铁器时代却是几百年后的战国的真正原因。

汉武帝时,有鉴于铁在国计民生中的重要地位,下令设立专门管理机构。

在全国设铁官四十八处,山东占了四分之一即十二处。这十二处铁官中,在章丘县境内的有东平陵(今龙山镇汉平陵城遗址),与章丘县接壤的有历城(今济南)、嬴(今莱芜市西北)、千乘(今高青县)、奉高(今泰安)四处。从以上布局中不难看出东平陵不但是郡驻地的政治中心,而且也是国家一级行政区——郡的铁冶中心。这时的章丘铁匠在工艺上已达到相当高的水平。据《后汉书韩棱传》:"肃宗赐诸尚书剑,惟此三人,特以宝剑,自署其名曰韩棱(人名),楚(产地),龙渊(剑名);郅寿(人名),蜀(产地),汉文(剑名);陈宠(人名),济南(产地),椎成(剑名)。"(另说"椎成"是"锻打"的意思,《汉官仪》"椎成"即作"锻打")。"济南椎成"意谓济南锻打的剑。可见章丘铁匠制作的宝剑,在一千九百年前就已经是国家级的名产品,成为皇帝赏赐公卿重臣的特殊礼物。宝剑具有韧性,技术要求较高,锻造时,必须是在铸铁(即生铁)的基础上使之柔软,这样才能收到刚柔相济,得心应手之效。柔化生铁无疑是一次冶炼技术突破,而欧洲人用炒钢法冶炼熟铁的技术在十八世纪中叶才出现,可见章丘铁冶当时是处于世界领先地位的。另据近年陆续出土的钢剑测定证明,我国在战国时即已掌握渗碳制钢法,这比外国要早两千年。我国历史上这些辉煌成就和对人类文明的贡献,都渗透着章丘铁匠的智慧和汗水。

铁在长期内是国家控管的特种物资,实行官卖,严禁民间私营,这对削弱地方势力加强中央集权,巩固国家统一,无疑是一项具有深远意义的措施。国家长期垄断铁的经营,获利丰厚,成为国家的重要财源,这不能不引起地主豪强的眼红。和平时期,官绅勾结,里通外联,盗采盗卖;战乱时期,绅匪勾结,独霸一方,坐地分赃。据《魏书·辛子馥传》:"长白山接连三齐,多有盗贼。子馥受命使检覆,因辨山谷要害,宜立戌之所。又诸州豪右多在山鼓铸,奸党多往依之,得密造兵仗。"这段文字充分证明历史上地方势力派在争夺对铁的控制中达到了不择手段的地步,同时也客观地告诉人们,长白山自古就以冶铁而驰名,现在长白山周围村庄仍以铁匠众多名闻全县,是有其历史渊源的。

"唐时铁器章丘最盛"(《山东通志》卷四十一)。冶山和山下的唐冶村(因区划调整,已划入历城),即因唐朝时曾在该地开采矿石冶铁而得名。《山东通志》:"章丘冶山,唐时冶铁于此。"由此可见章丘铁匠始于春秋,盛于西汉而大盛于唐,历二千七百多年而不衰,可算源远流长,是值得引以自豪的。

那时铁匠是没有任何社会地位的,不但为那些肩不能挑手不能提的大人先生们所鄙视,而且也被那些多财的富商巨贾所瞧不起。在作为一县信史的官修志书中,自明弘治五年(1492年)章丘县第一部县志——《弘治·陆志》算起,至1949年新中国诞生,450多年中,凡七修县志一修乡土志(入民国在"七七"事变前曾两修县志,因未及刊行稿本即散佚尚不包括在内),对最能代表章丘特色的铁匠,竟然只字未提。更有甚者,连生于斯长于斯的历代文人中,不论是位至八座的高官显宦、困顿场屋的不第文人、啸傲山水的遁世隐者,还是吟风弄日的斗方名士,在他们的传世之作中,也找不到有关铁工的片言只语。其歧视之深,偏见之大,于此可见。

历史上的铁作是与军工分不开的,随着社会发展,旧式刀矛已为新式快枪取代,章丘铁匠手工制作的快枪,据有关资料得知:它始于1928年沂水县青旗会(因不堪土匪骚扰,群众自发组织的民间自卫武装)总教师张恒远来章丘聘请名铁匠刘干臣去其老家东营庄(今属沂南县)兵工厂(即铁匠炉)督造大刀、铁矛、快枪等武器。心灵手巧的章丘铁匠,在一没有图纸、二没有机械设备的情况下,奇迹般地造出了可以和兵工厂产品媲美的新式快枪。此后,分散在各地的章丘铁匠,在造快枪的基础上,又造出了机关枪、迫击炮,为民族解放战争做出了自己的贡献。

章丘铁匠最早为我军制造武器见于记载的是抗战初期,邹平县抗日游击队"特务营"(由我地下党员以国民党第十专区专员梁建章的名义建起来的队伍)军需主任卓贡西,通过关系从章丘聘请铁匠技师,于1937年9月用轨道钢自己造枪,用了近一个月的时间就造出了160支长枪和45支马步枪。相当一段时间,章丘铁匠的精英几乎全部投入武器生产,成为职业军工,把本来服务于农业生产的铁作,人为地割裂开来。处在逆境中的能工巧匠,继续发扬扎根农村的历史传统,克服重重困难,锲而不舍,孜孜以求地创制出了徘徊镰刀、埠村"双葫芦"菜刀等颇享盛名的民用产品。流落异乡的章丘铁匠,也充分发挥个人的聪明才智,创制出一省或全国闻名的名牌产品,如号称北方"刃具之最"历经二百年不衰的青州刘家"大三"剪刀。其创始人刘恒清原籍即章丘,刘家世代相传以打制小农具为生,迁青州后才改为专造剪刀。由于在技术上精益求精,逐渐赢得用户的信任,闯出了"大三剪刀不用挑"的口碑。

章丘铁匠生活风俗地域分布广,遍及长江以北所有省市,具有浓郁独特的风格色彩,历代延续,反映出了别具特色的地方文化。章丘铁匠是章丘人民一定时期社会生活的写照,其风俗习惯的形成对民众会产生一种有形无形的影响力。同时,这一民俗在沉淀着底层劳动人民生活的艰难印记,记录着铁匠在

"劳心者治人,劳力者治于人"旧社会,其地位卑贱的史实,对人们了解过去,研究历史是很有价值的。

1. 铁器的种类

章丘铁匠铸造和打制的铁器门类众多,大体可分为农具、工具、兵器、生活用品、工艺品及其他六大类:

(1)农具:常见的有犁、铧、耙、耧、锄、镰、铁车等。随着时代的发展,传统的手工艺变成了机器加工,农业机械大量涌现,于是便改产为大型农机具配件等。

(2)工具:木工工具包括斧、刨、锛、凿、锔、钻等。铁工工具包括钳子、锤、砧子、剁刀、锉、炝子、铡刀等。泥水工具包括瓦刀、錾子、锥、锨、铁夯等。石匠工具包括开山锤、凿子、镌、撬棍等。

(3)兵器:钺、戟、剑、铍、刀、矛、镞、弩机、钩镶、叉、斧、土枪、土炮、手雷、步枪、手枪、机枪、掷弹筒等。

(4)生活用品:钱币、釜、鼎、灯、盒、桶、罐、钩、铁环、菜刀、剪刀、饭勺、漏勺、炒勺、刮耳勺、铁箱、柜、橱等。

(5)工艺品:铁狮、铁牛、铁塔、铁佛像、铁护栏、铁门窗、铁钏、铁夹等。

(6)其他:除以上各类以外的各种铁器。车马器,如辖、轴。机械类,如齿轮、曲轴螺丝、夹板、千斤顶等。量具如铁斗、权、台秤等。医疗器械,如钳子、镊子、手术刀柄等,生活中五花八门总离不开铁。

2. 烧铁的"火候"

章丘铁匠的烧铁工具为四大件:一是火炉,二是风箱,三是炭槽,四是水槽(用以蘸火)。打铁的炉一般分为两种炉式:一种为支架炉,即先做一个坚固结实的四方木架,将铁炉、风箱、炭槽依次排列在支起的木架上,只要点上火,立即可以动工干活。这种炉式虽使用方便,但体积太大,行动比较困难。另一种叫"地炉",这种炉走到哪盘到哪里。先打水和好泥,将风箱放在整理后的平面上,安上风道,然后在地上挖出一小土坑,把坑四周用硬泥砌好,在小坑一侧的风道与风箱连接,调整好风向,小坑中部安放上炉条,用泥浆炉条固定并将炉四周抹光,一个地炉就盘好了。章丘凡打"行炉"的多采用这种炉式。

拉火的点上炉火,炭槽内备足煤炭,开始烘炉。一般要等炉体"挺身"后,将火拉旺,开始往炉内放铁。铁放进炉内,盖上盖火。这时拉火的开始慢拉,小伙计除两眼盯着炉内的铁外,还要看师傅的眼色。随着铁越烧越红,拉火的速度便不断地加快。看到铁"上浆"时,就必须挺直了手腕子紧拉。待到铁开始冒花快熟时,更要加快。这时师傅一边双手不停地将炉中铁上下翻动,一边大声吆喝道:"扇!扇!快扇!"这就说明铁到了关键时刻,小伙计瞪着双眼用力猛拉直到铁熟为止。拉火的行话叫"两头紧、中间慢、又熟铁、又省炭。"这便是对拉火行当的全面总结。虽然是一句话。但实践起来却非常不容易。一般学徒的能够学好拉火掌握自如,大约需要半年的时间。

3. 打铁的尺寸

"长木匠,短铁匠,一抹二糊泥瓦匠。"虽然话很简单,却道出了做工匠的诀窍。铁匠每做一件器物,量好尺寸后再往里缩一点,不但不留余头,还要短一点。这是因为在打造中,铁是有伸缩性的。只要铁烧透了,几锤下去,铁便可增长分寸,所以才有"短铁匠"之说,但每一件铁器,制作出来先不说耐用,首先必须好看,所以"分寸"是铁匠的灵魂。历史上章丘铁匠多是穷人,穷人没有钱,没有机会上学。一些器物的制作尺寸,多是师傅言传身带,手把手教出来的。如担杖钩子多长、水桶提系多长、大门转身多厚、屋门转身多厚,全凭脑子记。许多下关东和去内蒙的铁匠,多是以挂马掌为生。好师傅只要一看这匹马,打出的马掌保准安上就合适。如果说铁匠制作农具时所用工具还不需要十分精确的尺寸的话,章丘铁匠自制的步枪、机关枪就神奇了。一群不懂制作原理的土铁匠,在1928年为防止土匪祸害乡里,自发地组织起来打造步枪、机抢守庄护院。到1940年竟发展到为张宗昌、吴化文制造武器,成为章丘铁匠骄傲的话题。在铁匠打制类别中,打制一件小型使用器物是比较简单的,但大的铸件或锻件,还需要精确计算。比方说河北沧州的铁狮子,必须懂动物肢体的比例;河北荆州的铁塔,必须掌握建筑原理;河北东光县的铁菩萨,要知道人体结构。这些全国有名的铁建筑,都是出自章丘铁匠之手。由此可以看出章丘铁匠手上掌握"分寸"的硬功夫。

4. 用"钢"的技术

俗话说:"好钢用在刀刃上。"但真能把好钢用在刀刃上却不是一件容易的事情。根据各种工具使用的刃部不同,分别把钢放在不同的位置。刀、镰等使用中锋的工具,需要把钢放在铁的中间,这种工艺叫"夹钢"。制作时先用铁打出工具的毛坯,再把毛坯烧透,在作为刃部的一端中间印出一道槽,将事先备好的钢条镶在槽内,两边用铁把钢条夹住,然后放在炉中上"熟火"。将钢和铁锻打为一体,这道工序难就难在"夹"上,掌握不好,就会出现"断刃"或

"夹皮"。俗话"七火锄头八火镰,九火十火也不全",说的就是"夹钢"。还有的器物使用一面刃,如工匠用的锛、凿子、刨子等,这种工具再用"夹钢"就不行了。必须将钢条贴在毛坯一侧,然后"熟"住,开出刃来。另有一些全钢的产品,如石匠用的钢钎、錾子,做起来就更难了。钢虽然硬,但性脆,容易断。这就必须反复烧熟,反复锻,将钢打长折起来再烧打。一而再,再而三,千锤百炼之后,使其既保持了钢的硬度,又有了铁的柔性,才能达到锋利而耐用的效果。

各种工具出炉后,便开始"冷作",对器物进行端正刮光。端正就是用手锤将出炉后的器物均匀的敲击,使整件工具协调美观。刮光便是用刮铁器将钢刃外面的铁皮刮去,清理干净,使钢刃完整的暴露出来,这道工具也叫"出钢"。不管哪一种工具,钢口的软硬,关键在于最后一关,那就是淬砺。淬是蘸火,砺是磨刃。一件工具的利与钝,关键在于蘸火。如果掌握不好火候,刃部非软即硬,软则遇物卷刀,硬则触物崩豁。只有恰到好处,才能达到吹毛离刃的效果。蘸火时先把打制好的工具烧红,用钳子夹住器物的背部,把刃部猛地放入事先准备好的水中,听到嘶啦一声,立即从水中提出,然后蘸着水在磨石上磨光砥砺。擦净晒干后,将完成的器物通体涂上石灰,防止生锈,至此一件工具便锻打完成了。但到底铁烧到几分熟,放在水中的时间多长,水温是多少,铁匠师傅们都心中有数,凭着多年的经验和师傅的传教,都能打出一流的产品。

(二)龙山黑陶

"龙山文化"因出土文物多为黑亮的陶器,又称黑陶文化。龙山文化距今有 4600—4000 年的历史,属新石器后期,已进入华夏文明期。原山东省考古研究所所长张学海断定:城子崖遗址龙山城是一个方国的中心,蛋壳黑陶不是普通百姓的用具,而是只有贵族方可拥有的礼器和祭器。

1.龙山黑陶制作的基本过程:(1)选土:制作龙山黑陶在选择原料上十分关键,一般选用城子崖下武源河畔土地耕作层下的一层生土,俗称"胶泥"。这层土无砂石杂质,黏性大,韧度强,是制作龙山黑陶得天独厚的原材料。(2)晒土:取回陶土后,首先要粉碎、碾细,然后翻晒晾干。(3)浸泡过滤:将晒干的细土置于池子或大缸中加水浸泡,搅成泥浆后用 120 目罗网进行过滤,将滤出的砂石等杂质倒掉。(4)沉淀缩水:将过滤后的泥浆静置沉淀,使泥水分

■ 龙山黑陶

层后,把澄出的水舀出,再进行自然蒸发缩水,干缩成含水量30%左右的泥块。(5)制泥:将缩水后的泥块放入真空搅泥机内揉搅(传统制泥是人工反复圈揉)最后达到无气泡、有韧性、更粘连的效果。(6)制坯:制坯的方法分转轮拉坯和模具制坯两种工艺。转轮拉坯机是由历史传统工艺演化而来的,过去为人力传动,现在以电器为动力,使用电机为1.5千瓦。拉坯机转盘直径为30厘米,机身长2米,高50厘米,宽60厘米,以拉制圆形器物为主;模具制坯是近年来开发的一种新工艺,其程序是先雕塑出要做的物件模型,而后做出石膏模具,注入泥浆,待泥浆干挺后取出,一件陶坯就完成了。(7)晾坯:将陶坯放在阴凉通风的地方晾到含水量15%左右。(8)修坯:修坯是在压光前进行的一道工序,目的是调整陶坯的厚薄度和将陶坯适当整形。(9)压光:压光就是在陶坯表面进行光洁度处理,需用光滑的压刀或鹅卵石在陶坯上反复磨压,直到陶坯表面呈现光亮、平滑的状态。(10)刻花:刻花就是在压光后的陶坯上刻制花纹图案,以达到美观的目的。刻花分阳刻、阴刻、浅刻、深刻、浮雕、镂空、剁刀、对刀、刮刀、点刀等手法。刻完花后,还要再进行一次压光,模具制作的陶坯则要用100号细砂布磨光。(11)干坯:将雕刻、压光后的陶坯放在阴凉通风的室内晾干,要求不暴晒、不吹强风,以防出现干裂,损坏陶坯。陶坯必须干透,否则会在窑内高温下爆裂。(12)烧制:将干透的陶坯码放在窑内,封窑门,只留火道,然后点火缓慢加温,5小时后提温,在温度达到900℃时停火闭窑,将烟道封死,焖火三天后方可起窑。最后将窑内取出的陶器除尘擦亮,一件精美的陶艺品就制作完成了。

2. 基本特征及其历史性:当那只带着龙山泥土的蛋壳陶杯出土的一刹那,就已经证明了它辉煌的历史;而如今在龙山黑陶的制作上,还是以仿制出土的古代各种器皿为主,这些古代的器皿不仅是现代人对古人制陶技术的一种继承和发扬,更是对古代文化的一种纪念和追忆。龙山蛋壳黑陶的特点是

■ 五龙球薰

"黑如漆，亮如镜，薄如纸，硬如瓷，掂之飘忽若无，敲击铮铮有声"。手拉坯蛋壳陶杯最薄处 0.05 毫米，超过有历史记载的 0.2 毫米，最高达 27 厘米，超过蛋壳陶杯最高记录 25 厘米。这是全国唯一用历史工艺制作得蛋壳陶，因为技术难度高，成品率很低，一般都不敢尝试。蛋壳陶杯造型典雅，通体流畅匀称，

■ 李清照像

给人以美的享受。

　　3.主要历史价值:章丘城子崖的制陶技术已经超过一般的综合工艺水平,反映出它是海岱地区龙山时代一个突出的手工艺技术中心。龙山时代是制陶艺术发展史上的巅峰时期,这首先表现在制陶技术的根本变革。当时先民们已经熟练掌握了在快轮上拉坯成形的技术,同时又对陶泥进行了慎细的淘择,制作出了数量众多、胎壁均匀、体态别致、规整匀称的各种器皿。这时的陶器上器盖、把手、耳、鼻、嘴、流、三足、圈足较为普遍,因而使得器物造型更为生动和富有灵气,已经到了突破写实而根据想象进行创作的阶段,在造型艺术上取得了突出的成就。尤其是依靠烧陶技术上的进步,创造出了举世闻名、薄如蛋壳的蛋壳陶高柄杯。此器形通体为泥质黑陶,光滑细腻,最薄的盘口部分仅为 0.3—0.5 毫米,个别可达到 0.2 毫米,即使是在较厚的柄部和底部,厚度也不会超过 1—2 毫米。总体重量仅为 50—70 克左右,绝对是"黑如漆、亮如镜、薄如纸、声如磬,掂之飘忽若无,敲之铮铮有声",被考古界誉为"四千年前地球文明最精致之制作"。龙山文化制陶艺术是中华民族传统文化的珍贵历史遗产,是研究龙山文化性质、时代的重要内容,也是探讨当时社会生产力发展,研究当时人们物质生活水平及原始艺术的主要依据。

现实价值:龙山黑陶是不可多得的工艺精品,蛋壳陶杯是根据文物复制的,完全是原汁原味的制作方法,在高度和薄度上又有突破,有较高的收藏价值。4000 多年来,蛋壳陶一直无人问津,龙山制陶师傅研制这项技术的成功,不仅又使辉煌的陶艺重放光彩,也为相关研究尤其是考古研究提供了借鉴资料。现在市场上虽也有薄壁的黑陶,但都是模具制作,不是拉坯成型。龙山蛋壳黑陶采用传统历史工艺制作,具有较高的商品价值。2000 年,获首届济南假日旅游展销会"最佳商品奖";2005 年,获济南市首届旅游商品展示暨旅游文化博览会"旅游商品二等奖";2005 年 12 月,"城子崖"牌黑陶系列产品荣获山东省旅游休闲购物工艺品类"十佳品牌"称号;2006 山东(国际)文化产业博览会上,获唯一奖项"民俗展优秀作品奖"。

龙山黑陶出土的种类很多,而且相关的文物也出土了不少,不仅黑陶本身具有很高的研究价值,龙山文化的历史也非常有研究价值。

龙山文化的发现,彻底打破了在当时盛行的所谓"中国文化西来说"的谬论,证明了中国 5000 年文化史就植根于中华大地,龙山文化的发现表明早在 5000 年前的古老中华大地的东方,就已不是传统观念中黑暗落后的蛮夷之地了,文明之光正在悄然出现。龙山文化的发展脉络清晰,文化特征明显。全面研究这一文化,对于解决上古社会中私有制、阶级和国家的起源这一系列重要课题有着不言而喻的意义,同时也是我们了解东夷的社会结构、生产活动、精神信仰以及夷变关系等方面的重要途径。

4. 保护意义：龙山黑陶作为龙山文化的代表，自身已具有大文化的内涵，已构成了大文化的产业品牌，其开发潜力巨大。因此，不论是从产品的品位、开发的空间，还是市场前景来看，保护挖掘龙山黑陶技艺意义重大。

龙山黑陶制作失传4000多年，蛋壳陶这一陶艺制作的顶峰技术，更是因为无实用价值，且技术要求高、成功率低，令一些陶艺家望而却步。同时，人们对民间传统技艺的工艺品不屑一顾，挖掘历史遗产的工作更是难以为继。龙山黑陶制作盛于龙山文化时期，已断代四千多年，直到20世纪九十年代，才由仇志海先生重新发掘，研制出现代黑陶制作工艺。张国庆先生又借鉴今人经验，并根据出土文物及有关资料介绍，自己摸索试验，恢复了龙山文化时期的拉坯蛋壳陶杯这一陶艺巅峰之作。

（三）章丘大葱的栽培技艺

章丘物产丰饶，盛产小麦、玉米、棉花、花生、蔬菜、果品、水产品和畜产品，名优特产较多，是山东省八个农业现代化试点市之一。绣惠镇位于章丘市中部，东邻淄博，北依济青高速公路，南临胶济铁路，交通地理位置十分优越，绣惠镇为齐鲁大邑，素有"金章丘"之称，绣惠镇是章丘最有名的大葱出产地。

据史料记载，境内种植大葱已有2600余年的历史。《管子》载："齐桓公五年（公元前681年），北伐，山戎出冬葱与戎菽（古胡豆），布之天下。"也就是说在公元前681年前由齐醒公引山戎（我国西北少数民族地区）葱于齐国开始种植。《汉书》袭遂传载："遂为渤海太守，劝民务农桑，令口种五十本葱。"说明在公元前70年左右，已把大葱的种植作为一项政令任务让百姓来完成。公元530年，《梁书·吕僧珍传》记载，大葱的贩卖交易已列入农贸市场重要地位。据东汉崔实《四民月令》指出："二月别小葱，六月别大葱，七月可种大、小葱。夏葱曰小，冬葱曰大。"这就是说二月可栽种小葱，六月可栽种大葱，并且有夏葱、冬葱的区分。这正符合现在葱的基本种法，冬春种植葱秧，夏季插栽大葱。北魏时期，贾思勰的《齐民要术》更有《种葱篇》，对种葱的留种、栽培、管理、越冬措施作了详细论述。以上说明，1600年前，章丘人已经掌握了大葱的种植规律。

元代，王祯《农书》提出葱的种植方法："种法先以小畦种，移栽却作沟垄粪而壅，俱成大葱，背高尽许，白亦如云，宿根在地，来春并得种移栽之。"由此看来，大葱的种植方法至少在700年前已基本定型，与现在的种植方法大体相同。

明代，章丘大葱已名扬全国，并成为贡品。"全国葱以山东为最，山东葱以章丘为最"，素有"大葱之王"称号。而章丘大葱最著名产地在女郎山西麓乔家、马家、石家、高家、王金等村一带。"章丘大葱，绣惠正宗"名符其实。

章丘大葱种植技术具体情况如下：

■ 成捆的章丘大葱

大葱良种选育技术

1. 选种标准

（1）提纯章丘大葱当家品种——大梧桐

按照大梧桐的标准在大田中选优良单株：选株高 1.3 米以上，叶色深绿，叶肉较薄，叶尖细锐。葱白长 50 厘米以上，横茎 4—5 厘米，单株重 300—500 克，植株高大，不分蘖。叶管状，细长，叶间距较大，互生明显，排列较稀疏，定植至收获 120—140 天，生食、炒食风味均佳，一般产量 7000—8000 斤/亩。

（2）提纯章丘大葱另一当家品种——气煞风

按照气煞风的标准选株，选株高 1 米以上，叶色绿，叶尖锐。叶肉厚韧，抗风力强，葱白长 40—50 厘米，横茎 5 厘米左右，基部略有膨大。单株重 400—500 克，植株高大，粗壮，不分蘖，管状粗短，叶间距较密，近于对生，品质佳。一般产量 8000 斤/亩。

（3）纯系章丘大葱混系种的选育

章丘大葱混系种是从大梧桐与气煞风天然杂交的后代中精选出来的，有明显的杂种优势，表现双亲中间型，倾向双亲分离现象，不分蘖，葱白粗细均匀，白长 50 厘米以上，株高达 170 厘米以上，高产优质，适宜长江以北大多数地区种植。

2. 技术方案的设计

（1）选种和原种繁殖

1）大葱品种混杂退化现象：大葱是异花授粉作物，其一般品种在遗传上是杂合群体。对其整齐度的要求，不能像自交系及一代杂种那样高。但是应该保持本品种基本形状的整齐一致。章丘大葱的基本形状是营养生长期间不发生分株,葱白长、植株高大,假茎上下粗度均匀。如果大量葱白基部膨大,甚至发生分株失去原品种的基本特征,这说明该品种已经严重混杂退化。

2)选种技术

采用科学的方法和严格的程序进行选种,为了保证选种效果需要掌握以下关键技术。

①要掌握本品种的基本特征特性。对大梧桐的选种,要选择那些白长、粗度均匀、不分株、叶身较长、叶排列稀疏的植株;对气煞风的选择就要选符合气煞风特征特性的植株;对章丘大葱的混系品种的选择就要按照杂种一代的标准去选择。

②要在产品形成期和形成后进行选种。选种的目的,是为了得到稳产高产、品质符合要求的产品。只有在产品形成时和形成后才能充分表现出来。

③选种目标的确定不应局限于原品种特性,在保持原品种基本特性的基础上,还要根据生产和消费的要求,选择和固定在原品种群体中发现的新的优良性状。从而提高种性。但无论提纯哪个品种,在质量上都要求葱白紧实,甜辛可口。

④掌握严格一致的选种标准,在选留种株过程中,对各性状的选择标准要严格一致,才能保持后代形状整齐一致。

3.原种繁殖技术

(1)选株的要求:连续在成株期间(产品形成期)严格选种2—3代,品种群体混杂时,可用母系采种。品种群体较整齐时,可采取混合采种。不论哪种选留种方法,采种的群体不应少于50株,以便保持群体较高的生命力。当田间整齐度达到规定要求后,选的种株就可用于繁殖原种。以后各代原种,都要进行成株选种和成株采种。

(2)隔离条件,因为大葱是异化授粉,所以繁殖大葱原种时,要与其他大葱品种相隔1000米以上。用纱网隔离时,品种间也要50米以上,才能防止风力传粉发生生物混杂。

(3)栽培管理技术:选留的种株(也可在冬前随收随栽)在适宜温度为-4℃—0℃的条件下贮存,切忌高温高湿,发生腐烂。到来年3月上旬进行最后一次选种,淘汰有病株和假茎松软的葱,留下的葱棵,葱白基部以上20—25厘米处切除上部叶鞘和枯叶,以便顺利抽薹。

栽植成株大葱种株：沟宽 50 厘米，沟深 15 厘米左右（地平面以下）。栽前顺沟撒施充分腐熟的有机肥。墒情不好时要灌沟，待水分充分下深时，将种株竖立葱沟一侧或用葱权将葱根插下，然后平沟培土，使葱沟成为葱垄，种株顶部露出垄背。株距 5—6 厘米，每亩 25000 株左右。墒情好时可暂时不浇水，以免使地温降低。在种株营养生长期间，易感白粉病、紫斑病等，在栽前可用 80% 的甲基布托津粉剂 600 倍液津蘸种株，防效显著。

章丘大葱是山东省名、优、特农产品之一，栽培历史悠久，驰名中外。株高白长产量高，质脆味甘品质好，素有"葱中之王"之美誉。曾在 1999、2000、2001 年连续三年获全国农业博览会金奖。

近几年，章丘大葱的栽培面积不断扩大，产量不断提高。为适应现代化生活的需要，保障人民群众的身体健康，要求按照绿色食品生产标准对大葱进行栽培管理，为此根据大葱的生长发育规律和绣惠的自然条件，按照绿色食品生产标准制定技术规程：

1. 基地选择

基地选择在以女郎山为中心向四周辐射的区域，大部分葱田自女郎山向西北方向延伸，总面积 4000 亩，基地附近没有厂矿企业，空气清新，水质纯净，土壤未受过污染，土质肥沃，生态环境良好，最适合绿色食品大葱的生产标准要求。

■ 田间成长的章丘大葱

2. 栽培技术

（1）土壤条件好，大葱忌连作。连作病虫害加重，不论育苗地或栽植田，均应实行二年以上的轮作。因此葱田应选择排灌方便，土层深厚，有机质含量2%以上，全氮含量0.08%以上，全磷含量0.07%以上，土壤 PH 值7.5—8.2呈微碱性的土壤。

（2）播种育苗

①播种期的确定。大葱幼苗要达到适宜定植的标准，需要80—90天的有效生长期，根据当地的气候条件，秋播苗一般在秋分至10月1日期间进行播种，严格掌握在冬前幼苗不超过3片真叶，若冬前长到4片叶，春季会大量发生抽薹。从播种到幼苗3叶期，有效生长积温需660℃—700℃。春播苗时间宜早不宜晚，只要土壤解冻应及时播种。

②育苗准备。秋播前茬收获后及时整地施肥，每亩施腐熟圈肥2000千克，浅耕细耙，整平作畦。春播用地，要在冬前施肥翻耕冻垡，开春耙细作畦备播。

③播种方法和播种量。大葱播种常用撒播法。先浇水后播种（水播），覆土1.5厘米左右，种子发芽率80%以上时，秋播每亩用种1.7—2.0千克，春播每亩用种1.5千克左右。

④越冬苗期管理。冬前促控结合培育壮苗，要求冬前株高8—10厘米，具有2—3片真叶。主要管理措施是浇水。出苗后应及时浇水使表土沉实，在土壤冻结前浇冻水并覆盖细碎牲畜粪或圈肥1厘米厚，确保葱苗安全越冬。

⑤春季苗田管理。春季苗田主要以促为主，促苗快速生长发育。葱苗返青期结合浇返青水冲施速效氮肥，每亩施碳铵10千克，5月份是葱苗旺盛生长期，应注意多浇水并注意追肥，定植前10—15天，控制浇水进行蹲苗。定植时平均单株重量达到30克左右。5月份葱苗主要虫害是葱蓟马和潜叶蝇，防治措施是每亩用40%乐果乳油50毫升，兑水进行喷雾一次。

3. 定植

（1）定植期：绣惠镇农户大葱定植的时间在麦收后6月中旬到6月下旬。

（2）定植准备：定植用地以不进行翻耕为好，通常是倒茬后进行浅耙灭茬，开沟。每亩用腐熟的有机肥5000千克，"绿工"牌有机肥50千克、撒施在沟内，再将沟底刨松备插。

（3）定植密度和深度要求，要求行距80—85厘米，沟深30厘米（地面以下），株距 5—7 厘米，每亩株数 1.7 万—2.0 万株。

（4）定植方法：一般采用插葱法，先顺沟浇水，为了防治地下害虫及葱蛆，每亩用 50%辛硫磷乳油 100 毫升兑水灌沟；为促使缓苗快，每亩一并冲施"绿工"牌高效营养液 5 千克，然后用下端带叉的小铁棍压住葱苗的根部，将葱假茎直接插入沟底土中 10—15 厘米。葱苗最好是随起随插，插葱时要剔出弱苗、杂苗和病残苗，并按大葱栽上水头、小葱栽下水头的原则。

4. 定植后的田间管理

（1）缓苗越夏期的管理。根据大葱生长对气候的要求和当地气候条件，整个 7 月为大葱缓苗期间，此期生长缓慢，主要管理工作是防涝、除草、治虫。遇干旱也要浇水。7 月份虫害主要是潜叶蝇、葱蓟马和甜菜叶蛾。防治潜叶蝇和葱蓟马，可用 48%乐斯本乳油 50 毫升/亩进行喷雾一次。进入 7 月中旬，甜菜夜蛾进入危害盛期，安装的频振灯都要开始使用离频振灯，较远的角落可再设置诱蛾器，利用性诱剂每亩 2 个诱芯进行田间诱蛾。每亩葱田取钢筋制作的铁架一个，架上放塑料盆，盆中水深 20 公分，水中放洗衣粉和食盐少许，然后用线绳吊起甜菜夜蛾性诱芯，诱芯距盆中水 1 公分，每天早上六点前取蛾杀死。此诱蛾器设置 100 天。

（2）发棵期管理。这个时期比较长，日平均气温降到 25℃以下后，大葱便进入旺盛生长期。在 8 月上旬、8 月下旬、9 月下旬，要求每次追施腐熟鸡粪每亩 1000 千克或"绿工"牌生物有机肥 50 千克，尿素 10 千克；大葱发棵期需充足的土壤水分，每次追肥后要及时浇水，使整个发棵期保持土壤湿润。9 月份需每亩用 25%甲霜灵可湿性粉剂 50 克/亩，喷雾一次，以防治大葱紫斑病。培土是章丘大葱的重要管理环节，培土的主要作用是防止假茎倒伏和软化假茎。培土工作从发棵期开始，到旺盛生长末期，结合中耕进行平沟，以后培土 2—3 次，培土次数不宜过多，以免伤根伤叶，影响产品积累。

（3）假茎充实期的管理：10 月中旬至 11 月上中旬，20 余天的时间。大葱初霜后，全株发棵生长随即结束。此后叶片养分转到地下，是葱白充实阶段，此期要保持地面见干见湿，土壤水分适中。根据当地气候特点，收获期在 11 月上旬开始，也根据市场需求提早收获。

种植"绿色食品"大葱关键措施

生产绿色食品大葱的技术要点：关键是控制使用农药和合理使用肥料。

1. 定植前的基肥处理及数量，每亩施用腐熟的有机肥 5000 千克，有机肥

（鸡粪）的腐熟方法：

（1）堆积时,铺一层鸡粪泼一层氨水,依次类推,当粪堆堆到适当大小时,将粪堆密封发酵,当堆内温度达到60℃—66℃度时持续6—7天完成发酵。

（2）堆积时,铺一层鸡粪洒一层锌硫磷,依此类推,当粪堆密封发酵,粪堆达到60℃—66℃度时持续6—7天完成发酵。

2.定植时地下害虫的防治,限量使用50%的辛硫酸乳油300毫升或10%的毒死蜱颗粒剂1千克兑细土撒入葱沟内与粪土掺韵后灌沟,待水分充分下渗后插葱。

3.防治甜菜夜蛾,规定使用性诱剂2个/亩,出现一定虫口时用5%的卡斯克乳油30毫升/亩喷雾。

4.防治霜霉病(称钩子),限定使用70%的代椮锰锌可湿性粉剂1400倍液+安克可湿性粉剂600倍液混合喷雾,或用40%的乙磷铝可湿性粉剂300倍液喷雾。

5.治紫斑病,限定使用40%乙磷铝可湿性粉剂300倍液喷雾,或用64%可湿性粉剂600倍液喷雾。

6.防治潜叶蝇,用48%的乐斯本乳每亩50毫升喷雾。

7.生产绿色食品大葱禁止使用3911、神农丹、呋喃丹、1605等剧毒农药,若出现违规,实行自然淘汰。

8.在普使土杂粪的基础上,每亩追加商品生物有机肥300斤,或营养液30斤(分别在定植、八月下旬、九月下旬使用)

以上就是如今章丘大葱的种植技术。虽然现代通讯工具已经很发达,但是大葱种植技术的推广还是不够广泛,不仅是广大葱农还没有得知,还要受当地的自然条件限制。如果在山东省内甚至全国的葱农都愿意种植品种优良的章丘大葱,将会为广大葱农带来广泛地经济利益,也会为我国的农业经济建设添砖加瓦地。由此,我们可以看出章丘大葱种植技术的价值及为何要把这项技术进行保护的原因。

（四）黄家烤肉

黄家烤肉是由明朝末年旧章丘城(今绣惠镇)黄家湾一黄姓农家所创制,已有300多年历史。黄家烤肉为制法独特、驰名全国的风味名吃。其特点是皮酥、色黄、肉嫩、味美、鲜香可口,食而不腻,易存放。烩白菜、炖豆腐别具风味。制作方法为：取当年长成的中等瘦型猪，宰杀后，去五脏、除板油，剔去四蹄骨与部分肋骨。用刀往肉里划出道道小口，用花椒、丁香、桂皮、砂仁、大小茴香、豆蔻、草果末、食盐等佐料配方，磨成粉状，揉搓进道道刀口内，然后用秫秸秆把内壁撑开，成半圆拱形，并把火纸沾水贴在易烤化的部位。用燃烧的竹片把炉膛烤红，除烟后，再把备好的整猪、吊挂在烤炉中密封焖烤。炉温应控制在 100℃ —300℃ 之间。把整猪挂在烤炉内焖烤一个多小时即熟。再用刀刮净表面的黑焦即可食用。

经山东省食品卫生监督检验所检验，其蛋白质含量为 23.4%，脂肪含量为 43.1%，盐含量为 1.3%，水分含量为 31.6%。刚出炉的烤肉，异香扑鼻，味飘数百米之外，闻之增食欲，吃之皮脆而酥，肉质鲜嫩，肥肉不腻，瘦肉嚼之回味无穷。烤肉的吃法多种多样，既可做酒肴又可做饭菜。单吃鲜香可口，不同的部位具有不同的特色。臀部的上头占整猪的 3% 左右为蝈蝈肉部分，其特点是肉瘦，咸淡可口；烤猪中间部分的两条里脊是最好部位，其肉色质鲜艳，嫩而好嚼；再向下是腱子肉，其特色是瘦肉为主，有咬嚼，作为酒肴甚佳；胸部，肉瘦无乱丝，质量好，营养高。整个烤猪最珍贵的是"家雀头"，一头整猪只有两个，其重量不过二三两左右。若把烤肉与白菜或豆腐一起烩制，则更是别具风味。另外，烧饼夹烤肉，单饼卷烤肉，章丘大葱、甜酱配烤肉等吃法，都深受群众欢迎。由于整猪经过特制高温炉焖烤后，水分降低，脂肪减少，蛋白质成份相对增加，且无菌、易贮存，携带方便，所以是老幼皆宜的高级营养食品和宴席佳肴。

黄家烤肉在清咸丰年间名声极高，销量颇为可观，黄家湾制作烤肉的人家也增多了，清末宣统年间已有四五家制作和经营烤肉，民国时期黄家湾有人在济南城里院前开设异香斋烤肉店，商埠区工商业有较大发展后，异香斋迁至经二路纬四路经营。现今市场开放以来，烤肉又受到人民大众的喜爱，经营烤肉的店铺也日渐增多，由于机械化生产的渗透，使黄家烤肉的制作技法和制作技术日臻完

■ 黄家烤肉

善,并丰富了消费者的饮食品牌。

二、民间戏曲

(一)章丘梆子

　　章丘梆子又名"山东吼",源于山西蒲州梆子和陕西秦腔,明朝时随山西、河北移民传入章丘,在当地语言、风俗、章丘秧歌、民间音乐等艺术形式的影响下,发生了很大变化,于是人们把这种变化了的梆子腔称为章丘梆子。章丘梆子承袭了蒲州梆子和秦腔的表演程式、音乐风格,汲取了章丘秧歌等艺术形式的精华,逐步形成了独具特色的艺术风格,成为明清时期山东大地上剧目繁多、表现手段丰富、形式新颖、流传广泛、颇具影响力的剧种。

　　清朝中期,秦腔、蒲州梆子于皮黄相结合形成了河北梆子。后来章丘梆子与河北梆子同台演出,人们为区别这两种不同风格的梆子腔,称河北梆子为西路梆子,章丘梆子为东路梆子。垛庄镇邵庄村的章丘梆子,据当地的老艺人说是由本村的张、王、于三人在200至300年前到山西的剧团里学习而来的,在当地形成后又因垛庄与莱芜相连,又传到了莱芜,在莱芜发展一段时间后又传回章丘。章丘梆子戏班,分子弟班、科班两种。章丘梆子子弟班属于业余性质,一般在冬闲时节进行排练,春节期间进行演出,以自娱自乐为主。历史上,章丘境内很多村庄都有子弟班,其中白云湖乡的边湖、仙湖;垛庄镇的邵庄、官营、蒲黄;辛寨乡的漯河,黄河乡的西营;文祖镇的黄禄泉、三德范、王黑;相公庄镇的巡检、东皋;刁镇的道口、永清寺;绣惠镇的西皋、回村;普集镇的三赵、袭家;官庄乡的朱家峪;圣井镇的南栗园村;闫家峪乡的孟家峪、田家柳、常三行等村庄的章丘梆子子弟班在当时都很有名气。春节期间,各村的章丘梆子子弟班就开始活跃起来,他们相互串庄演出。春节前,各村的子弟班要先把春节期间的演出地点、时间、剧目拟定好,并派人发送帖子,接到帖子的村庄要提前扎好戏台,做好准备。到了预定日期,由村长带领众人到村头敲锣打鼓迎接子弟班,并在戏台旁摆上茶水、果品等。演出结束后要先请子弟班吃饭,然后敲锣打鼓送出庄。从年初一到正月十六,章丘大地上到处梆子声声、喜气洋洋,呈现出一派国泰民安、欢乐祥和的景象。

　　章丘梆子科班属于职业性质,以卖艺为生,由艺术造诣较深的艺人组成,经常在庙会和堂会上演出。明清时期,章丘境内的寺庙林立,庙会不断。庙会期间,各地商贾、艺人云集而来,前来上香的善男信女络绎不绝,人流如海,盛况空前。据民间传说,当时流行着"宁愿今天不上香,也要先听梆子腔"、"豁上今天不赶市,也要先看梆子戏"的俗语。由此可见,当时章丘梆子在群众中的地位。庙会活动有力地推动了社会经济的发展,也为章丘梆子及其他艺术形式营造了良好的发展环境。章丘梆子的科班,经常到济南、历城、莱芜、泰安、济宁、德州、商河、济阳、惠民、无棣、淄博等地赶庙会、山会,进行巡回演出,把章丘梆子的种子撒播到了四面八方。据调查,山东境内的梆子戏剧种,如莱芜梆子,山东梆子等均是受到了章丘梆子的影响产生的。

鸦片战争以后,章丘梆子逐步走向了衰落。由于战争和自然灾害,使广大人民群众的生活陷入了困境,大部分戏班被迫自动解散,只有少数零星的戏班在经济较好的城市里生存。至新中国成立之前章丘梆子已奄奄一息,濒临绝境。

章丘梆子表现人物事件的手法甚多。首先是演员的行头和脸谱的化妆,按照生、旦、净、丑各有不同,但是受京剧的影响颇大,在这两方面与京剧多有相同。章丘梆子也讲究唱、念、末、做、打、手、眼、身、法、步;在以上基本功和舞台的表现上也与京剧大体相同。乐队的编制不大,一般由二胡、京胡、八角月琴、唢呐、锣鼓班组成。二胡主要用于主要人物唱腔旋律的伴奏,一般为五度定弦;京胡和八角月琴一般只是作为纯伴奏的乐器,其中京胡也是五度定弦;唢呐所用的支数很多,因为使用不同的调而使用不同的唢呐;锣鼓班的编制一般为小堂鼓、板鼓、铙、钹、锣等。章丘梆子的唱腔有板腔和曲牌两种:板腔有一大板、二大板、流水板、剁子板、导板、一句一打、三泣板等;曲牌有昆腔、娃娃腔、磨咕噜油子、滑溜腔、柳腔、高腔等。

演员道具是不固定的,可根据演出剧目的不同安排不同的道具。旦角、生角的服饰类似京剧旦角、生角的服饰。净角的服饰类似于京剧中花脸的服饰。丑角的服饰也类似于京剧中丑角的服饰。脸谱的化妆也同京剧中各角色相似。比较有影响的剧目有:《赵匡胤下河东》、《双锁山》、《临潼山》、《破洪州》、《宝剑记》等。其中《宝剑记》是明朝嘉靖年间章丘的才子李开先的代表作。

章丘梆子主要特征有:

综合性:章丘梆子是一种发展较为完善的戏剧曲种,在行当的建设、故事情节、乐队伴奏方面都自成一体,是一门集歌、舞、乐于一体的综合类艺术。

独特性:章丘梆子起源于章丘,在莱芜等地发展得很好,全省其它地方没有地道的章丘梆子,章丘、莱芜可以说是章丘梆子的中心,全国其它地区没有这类剧种。

自娱性:章丘梆子的盛行,源于较为单调的农村文化生活,它是当地人们丰富业余文化生活的重要内容。

章丘梆子主要价值有:

历史价值。章丘梆子是人民对历史人物、历史事件看法和观念的一种表达方式。劳动人民用它来抒发心中的情感,表达自己的希望。伴随着历史前进的步伐,世代传承,不断进步并走向新的文明。

(1)现实价值。如今的章丘梆子可以促进我们与其它地区的交流,扩大章丘的影响,为促进社会主义精神文明建设,加快建立和谐社会的前进步伐做出了新的贡献。

(2)研究价值。章丘梆子可以丰富和发展我国戏曲学,如戏曲史、戏曲美学等学科。

(3)美学价值。人们可以从表演者的动作、念白、唱词等各方面体会章丘梆子带给我们的美感。

(二)章丘五音戏

五音戏剧起源于章丘市文祖镇青野村一带。文祖镇位于章丘市城区以南,齐长城脚下,地处济南、淄博、莱芜三市结合部。北靠胶济铁路、济王公路,章莱公路贯穿南北,地理位置优越,交通方便。五音戏原名肘鼓子戏(或周姑子),清康熙年间起源于文祖镇青野一带。

五音戏来源于"章丘秧歌"与"章丘梆子"。明清时期,章丘经济发达,人民生活富裕,群众性的文化娱乐活动频繁,各种民间艺术形式蓬勃发展,在此期间,民间秧歌受章丘梆子的影响,形成了一种集歌、舞、戏三结合的艺术形式,人们称其为章丘秧歌或秧歌戏。清康熙年间,文祖镇西王黑村的水母庵里有个姓周的尼姑,演唱技术超群,唱腔曲调抒情优美,委婉动听,受到周围群众的喜爱。大家纷纷向她学习,并将学来的唱腔运用到秧歌戏中,人们称用周姑子腔调演唱的秧歌戏为"周姑子戏"。与此同时,青野村艺人谭湘子在青野组

■ 章丘五音戏演出图

建了第一代周姑子戏科班。他们进一步借鉴、吸收了章丘梆子的唱腔板式、表演程式、乐队伴奏、化妆道具等表现手法，逐渐脱离了秧歌队，形成了一种独特的民间戏曲形式。

从康熙年间到鸦片战争以前，周姑子戏得到了长足发展，境内很多村庄均有周姑子戏班，经常到各地赶庙会、串乡巡回演出，把此戏种传播到了济南、日照、莱州等。

1920年至1937年，是周姑子戏向五音戏转化时期。这期间社会经济有所好转，青野村周姑子戏科班第五代传人靳成章、靳成花组织的戏班及他们的徒弟组织的班社，活动在济南、淄博等经济条件较好的城市里。1935年，经京剧艺术大师梅兰芳介绍，以靳成章的徒弟邓洪山（鲜樱桃）、冯兰亭等人组成的五人班，应上海"百代公司"之邀，去上海灌制唱片，被厂方授誉"五音泰斗"之称号，并赠送锦旗。之后，周姑子戏逐渐改称"五音戏"。

1. 基本内容

五音戏的初期有五个人即可演唱，由一人打击乐器，四人演唱，因此也称五人班或五人戏，淄博的方言"人"和"音"类似，故有了现在的名称"五音戏"。现在的五音戏比老五音戏而言，人物和角色都有了很大的丰富，一般的戏大都需要演员 10 人左右;乐队也有很好的配制,除了锣鼓班外,还有很多民族的吹拉弹打的乐器进入乐队。

五音戏的角色一般分为四种,依次为旦、生、净、丑;旦行占第一位。所谓"旦"行,即剧中的女性角色,各个年龄段的均有,旦角在五音戏中的地位是很重要的。老五音戏的旦角台步为秧歌舞步,以手锣伴奏,而且还要有扭臀的动作,节奏明快,舞步优美。现代的五音戏中的旦角的台步有些类似于京剧旦角的台步(即小碎步)。念白也有类似于京剧的念白。旋律是从秧歌调中脱胎而来,很有山东地区的特色。旋律的节奏比较规整,这与秧歌调的节奏是相似的。旦角的唱词一般为 4、5、6、7、8、9、10、13 字为一句,不是每句都要押韵,这也与秧歌调曲牌联系起来。

生、净、丑在五音戏剧中的戏份不如旦角多在剧中的地位也不如旦角重要。台步念白与京剧中生、净、丑的台步类似。在旋律唱腔上,是独有的山东特色。演员道具是不固定的,可根据演出剧目的不同安排不同的道具。如《赵美蓉抗婚》中需一张长方桌和四把左右的太师椅即可。旦角、生角的服饰类似京剧旦角、生角的服饰。净角的服饰类似于京剧中花脸的服饰。丑角的服饰也类似于京剧中丑角的服饰。脸谱,脸谱的化妆也同京剧中各角色的相似。乐队编制也不是很固定,与剧目的大小有关,一般是锣鼓班加一些弦乐器,如坠琴、二胡之类。

五音戏已经有一两百年的历史了,在这期间之门艺术经过了很多代的传承,下面就是根据现有资料所总结出来的传承谱系:

第一代:谭湘子

第二代:已失传

第三代:李长青

第四代:张鸭子

第五代:赵国君、赵国庆

第六代:于继洋、靳成花、靳成章、张国岭

第七代:李德兴、明洪钧、明先柱、赵明玉、杨丙伦、冯兰亭

开先五音剧团:王绍臣、王翠玲

在这个传承谱系中我们没有发现五音戏泰斗"鲜樱桃"的位置,经过调查和询问老艺人之后也没有得出一个有说服力的证据,那我们就把它当作一个未解之谜吧。

■ 五音戏演出舞台

2. 主要特征

综合性：五音戏是一种发展较为完善的戏剧曲种，在行当的建设、故事情节、乐队伴奏方面都自成一体，是集歌、舞、乐于一体的一门综合类艺术。

独特性：五音戏起源于章丘，在淄博等地发展得很好，全省其它地方没有地道的五音戏，章丘、淄博可以说是五音戏的中心了，全国其它地区没有这类剧种。

自娱性：五音戏的盛行，源于较为单调的农村文化生活，它是当地人们丰富业余文化生活的重要内容。

3. 主要价值

历史价值：五音戏是人民对历史人物、历史事件看法和观念的一种表达方式。劳动人民用它来抒发着心中的情感，表达着自己的希望。伴随着历史前进的步伐，世代传承，不断进步，不断走向新的文明。

现实价值：如今的五音戏可以使我们促进与其它地区的交流，扩大章丘的影响，为促进社会主义精神文明建设，加快建立和谐社会的前进步伐做出了新的贡献。

研究价值：五音戏可以丰富和发展我国戏曲学，如戏曲史、戏曲美学等学科。

美学价值：人们可以从表演者的动作、念白、唱词等各方面体会五音戏带给我们的美感。

新中国成立以来，在党和政府关怀下，"五音戏"在其传承发展弘扬过程中，取得了一定成绩，但因各方面原因，在发掘、研究、创新、传承方面面临着困难：民间艺人年龄老化，许多老艺人相继过世，而年轻者因为经费和时间等原因，还没有发展成熟。随着时代的发展和进步，人们娱乐活动的丰富，宣传手段多样化，"五音戏"在其发展过程中面临着诸多的挑战。

五音戏留给我们的不仅是好听的旋律、曼妙的身姿、轻盈的台步，还留给我们可以著书立说的戏曲文本，五音戏的很多方面都值得我们去研究，它的各个方面也体现了不同的价值。

五音戏虽为地方戏，但是它是作为中国戏曲百花园中的一朵耙丽的花朵。是一个发展十分完备的戏曲种类，它体现了劳动人民智慧的结晶，我们要尽最大地努力来保护它、发展它，使它既不失去传统又要有时代的特性，为繁荣社会主义文化做出更大的贡献。

三、民间游玩

（一）章丘芯子

"芯子"是扮玩活动中的一种民间艺术形式，因为酷似蜡烛台上的灯芯而得名。据民间艺人讲述，章丘芯子起源于明朝，是受颤轿的启迪。起初人们为了驱逐邪魔祈求吉祥，将男女儿童装扮成神话中的天神形象，在扎制的平台上或方桌上移动，后来逐渐演化成一种文化娱乐形式，芯子经过几代民间艺人的创造与革新，在造型、制作工艺、演出内容、表演技巧等方面日益丰富和完善，具有较高的观赏性和艺术性，颇受观众喜爱。"芯子"的表演内容多取材于戏剧情节或场面及神话故事。由于人物多少、造型、表演方式的不同，又分为"桌芯子"、"转芯子"、"单杆芯子""扛芯子"、"车芯子"等类型。尤其值得一提的是，2005年10月，章丘的"转芯子"在广东举办的中国飘色大赛中荣获"山花奖"。

1. 基本内容

章丘的"转芯子"是章丘芯子艺术发展的高峰，由于表演者在芯子架上翻跟头,所以也叫"跟头芯子"。文祖镇三德范村的转芯子最有名气。据三德范村民间老艺人张世聪讲述,传说转芯子源于明末清初,是垛庄镇南明村民间艺人创造出来的,后来三德范村民间艺人到南明村走亲戚,将此艺术学了回来,经过几代民间艺人的革新,使其日臻完善。"转芯子"又分为"单转芯子"和"双转芯子"两种。

"转芯子"表演形式集乐、舞于一体。表演时舞随乐动;锣鼓声势要大,节奏与抬杆颤幅一致,抬杆者腰稍弓,腿稍弯,慢步轻摇,抖动抬杆上下颤动,小演员双手持彩绸等道具随颤动同舞。春寒料峭,和风猎猎,彩衣

■ 章丘转芯子表演图

飘飘,稚面映辉,远远望去,活像从天而降的翩翩仙子,煞是好看。有的小演员还可以在架子上做倒立,翻跟头等惊险动作。还有的芯子表演一些风趣、滑稽惊险的内容,如《王小赶脚》是经常表演的节目。"二姑娘"和"王小"被固定在一个装置的两端,"二姑娘"的道具是驴,扮相是"二姑娘骑驴",王小的扮相是头戴鸭嘴毡帽,身穿蓝褂白裤,手持马鞭。表演时,王小在装置上行走,推芯杆转动,身体前倾,高步慢走,与二姑娘不时交流眼神,时而仰起头喊一声"驾",手中马鞭一挥,"二姑娘"一手拍驴屁股,一手勒动"驴头"猛一抬,芯子转动速度加快,"王小"顺势翻个跟头,一套连贯动作配合默契。小演员一副认真的表演,一串幽默滑稽的动作,常令观众笑得前仰后合。

演员道具:

(1)"抬杆"是用粗细均匀、弹性好、长约6米左右的鲜木制作的,鲜木直径约16厘米左右;两端安装扶手,杆身用彩绸包扎。"转芯子"的奥妙是一套

固定在台中央的装置。一种是将小演员固定的底座制成"U"字形铁架,"U"字形上口横镶一根圆铁棍,铁棍中部装有轴瓦,小演员腰部固定在轴瓦上。而"转盘芯子"主要有抬杆、转盘、双芯铁架。铁芯架呈十字形,由横杆和竖杆组成,横杆长度在1.2米左右,中间部位有个能转动的圆圈(现加用轴承),套在竖杆的中间部位,左右可各固定一个演员,竖杆高度在1米左右,顶部用花、草等物装饰,下边镶固在转盘面的中心位置。转盘面的直径在1.5米左右,底面固定在双芯铁架上。

(2)手持物:小演员可根据角色的不同,手持各种道具如剑、彩绸等。

(3)服饰:可根据角色的不同来搭配演员服饰,并没有固定的要求。主要有锣鼓队黄衣、黄头巾、黄腰带、黑靴。

(4)鼓乐队器:鼓乐队由至少2面大鼓,锣、钹、小锣各1组成,大鼓面直径60—80厘米,高40厘米。

"扛芯子"是章丘东北部地区独有的一种集乐、舞为一体的杂技艺术形式。据漯河堰村的民间老艺人韩宝林讲述,传说"扛芯子"是在清朝乾隆年间受傀儡戏(木偶戏)的启迪产生出来的,距今已有270多年的历史,并盛行至今。"扛芯子"的起源与发展是跟当地的民间祭祀有着密不可分的联系。每年农历正月十五前后人们为了驱逐邪魔祈求吉祥及来年的风调雨顺,就将扎好的男女儿童玩偶扮成神话传说中的神仙形象,在锣鼓声中,向寺庙或祠堂进发,到达目的地后,烧香磕头跪拜,然后扛着这些玩偶进行表演,后来人们为了增加这种杂技的观赏性,就把肩上扛的玩偶换成了真的男女儿童,同时也增加了这种艺术形式的惊险程度。故此,这项艺术形式渐渐深受劳动人民的喜爱。漯河堰村有8个片队,每个片队都制作表演不同的"扛芯子",而且"扛芯子"还到邻近的乡镇村落进行表演,增加了村与村、人与人之间的交流和团结,片队之间的竞争又使"扛芯子"不断发展至今。

"扛芯子"的表演形式集乐、舞于一体,表演时乐、舞齐上,舞随乐动。一架"扛芯子"由两名身强体壮的男子抬芯杠,一名儿童演员及一副铁芯架、绑带及装饰物等组成。铁芯架由座叉、花杆和站叉组成。座叉像个挎篮背心,套在扛芯子演员(即成年男子演员)身上,用绑带扎稳,花杆和座叉是打制连接在一起的,从脖后拐至右肩上方,先将站叉紧固在花杆上,再将小演员(即"芯子")固定在站叉上。表演由二人协调完成,边走边舞,扛者在下走着类似于秧歌的舞步,"芯子"在上做着各种与演出角色相关的动作,人们在观看表演时往往被上方"芯子"的表演而吸引,从而忽略下方的"扛"者,给人一种小演员在半空中表演的感觉。作为"芯子"的小演员经常扮演的是神话传说及历史故事中的人物,如:穆桂英、杨六郎、林冲、十一郎、黄天霸、青蛇、白蛇、许仙、李清照等,最热闹的是"猪八戒看媳妇",还有时代感很强的"章丘大葱"、"龙山黑陶"等,所扮演的角色十分丰富。

演员道具:

(1)男演员用的铁芯架,形制上有点像男士平常穿的背心,尺寸由演员来定,无标准。

(2)不同演员手持不同的道具,如青蛇、白蛇手持的宝剑,李清照手持诗书,再如杨六郎手持的红缨枪等。

(3)服饰:"扛芯子"的男演员的服饰一般为白色的上衣和裤子,样式一般与练武术的相似即可,颜色上也可有变化;另外男演员也戴头巾以示演员的威风。小演员的服饰由所演角色来定。

(4)鼓乐队编制及乐器:"扛芯子"的乐队即锣鼓班有多有少,一般由 6 人组成,大鼓 2 人、锣 1 人、钹 1 人、镲 1 人、小手锣 1 人。乐队排列如下:后排:锣、钹、镲、小手锣,前排:大鼓、大鼓。大鼓直径 80 厘米左右,高 30—40 厘米,演奏时用红绸拴住鼓两边的铁环挂在脖子上或用轮鼓架;其它乐器均为手持。

2. 基本特征

祭祀性:民俗活动一直是劳动人民生活的一部分,人类的很多文明大都与祭祀和宗教活动有关。章丘芯子每年在元宵节期间进行表演,已形成一个固定节令性节目并演出至今。

综合性:作为一种杂技形式,其与音乐、舞蹈是有联系的,在逐渐的演变和发展中,章丘芯子已把乐、舞很好地融合在一起。

娱乐性:章丘芯子在演出时能给人带来一定愉悦,即有杂技的惊险又有舞蹈的美感。

历史性:只要看看小演员们扮演的角色,就能体会到众多历史名人对劳动人民的影响,劳动人民既忘不了那些为人民做过有益活动的英雄,也不会忘记对那些有负于人民的奸佞的鞭挞。

3. 主要价值

现实价值:"章丘芯子"之所以留传至今,其真正原因还是它的形式及内容都受到劳动人民的深深喜爱。"章丘芯子"不仅丰富了人民群众的业余文化生活,还给人民群众提供一种表达情感和愿望的平台,对建设和谐社会做出有力的促进。"章丘芯子"多次参加全市及全省的文艺汇演并多次获奖,使章丘市的知名度得到了一定程度的提高,为促进章丘市经济和各项事业的发展,产生了积极而深远的影响。

研究价值:"章丘芯子"的产生、发展、传承可以很直接地反映当地劳动人民的生活和情感,它可以丰富我国杂技领域的多门学科,同时也为杂技领域的发展提供了宝贵的资料。

美学价值:任何一种可以流传至今的艺术形式,都是有它的美学价值的。而"章丘芯子"表现的美是一种力量与灵巧结合的美。"章丘芯子"的成年演员一方面要保持平衡,不能让他上面的"芯子"掉下来,一方面还要和着鼓点进行类似秧歌一样的舞蹈,充分地展示了力量与灵巧之间完美的结合,这同样也体现劳动人民智慧的火花。

新中国成立以来,在党和政府关怀下,"章丘芯子"在其传承发展弘扬过程中,取得了一定成绩,但因各方面原因,在发掘、研究、传承、创新方面面临着困难:民间艺人年龄老化,许多老艺人相继过世,而年轻者因为经费和时间等原因,还没有发展成熟。随着时代的发展和进步,人们娱乐活动的丰富,宣传手段多样化,"转芯子"在其发展过程中面临着诸多的挑战。

(二)章丘旱船

章丘的旱船始于明朝。据文祖镇三德范村老民间艺人张世聪讲,旱船在明朝年间从外地传播进章丘以来,在本地流传已有五六百年的历史。另据《章丘县志》记载,早在清道光十八年(1838年),旱船就在文祖镇三德范村一带盛行,到清光绪元年(1875年),刁镇柴家村制作玩耍的双旱船已闻名遐迩。

1.基本内容:章丘旱船的表演是根据所表现的故事情节,演员装扮成各种人物。乘船者在船内,划船者手持船桨或竹篙,站在船外;船面上装有假腿和假脚,假腿上套一条彩裤,彩裤的裤腰用绳子绑在表演者的腰带上。假脚上根据人物的身份,穿靴或布鞋。从外面看,人物如盘坐在船上一样,生动逼真。船的两舷系有细绳,分别搭在乘船人的肩上或系在腰部。使船的重量落在两肩或腰部,减轻了双手的负担。表演开始,船夫先做"升帆"、"起锚"动作,然后,随着有力的撑船动作,旱船开始"跑之字形"、"跑菱形"、"串8字"、"转五花"等套路表演。划船者和坐船者速度统一,幅度相同,脚步一致,配合默契。看上去有起有伏,真如船行水上一般。章丘旱船表演用扁鼓乐队或唢呐乐队伴奏。常演奏《小强头》、《锣占鼓》、《落花船》等锣鼓曲牌。所表演的内容多取材于历史故事和神话传说,如《许仙游湖》、《草船借箭》、《杜十娘》、《回荆州》、《张飞赶船》、《打渔杀家》。章丘旱船分为草船、花船、双旱船三种。草船长2米,用竹子扎体,用稻草或谷草做船衣,常表演反映穷苦渔民生活内容的节目。花船用也竹子扎体,用白布做船衣,上面绘有水纹、荷花等图案,船篷用颜色鲜艳的绸子布制作,上面挂有彩球、排穗等装饰物。大型的花船长3至4米,小型的花船长2至2.5米。双旱船是将两条花船合为一体,既能整体表演,又能分别进行表演。可根据角色的不同来搭配演员服饰,并没有固定的要求。锣鼓队黄衣、黄头巾、黄腰带、黑靴。鼓乐队由大鼓2,锣、铙、小锣各1组成,大鼓面直径60—80厘米,高40厘米左右。

■ 章丘旱船的表演

2. 主要特征。(1)祭祀性:民俗活动一直是劳动人民生活的一部分,人类的很多文明大都与祭祀和宗教活动有关,每年在元宵节期间进行表演,已形成一个固定节令性演出至今。(2)综合性:既然是一种舞蹈形式,自然与音乐、舞蹈是有联系的,在逐渐的演变和发展中,章丘的旱船已把乐、舞很好地融合在一起。(3)娱乐性:章丘旱船在演出时能给人带来一定愉悦,有舞蹈的美感。(4)历史性:看看演员们表演,就能体会到众多历史名人劳动人民的影响,对劳动人民既忘不了那些为人民做过有益活动的英雄,也不会忘记对那些有负于人民的奸佞的鞭挞。

3. 重要价值。(1)现实价值:"章丘旱船"之所以留传至今,其真正原因还是它的形式及内容都受到劳动人民的深深喜爱。"章丘旱船"不仅丰富了人民群众的业余文化生活,还给人民群众提供一种表达情感和愿望的平台,对建设和谐社会做出有力的促进。"章丘旱船"多次参加全市及全省的文艺汇演并多次获奖,使章丘市的知名度得到了一定程度的提高,为促进章丘市经济和各项事业的发展,产生了积极而深远的影响。

(2)研究价值:"章丘旱船"的产生、发展、传承可以很直接地反映当地劳动人民的生活和情感,它丰富了我国杂技领域的多门学科,同时也为舞蹈领域的发展提供了宝贵的资料。

(3)美学价值:任何一种可以流传至今的艺术形式,都是有它的美学价值的。而"章丘旱船"表现的美是一种力量与灵巧结合的美。"章丘旱船"的演员充分地展示了力量与灵巧之间完美的结合,这同样也体现劳动人民智慧的火花。

(三)章丘扁鼓

章丘扁鼓的起源,史料上没有记载,关于它的出处,众说纷纭。据相公镇巡检村老民间艺人姜兆金等人讲,相传扁鼓最早是由先民们从山西带过来的,在本地已流传六百多年。这种说法不无根据。据民间传说和一些家族的族谱记载,部分章丘人是明朝洪武年间从山西洪洞县迁移来的。另据《明实录》、《洪洞大槐树志》等文献史料记载,元末明初,山东等地战乱不断,曾一度出现水、旱、蝗、疫等自然灾害,致使人烟稀少,土地荒芜。明朝洪武年间,从人口密集的山西向山东等地进行了大规模移民。移民不仅激活了社会经济,也促进了地域间文化艺术的交流。山西流行的盘鼓始于唐朝,有一千多年的历史,章丘扁鼓的形制与山西盘鼓基本相同,在鼓点和演奏风格上亦相类似,可推断章丘扁鼓与山西盘鼓有联系。

　　扁鼓在章丘流行普遍,据调查显示:境内80%以上的村庄历史上都有过扁鼓队。据《章丘县志》记载,明朝万历年间,绣惠镇城南寨和安家村建有四十余人的大型扁鼓乐队。每逢过年过节,人们都要打起扁鼓以庆丰收,求吉祥并抒发心中的喜悦。每年一进腊月,大家就练习打鼓,从年初一开始至元宵节后才停下来。扁鼓队在春节扮玩中担任主要角色,它既是各种艺术形式表演时的伴奏乐器,又能独立表演,所以深受群众的青睐。经过几代民间艺人的创造和革新,各种民间艺术均取得了辉煌成果,各村的扁鼓队从鼓点到演奏技巧,都形成了独特的艺术风格。

　　扁鼓乐队的规模,可分为大型、中型和小型三种。各种类型扁鼓乐队的组合形式,乐器配比均不相同。大型扁鼓乐队有两面特号鼓,四面大号鼓,十面中号鼓,十面小号鼓,两面大低音锣,两面中音锣,两面小锣,八副大帽钹,四副中钹,两副小镲,单设一个指挥。这种乐队声势浩大,能演奏四个声部的鼓曲,适应在固定位置演奏。中型扁鼓乐队一般由两面大号鼓,八面中号鼓,八面小号鼓,八副大帽钹等组成。小型扁鼓乐队一般由四面中号鼓,四面小号鼓,四副大帽钹或有两面小号鼓,两面中音锣,两副中钹,一面小锣,一副小镲等组成。扁鼓的演奏形式分为移动式和固定式两种。移动式也叫列队行进式,扁鼓队要根据路面宽窄和鼓队规模排好队形,配合其他民间艺术表演边走边敲。固定式也叫阵地式,首先要打好圆场或事先安排好场地,按鼓队规模和每件乐器应在的位置摆好阵势,演奏中带有表演,乐手们边敲、边舞,场面十分活跃。扁鼓的演奏技巧由单击、双击、轻击、重击、滚击、点击、闷击和击鼓心、击鼓帮、击鼓边、飞槌、双槌相碰等。扁鼓乐队常演奏的曲牌有《九龙翻身》、《狮子滚绣球》、《水漫金山寺》、《擂通》、《胡萝卜钻天》、《祈雨》、《锣占鼓》、《宜昌》、《舞风》、《落花船》等。

　　章丘扁鼓的形状呈扁圆形,由鼓面、簧胆、鼓帮、鼓槌等构成。鼓面用熟好的牛皮蒙制;蒙制鼓皮要有较好的技术,鼓皮的厚薄、松紧对鼓的音色、音量影响很大。簧胆用钢丝制成,镶在鼓里边,它能使鼓的声音更加浑厚洪亮,鼓帮为弧形,用本地木质坚硬而有韧性不易干裂的槐木、枣木等木料制成,鼓帮上镶有用铜或铁制作的环子,为拴鼓背带所用。鼓背带用颜色鲜艳的绸子等布料制成。鼓槌用和鼓帮相同的木料制成,长度在30—40厘米之间,鼓槌的前部带有弧度。扁鼓大小不同,大体可分为特、大、中、小四种型号。特号扁鼓的鼓面直径180厘米左右,鼓帮高90厘米左右。大号扁鼓也叫低音扁鼓,鼓面

■ 章丘吕家扁鼓队的表演

直径 120 — 150 厘米,鼓帮高 70 厘米左右。中号扁鼓也叫中音扁鼓,鼓面直径 80 厘米左右,鼓帮高 30 厘米左右。小号扁鼓是高音鼓,鼓面直径 50 厘米左右,鼓帮高 25 厘米左右。

主要特征:(1)综合性:章丘扁鼓是一种发展较为完善的民间音乐曲种,在乐队的建设、乐队演奏方面都自成一体,是集舞、乐于一体的一门综合类艺术。(2)独特性:章丘扁鼓起源于章丘,全省其它地方没有章丘扁鼓,全国其它地区也没有这类曲种。(3)自娱性:章丘扁鼓的盛行,源于较为单调的农村文化生活,它是当地人们丰富业余文化生活的重要内容。

重要价值:(1)历史价值。章丘扁鼓是劳动人民表达对历史人物、历史事件看法和观念的一种方式。劳动人民用它来抒发心中的情感,表达自己的希望。伴随着历史前进的步伐,世代传承,不断发展,不断走向新的文明。(2)现实价值。如今的章丘扁鼓促进章丘与其它地区的交流,扩大章丘的影响,为促进社会主义精神文明建设,加快建立和谐社会的前进步伐做出了新的贡献。(3)研究价值。章丘扁鼓可以丰富和发展我国器乐学,如器乐史、器乐美学等学科。(4)美学价值。人们可以从表演者的动作、音乐本身等各方面体会章丘扁鼓带给我们的美感,扁鼓具有较高的审美价值。

(四)舞龙

章丘的舞龙始于明朝。境内舞龙的村庄很多,其中文祖镇西王黑村的舞龙灯最有名气。据西王黑村民间艺人靳成行、靳启科讲,早在明洪武年间,由山西迁徙垛庄镇蒲皇村的靳久是舞龙技艺高超的民间艺人。相传他有五个儿子,也都是舞龙高手,其中一个叫靳伍水,后从蒲皇村迁到西王黑村安家落户,同时也把舞龙技艺带了过来,从此,西王黑村才有了元宵节舞龙灯的习俗。随着民间扮玩的发展,龙灯陆续遍布章丘境内。清末,章丘的一些民间艺人到外地做生意,把舞布龙的技艺学了回来。之后,境内便形成了夜间扮玩舞龙灯,白天扮玩舞布龙的定式。

舞龙很讲究仪式,舞龙前要先设神案,摆上祭品,敲锣打鼓到龙王庙里祭拜、取香火并到龙王庙附近的泉或井中用坛子取水,供于神案之上,举行点灯仪式。村里的头人带领大家在神案前行三跪九叩大礼,然后,头人庄重喊一声:"龙王爷驾到!"此刻,锣鼓鞭炮齐鸣,表演者将龙体内的烛灯点燃,舞动起来。舞龙从正月的初九开始到正月十六结束,在此期间,神案上的香火不断,活动结束要把取来的香火和水送回原处,民间称之为"送龙王"。

舞龙表演形式集乐、舞于一体。表演时舞随乐动;锣鼓声势要浩大,节奏与抬杆颤幅一致。章丘的龙灯表演是以村为单位。龙队编制一般是由2条龙、一颗龙珠、16盏云灯组成。表演套路有"二龙戏珠"、"跳龙"、"贺龙门"、"龙脱衣"、"火龙入海"、"龙降甘露"等。表演动作有"快跑"、"慢逛"、"屈蹲"、"跳蹦"、"举手"、"马步"、"八字舞龙花"、"海底捞月"、"仰卧摆动"等。表演形式有进行式和圆场式两种。进行式即在街上列队表演;表演时,由两盏云灯串花开道,龙珠在前面引逗,其它云灯护卫在龙的两旁,常表演"腾云驾雾"、"火龙戏海"等套路。圆场式即在固定场所表演,表演时锣鼓鞭炮齐鸣,先是云灯跑入场内串花,随后龙灯在龙珠的引导下冲场,龙随珠舞,尾随头摆,烛光闪闪,场面红火,气氛热烈,扣人心弦,常表演"二龙戏珠"、"贺龙门"、"龙盘柱"等套路。

布龙的特点是较为轻便,舞动起来动作幅度大、速度快,翻转、盘旋、伸缩灵活自如,而且整体造型逼真、美观,布龙的表演套路、动作、形式与龙灯基本相同。龙灯的构造由龙头、龙身、龙尾三部分组成。龙头用竹劈扎一个长1.2米,宽0.8米的椭圆形框架,内设两个烛座,外面用纸糊或稀纹布罩住,上面装饰有龙嘴、龙角、龙翅和鳞纹。龙身用竹劈扎成长1.5米,直径为45厘米的圆筒节架,每节中设4个竹座,节与节之间相距3米,用透光度较好的细纹布做龙衣,上面绘有鳞纹和云彩,可根据不同规模增加或缩短龙的长度,龙节用绳子连接起来,每节一根1.5米左右的木质托柄。龙尾用竹劈扎成一个1米长的锥形框架,内设一个烛座,外罩细纹布,上面绘有鳞纹,装饰有尾翅,尾巴上绑有一把用麻做的红穗子。

　　龙灯的表演必须有云灯和龙珠相配合。云灯是用竹劈扎成高 1.2 米,宽 1 米,厚 17 厘米的云形框架,内装烛座,外罩以纱,上绘有云、水图案。云灯背面有一握柄,供一人操作表演。龙珠是用较细的竹劈扎成一个直径 25 厘米的球体,外罩彩布,中间穿一根 30 厘米长的轴,轴的两头露出,镶在一个直径为 30 厘米的竹制圆圈中间,圆圈连在一根 1.8 米左右的托柄上,表演时龙珠不停地转动。

　　布龙是在龙灯的基础上发展起来的。常见的有 9、11、13 节,由于龙体内不装烛灯,所以直径没有龙灯宽,龙的几部分外形构造与龙灯基本一致,布龙的节架较短,长约 60 厘米、直径约 30 厘米,节与节之间相距 2 米,用四根绳子连接起来,龙衣用棉布制成,鳞纹等图案的颜色较深。可根据角色的不同来搭配演员服饰,并没有固定的要求,龙灯和布龙演员的服饰是一致的,云灯和龙珠的服饰要与龙灯和布龙的有区别。主要服饰有锣鼓队黄衣、黄头巾、黄腰带、黑靴。鼓乐队由两个大鼓,锣、钹、小锣各 1 个组成,大鼓面直径 60—80 厘米,高 40 厘米左右。

　　村内经常用的鼓牌名叫《冬卜匡》,其鼓谱如下:

　　鼓 ‖:冬卜 冬=卜|冬=卜 冬|冬卜=卜 冬=卜|冬=卜 冬:‖

　　锣钹、小锣 ‖:才台 匡 |才台 匡 | 才台 匡台 | 匡才 匡:‖

　　以上该鼓牌的特点是简单易学,较复杂的鼓牌是"宜昌"、"反宜昌"、"狮子滚绣球"、"九龙翻身"。现在村内还流行一种鼓牌,叫做《新式的》,据说是 20 世纪 40 年代中传入的,其鼓谱为:

　　鼓 ‖:冬=卜 冬|冬=卜 冬:‖ 冬卜 冬卜|冬=卜 冬 |冬冬 冬冬| 冬=卜 冬

　　锣钹、小锣 ‖:才 台 才| 匡才 匡:‖台匡 台匡 | 匡才 匡 |匡匡 台匡 |匡才 匡

　　　　　　　　　　　　　　　　　　　　┌ 0 0 ┐

　　‖:冬=卜 冬冬|冬=卜 冬:‖ 冬冬‖:冬卜 冬卜:‖冬=卜 冬冬|冬=卜 冬|

　　‖:才 台 匡匡|才 台 匡:‖ 才 台‖:匡才 匡才:‖匡 台 匡匡|才 台匡|

　　1. 主要特征

　　(1)祭祀性:民俗活动一直是劳动人民生活的一部分,人类的很多文明都

■　舞龙用的鼓队

与祭祀和宗教活动有关,每年在元宵节期间进行表演,已形成一个固定节令性演出至今。(2)综合性:既然是一种杂技形式,自然与音乐、舞蹈是有联系的,在逐渐的演变和发展中,章丘的舞龙已把乐、舞很好地融合在一起。(3)娱乐性:章丘龙舞在演出时能给人带来一定愉悦,即有杂技的惊险又有舞蹈的美感。(4)历史性:看看演员们表演,就能体会到众多历史名人对劳动人民的影响,劳动人民既忘不了那些为人民做过有益活动的英雄,也不会忘记鞭策那些有负于人民的人。

2. 重要价值

(1)现实价值:"章丘龙舞"之所以留传至今,其真正原因还是它的形式及内容都受到劳动人民的深深喜爱。"章丘舞龙"不仅丰富了人民群众的业余文化生活,还给人民群众提供一种表达情感和愿望的平台。

(2)研究价值:"章丘龙舞"的产生、传承和发展,直接地反映当地劳动人民的生活和情感,它可以丰富我国杂技领域的多门学科,同时也为杂技领域的发展提供了宝贵的资料。

（3）美学价值：任何一种可以流传至今的艺术形式，都具有它的美学价值。而"章丘龙舞"表现的是一种力量与灵巧结合的美。充分地展示了力量与灵巧之间完美的结合，也体现劳动人民无与伦比的智慧。

第三章
民间传说与古代文学

一、民间传说

（一）东平陵城的传说

在章丘民间至今流传着这样一句民谣："先有鹅鸭城（即城子崖平陵城），后有济南府。"如果把济南的历史比作一条河，那么城子崖和东平陵便是它的源头。

东平陵城位于龙山文化发祥地城子崖遗址东北约二公里处，始自春秋，繁荣于两汉，是汉济南国郡的治所。至唐元和十年（815 年），并入历城县，历经150 年的沧桑，现四面城墙依稀可见。

东平陵，原名平陵，春秋时属谭国。齐桓公二年（公元前 684 年），齐师灭谭，为平陵邑，归齐国。平陵城古址，呈方形，边长 1900 米，总面积 360 余万平方米，1978 年被定为山东省重点文物保护单位。城址四周可见残存的夯土城墙，宽 10—30 米，高 1—4 米不等，城墙顶残宽 2—7 米，地下保留的墙基宽 40米，发现了四座城门遗迹。

1. 仙人施法筑城记

相传东平陵城建城之初，皇帝委派一个马姓大官全权负责该项事务。工程开始后，这位官员一不招募工匠，二不征用民夫，一副泰然自若的样子。然

■ 东平陵城遗址

而每到夜深人静时,周围老百姓却真切地听到建城的地方人喊马叫,热闹非凡。白天看到城市一天天渐高,大家感到十分惊奇。这位姓马的官员有一位正值妙龄的女儿,有一天,她突然发现父亲在指挥着许多石人石马建城,不免问其原由。本应天机不可泄漏,但他经不住女儿的缠磨,不得已告诉女儿说:这些石人石马是他在夜深人静时施展法术,代替人工干活的,但它们最怕见到阳光,也怕听到鸡叫之声,所以每次都必须赶在鸡叫前收工,并再三叮嘱女儿一定要保守秘密。几天后,女儿突然想起此事,想要验证父亲的话是否灵验。于是在一天夜里的三更时分悄悄起床,用手指捅破窗纸偷看,待到石人石马开始干活时,她突然学起了鸡叫声。这一叫不要紧,那些石人石马立刻待在原地不动了(城西五里地外的武源河畔原有一段石人坡,在文革前后遭人为破坏,现已不存在)。这一下可把这位马姓官员气坏了,逮住女儿就打,女儿一边哭一边拼命往南跑,跑得头发散了,裹脚布也开了,拖拖拉拉,拖出了一条很长的深沟(被后人称作裹脚沟,她悔恨的泪水滴在沟中汇成了河。由于老百姓嫌叫裹脚沟不雅,且这条沟正好是章丘和历城的分界,故改名为界沟河),最后,她跑得实在太累了,便坐在一处高岗上休息,竟化成了一座小山,该山形似正在打鸣的公鸡,因此当地百姓将其称作鸡山(今鸡山座落在历城区孙村镇的鸡山村南,原来山上有庙宇等建筑)。

2. 六十年一现城

相传东平陵城是一座有灵气的城市,每六十年一现城。现城时城内或亭台楼榭,人来人往,或满目葱绿,一片繁华。但是这一奇观并不是一般人能够看到的,只有那些心地善良、忠厚仁爱的有福之人方可一饱眼福。据说,有一年的大年除夕,天上大雪飘舞,城北有一个在济南学徒的青年回家过年,本来学徒是不准假的,但这个年轻人担心年老的父母在家过年孤独,便苦苦哀求执意回家,东家感于其一片孝心,破例准假。他在回家的路上,行至平陵城时天色已晚,眼前却突然出现一片豁亮,只见前方一片枝叶翠绿、穗头通红的高粱地。青年很是奇怪,想:寒冬腊月怎么会有这番景象呢? 他自幼忠厚老实,从不拿别人的东西,但又怕事后说起此事无人相信,就顺手折了一穗高粱揣在怀里,回家后那束高粱却变成了光彩夺目的金豆、玛瑙。

■ 东平陵城古城墙

3. 无心菜

在平陵城里,有一种野菜叫无心菜。这种野菜非常特别,即便刚下过雨,它仍是蔫蔫的。相传这种称为无心菜的野菜,是商纣王将比干剖腹取心后才有的。商纣王有一位叔叔叫比干,他忠贞仁厚,正直无私,是商朝的良相。因不满纣王沉迷于妲己,不理朝政,荒废朝纲,曾屡向纣王强谏,引起狐狸精妲己的嫉恨。于是妲己设计让纣王剖取比干之心为其治病。危急时刻,比干想起姜子牙以前送给他的一个简帖。当时姜子牙曾叮嘱,危难时刻拆看可获救。于是他按照简帖上的方法,将简帖焚烧后沏水饮于腹中,果然在纣王命人剖其腹取其心时,既不疼痛也不流血,仍如常人一般。尔后,他一言不发,骑上快马飞驰而去。

可能是天命难违的缘故,比干走了很多路,来到平陵城时,恰巧路旁有一位妇人正在高声叫卖无心菜。比干出于好奇停马便问:"何谓无心菜?人若无心会怎样?"妇人答道:"人若无心即死。"此话正中其痛处,他大叫一声摔下马来,溅血而亡。按当地人的说法,那个妇人是由狐狸精妲己所变在此加害比干。当然也怪他没按姜子牙简帖交待:在途中不可随便与人答话。不然也不会遭此一劫。

4. 狐狸新娘

东平陵城是一座废弃多年的古城,在残存的城垣上有许多狐狸住的洞穴。相传这些狐狸中有的修炼多年,业已成精,经常做出一些荒诞或令人无奈之事。

据说,在很久以前,城北的城后村,有个富家小伙子,潇洒英俊,看上了城南闫家村的一个姑娘,此女俊俏贤淑,且家境殷实,的确是一个门当户对的好姻缘。转眼间已到婚嫁年龄,按当地习俗,新郎要赶在天亮之前把新娘娶进家门。结婚这天,三更刚过,迎亲队伍吹吹打打地来到新娘家门口。从城后村到闫家村要穿过古城腹地,在迎亲途中发生了一奇怪的现象。当新郎喜滋滋地将花轿迎进家门,挑开轿帘正准备请新娘下轿参加大拜典礼时,竟看到轿中坐着两个一模一样的新娘,大家顿时惊慌失措,如同热锅上的蚂蚁乱作了一团。

就在大家不知所措的时候,人群中有位老者站了出来,只见他向主婚司仪耳语一番,司仪顿时眉头舒展、连连点头。结婚典礼照常进行,只是宣布了一条临时决定,由于轿内多了一个新娘,必须先识别出真假,再进行大拜之礼。随后将两位新娘请到新郎大门前的一棵大树下,司仪说:"现在请你们进行比赛爬树,如果谁先爬到树顶,谁就是真新娘,而爬不上去的就是假的,要被处死。"比赛开始后,其中一个新娘手脚颤抖怎么也爬不上去,立刻被人们拉到一边;而另一个则非常麻利,毫不费力就爬上了树顶,正当她暗自得意时,却被隐藏在暗处的一伙猎枪手打下树来,立马变成了一只满身弹孔的死狐狸,剩下的另一位新娘欢天喜地地与新郎拜了天地。若问老者为何出了这个办法辨别真假新娘呢? 其实道理很简单,因为人哪有狐狸手脚灵敏,越墙爬树乃是狐狸的本能啊!

自此事件以后,古城附近的人家娶亲时,宁可多走路绕道城外,也不肯走捷径穿越古城里,且已成规矩,沿袭至今。

(二)李开先的传说

李开先(1502—1568 年),字伯华,别号中麓、中麓子、中麓山人、中麓放客,章丘埠村镇东鹅村人,明代杰出的文学家、戏曲家和书籍收藏家。明嘉靖八年(1529 年)进士,官至提督四夷馆、太常寺少卿。明嘉靖二十年(1541年),上疏自请罢归,家居近 30 年。平生喜爱藏书,词曲尤多,有"词山曲海"之称;文才卓异,以诗文散曲见称,是"嘉靖八才子"之一,其传说故事散落民间,广为流传。

李开先的六个民间故事

1. 神童子

有一天,李开先的爷爷李聪过生日,家里张灯结彩,大摆酒席,当地的一些乡绅名流都来贺寿。这年李开先刚七岁,他跟随父亲李淳应酬来宾,来宾当中有一个田姓进士,他看到小开先眉清目秀,举止文雅,非常喜爱。他早闻李开先三岁学字,五岁背诗,七岁就能做文章的说法,只是半信半疑,今日见了小开先,就想趁机考考他。饭后趁众宾客还没走,田进士就请李淳带儿子李开先来见大家,于是小开先跟着父亲来到客厅。田进士叫他对楹联,小开先有些紧张并谦虚地说:"我识不了几个字,咋能对楹联,怕要让老前辈耻笑了。"田进士忙笑着说:"不要紧,试试看嘛!"说着随手写出了楹联的上联:"墙边柳,枕边妻,无叶不青,无夜不亲。"小开先听了,深知这下联难对。正在此时他看见房檐下挂着几只鸟笼子,里边的百灵、画眉在笼子里跳上跳下,又吃米、又喝水,心里一阵高兴,有词了。他随手用笔工工整整写出下联:"笼中鸟,仓中谷,有架必跳,有价必粜"。众宾客不约而同地赞许起来,田进士激动地连声说道:

■ 李开先纪念馆

"真乃奇才,真乃奇才啊!"此时众宾客又都齐声要求"再对一个,再对一个!"田进士看着李开先说:"咱们再为一个辞官不做的人对一副?"小开先微笑着点了点头。田进士给他讲了一个故事:朝廷有一个尚书为官廉正,可是皇上听信奸臣不理朝政,尚书几次上书要求辞职还乡,可皇上就是不准,并出了一副对联让他对,皇上对他说:"只要你能对出下联,就批准你辞职还乡。"这副对子的上联是:口十心思思父思母思妻子。田进士讲完故事问他:"现在你能对上下联吗?……"李开先想:用一个三结构的字,还要符合本意。咋答对才好呢?他想着,想着,忽然想起一个"谢"字,随即又工工整整地写出下联:"言身寸谢谢天谢地谢皇恩。"众宾客看完下联,都齐声称赞起来:"真乃神童子,真乃神童子也!"自此李开先是"神童子"的说法就在当地传开了。

2."棋王"拜师

李开先在朝廷为官时,不光文章写得好,而且还下得一手好棋,文武大臣很难有赢过他的,就连皇上也不是他的对手。皇上佩服他的棋艺,于是便封了他个"天下第一棋"的称号,并赏给他一个金棋盘,一副玉棋子。后来,李开先

■ 李开先之墓

得罪了奸臣,奸臣就在皇上面前给他捏造了一些虚无的是非,皇上一气之下就叫李开先回老家。李开先回到家乡天天看书作文,累了就到棋亭跟人下棋。李开先有一个好朋友叫雪蓑,此人是一个书法家,他写的字在当时很有名气。这天,雪蓑拿起笔来,把皇上封的"天下第一棋"五个大字,写到了一面杏黄旗上,然后撑上旗杆,插在了李开先的棋亭上。这一插不要紧,招来了祸端。当时边境正闹事,有一大将军带兵打仗,正好路过李开先的棋亭,他很远就看见杏黄旗上写的"天下第一棋"后,非常生气,哼了一声,便命令兵马停止前进,非要问清杏黄旗上写的是谁后再走。这位大将军也下的一手好棋,且棋艺也相当不错,自称为"棋王",自视很高。大将军一听是李开先挂的旗,也不清楚李开先是何许人也,就命令手下传李开先来赛棋。当时李开先正在家作诗文,听说大将军传他,赶紧放下笔就过去了。他老远看见一个大胡子抹着腰等着他,大胡子将军见了李开先说:"这'天下第一棋'是你挂得?口气不小啊!我跟你杀几局如何?"李开先见这人来头不小,知道国境正闹事,大胡子要带兵去打仗,就笑嘻嘻地答应了。大胡子将军走了几步棋,说话了:"慢着,咱先君子后小人,你赢了,我拜你为师。如果你输了,就把'天下第一棋'这根旗杆给我砍掉?"李开先哈哈笑着说:"行呀,咱一言为定!"第一局棋大将军赢了,第二局大将军又赢了,又下第三局时就不容易了。从天黑下到天亮都不分输赢,李开先怕耽误队伍行军贻误了战绩,便有意让了一步让大将军又赢了。他站起来把棋桌一拍说:"哈哈!你这'天下第一棋'败给我了,对不起,这旗杆你自己砍了吧!我可要开拔了。"大胡子将军说完这话,就兴高采烈地带兵去打仗了。大将军在前线很快打了胜仗,在他班师凯旋的路上,又路过李开先的棋亭,一看到旗杆还没砍掉就生气了,命令手下快去砍旗。李开先早料到会这样,他走上前去说:"大将军,且慢!咱俩再战一盘。这回我要是输了,再砍也不迟!"大将军哪里肯听劝,大刀一举,咔嚓一声,亲自把旗杆砍断了,并说:"砍旗归砍旗,赛棋归赛棋。这回要是我输了,我给你立铜旗杆!"就这样,二人又坐下赛开了。这次,李开先把自家的绝招都使出来,他巧布连环,步步为营,把大将军逼得满头冒汗。李开先接连赢了两局,第三局大将军当头一炮,就被李开先给吃掉了,接着又赢了第三局。大将军不服气地说:"不行,咱们再战三局!"接下来大将军又连输三局。他觉得很奇怪,认为自己可能是打仗打累了,稍作歇息再下。于是他在李开先庄上安营扎寨歇了三天后,两人又下了起来。他们接连下了三天三夜,前后下了九九八十一局,大将军局局都输了。在这种状态下,大将军也不得不服气!并恭恭敬敬地说:"李先生棋艺高超,在下实在佩服!我得问你一句话:当初你为啥连让我三局?"李开先笑着说:"当初大将军不是要带兵打仗嘛?要知道气可鼓而不可泄啊!"大将军听完,噗通一声双腿跪下,非要拜李开先为师不可。李开先连忙把他扶起来说:"咱俩算是棋友吧……"后来,大将军不光拜了李开先为师,还把他砍了的旗杆换成了铜杆。

3. 献对帮贫

明朝嘉庆年间,章丘相公庄有一家姓张的富户,开设了两家当铺,并雇佣了一个秀才出身的师爷。这个师爷闲着没事,喜好玩弄文字游戏刁难百姓,以显示他的才华横溢。这年八月,师爷编了副对联,上联是:"东当铺西当铺东西当铺当东西。"他让东家来对这句的下联。这个东家没文化,折腾了一天一宿也没能对上,就烫了一壶"老烧",提着一只扒鸡来找师爷讨问下联。谁知道这位师爷一时高兴出了个上联,没准备下句,可是东家相中了那句上联,就让师爷把上联写到门上,并附上"告示"说:"谁若能对出下联,赏二百两白银。"八月十五这天,东当铺门前挤了很多人看"告示"。师爷吆喝说:"应对者快献佳句,过期不候。"谁都想挣到那二百两白银,下联献上了一百多条,可是东家都不中意。不多时，东家从后院传过话来说："今日是好节气，谁若能对上下联，再加赏银一百两。"这时候一个教书先生模样的人搀扶着一位老人挤到柜台前对师爷说："这位大伯，在贵铺当了过冬的棉衣、棉被无力赎回，我如能对上下联，不要赏银三百，只望发还这位大伯当的衣物。"师爷把手一伸，说："把下联拿来！"这位教书模样的先生说："请赐笔墨，我直书门上。"东家听了不同意并说："你要是写得不好，岂不有辱当铺门面？"那先生说："在下对句，若不合意，甘愿赔银三百！"说着他便从衣袋里拿出五百两银票放到柜台上作了抵押，师爷和东家这才吩咐下人伺候笔墨。那教书模样的先生提起笔来，刷刷在大门的左扇上写下了下联："南通州北通州南北通州通南北。"这下联对得绝了，在场的人没有一个不叫好的。东家师爷这才安排酒饭款待对对先生。谁知那人只是微微一笑，东家从柜台里取出衣物还给老人，老人拿着衣物，然后揣起他作抵押的银票，转身就离开了。事后，东家四处打听，才知道那人正是"嘉靖八才子"之一的李开先。那会儿，他住李家亭子，是到相公庄赶集碰上这件事的。

4. 圆梦

李开先有个邻居，小名叫周生，他想进府参加院试，取个功名。有一天中午，周生用功累了，趴在书桌上睡起觉来。他一连做了三个梦，醒来有点害怕，不知是吉是凶。正在这时候，门外来了一个算命先生，周生连忙请他进来圆梦。他说出第一个梦是"墙头上种了一棵又粗又高的高粱"。算命先生听了，摇摇头说："此梦不祥，墙头上咋能种高粱？岂不旱死了，不好不好。"又问第二个梦，周生说："梦见夫妻两人睡觉背靠着背。"算命先生一听，皱开了眉头说："这梦更不吉利了，看来相公与夫人天命相克，早晚要出家务。"周生心里一急，连忙说出第三个梦："清早出门，迎面抬来两口棺材……"没等周生说完，算命先生害怕了，站起来要走，嘴里并说到："不好不好！贵府这两天要犯重丧，恕不奉陪，告辞了。"说完起身便离开了。这样一来，周生添了心病，整天愁眉不展，无心攻读诗文。有一日，他来到李开先家，李开先见周生一副病样，就问周生何故忧心？周生说完后，李开先放声大笑并说："真乃杯弓蛇影，何其愚哉！天下竟有此等骗人术士，不解阴阳，安知祸福？"周生听了，就像掉进了闷葫芦，请求李先生解梦。李开先说："此梦大吉大利，喜星高照。你想这墙头上种高粱，必定是高中（种）。夫妻两人睡觉背靠背，岂不是回头就近（进）嘛！至于出门遇见两口棺材，更是上等吉兆，这叫官（棺）上加官（棺）

啊！这真是可喜可贺。你此次进府院试，主考的学政大人正是我的一位好友，待考期快到的时候，我向他致书一封，托他多加关照。正可谓天时、地利、人和俱备，此番考试必中无疑了！"周生一听高兴得不知说啥好了。他回到家里，钻进书斋，昼夜苦读，终于一举成功，考中了秀才。喜报一到，他带上厚礼，又来到李开先家，先恭恭敬敬地向李开先行了个大礼，说："此番院试，承蒙主考大人关照，对学生有再生之恩，弟子终生难报！"李开先听了，忍不住又大笑了："我又不是啥神仙，哪里有什么先见之明？更不信什么圆梦之说，我亦不曾认识主考官大人，只不过我是用言语激励你罢了。文成苦功，何赖鬼神？事在人为，岂由天命？往后，你应自强自勉，才能成为大器。这是成才之道啊！"周生听了，这才恍然大悟，心悦诚服。

5. 李开先批文

明朝嘉靖年间，章丘县城里有个乡绅，读了几年的四书五经，就自以为了不起，认为谁也不如他了，到处写文作诗炫耀自己。有一次，他精心选了四篇自认为不错的文章去拜访李开先，请李开先评点他的大作。李开先阅罢，微微一笑，提笔在每篇文章的后头，批下这样的批语：一、"两个黄鹂鸣翠柳，一行白鹭上青天"；二、"文有七窍，已通六窍"；三、"文出八大家之外"；四、"有高山擂鼓之音。"乡绅看了高兴得就像得了宝贝似的，兴高采烈地回府，连夜张灯结彩，宴请当地名流学者，向他们炫耀起来。此时李开先的好友雪蓑正在章丘城内，也被乡绅请了过来。当酒喝得差不多了的时候，乡绅拿出四篇大作和李开先的批语展给众人看，众人个个翘起拇指称颂夸好，把乡绅夸得满面春风。这时，宴席上猛地响起几声"嘿嘿"的冷笑。乡绅吃了一惊，一看是雪蓑在那里撇嘴，他赶忙过去施了个礼说："先生有何见教？"雪蓑摇着头说："我笑这么大的一个章丘城，这么多名士，竟没人能解开李公之意。"众人请他明言，雪蓑慢悠悠地说："两个黄鹂鸣翠柳者，不知所云也。一行白鹭上青天者，不知所往也。文有七窍，已通六窍，正是一窍不通。古文以八大家为魁，堪称世代楷模，文出八大家之外，自然不成其文章了。至于高山擂鼓之音嘛？恕我直言，山乃谐音，就是不通！不通！又不通也！"

6. "污胡"的故事

明代文学家李开先罢官回到家乡东鹅庄后，一心用在戏曲创作和研究上，著作成就很多。当时河南杞县有个名苏洲号雪蓑的落魄文人，慕名前来拜访李开先。两人一见如故，结为挚友。雪蓑是一善草书、喜绘画、好词曲的博学多才之人。相传李开先病危时,雪蓑前去探视,在卧室坐了一会儿,便到前厅用茶,李开先夫人问他觉得先生病情怎样,雪蓑沉默片刻说:"依我之见,应该用墨污污先生的胡须,"说罢告辞而去。夫人随即走进卧室,开先问:"蓑公曾留下什么话么?"夫人说:"他说用墨污污老爷的胡须。"李开先听罢,长叹一声:"我的生命快到头了。"夫人说:"老爷应宽心养病,为何说这不吉利的话呢?"李开先说:"'污胡'就是呜呼哀哉的意思。这是蓑公的暗示,看来我是命在旦夕了。"夫人听了,哀伤万分。又过几日,李开先已弥留之际,雪蓑又来看望,这时正碰上开先神智稍稍清醒,他睁开双眼,直视雪蓑,雪蓑说:"魂魄三山外"(魂魄将要离开躯体到三座仙山以外去)。过了一会儿,李开先对道:"乾坤一梦中"(活在世上如同做了场梦)。话音刚落,便紧闭双眼与世长辞。李开先与雪蓑心怀豁达,就是在永诀的时候,他们也不失乐观文雅之气概。

■ 白云湖公园

(三)白云湖的传说

　　相传在很早以前,白云湖是一座美丽的城池。城内店铺林立,大街上车水马龙,人来人往,十分繁华。

　　一天,城里来了个卖油翁,只见他白须飘飘,头戴斗笠,身披蓑衣,挑着油篓沿街叫卖。这位卖油翁的举止十分怪异,他卖的油,打一葫芦半斤,打两葫芦按四两收钱。于是人们纷纷提着油罐(过去家庭盛油的容器)来打油。老头在城里卖了一天的油后,只见他那小小的油篓的油竟然还是满满的。太阳快要落山了,晚霞染红了西天。这时,一个名叫石头的小伙子提着油罐来打油,老头问:"你也打两葫芦?"石头说:"我打一葫芦。"老头给石头打上油,见四周无人便对石头说:"你这小伙子心眼好有出息,这座城池恐怕保不住了,当你看到城门口的两座石狮子的眼睛发红时,你就赶快往城外跑。"老头说完挑起油篓往城外走去。石头记住了老人的话,天天到城门口去看石狮子的眼睛。

　　有一天,石头看到城门口石狮子的眼睛红了。便赶回家中背起老娘往城外跑,他一边跑一边对街上的人说:"不好了,城快保不住了,赶快往城外跑哇!"街上的人们笑着说:"这孩子大白天说梦话,大概是疯了。"石头背着老娘刚跑出城门,天空中电闪雷鸣,顷刻间下起了倾盆大雨,雨越下越大,犹如天河倾倒,石头背着老娘,一口气跑出十里路。突然风停雨住,云开雾散,阳光普照大地。石头放下娘回头一看,只见身后水茫茫的一片,哪里还有城池的影子?水越积越多,成了一片湖泊,人们给它起了个很美的名字——白云湖。

　　石头与老娘以打渔为生,并在湖边结草为庐安了家。后来又来了几户人家,便形成了一个小村庄取名叫仙湖村。有一年夏天,人烟稀少、草木丰茂的白云湖,突然间瘴气弥漫,瘟疫流行。石头和村里的一些人染上了可怕的瘟疫。美丽善良的荷花仙子在天宫里看在眼里,急在心里。很久以来,她十分爱慕勤劳善良的石头,便偷偷地下凡来到人间,在白云湖上空顺手撒在湖内一把莲子,瞬间荷叶满湖,荷香四溢,人们闻到荷花的香味后,疾病就很快痊愈了。

　　一天早晨,荷花仙子拿着一朵荷花来到石头的病榻,石头闻到荷香,感到周身清爽,全身充满了活力。石头起身行礼向姑娘致谢,问姑娘家住何处? 姑娘嫣然一笑说:"我叫荷花,发洪水那年,家里只逃出我一人,几年来,我以卖花为生……"石头娘越看越高兴,越看越喜欢,就认荷花做了干女儿,留在了身边。后来,在乡邻的撮合下,荷花与石头结为美满夫妻。从此,石头每天下湖捕鱼,荷花在家织网,小日子过得十分美满。孰料天有不测风云,荷花仙子下凡的事被玉皇大帝知道了,便派天兵天将把荷花仙子强制带回了天庭……

　　现在的白云湖人民,为了纪念美丽善良的荷花仙子,于是在白云湖畔雕塑

■ 荷花仙子雕像

了一尊高大的荷花女神。

（四）葱仙女的传说

北京烤鸭驰名中外，但如果没有山东章丘大葱做佐料，吃起来就不出味。章丘大葱植株高大，质地细腻，生食甜脆，烧炒郁香，切剁不辣眼睛，被视为葱中上品。关于它的来源，在民间还流传有一段动人的神话故事。

传说，大葱原本是天上王母娘娘后花院圃的一种"药花"，和牡丹、菊花、芍药、玫瑰等互为姐妹。这天，王母忙着筹办蟠桃会，众姐妹在牡丹姐姐的提议下，掀开云雾，偷看人间，她们看到人间尸横遍野，满目荒凉，遭受着瘟疫的折磨。瘟疫婆疯狂地跳着舞，传播着瘟疫，姐妹们看了不寒而栗，流出了同情的泪水。葱仙女更是沉痛，她愧疚地说："我们枉为药花，却无能解救人间苍生！"大家问道，能有什么解救的办法呢？葱仙女说："我们为什么不用自己的精灵，去拯救受苦受难的世人呢？"姐妹们雀跃起来，牡丹姐姐首先舒展起广袖，把牡丹花瓣上的甘露全部洒向人间。姐妹们向人间望去，人间瘟疫没有被祛除,瘟疫婆仰天大笑,牡丹姐姐只好作罢。而芍药等姐妹的仙法跟牡丹姐姐的一样,都对付不了恶毒的瘟疫婆。等大家都使完了自己的仙法,却看不到成效时,把目光都投向了的葱仙女。葱仙女望了望大家,又看了看人间,紧紧咬了几下牙,伸开双臂,绿色的羽衣便在白色的云端里飞舞起来,顿时天地朦胧,风急雨狂,一股强烈的辛辣味呛得瘟疫婆喘不过气,睁不开眼睛。葱仙女舞呀舞,风刮呀刮,雨下呀下,半天工夫,天空中的浊气被清除得干干净净,大地被洗刷得焕然一新。

葱仙女耗尽了全身的力量,洒尽了全身的血汗,晕倒在云端里。众姐妹望着她那憔悴的面容,哽咽着把她扶回天宫,葱仙女渐渐苏醒过来,慢慢睁开眼睛,望望人间,高兴得笑了。

王母开罢蟠桃会回来,众姐妹都前去请安,王母问道葱仙女为何不来,牡丹解释道:"启禀娘娘,葱妹妹为人间做了一大好事,累病卧床无法前来请安。"牡丹把经过说给王母后,王母把脸一沉,训斥道:"大胆!这次瘟疫是人间怠慢了天廷,玉帝恼怒给的惩罚。小小葱女,竟敢妄作非为,这还了得!给我打入下界,牧放石羊!"从此,在章丘老城北的女郎山上,出现了一尊绿色的仙女石像,她手持鞭子,牧放山上的石羊,这就是被惩罚下天庭的葱仙女,她立在山顶,凝望着人间。瘟疫婆又在逞凶发狂,沟沟躺死尸,村村断炊烟。葱仙女望着人间的苦难,吞咽着伤心的泪水。一天,山顶上的石像突然变成一株大葱,深翠的叶,雪白的茎,叶顶上长着一团淡玉色的绒球花,花谢后长出一粒粒小黑籽,染上瘟疫的人们只稍用鼻子嗅一下大葱溢放出来的芬芳,身体马上就会康复起来。四面八方的人们便纷纷赶来治病,女郎山下,人山人海。

瘟疫婆将此事禀报了王母,王母又转禀玉帝。玉帝大怒,便下旨派雷公下到人间,雷公一个霹雳炸碎了这颗大葱,葱仙女粉身碎骨了,可是那黑色的种子却蹦散在女郎山下,不久地上长出了一片片葱秧,人们把葱秧带到各地种植起来,再也不怕瘟疫婆逞凶了。又过了3000年,王母又忙着开蟠桃会,牡丹姐姐和众仙姐妹才得空偷看人间,只见女郎山下,一片片青翠的大葱,频频地向天上的姐妹招手。牡丹仙女愤恨地说:"姐妹们,与其在天庭整日受王母虐待,倒不如去人间和葱妹妹做伴,过着自由自在的生活。"于是,药花们一起离开天庭逃到人间,从此人间便有了百花和诸药,为人们驱疫治病。传说,如今葱叶中的汁液,就是当年葱仙女牧羊时吞咽的泪水。

（五）三德范村名的传说

　　远古时代,今章丘文祖一带便有了村庄。战国时期,这里就是交通要道,
齐国为防鲁国等进攻,修筑了齐长城,在三槐树村南设锦阳关,关北三里处,有
重兵把守,安扎大营寨,人们称为大寨(今文祖镇大寨村据此而得名)。在寨
西的山峰上,安排了多处瞭望所,并建起烽火台,一发现敌情,立即点起烟火,
现烽火台底座仍保留完整(现人们称之为"烟屯")。大寨兵营的军械、粮草、
医疗等则设立在锦屏山脚下,与兵营大寨相比,人们称此为"小寨"。每日三
餐的饭菜由小寨做完后,用小车往大寨推送,时间一长,人们又称小寨为"三
推饭"。因送饭曾遭遇坏人的抢劫,所以大寨兵营便先派探马侦察,在确无敌
情的情况下,由快马送信追催送饭,因而小寨又被称"三追饭"。现三德范村
张家林明朝碑文记载"三坠反"村名,便由"三追饭"谐音讹传而至,"三推饭"
村名也有碑文记载。小寨后来被称为"三推饭"和"三追饭",为何又得"三德
范"之村名呢? 章丘县志载:因张氏三兄弟宣传道教而得名,但此村名另一说
法,却是一段美丽的神话故事。

　　自锦屏山下有了小寨以后,人们开始砍柴、挖药往小寨里送,有人开始在
小寨以北扎棚居住。时间一久,渐渐地在寨北形成了几十户人家的小村庄,村
里有个张老汉早年丧妻,一个人把儿子张郎拉扯大,并为其娶妻姜氏。二人结
婚不久,齐鲁两国又发生了大规模的战争,张郎含泪告别老父和娇妻,随军出
征。张老汉因常年砍柴、挖药,患得腰痛病,家庭的重担落在了姜氏身上。她
每日砍柴送往小寨,换些银两维持生计,又要为公爹挖药煎熬治病,她自己吃
糠咽菜,省下点儿米面让公爹补养身体。腰痛病最怕受寒,每逢季节变冷后,
姜氏做好晚饭让公爹先吃,自己则去老人的房间,用身体暖热被窝后,再让公
爹去睡。姜氏的勤劳贤惠受到乡亲们的称赞。

　　三年以后,张郎出征仍没回家。一个冬天的傍晚,一个邻居来张老汉家借
锤头,正巧张老汉没插上大门,邻居进门后,发现姜氏躺在公爹的房间里,回家
后便和妻子说起此事,于是小村里传遍了姜氏睡公爹的误传,人人夸赞的姜
氏,立刻成了人人唾弃的"腐女"。

　　一日,几个后生去锦屏山南岭砍柴,见姜氏正在挖药,就编唱山歌骂起姜
氏来:

　　"哎——

遍山挖药为壮阳哟,

儿媳上了公爹的床哟。

哎……"

……

自从村里传出风言风语后,姜氏满腹冤屈,又想起出征不知死活的丈夫,每天晚上都孤灯暗泣。今日又遭人当面辱骂,心里越想越难过,满面泪痕,蒙头往悬崖下跳了下去。后生们一看要贫嘴惹了大祸,连忙赶到山下,见姜氏已摔得血肉模糊。便砍了两棵树,绑成一个架子放上姜氏,然后用杂草盖严,抬起往崖上攀登。刚抬起时,后生们并不觉得肩头有份量,越往高处攀登,肩头压力越来越沉,似有千斤之重,他们歇了三次,才登上了山崖。当他们把姜氏抬到张老汉的家门口时,被眼前得一幕惊呆了,她们看见姜氏正在过道里纳鞋底呢!后生们慌忙揭开担架上的杂草观看,却是一块光滑的石碑,上刻七个大字:"三从四德之楷范"。原来,姜氏的勤劳、贤惠感动了锦屏山上碧霞元君的神灵,当姜氏跳崖的刹那间,碧霞元君施展仙法,用手绢化做白云,将姜氏托住,使她像在梦中一样回到家中,又赐石碑一方,洗刷了姜氏之冤。此后人们把石碑立在了张老汉门前的小河岸边,成了小村的骄傲。

百年以后,一场洪水把石碑冲没,但由"三从四德之楷范"碑刻简化而得"三德范"之村名,却从古流传至今。姜氏跳下去的那个山崖,因后生们歇了三次才登上崖顶,因而得名"三登崖"。如今,"三登崖"是锦屏山的名景之一。

(六)"文祖"的传说

在远古时代,如今的章丘市文祖地带便有了村庄。那时候,尧已是很有名望的部落联盟首领,统治多数汉族部落,只有少数部落还在互相争夺残杀。

当时的文祖地带,三面环山,一面平原,风景优美,土地肥沃。为争这一地盘,在如今的章丘市明水办事处附近的一个部落与在如今莱芜地区的一个部落发生了战争,这一南一北两个部落接连打了十几年的战争,双方伤亡惨重。老百姓为避战争之苦,弃庄逃进了深山,建起洞穴和石墙,到夜间才下山种地收获庄稼,长此以往,原有的村庄已墙倒屋塌,一片狼藉。

几十年的征战之后,两部落大伤元气,面临被其它部落吞掉的危险,双方只好派特使向尧求助,愿意加入尧的部落联盟,尧非常高兴地接待了双方特使,并派他最信任的舜来处理两部落之间的纠纷。舜在双方文官陪伴下来到此地,一连几日只是游山玩水,并不提边界纠纷之事,每到两郎山东岭便凝目仰望,然后回营休息,陪同的文官个个不解其意。数日之后,一名文官忍耐不住问起边界之事,舜微笑着说:"天意早定",他挥手向东岭峰顶一指,"看到了没有,峰顶上耸立着石人和石马,这表明上苍喻示此处为界,方能人收兵刃马下鞍,天下太平。"官员们一听,个个拍手叫好,从此以后两部落定界和好,百姓又过起了安宁日子。人们非常佩服舜的文博德善,纷纷要求立块界碑,并刻上舜的名以示纪念,舜说:"我受尧之托来处理干戈,论德论文我都不及尧,要说刻名纪念,只有刻上'尧'字。"于是界碑上便刻了"尧文德之租界"六个大字。

春秋战国时期,战乱再起,村庄建了被摧,摧毁又建,历经几朝,在这个地方曾出现"广宗县"、"东国城"等。直到明永乐年间,孙、张、万等姓从河北枣强迁居此地,种地时挖出了界碑,此时碑已断为几截,"租"字的禾木旁只留下半边,"界"字只留下半个田字,碑上的前四个字清楚可见。人们不解其意,便请一老道士来判断,老道看罢连声说:"好,好,好,此地乃尧帝之祖庙也。"

于是,人们又建起一座庙,立上了庙碑。原"尧文德之租界"的界碑,经老道讹点成为"尧文德之祖庙"的庙碑。后来,庙名经简化便成了"文祖"村名。

(七)崇祯之女嫁给章丘农民

明崇祯十七年(1644年)三月十七日,闯王李自成率农民起义军从三面包围了北京。明军在宦官的鞭笞下,虽然还在反抗,但已不能阻挡住起义军势如破竹的进攻。崇祯皇帝见大势已去,不想把后宫佳丽和儿女们留给起义军,便挥剑乱杀乱砍,刺死两位公主后,又逼迫皇后和妃子们自尽。当崇祯要杀朱慈焕和另一位公主时,一位老太监用胸膛迎住了剑刃,说:"皇上,给朱家留下点骨血吧,或许会东山再起啊!"血泊中的老太监又说,"太子,快逃啊,去山东章丘找李开先的后人,先皇对李开先有知遇之恩,他们会收留你们的……"就这样,姐弟二人逃出了京城,经过十多天躲藏奔波,来到了章丘鹅庄。哪知此时的李家人因李开先曾在明朝做官,唯恐会受到牵连而心有余悸,又怎敢收留他姐弟二人呢!李家人给了一点银两、衣物,让其去文祖镇西王黑村投奔靳载章。姐弟二人无奈,只好听从安排。

靳载章原是方圆百里的响马总头,后被招安。在崇祯年间任京里屯田参谋兼督坤职务,后告老还乡。此人行侠仗义,在章丘名望很高。靳载章见到朱慈焕姐弟二人,得知其遭遇,又想起皇帝对自己的恩惠,忍不住伤心落泪。为挡外人耳目,靳载章称是来了远房亲戚,将两人改名换姓,三太子叫白重起,公主叫白蝶。并将三太子安排教私塾,后又把公主许配给其侄靳鲁坡。就这样,一个金枝玉叶的公主,随着改朝换代竟嫁给了戴草帽的农民为妻。

转眼到了来年元宵节,埠村镇演大戏,太子和公主都去观看,没想到演的竟是《崇祯吊死煤渣山》,姐弟俩这才得知,起义军攻进皇宫,父皇在煤渣山上吊而亡。公主抑制不住内心的悲切,哭着离开剧场。回家后,邻居都去询问,悲伤中的公主向乡亲们吐露出实情。人们惊呆了,靳鲁坡娶的媳妇竟是皇帝的女儿。从此,西王黑村人不再叫她白蝶,而尊称为"皇姑"。朱慈焕知道姐姐暴露了身份后,怕遭遇不测,就连夜逃跑了。靳载章曾派人多方打探其下落,均无确切消息。有说是朱慈焕逃到南方,也有的说是他半路遭杀被冒名顶替。此后就再也没了朱慈焕的下落,靳载章为自己没保护好太子而自责,心中忧闷而病倒。

靳载章收留太子和"皇姑"的事渐渐被人们传开了,章丘知县将此事汇报了朝廷。当时,顺治皇帝正在收买明朝官员,对明朝有功德的官员和抗清官员都予以表彰。当顺治帝得知靳载章收留太子和公主后,被靳载章的义举所感动,拨银两对靳载章进行安抚。并下旨让济南府召集名工巧匠为靳载章盖起了阁楼,这便是现在西王黑村保留完好的"望景楼"。"望景楼"表面意味靳载章有高瞻远瞩眼光,更深的寓意是表明清政府有宽广的胸怀。顺治皇帝在表彰靳载章的同时,还给"皇姑"以俸禄,让其生活顺心自在。1646年正月十五,靳载章病故,皇帝传旨为靳载章发七日大丧,并沿街扎棚,还从北京送来两盏宫灯。灵棚从靳载章的大门一直扎到墓地,足够三里地长,发丧的场面非常隆重。皇帝还下御旨,每年靳载章的祭日都要扎棚祭奠,以后西王黑村人便有了沿街扎棚的习俗。渐渐地,街棚变成了灯棚,成了庆元宵的一道风景。现在每年元宵节,周边村庄的人都去西王黑村观灯。靳载章去世时,皇姑身为侄媳披麻戴孝,跪哭谢恩。此后,皇姑与靳鲁坡夫妻恩爱、生儿育女,过着织布种地的田园生活。1684年皇姑之孙靳国佑考取功名,任浙江省孝丰知县。又过了二十多年,八十多岁的皇姑病故,由其孙靳国佑安葬,究竟葬在何处,现在也无人知晓。

日月轮换,光阴似箭。经几百年风吹雨打,现在皇姑故居的大门仍保留完好,门两旁那对蹲着的朝天猴似笑非笑。也许朝天猴想告诉人们,人间的命运、是非,谁都难以捉摸、预料……

二、古代文学

(一)散文

夜宿龙山
(宋)苏轼

予过济南龙山镇,监税宋宝国出王氏《华严经解》相示,曰:"公之于道,可谓至矣。"予问宝国:"《华严》有八十卷,今独以解其一何也?"宝国曰:"王氏谓我,此佛语深妙,其余皆菩萨语耳。"予曰:"予于《藏经》取佛语数句置菩萨语中,复取菩萨语置佛语中,子解识其是非乎?"曰:"不解也。""非独子不能,王氏亦不能。予昔在岐下,闻汧阳猪肉至美,遣人置之,使者醉,猪夜逸,置他猪以尝,吾不知也,而与客皆大诧,以为非他产所及。已而事败,客皆大惭。今王氏之猪未败尔。昔者买肉,娼女歌或因以悟,若一念清静,墙壁瓦砾,皆说无上法,而云佛语深妙,菩萨不及,岂非梦中语乎!"宝国曰:"唯,唯。"《东坡外集》

书《洛阳名园记》后
(宋)李格非

洛阳处天下之中,挟崤渑之阻,当秦陇之襟喉,而赵魏之走集,盖四方必争之地也。天下当无事则已,有事,则洛阳先受兵。予故尝曰:"洛阳之盛衰,天下治乱之候也。"

方唐贞观、开元之间,公卿贵戚开馆列第于东都者,号千有余邸。及其乱离,继以五季之酷,其池塘竹树,兵车蹂践,废而为丘墟。高亭大榭,烟火焚燎,化而为灰烬,与唐俱灭而共亡,无馀处矣。予故尝曰:"园圃之废兴,洛阳盛衰之候也。"且天下之治乱,候于洛阳之盛衰而知;洛阳之盛衰,候于园圃之废兴而得。则《名园记》之作,予岂徒然哉?

呜呼!公卿大夫方进于朝,放乎一己之私以自为,而忘天下之治忽,欲退享此乐,得乎?唐之末路是已。

廉先生序

（宋）李格非

齐郡有廉先生者，隐君子也。少时，一负书应举，既而不知其憎世丑俗欤？亦爱其身以有待欤？不然，得丧轻重已判于胸中欤？年未四十，惄然来隐于齐东湖山之麓，尽束其生平所读书置屋栋间，而独抱夫《易》以老焉。其大者，则格非智诚恐不足以知之。盖言所可知，以推其所未知者。则先生始来，筑室结庐，植竹数千，木数百。若甚暇且易，而其坚完蕃茂，它人毕力莫能及。人疑之曰："此先生筑室植木有术。"既而又见其种田百亩，活十余口，年岁无不给。则曰："是必能化黄金。"后四十年，考其寿，当八九十，而见其犹有童颜也。则曰："必能饵丹。"人数以告，先生泛焉受之不辞。或从而求其术，则告之曰："是安得术？吾于筑室植木也，知不以彼之成坏，易吾之诚；于家也，知不以彼之盈虚，夺吾之常理；于身也，知不以思虑撄情吾之胸中。如是耳，安得术？虽然，若有问治天下国家者，吾亦将以是语之。"其友王文恪公既显，欲荐之朝，度先生不可屈，乃止。治平中，诏求遗逸，刺史王才叔将迫先生行，先生阴使人进其弟子胡鄙，虽鄙终身不知也。格非之兄和叔，以为其不苟，于古可似黔娄。其难际似叔度，其藏节匿行使世莫得名。其高则非仲长子光不可偕也。以考夫功业，则疑其数十年间，天下之人，有时忠顺，岂乐之意，莫知其然而作；忽戾之人，亦有时乎！悔艾之心，莫知其然而作。天地之气，其容与调畅，足以养万物而秀嘉草者，恐斯人与有功焉！唯吾同里人，质之区区亦欲籍之以告，请议之伯。

元丰八年九月十三日，绣江李格非文叔序

金石录后序

（宋）李清照

右《金石录》三十卷者何？赵侯德父所著书也。取上自三代，下迄五季，钟、鼎、甗、鬲、盘、匜、尊、敦之款识，丰碑大碣、显人晦士之事迹，凡见于金石刻者二千卷，皆是正讹谬，去取褒贬，上足以合圣人之道，下足以订史氏之失者皆载之，可谓多矣。呜呼！自王播、元载之祸，书画与胡椒无异；长舆、元凯之病，钱癖与传癖何殊？名虽不同，其惑一也。

余建中辛巳,始归赵氏。时先君作礼部员外郎,丞相作吏部侍郎,侯年二十一,在太学作学生。赵、李族寒,素贫俭,每朔望谒告出,质衣取半千钱,步入相国寺,市碑文果实归,相对展玩咀嚼,自谓葛天氏之民也。后二年,出仕宦,便有饭蔬衣练,穷遐方绝域,尽天下古文奇字之志。日

■ 作品插图

就月将,渐益堆积。丞相居政府,亲旧或在馆阁,多有亡诗、逸史、鲁壁、汲冢所未见之书,遂尽力传写,浸觉有味,不能自已。后或见古今名人书画,一代奇器,亦复脱衣市易。尝记崇宁间,有人持徐熙《牡丹图》求钱二十万。当时虽贵家子弟,求二十万钱岂易得耶?留信宿,计无所出而还之。夫妇相向惋怅者数日。

后屏居乡里十年,仰取俯拾,衣食有馀。连守两郡,竭其俸入以事铅椠。每获一书,即同共勘校,整集签题。得书画彝鼎,亦摩玩舒卷,指摘疵病,夜尽一烛为率。故能纸札精致,字画完整,冠诸收书家。余性偶强记,每饭罢,坐归来堂烹茶,指堆积书史,言某事在某书某卷第几页第几行,以中否角胜负,为饮茶先后。中即举杯大笑,至茶倾覆怀中,反不得饮而起。甘心老是乡矣!故虽处忧患困穷,而志不屈。

收书既成,归来堂起书库大橱,簿甲乙,置书册。如要讲读,即请钥上簿,关出卷帙。或少损污,必惩责揩完涂改,不复向时之坦夷也。是欲求适意而反取惆栗。余性不耐,始谋食去重肉,衣去重采,首无明珠翡翠之饰,室无涂金刺绣之具,遇书史百家字不刓阙、本不讹谬者,辄市之,储作副本。自来家传周易、左氏传,故两家者流,文字最备。于是几案罗列,枕席枕藉,意会心谋,目往神授,乐在声色狗马之上。

至靖康丙午岁,侯守淄川。闻金人犯京师。四顾茫然,盈箱溢箧,且恋恋,且怅怅,知其必不为己物矣。建炎丁未春三月,奔太夫人丧南来。既长物不能尽载,乃先去书之重大印本者,又去画之多幅者,又去古器之无款识者,后又去书之监本者,画之平常者,器之重大者。凡屡减去,尚载

书十五车。至东海,连舻渡淮,又渡江,至建康。青州故第,尚锁书册什物,用屋十馀间,期明年春再具舟载之。十二月,金人陷青州,凡所谓十馀屋者,已皆为煨烬矣。

建炎戊申秋九月,侯起复,知建康府。己酉春三月罢,具舟上芜湖,入姑孰,将卜居赣水上。夏五月,至池阳,被旨知湖州,过阙上殿。遂驻家池阳,独赴召。六月十三日,始负担舍舟,坐岸上,葛衣岸巾,精神如虎,目光烂烂射人,望舟中告别。余意甚恶,呼曰:"如传闻城中缓急,奈何?"戟手遥应曰:"从众。必不得已,先去辎重,次衣被,次书册卷轴,次古器。独所谓宗器者,可自负抱,与身俱存亡,勿忘之!"遂驰马去。途中奔驰,冒大暑,感疾。至行在,病痁。七月末,书报卧病。余惊怛,念侯性素急,奈何病痁?或热,必服寒药,疾可忧。遂解舟下,一日夜行三百里。比至,果大服柴胡、黄芩药,疟且痢,病危在膏肓。余悲泣,仓皇不忍问后事。八月十八日,遂不起,取笔作诗,绝笔而终,殊无分香卖履之意。

葬毕,余无所之。朝廷已分遣六宫,又传江当禁渡。时犹有书二万卷,金石刻二千卷,器皿茵褥可待百客,他长物称是。余又大病,仅存喘息,事势日迫,念侯有妹婿任兵部侍郎,从卫在洪州,遂遣二故吏先部送行李往投之。冬十二月,金人陷洪州,遂尽委弃。所谓连舻渡江之书,又散为云烟矣。独馀少轻小卷轴、书帖,写本李、杜、韩、柳集,世说,盐铁论,汉唐石刻副本数十轴,三代鼎鼐十数事,南唐写本书数箧,偶病中把玩,搬在卧内者,岿然独存。

上江既不可往,又虏势叵测。有弟远,任敕局删定官,遂往倚之。到台,台守已遁,之剡。出陆,又弃衣被走黄岩,雇舟入海奔行朝。时驻跸章安,从御舟海道之温,又之越。庚戌十二月,方散百官,遂之衢。绍兴辛亥春三月,复赴越。壬子,又赴杭。先侯疾亟时,有张飞卿学士,携玉壶过视侯,便携去,其实珉也。不知何人传道,遂妄言有颁金之语,或传亦有密论列者。余大惶怖,不敢言,亦不敢遂已,尽将家中所有铜器等物,欲赴外廷投进。到越,已移幸四明。不敢留家中,并写本书寄剡。后官军收叛卒,取去,闻尽入故李将军家。所谓岿然独存者,无虑十去五六矣。惟有书画砚墨可五七箧,更不忍置他所,常在卧榻下,手自开阖。在会稽,卜居土民钟氏舍,忽一夕,穴壁负五箧去。余悲恸不已,重立赏收赎。后二日,邻人钟复皓出十八轴求赏,故知其盗不远矣。万计求之,其余遂牢不可出。今知尽为吴说运使贱价得之。所谓岿然独存者,乃十去其七八。所有一二残零不成部帙书册,三数种平平书帖,犹复爱惜如护头目,何愚也邪!

今日忽阅此书,如见故人。因忆侯在东莱静治堂,装卷初就,芸签缥带,束十卷作一帙。每日晚吏散,辄校勘二卷,跋题一卷。此二千卷,有题跋者五百二十卷耳。今手泽如新而墓木已拱,悲夫!

昔萧绎江陵陷没,不惜国亡而毁裂书画;杨广江都倾覆,不悲身死而复取图书。岂人性之所著,死生不能忘之欤?或者天意以余菲薄,不足以享此尤物耶?抑亦死者有知,犹斤斤爱惜,不肯留在人间耶?何得之艰而失之易也?呜呼!余自少陆机作赋之二年,至过蘧瑗知非之两岁,三十四年之间,忧患得失,何其多也!然有有必有无,有聚必有散,乃理之常。人亡弓,人得之,又胡足道!所以区区记其终始者,亦欲为后世好古博雅者之戒云。

绍兴二年玄黓岁壮月朔甲寅,易安室题。

建 置 论

(明)杨循吉

章丘者,山东济南府之县也。其地东抵邹平,南接莱芜,西通历城,北走齐东,凡广西四十里,袤一百六十里,汉文四年五月甲寅于此筑城,封齐悼王刘肥之子安为阳丘侯,本阳丘食邑,十六年侯偃。嗣,景四年坐出界,贬为司寇,邑除。遂改阳丘县。属济南郡。又分置菅县,朝阳县,东汉省阳丘,朝阳,置东朝阳,属济南国。晋废菅,入东朝阳,属乐安国。宋置卫国县,属顿丘郡。北齐天保七年,废东朝阳,置高唐县于女郎山之南,因汉黄巾城也,隋开皇十六年以博州亦有高唐,改为章丘,取县北山章丘为名,隶齐郡,改卫国曰亭山。又置朝阳。十八年改朝阳为临济。又置菅城,大业初复省。唐武德三年隶谭州,贞观元年改齐州,属济南郡。元和十三年省亭山,入章丘。宋咸平四年废临济为镇,景德三年改置清平军于县北。熙宁三年废军仍为县,属济南府,金因之。元隶济南路。国朝大元年十二月,大将军徐达,常遇春统兵至境,元山东行省郎中王文瑞,本县达鲁花赤、普敬奴等率众归附,仍属济南府。城高三丈五尺,周围六里,其门南曰明秀,北曰清平,东曰绣江,西曰锦川,在山东兹维钜邑。后带川泽,前控群山。厥土肥沃,宜黍稷,其西多水,田宜稻。居人兼有桑、枣、鱼、虾之利。地皆平衍,四通八达无阻险。盖济青之侯襟,登莱之要冲也。其风俗农乐耕作,士知礼让。广而不肆,朴而易教,则以密迩大藩。人物众庶,广衍腴饶,衣食丰羡之所致也。县衙在城内东北隅,有乡六,里百有三,户一万三千一百七十。近岁以来累历材令,故得城堞修治,廨宇完洁,称济南之县莫先焉。

章丘名义辨

(明)陈德安

章丘故有志,吴郡杨君谦作也。其事备其词文其志之最优者欤。愚于退日取而观之,至其建置总论及所在境内诸山,则不能无疑焉。然后喟然叹曰:"嗟乎,君谦之志亦尚有误哉。"愚殆不能以不辨也。何也?夫章丘者,其名义载在《尔雅》、《说文》,《说文》云:"丘土之高也,非人所为也。"《尔雅》云:"上正章丘。"《注》云"平顶也,是知章丘之名。"盖取诸此矣。况城之中央有土高大,其上平,正得非章丘之所以名焉者乎。今《县志》乃曰:"北齐天保七年度东朝阳置高唐县于女郎山之南。隋开皇十六年以博州亦有高唐改为章丘,取县北山章丘为名。"夫既曰县建于女郎山之南,而又取县北山章丘为名,则知《县志》欲以女郎山为章丘矣。不识所谓章丘者,果当以《县志》为是乎?抑以《尔雅》、《说文》为是乎?如果以《尔雅》、《说文》为是,则凡《县志》之云云者,不亦有误也哉。况女郎者在城之北,蜿蜒起伏,调廻数里,乃石山非土丘也。其上虽有古塚者三,然已不可究诘为谁氏矣,而《县志》乃引《三齐记》:"章亥有三女溺死葬此"故名。殊不思章亥之说乃《三齐记》之谬论也。恶可据以为证乎?虽曰信以传信,疑以传疑,乃史家记事之常,然亦当考其所谓章亥者为何时人,以何书可徵也。惟作志者不察而用之,此其所以为失也。夫章亥者,岂终于无可考哉,愚盖尝考之《淮南子》矣。其《地形训》有云:"禹使大章,竖亥者"乃二人,非一人也。而今通作一人焉可乎?不可乎?愚又考《淮南子》载章亥之事,不别见之经典,似难于据信而轻用矣。彼记三齐者,不惟用之而乱其名。且又有三女葬此之说是何如?其谬妄哉。今君谦作志,而袭用其说,既不深抵其非,乃复赘,二说于其后云:"山之高塚见存者或云子张之墓,非章女也"。又云:"非鲁子张,乃齐匡章子也。"凡此皆不读《尔雅》、《说文》之过。故欲多为之说而翼有一是者也。不知章丘之章又果为子张,匡章之章否乎?呜呼,作志者舍《尔雅》、《说文》而不用,而用此不经之说,固《三齐记》之失,亦君谦之失也。是恶可人不辨乎?愚生也晚其于君谦之志,固不当辄加抵议,但此乃一县之名义,所在其系非轻,则诚有不容不辨焉者,是故书而藏诸箧笥以俟高明君子订之。

浚渠私说
(明)李开先

章城西北,有一湖区,名曰白云湖。东接湄河诸山七十二峪,西灌鹅女沟七十二渠。溪谷缕注,众水潴而为湖,白云英英出其中,湖因以名。重青浅碧,拖练柔蓝,春艳秋辉,朝浓暮淡,一日之间,虽云异态,一岁之间,俱是奇观。向尝拉伴嬉游,至于湖心,舟中仰面,人烟了不可见,唯水与山连,山与天连,山如锦屏,天如华盖。俯仰天地,表里湖山,信为一方之浩壤,而三齐之水府也。自水泽渐消,旧去城近,今则微远,周回原四十里,今亦减消多矣。退田可种大、小二麦,湖中有蒲苇菱芡鱼蟹之利。古云:"天地之气,融而为川,"又云:"形止气蓄,化生万物。"此湖不唯可放酒杯,助吟笔,而形胜利用,亦侈于他所。但逢夏秋之际,山水泛涨,湖埠能容,北岸里许,至水寨镇西,径入小清河去矣。河之北岸,有古闸一处,借蒋家口北通盐河古道,转而之东,民资灌溉其便,自古闸损坏,西冲一口,其水进入蒋沟。灌溉失望,居民曾有上控,抚台批行屯田道转引本县,粘差委官督同夫役,将古闸以西,开挑月渠,以泻湖水恶势,高下均得其利。埠意水复为灾,屡修屡坏,以致小清河干涩,大众忧虞。此必置闸下桩,破财殚力,方为经久之计,且免偷决之患。然尤有大可虑者,若有如正德十三年大水,云雷掠地,风雨催山,蛟龙震怒,牛马不分,万姓将与鱼鳖同居,僵尸顺流而下,此闸虽不可伤,而修复城南古堤,坚筑四壁城隍,以杀水势,以保市廛,且未及详陈,唯浚渠乃一小小节目,可刻日成功,然民埠可与图始,官唯欲其省事,所以置之度外,日唯了却目前而已。因私说于此,以俟有公举者,特拉朽催枯,发蒙振落之易耳。杜预开六石,乐天穿六井。今岂多让乎古之人哉?

宝剑记序
(明)雪蓑

《琵琶记》冠绝诸戏文,自胜国已遍传宇内矣。作者乃钱塘高则诚,阃关谢客,极力苦心,歌咏则口吐涎沫,按节拍则脚点楼板皆穿,积之岁月,然后出以示人;犹且神其事而侈其说,以二烛光合,遂名其楼为"瑞光"云。予性颇嗜曲调,醉后狂歌,只觉【雁鱼锦】、【梁州序】、【四朝元】、【本序】及【廿州歌】等六七阕为可耳,余皆懈松枝蔓;更用韵差池,甚有一词四五韵者。是记则苍老浑成,流丽款曲,入之异态隐情,描写殆尽,音韵谐和,言辞俊美,终篇一律,有难于去取者;兼之起引、散说、诗句、填词,无不高妙者,足以寒奸雄之胆,而坚善良之心。才思文学,当作古今绝唱,虽《琵琶记》远避其锋,下此者毋论之。但不知作者为谁。予游东国,只闻歌之者多,而章丘尤甚,无亦章人为之耶?或曰:"坦窝始之,兰谷继之,山泉翁正之,中麓子成之也。"然哉?非哉?闻其对客洒翰,如不经意,才两阅月而脱稿矣。固不待持久,亦不借烛光为之瑞应也。果尔,是则词林之幸,而中麓之不幸也。近见有贻中麓书者,其略曰:"时从门下游者,候问行藏,云:多注疏古六经。或云:多通宾客歌舞酒弈,以自颓放;而其所著者,间或杂引谑噱之词。客或以此病之,然仆独窃笑客之陋者,又非所揣摩于贤者之深微也。天之生才,及才之在人,各有所适。夫既不得显施,譬之千里之马,而困槽枥之下,其志常在奋报也,不得不啮足而悲鸣。是以古之豪贤俊伟之士,往往有所托焉,以发其悲涕慷慨抑郁不平之衷。或隐于钓,或乞于市,或困于鼓刀,或歌、或啸、或击筑、或暗哑、或医卜、或诙谐驳杂;之数者,非其故为与时浮沉者欤?而其中之所持,则固有溷于世之耳目,而非其所见与闻者矣。"中麓复书曰:"仆之踪迹,有时注书,有时擒文,有时对客调笑,聚童放歌;而编捏南北词曲,则时时有之。大夫士独闻其放,仆之得意处,正在乎是,所谓人不知之味更长也。"观此。则其无于世可知也巳。近因贤内之丧,叹流影之似飞,悟人生之如寄,一切劳心事,罢弃不为,小令且难见之矣,况乎文与经解,及如《宝剑记》数万言耶!尝拉数友款予,搬演此戏,坐客无不泣下沾襟。恐其累吾道心,酒半而先逃;然犹为此言者,将以阐其微而表其素。有才如此,使之甘为沟中之鲫,不亦深可惜耶!过此以往,将与之嘘吸冲和,珍摄元液,以图超出尘埃之外,而遨游蓬阆之区,不犹贤于征逐骚坛,坠落苦海耶?闻者若以为狂,则其狂滋甚矣!邑侯平冈,恐是记失传,托刻之。盖政而兼文者也。诚心直道,以翰林清贵而出是官,劳心抚字,苦志辞章,不知身为迁客,宜其有是举也。继此刻者,当不啻《琵琶记》之多。古有一艺成名者,以是刻名出高则诚之上,较诸得志一时富贵,必不肯相博也。若是者,则又中麓之幸矣。

醒世姻缘传(节选)

(清)西周生

且说那山中的光景。有一只《满江红》词单道这明水的景象:

四面山屏,烟雾里翠浓欲滴。时物换,景色相随,浅红深碧。涧水几条寒似玉,晶帘一片尘凡隔。古今来,总汇白云湖,流不息。屋鱼鳞,人蚁迹。事不烦,境常寂。遍桑麻禾黍,临渊鲤鲫。胥吏追呼门不扰,老翁华发无徭役。听松涛鸟语读书声,尽耕织。

有山水的去处,又兼之风雨调和,天气下降,地气上升,山光映水,水色连山,一片都是细细缊缊的色象。日月俱有光华,星辰绝无愆伏,立了春,出了九,便一日暖如一日,草芽树叶渐渐发青,从无乍寒乍热的变幻。大家小户,男子收拾耕田,妇人浴蚕做茧。渐次的春社花朝、清明寒食、亡论各家俱有株把紫荆海棠、蔷薇丁香、牡丹芍药,节次开来,只这湖边周匝的桃柳,山上千奇百怪的山花,开的就如锦城金谷一般。再要行甚么"山阴道上",只这也就够人应接不暇了。所以又有人做《满江红》词一阕,单道这明水的春天景象:

夭桃蕊嫩,柳飏轻风摇浅碧。草侵天,千林莺啭,满山红白。寒食清明旋过了,稻畦抢种藏鸦麦。刚昨宵雨过,趁初晴,晒被襈。晓耕夫,遍垄陌,春馌女,行似织。遇上巳赛社,少长咸集。前后东西都坐了,野翁没个来争席。直吃得大家头重脚跟高,忘主客。

挨次种完了棉花蜀秫、黍稷谷粱,种了稻秧,已是四月半后天气。又忙劫劫打草苦,拧绳索,收拾割麦。妇人也收拾簇蚕。割完了麦,水地里要急忙种稻,旱地里又要急忙种豆。那春时急忙种下的秋苗,又要锄治。割菜子,打蒜苔,此边的这三个夏月,下人固忙的没有一刻的工夫,就是以上大人虽是身子不动,也是要起早晚睡,操心照管。所以又有人做《满江红》词一阕,单道的明水夏天景象:

高敞茅檐,要甚么绮窗华屋?近山岩,水帘瀑布,驱除暑伏。庭院娟娟竹几个,门前树树浓荫绿。把闲书一本,趁风凉,高枕读。倦来时,书且束;睡迷离,将息日。待黑甜醒后,家常饭熟。食了斜阳炎气转,披襟散步清流曲。拣柳阴底下有温泉,沐且浴。

才交过七月来,签蜀秫,割黍稷,拾棉花,割谷铲谷,秋耕地,种麦子,割黄黑豆,打一切粮食,垛秸秆,摔稻子,接续了昼夜,也还忙个不了,所以这个三秋最是农活忙苦的时月。只是太平丰盛的时候,人虽是手胼足胝,他心里快活,外面便不觉辛苦。所以又有人做一只《满江红》词,单道那明水的秋天景象:

黄叶丹枫,满平山万千紫绿。映湖光玻璃一片,落霞孤鹜。沆瀣天风驱剩暑,涟漪霜月清于浴。直告成,万亩美田畴,秋税足。篱落下,丛丛菊;困窖内,陈陈粟。看当前场圃又登新谷。鱼蟹肥甜刚稻熟,床头新酒才堪漉。遇宾朋大醉始方休,讴野曲。

查牙山洞

(清)蒲松龄

章丘查牙山,有石窟如井,深数尺许,北壁有洞门,伏而引领望见之。会进村数辈,九日登临,饮其处,供谋入探之。三人受灯,缒而下。洞高敞与夏屋等。入数武,稍狭,即忽见底。底际一窦,蛇行可入。烛之,漆漆然暗深不测,两人馁而却退;一人夺火而嗤之。锐身塞而进。幸隘处仅厚于堵,即又顿高顿阔,乃立,乃行。顶上石参差危耸,将坠不坠。两壁嶙嶙峋峋然,类寺庙山塑,都成鸟兽、人鬼形:鸟若飞,兽若走,人若坐若立,鬼魅魍魉,示现忿怒;奇奇怪怪,类多丑少妍。心凛然作怖畏。喜径夷,无少陂,逡巡几百步,西壁开石室,门左一怪石鬼,面人而立,目努,口箕张,齿舌狞恶;左手作拳,触腰际;石手叉五指,欲扑人。心大恐,毛森森似立。遥望门中有蒸灰,知有人曾至者,胆乃稍壮,强入之。见地上列碗盏,泥垢其中;然皆近今物,非古窑也。傍置锡壶四,心利之,解带缚项系腰间。即又旁瞩,一尸卧西隅,两肱及股四布以横。骇急。渐审之,足蹑锐履,梅花刻底犹存,知是少妇。人不知何里,毙不知何年。衣色黯败,莫辨青红;发蓬蓬似筐许,乱丝粘着髑髅上;目、鼻孔各二;瓠犀两行,白巉巉,意是口也。存想首颠当有金珠饰,以火近脑,似有口气嘘灯,灯摇摇无定,焰缥黄,衣动掀掀。复大惧,手摇颤,灯顿灭。忆路急奔,不敢手索壁,恐触鬼者物也。头触石,仆,即复起,冷湿浸颔颊,知是血,不觉痛,抑不敢呻;坌息奔至窦,方将伏,似有人捉发住,晕然遂绝。众坐井上俟久,疑之,又缒二人下。探身入窦，见发胃石上，血涅涅已僵。二人失色，不敢入，坐愁叹。俄井上又使二人下；中有勇者，始健进，曳之以出。置山上，半日方醒，言之缕缕。所恨未穷其底极，穷之，必更有佳境。后章令闻之，以丸泥封窦，不可复入矣。

康熙二十六七年间，养母峪之南石崖崩，现洞口；望之，钟乳林林如密笋，然深险，无人敢入。忽有道士至，自称钟离弟子，言："师遣先至，粪除洞府，"居人供以膏火，道士携之而下，坠石笋上，贯腹而死。报令，令封其洞，其中必有奇境，惜道士尸解，无回音耳。

青云山游记
（清）李慎修

得山之趣，卷石皆奇；识水之情，盆池亦妙。古来佳境胜概，何地篾有，不遇高人韵士为之阐扬剔抉，则芜没于空山，无复有过而问焉者。如兰亭之激湍修竹，永州之西山钻姆潭，非山水之奇而右军子厚之奇之也。章丘城南酒坞有青云山，高不过数十仞，周围不过数里，而景物攒簇岩壑林木之胜。清泉出山之阴汇为池，甘洌澄深，瞻足大众，旧名玉龙泉。山上有石划"东南"二字，非镌非写，传为仙迹，亦不能究其由来也。山之东有大石作卧虎状，传为落星之精石。傍桃花园，有茅屋十数间。春夏之交，落英缤纷，林树蓊蔚，流泉潺潺其中，宛然武陵异境也。本坞有周生瑞庵，靳生子周俱能文章好风雅，朝夕觞咏其地。有阁有桥有石寨，俱颜以"连云"二字合之。山水石园得景凡有八焉。乾隆已巳之立夏日，太学生周子均衡，邀余登眺赏览，其同游者韩缙云、司马胡赤诚、廪生彭亮采、周作楫、周清庵三上舍相与临流坐石，饮酒赋诗，虽曾氏子沂水春风之乐不是过也。诸公曰："是不可不书以贻后之君子。"乃为文以记之。

乾隆十四年三月十九日雪山李慎修题并书。

登摩诃顶记
（清）韩尚夏

长白山，一名副岳，言其其东岳之副也。癸酉岁，余馆于长白山麓，九月十九日与同学乘兴登高，遂陟摩诃之颠。摩诃者，长白群峰中之最高，第一峰也。于斯时也，身立云霄，神遇八极。固已出乎人世间，而与造物者游矣。俯视下方,树叶红紫交映,遍满涧谷中,霜叶如花,谁为绚染,是色是空悠悠可思也。遥望川流,如练如带,环绕烟村,城郭间白气弥漫,若断若连,逝者,万古如斯也。长白之北麓,潴水成湖,日光浮耀,水面望之如镜,僧人普徽为余言:"仙灯,神迹或一年再见,或数岁一见,当春夏之夜,仙灯自湖之中央狐台来,但见风驰雨骤,万灯辉煌,一望悬崖峭壁及殿阁林木之上,无非仙灯悬挂照耀。又如亿万荧光飞舞空隙。逢人则衣袖间俱是灯火,以手捉之则散,灯随风雨来,还随风雨熄。星又灵奇,恍惚而不可思议者矣"。

又述其祖师性喜和尚有道术,能点石为金,创修昆卢殿、如来阁,禅规盛比丛林。摩诃四周奇峰环绕,势若星拱,和尚俱赐以嘉名,其峰曰,"小五台"某峰曰:"小金山"皆四海内名山名其山也。盖一山而天下宝山尽在此矣。

鹫岭须弥,岂待他求耶。昔赵季仁谓罗景伦曰:"吾愿看尽天下好山水"伦曰"尽则安能?但于身到处,勿轻放过耳。"余为转一语曰:"但于身到处不轻放过,则已尽天下好山水矣。"性喜和尚之名其山也,固得一指头禅而用之,不尽者哉。嗟呼!性来而摩诃兴,性喜去,而摩诃亦荒凉矣。今且昆卢回禄阁,欲复隍,废兴成毁,固相寻于数,而不可逃耶。要于真常之道,则不以是而有所增减也。兹游也,同行童冠凡十有二人,升自小院,归缘石峪,相与探山水之幽奇,参动静之机,缄谓之游也可,仍为之学也可。

猗玕洞记

(清)李绪明

梭山之襟隙,地半亩,泉可手汲,山堪卧。游啸园,主人顾而赏之,因面南峰,成小洞,上敞方孔,达天气也。下凿斗池,通地窍也。置石几,以迟清友。横木桥,以断径,洞之外疏竹吟风,澄溪洗月,洞之内,甘泉流碧,嘉鲤浮金。每伏腊阴晴,蓬跣偃仰其中,徂暑不暑,祁寒不寒,主人乐也,主人苦为俗容所𪮖,门内一水,愿割鸿沟,中室幽窈,聊当隔尘。称名猗玕,仿元次山故事也。次山避难猗玕洞,号猗玕子。主人畏俗客,不啻巨难,故亦以名。

太平广记·张长史

唐监济令李回,妻张氏。其父为庐州长史,告老归。以回之薄其女也,故往临济辱之,误至全节县。而问门人曰:"明府在乎?"门者曰:"在。"张遂入至厅前,大骂辱。全节令赵子余不知其故,私自门窥之,见一老父诟骂不已。而县下常有狐为("为"原作"鸟",据明抄本改)魅,以张为狐焉。乃密召吏人执而鞭之,张亦未寤,骂仍恣肆。击之困极,方问何人,辄此诟骂。乃自言吾李回妻父也,回贱吾女,来怒回耳。全节令方知其误,置之馆,给医药焉。张之僮夜亡至临济,告回。回大怒,遣人吏数百,将袭全节而击令。令惧,闭门守之。回遂至郡诉之,太守召令责之,恕其误也。使出钱二十万遗张长史以和之。回乃迎至县,张喜回之报复。卒不言其薄女,遂归。

(二)诗词

大 东
(周)谭子

有饛簋飧,有捄棘匕。
周道如砥,其直如矢?
君子所履,小人所视。
睠言顾之,潸焉出涕。

小东大东,杼柚其空。
纠纠葛屦,可以履霜。
佻佻公子,行彼周行。
既往既来,使我心疚。

有洌氿泉,无浸获薪。
契契寤叹,哀我惮人。
薪是获薪,尚可载也。
哀我惮人,亦可息也。

东人之子,职劳不来。

西人之子,粲粲衣服。

舟人之子,熊罴是裘。

私人之子,百僚是试。

或以其酒,不以其浆。

鞙鞙佩璲,不以其长。

维天有汉,监亦有光。

跂彼织女,终日七襄。

虽则七襄,不成报章。

睆彼牵牛,不以服箱。

东有启明,西有长庚。

有捄天毕,载施之行。

维南有箕,不可以簸扬。

维北有斗,不可以挹酒浆。

维南有箕,载翕其舌。

维北有斗,西柄之揭。

注:谭子,周代谭国大夫,谭国治所在城子崖,位于现在的章丘市龙山街道办事处。周朝把离国都镐京近的诸侯国叫小东,距镐京远的如齐国、谭国等称大东。该诗选自《诗经·小雅》,作于公元前1050年左右,距今三千多年,是章丘最早的诗歌。

饭 牛 歌

(春秋)宁戚

南山矸,白石烂,生不遭尧与舜禅。短布单衣适至骭,从昏饭牛薄夜半,长夜漫漫何时旦?

沧浪之水白石粲,中有鲤鱼长尺半。敝布单衣裁至骭,清朝饭牛至夜半。黄犊上坂且休息,吾将舍汝相齐国。

出东门兮厉石班,上有松柏兮青且兰。粗布衣兮缊缕,时不遇兮尧舜主。牛兮努力食细草,大臣在尔侧,吾当与尔适楚国。

平 陵 东
（汉）翟义门人

平陵东,松柏桐,不知何人劫义公。

劫义公,在高堂下,交钱百万两走马。

两走马,亦诚难,顾见追吏心中恻。

心中恻,血出漉,归告我家卖黄犊。

横吹曲辞·关山月
（唐）崔融

月生西海上,气逐边风壮。

万里度关山,苍茫非一状。

汉兵开郡国,胡马窥亭障。

夜夜闻悲笳,征人起南望。

长白山谣
隋代民谣

长白山前知世郎,纯着红罗绵背裆。长槊侵天半,轮刀耀日光。

上山吃獐鹿,下山吃牛羊。忽闻官军至,提刀向前荡。譬如辽东死,斩头何所伤。

郊庙歌辞·仪坤庙乐章·雍和
（唐）贠半千

孝享云毕,惟彻有章。云感玄羽,风凄素商。

瞻望神座,祗恋匪遑。礼终乐阕,肃雍锵锵。

如 梦 令
（宋）李清照

常记溪亭日暮,沉醉不知归路。
兴尽晚回舟,误入藕花深处。
争渡,争渡,惊起一滩鸥鹭。

绣 江
（金）元好问

长白山前绣江水,展放荷花三十里。
看山水底山更佳,一堆苍烟收不起。

女 郎 山
（清）蒲松龄

当年曾此葬双环,骚客凭临泪色斑。
远翠飘摇青郭外,小坟杂沓乱云间。
秋郊罗袜迷榛梗,月夜霜风冷珮环。
旧迹不知何处去,于今空说女郎山。

易安居士故里诗
（清）李廷桨

闺秀钟灵处,停车落日时。
溪光留宝镜,山色想峨眉。
九日黄花语,千秋幼妇辞。
自随兵舫去,谁更续江篱。

李开先咏百脉泉诗五首

一

水劲无过济,脉泉更著名。
不霜清见底,漱石寂无声.
颗颗如珠碎,沄沄比镜平。

不能容小艇，但可濯长缨。

二

景物东南胜，泉佳不可名。
池清能照影，风激始闻声。
绕寺流还细，过桥势与平。
卜居无定所，此可解尘缨。

三

四渎同归海，伏流济擅名。
隐沦宜此地，经济愧嘘声。
阅世风斯下，令人气不平。
如闻邻里斗，救亦不冠缨。

四

高名何足贵，渔夫可逃名。
池上垂钓影，滩头撒网声。
一轮山月小，千顷暮云平。
蓑衣虽是草，不欲换簪缨。

五

一丘新隐姓，百脉旧嘉名。
时有山獐下，长闻水鸟声。
林居有足乐，世事不能平。
北虏南倭寇，何人为请缨。

嘉靖三十年仲秋望月中麓山人李开先书

319

第四部分

风景名胜

第一章

百脉泉景区

国家 4A 级旅游景区

联合国"全球优秀生态旅游景区"

一、百脉泉广场

百脉泉广场位于汇泉路中段,因毗邻百脉泉公园而得名,2001 年 11 月 18 日建成,是一处集泉水、园林和休闲为一体的开放式广场,占地 100 亩,整体规划以百脉泉泉水文化为主题,以篆体"泉"字为基本框架。

广场的整体结构为 L 形,自东向西为公园广场、市政广场、中心广场、静趣广场、动感广场和寺前广场,引长 660 米的泉水主河道为水脉流线,承袭古篆"泉"字之形,绕场环护。清澈的泉水从东面公园大门两侧水池中喷涌而出,沿形态各异的河道蜿蜒西进,曲折往复,层层跌落,经市政广场,绕中心广场,穿静趣、动感广场,过寺前广场进入龙泉寺,汇墨泉水道,回百脉泉湖内,又回归本源。

广场最东边是公园广场。它原是百脉泉公园南面的一部分,为将更大的空间还给人民,特地将公园南墙后移 30 余米,保留原公园大门,将耳房改成水榭,并配以汉白玉栏杆,更显得古香古色,庄重威严,四周全部用大理石板材铺成,平整洁净。往西是市政广场,原是市委办公大院,市委带头拆墙透绿,还绿于民,将市委大院开辟成绿地,并安置了许多石凳,供游人休憩纳凉。因白杨参天,鸟语花香,每天清晨前来晨练的人络绎不绝;而当夕阳西斜时,耄耋老人携孙带女来此,更是其乐融融。

■ 百脉泉广场

　　中心广场位于广场的中心。她以百脉泉泉韵为主题,直径100米,呈4个层面、11级阶梯依次降沉,可同时容纳3000人集会或观赏文艺演出。中心广场的北面是音乐喷泉,直径30米的圆形凸显平台全部用红色的大理石铺成。平台的北面,分三行弧形排列着100根不锈钢钢柱,即100个水柱式音乐喷泉口,寓意百脉泉永远喷涌不息,是整个音乐喷泉的一部分。广阔的平台上还镶嵌着100个形态各异的石刻的"泉"字,篆、隶、行、楷,流派纷呈,各有千秋。在石板之间,分若干组,呈弧形安装着557个音乐喷头,完全由电脑编程控制,使流水随着音乐的奏鸣,左右摇摆,起伏变化,组成各种喷水造型。在水柱式喷泉前面,还有一集束喷泉,喷出的水柱高达30米。每当音乐响起,水柱式喷泉首先喷涌,100根水柱同时喷出20米高的水柱,哗哗落下,如雪涛奔泻,似瀑布跌降,气势磅礴,景象壮观。随之平台上的500多个音乐喷头喷出一束束水线。前后交错,左右摆动,像少女翩翩起舞,婀娜多姿。随着音乐的变化,时而雄壮有力,时而柔软缠绵;时而大鹏展翅,跃跃欲翔;时而孔雀开屏,雍容华贵。水柱盘旋上升,如蛟龙出水,扇面飞旋,集束喷泉腾空而起,直上云天,瞬息下落,撒下漫天水雾,随风飘逸,凉爽宜人。如果是夜晚,水下的彩灯齐放,五光十色,与腾空的水柱交相辉映,流光异彩,彩练当空,更组成一片梦幻般的世界。在凸显平台的四周建有一条河道,喷泉喷出的水都汇集到河道里,缓缓南去。至南面有一个长5米的缺口,水从这里自然跌落下来,形成落差近2米的瀑布,甚是壮观。在瀑布下落的石壁上,镶嵌着"百脉泉广场"五个镏金大字,在阳光下熠熠生辉。音乐喷泉的东西两侧各有5个直径1米的大理石磨光石球,意取"百脉寒泉珍珠滚"之意,更增添了广场的文化内涵。在喷泉的身后矗立着8组水晶灯,每组由68盏小灯组成,与南面的水晶灯一起,将整个广场的夜晚照耀得灯火通明,宛如白昼。

从中心广场向北便是静趣广场和动感广场。这里西面是人造的山峦,一直延伸到寺前广场,南低北高,逶迤上升,上面绿草茵茵,古柏苍劲,并配有凉亭坐椅,可移步小憩。山东边依次是三个小型广场,一条小河蜿蜒流过,河的南端建有用卵石叠成的五层水坛,北面河道是用山石浆砌的,山石叠立,依次向北形成层层落差,河中水流潺潺,岸上绿草苍翠。广场最北端是寺前广场,中心有四个巨大的"泉"字顶头相连,泉水可以在水沟中流动,寓"清泉石上流"之意。四周摆放古香古色的松树盆景,与紫壁黛瓦的龙泉寺巧妙结合,相得益彰。

在广场西南面立有《百脉泉广场记》碑,记述广场建造之经过,碑文如下:迎世纪曙光,沐千年金风。二〇〇一年十一月十八日,百脉泉广场落成于易安故里,百脉泉畔。章丘东齐名邑,因水而润;明水千年古镇,缘泉钟灵。百脉泉蜚声中外。《齐乘》云:历下众泉,西则趵突为魁,东则百脉为冠。故广场以百脉冠名。

百脉泉广场设计精巧,建筑宏伟,展现了勤劳勇敢的章丘人民惜泉爱水,勇于进取的博大胸怀,是章丘经济不断腾飞所取得的巨大成就之一。

二、百脉泉公园

百脉泉公园坐落在一代词宗李清照故里——章丘市明水。始建于1986年,总面积20万平方米。由著名园林专家孙筱祥先生总体设计。以独有的自然泉水为主题,潜心巧妙架构,刻意追求意境,达到了源于自然又高于自然的艺术效果。

百脉泉公园以泉水自然喷涌成湖而著称,因有颇负盛誉的百脉泉而得名。

■ 百脉泉公园

百脉泉为济南七十二名泉之一,号称明水诸泉之首。历史上与济南趵突泉齐名,宋代大文学家曾巩有云:"岱阴诸泉,皆伏地而发,西则趵突为魁,东则百脉为冠"(《齐州二堂记》)。百脉诸泉之水,汇而成明水湖。湖面烟波荡漾,清澈如镜,重青浅碧,拖练柔蓝;湖中水草袅袅,鱼翔浅底,绿叶红鳞,相映成趣。秀丽的泉水部落,优雅的园林景致,百脉泉公园已经成为中国北方独具特色的泉景公园。吸引着国内外的朋友前来观光游览。年接待游客50多万人次。英国原考文垂市市长游园后对陪同人员说:"我到过世界许多地方,从城市往外淌的都是污浊的脏水,唯独你们的城市向外流的是纯净的泉水,真是让人流连忘返!"泉清水秀的百脉泉公园,大大提高了章丘明水的知名度,"济南泉水甲天下,明水泉水甲济南",是广大游客对它的美好赞誉。

百脉泉公园,因地缘势,随高就低,顺着水的流向,从南而北,再而西北,沿水之滨依序布置景点,逐层逐次展开园林画面。采取对比和对景、借景的艺术手法,将整个园林划分为自然风光区、龙泉寺、清照园三大部分。一入园门,便是自然风光区,区内又分别设计有儿童乐园区、幽静学习区、密林散步区、花园景树区、名泉水景区,徜徉其中,步移景异,引人入胜。层次变化丰富,意韵含蓄深远。名泉水景区是整个园林的主景区,它以明水湖为中心,抒发诗情画意。夹岸、水中,掇山叠石、峭拔岩峻、玲珑空透。假山之上陡起一阁,名汇泉阁,取百泉汇波之义。登阁俯瞰,可观整个园林布局,极目远眺,市治明水的现代神韵一览无余。阁下湖边,建有二亭:濯缨亭和漪漪亭。飞架水上的龙门、合璧两座大理石拱桥,将湖划分为三面。南湖小巧空溟,北湖波平浪细,西湖水深流急。荡舟湖心,举头仰望,水色天光,相映生辉,令人心旷神怡。西湖北有绣江亭,湖水从亭下北流为绣江河。

龙泉寺,雄踞在百脉泉北岸,为济南地区著名佛寺。始建于景泰元年(1450年),原名隆泉寺,嘉靖年间重修后,易名龙泉寺。由于历史的风剥雨蚀,配殿早已废圮,现仅存大殿梵王宫。经1996年重修改造,面貌焕然一新。殿内,佛像金碧辉煌,壁画形象生动,是善男信女礼佛参禅的所在。伫立梵王宫前,云蒸霞蔚的湖光山色尽收眼底,如在潇湘仙境,使人神致飞动。殿下之百脉泉,由品形并列的三大方池组成,中架石桥相通。池内,百脉沸腾,出神入化;涌珠浮翠,透泄天真,堪称天下奇观。历代文化名人在她身边流连忘返,酣畅吟咏。留下了许多佳词丽句,精美石刻。让游客在观泉的同时得到一种文化享受。

清照园位于百脉泉公园西北角,为纪念绝代词女李清照而兴建。这是一座集中国南北园林风格于一体的园中之园,园内设有李清照纪念馆,1997年5月建成开放。园门外东侧竖有复原的李格非《廉先生序》碑,这是李清照原籍明水的证据。西侧耸立着由当代著名书法家舒同题写的"一代词宗"石碑。园门正中悬挂着著名书法家康殷题写的匾额"清照园"。二门厅榭下竖立着由著名雕塑大师钱绍武亲手雕制的李清照塑像,形象逼真,栩栩如生。这位旷世才女,紧蹙双眉,昂然远瞩的英姿,令前来瞻仰的游客油然而生忧患之情,爱国之思。

清照园仍以泉水为主题,园内1500平方米的水面由漱玉泉、梅花泉汇合而成。梅花泉蔚为壮观,五股泉水同时同量喷涌鼓动,状如梅花开绽,其形其势均已超过济南的趵突泉。二门匾额取名"龙泉漱玉"旨在说明是明水的灵山胜水孕育了李清照和漱玉词。环水而建的楼台亭榭,多以李清照诗文中的词义命名。吟风榭、感月亭隔水而立。吟风榭西去,长廊蜿蜒,通达李清照纪念馆序厅,转南向东为溪亭,亭西为碑廊,这里镶嵌、林列着舒同、沈鹏、刘炳森、欧阳中石、康殷、康雍、尹瘦石等五十多位知名书法家的书法碑刻,园中匾额、楹联也多由他们题写。内容丰富,风格迥异,流派众多,具有极高的学术价值。碑廊以北为纪念堂前院,西配房名文叔斋,内展李清照之父李格非的生平、著作和《廉先生序》原碑残石拓片,昭示着李清照的家学渊源。正殿为漱玉堂,是李清照纪念馆的主展室,里面陈列着李清照年谱和历代各种版本的李清照著作以及国内外李清照研究的专著和文章。由山东省著名画家孙墨龙、吴泽浩、于文江、韦辛夷创作的十八幅行迹图,展现了李清照壮怀激烈的一生。穿堂而过到达后院,西配房为金石苑,内展李清照之夫赵明诚的《金石录》及李清照的《金石录后序》等金石资料。正殿名燕寝凝香,为模拟之李清照夫妇寝室,中有一组体现其伉俪和美的"斗茶"雕塑,活灵活现,惟妙惟肖。临水而建的海棠轩,供游人品茗赏泉。轩内悬有章丘古代十大文化名人画像,可增加游客对章丘历史文化的了解。园中之主建筑易安楼,为二层外环廊式建筑,一楼布置文房四宝,为文人墨客乘风挥毫,尽抒雅情的精舍,二楼供游客登高望远,俯瞰清照故居全景。在全国现有的四座(济南、青州、金华、章丘)李清照纪念馆(堂)中,清照园自然景观最美、建筑规模最大,文化品味最高、馆藏资料最全,代表着李清照学术研究的最新成果。

百脉泉公园实现了现代游憩生活内容与民族园林艺术形式的完美统一。优秀的传统文化在这里发扬光大,爱国主义教育基地在这里形成。百脉泉公园正以全新的面貌,欢迎八方来客,四海嘉宾的到来。在"2005 全球人居环境论坛"上,百脉泉公园景区被联合国国际交流合作与协调委员会授予"全球优秀生态旅游景区"荣誉称号。

李清照故居位于百脉泉公园西北隅,为纪念出生在明水的"一代词宗"李清照而兴建。它占地 1.8 万平方米,1997 年 5 月建成开放,这是一座集中国南北园林风格于一体的园中之园,园内设李清照纪念馆。在目前全国现有的 4 座(济南、青州、金华、章丘)李清照纪念馆(堂)中,容纳了 5 个之最,如建筑规模最大,自然景观最美,文化品位最高,馆藏资料最全等,代表着李清照学术研究的最新成果。

清照园建筑高雅,楼轩巍巍。楼台亭榭,曲径游廊,依泉架构,环水而建。园中匾额、楹联、碑碣、雕塑、图画等大量精湛高超的书法、艺术作品,均出自国内著名书法家和美术大师之手。

百脉泉位于章丘市区明水百脉泉公园明水湖西岸龙泉寺院内,在济南市七十二名泉中名列第二。北魏地理学家郦道元《水经注·卷八》称:"百脉水出土谷(鼓)县城西,水源方百步,百泉俱出,故谓之百脉水。"唐代《元和郡县

■ 李清照故居

图志·卷十》称："百脉水出县东北平地,水源方百步,百泉俱合流,故名之。"
金代《名泉碑》将趵突泉、百脉泉单独并列。元代《齐乘》称:"盖历下众泉,皆
岱阴伏流所发,西则趵突为魁,东则百脉为冠。"清道光《章丘县志》称:"百脉
泉位于县(绣惠镇)城南二十五里,明水镇东,绣江源也。方圆半亩许,其源直
上涌出,百脉沸腾,状如贯珠,历落可数,故名。"历代章丘县志都把"百脉寒泉
珍珠滚"列为章丘八景之一。泉池"品"字形,正面题刻"百脉泉"三个大字,两
边楹联"空明通地脉,活泼见天机"、"一泓清沁尘无染,万颗珠玑影自圆"、"绿
筠雨过色偏好,黄稻风来香细生"等为历代名家题写。

2004年10月1日,原中央政治局常委、全国政协主席李瑞环亲笔为百脉
泉题词"天下奇观"。2004年12月25日,委内瑞拉总统查韦斯到百脉泉公园
参观游览,欣然题诗,表达了这位远方异国贵宾对中国人民的深情厚谊和对章
丘古老历史文化及神奇泉水的赞叹。百脉泉公园被评为"2004年山东十大魅
力景点"。

梅花泉位于明水百脉泉公园内的清照园,为济南七十二名泉之一。亭、
台、楼、阁辉映下的一汪池水水面,五股清泉喷涌,宛若梅花,故名梅花泉。该
泉泉池面积约1800平方米,正常年的喷流量为0.5立米/秒。泉水五峰直上,

■ 百脉泉

■ 梅花泉

如盛开的花瓣,中心花蕊涌动,时波时涟。站在感月亭边,梅花泉畔、望吟风榭之雄姿,跨漫水桥头,便觉泉射雨丝,飞沫沾衣,阵阵凉意,丝丝泉风绕身,美不胜收。泉边李清照纪念馆内,碑廊多刻名人名句,漱玉堂展有李清照生平。文叔斋将李格非的名著及碑刻具实反映出来。整座清照园内步步有奇景,院院有文化,李清照坎坷的一生在其故居内完整地展现,为梅花泉增添了深厚的文化底蕴。海棠轩内,八棱桌前品茗泉,更是其乐无穷。

墨泉为济南七十二名泉之一,位于百脉泉公园龙泉寺西南侧,泉池呈方形,汉白玉雕砌,正常年流量0.3立米/秒。泉孔黝深,水色苍苍如墨而得名。泉眼直径0.4米,泉水腾涌而出,水清透明,泉水黝深,故名"墨泉"。墨泉水出自深部奥陶纪石灰岩岩溶裂隙,盛水期泉流量0.5立方/秒,水柱冲出泉口,声如雷鸣,雪涛飞溅。注入石渠,浩浩而下,有"一泉成河"的美誉。泉池前后刻"墨泉"二字,为大书法家舒同先生题写。字体方正浑厚,"颇具魏晋飘逸之气,含篆籀之义理,得分隶之谨严",墨泉所在位置在1966—1980年曾是章丘县委家属住院,时任中共山东省委书记的舒同先生居此。

■ 墨泉

万泉湖原址叫东麻湾,为济南七十二名泉之一。1959年开凿为明水湖,现改名为万泉湖,湖内群泉密布,以泉水自然喷涌成湖而著称。湖面面积67000平方米,烟波荡漾,清澈如镜。泉水明净至洁,纤尘不留,是北方独具特色的泉水景观。整个湖面被龙门桥和合璧桥分为三大部分,龙门桥南面为南湖,北面为北湖,北湖与合璧桥相连,合璧东面为东湖。在万泉湖岸边,建有漪亭、濯缨亭、曲桥等小品建筑,为整个万泉湖增添无限生机。

■ 眼明泉

眼明泉位于明水西麻湾,2004年10月建成开放的眼明泉公园就是以此泉命名。泉水出自奥陶纪石灰岩断层裂隙,正常年泉水上涌高出地面数尺,水花四散,蔚为壮观,盛水时期泉流量0.5立方米/秒,附近有宏伟的眼明泉大桥。据民间传说,此泉水冬温夏凉,寒冬不结冰,雪花落之泉即溶,称之为"仙泉"。附近居民用泉水洗脸,少年不近视,老年不花眼,故有"眼明泉"之名。

漱玉泉位于百脉泉公园清照园内,泉池圆形,直径3米,深0.5米,形若圆盘,泉中池底铺鹅卵石,泉喷水花色白如玉,喷高可达数尺,水落池中如玉石片片,碧水洗白玉,浩纯无暇故名白玉泉(漱玉泉),更与墨泉遥相呼应,一黑一白,一暗一明,共汇绣江。给李清照故里增添了一幅秀丽的画卷。仰首西望,易安楼琴声阵阵,海棠轩茗香轻飘,黄花馆书画琳琅,金石苑古色古香。泉水风貌,文化品味融为一体,给清照园增添了耀眼的光彩。

金镜泉位于百脉泉宾馆内,东距百脉泉约50米,泉池呈圆形,直径5米,深1.2米,青石垒砌,池边以石柱铁栏装饰,盛水时期流量大于0.3立方米/秒。泉水涌出泉口网罩,声若雷鸣,波光粼粼,阳光照射下水面如镜,金辉闪烁,故名金镜泉。泉畔宾馆水渠纵横,涓流潺潺,水藻摇曳,鱼虾漫游,是一处集游、玩、吃、住于一体的旅游佳境。据清道光《济南府志》著录,该泉原为康氏漪清园内的名泉。

龙泉位于百脉泉公园明水湖南端,泉眼直径 0.4 米,正常年流量 0.2 立米/秒。淼淼湖面,一泉突兀,喷高可达二米。站在取百泉汇波之义而建的汇泉阁上,望龙泉烟波荡漾,清澈净明,深青浅碧、拖练柔蓝。看湖中水草袅袅,鱼翔潜底,绿叶红鳞,相映成趣。泉边掇山叠石,峭拔岩峻、玲珑空透。湖光山色,成为百脉泉公园的一大景观。

■ 桃花山公园

三、桃花山公园

桃花山公园坐落于章丘市老城区中部,北起汇泉路,南抵山泉路,东临桃花山街,西至人民医院,总占地面积 15.12 公顷,绿地率 82.3%。公园内最高点海拔 80.5 米,最低点高程约 65 米,地势中间高,四周低,坡降舒缓。公园规划设计中本着因地制宜、师法自然的原则,注重人与自然、人与生态的结合,突出地域文化内涵同自然生态景观特色的全面融合,贯彻人本思想,并结合城市总体规划和周边环境特点,是对"虽由人作,宛自天开"艺术境界的充分诠释。公园主要景点以桃文化为代表的地域文化作为景观题材,以山水为景观载体,把人与自然、人与生态结合一起,形成具有时代气息的城市大区域生态、园林景观内容。规划采取景观语言的方式,以"桃文化、山水园"为主题,形成"一轴(山水为主的景观主轴)、一环(环山主游路)、一带(带状水系)"的总体布局,创造出爽目、清音、沁馨、触乐、快味的景观特色。

公园主要有北入口及管理服务区、东入口及儿童游戏区、水系景观区、文化休闲区、安静休息区和运动休闲区六大区域构成,有山堤云水、独木成林、泉声驿站、诗径书趣、雀影林幽、桃园小筑、八重叠溪、七彩飞瀑、碧潭森淼、蒲泽荷香、芳林叠水、花溪樱落等景区,山水成趣,云湖水舞,轻阁飞瀑,春花烂漫,夏荫林茂,秋果累累,冬封湖面,可临风畅晚,把酒临风,品茗清谈,可邀月赏荷,吟诗作唱,泼墨挥毫,充分展现了章丘市的地方特色山水景观和植物景观。此文化休闲公园,是中国园林的一个浓缩,造园四大要素山、水、植物、建筑在此园内均有着力体现,山水为主轴,四季有景可赏,建筑与山水植物相互映衬,可赏,可游,可憩,是集休闲娱乐和人文理念的地方性特色公园。

第二章

济南植物园

国家4A级旅游景区

齐鲁山水新十景

济南植物园位于济南市东郊35公里处,平均海拔159米。2004年3月由济南市园林局筹资建设,2006年9月26日正式开园。植物园西倚西山,南连锦屏山,东眺胡山,北望危山,引南部山区水库水以湖、溪、瀑等形式构成兼具观赏、灌溉、游乐功能的生态水系。园区水系、植物展览区、游览区由圣地山迤逦东延,形成山水相依、清新湿润、环境宜人的游览环境。

济南植物园总面积5000亩,园区地势南高北低,西高东低,总体规划包含植物园、世界城、娱乐园、游乐城、名士园、度假区等六大主题园区及相应的配套服务设施。总投资5亿元人民币,目前已建成了"半山堂"、"望云湖"、"韩国馆"等多处景区景点。是济南市园林局继成功开发"红叶谷生态文化旅游区"后,围绕"发展济南近郊游,填补济南无综合性生态园区空白"而投资兴建的集旅游观光、休闲娱乐、别墅度假等于一体的又一个大型生态旅游景区。

依据"分期开发、流动发展"的战略原则,该项目将建成以优美的生态环境为依托,融汇世界五大洲历史文化、民族风情,突出休闲娱乐、旅游度假、科普教育、园林艺术欣赏为一体的多功能、综合性生态旅游景区。

植物展览区收集栽培植物以我国东北、西北、华北、中南地区的温带树种为主。规划引种栽培109科936种植物,其中木本植物670种,目前已引种栽培植物73科149属317种。根据其植物不同的生态要求,以科、属为基本单元栽培植物,以植物专类园的形式展示植物造景艺术,形成各具特色的园林景观。建成木兰园、樱花园、海棠园、蔷薇园、紫薇石榴园、牡丹园、木犀园、菊园、竹园、松柏银杏园、药用芳香园、彩色植物区等 12 个植物专类园及植物科普馆，还建成盲人植物园、婚庆园、童乐园以及游乐园等满足观光游览游乐的特色园区，使济南市植物园初步成为集植物科学研究、种质资源保存、植物知识普及、新优植物推广、游览观赏休憩、生态示范展示等功能，富有时代特色和济南地域特色的，艺术外貌与科学内涵、文化内涵有机结合的新一代综合植物园。

■ 济南植物园

　　进入植物园壮观的东大门可见隐藏于假山瀑布中的科普馆，科普馆占地 350 平方米，展览面积 1000 平方米，它的一楼主要展示濒危植物、市树、市花与中国十大名花科普知识；介绍植物生命的奥秘、世界植物之最等内容。二楼以植物和动物标本展示为主。

　　由植物园大门往北即进入彩色植物区，彩色植物区主要收集植物叶、干、果常年或季节性等呈彩色的植物，这里有红叶李、紫叶桃等彩叶树种及黄栌、槭树等秋季观叶树种 20 余类，还有枝干呈红色的红瑞木、枝干呈金黄色的黄金槐等，也有"活化石"水杉、银杏等植物。

■ 济南植物园风景

■ 紫薇石榴园

　　紫薇石榴园位于主园路知春路西侧,南邻彩色植物区,主要栽种石榴、紫薇的各类品种,有"翠微"、"银薇"、"白石榴"、"玛瑙石榴"、"月季石榴"等品种。紫薇映日红耀天,榴花似火照眼明,它们以紫、红为主的色彩绚丽的花朵在夏日争奇斗艳、繁花常驻。

植物园内水系由南部山区水库引来，水质清澈甘洌。结合神洲生态乐园用水形成了六个湖面，用暗管或溪流连通，植物园园区水面借用春、夏、秋、冬四季，从西向东依次为"春华"、"夏香"、"秋实"、"冬韵"四湖。春花湖在世界城韩国馆和银杏松柏园之间；夏香湖西依圣地山，水从湖西南角的"古窑涌翠"经嬉水浅滩泻入夏香湖，它是植物展览区面积最大的湖，这里既可临岸观水、涉滩嬉水，还可登高望远；秋实湖水面组团式配置了多种水生植物，水生花卉与植物营造出精美的水岸风情，秋季观石榴、柿树等硕果累累。

海棠园位于秋实湖西北部，海棠一树千花，妩媚风韵，令人陶醉，唐朝《花谱》称海棠为"花中神仙"。海棠园收集蔷薇科苹果属、木瓜属的贴梗海棠、垂丝海棠、西府海棠、木瓜海棠等品种，还有引自北美的花果俱佳的绚丽海棠、道格海棠、钻石海棠、霍巴海棠等品种。

樱花园东临海棠园，北接童乐园，以引种蔷薇科李属植物为主，主要引种有大山樱、日本樱花、日本晚樱及碧桃、榆叶梅等植物。春季桃红樱粉，落英缤纷，深深浅浅融成一片，云蒸霞蔚。

蔷薇园在植物园东北部，主园路知春路南侧，栽种丰花月季、微型月季、茶香月季、藤蔓月季等品种。园区利用蔷薇和藤蔓月季构筑的花廊、花架、花棚、花门、花篱等围合空间，丰花月季、茶香月季花团锦簇，组成花阵。由于蔷薇月季色泽丰富，蓓蕾四时不绝，颇能感受到"曾配桃李开时雨，仍伴梧桐落后风"的意境。

牡丹园在主园路中段的南侧，东临蔷薇月季园，以引种栽培芍药科植物为主。牡丹园地形起伏，牡丹、芍药依势散置，更配以丹枫、白皮松增加四季景观。牡丹是中国的传统名花，富贵吉祥的象征，因其花品多、花姿美，雍容华贵、艳冠群芳，花色、姿、香、韵俱佳，素有"花中之王"、"国色天香"的美誉。芍药具有"花相"之称，由于芍药花期较牡丹晚，当百花开罢，园中略显寂寥之时，万绿丛中，芍药绽开，姹紫嫣红，令人赏心悦目。

木兰园位于夏香湖与北主园路之间，主要以引种木兰科植物为主，每当早春，树叶未发，经春风的吹拂，春雨的滋润，木兰花如千万只玉鸟飞临枝头，玲珑瑞雪堆积树梢。玉兰不但花色美丽，还有幽幽清香。微风徐徐，芬芳缕缕，纯正宜人。

松柏银杏园位于植物园最高地域圣地山西坡，园区主园路迎夏路东侧。建设顺应山势，因高就低，形成以缓坡为主，台地、冈阜起伏变化的地形和自然

■ 济南植物园风景

交错种植的裸子植物创造出壮观、自然、朴拙的自然景观。这里冬季绿色经久不衰，春夏松荫匝地，到了秋季，金黄的银杏、五角枫，火红的火炬树、黄栌等，和苍松的翠绿相间，明丽、清新、纯净，让人不舍得离去。

■ 竹园

　　竹园位于夏香湖南面，是以栽培展示竹子为主的专类园。在我国的传统文化中,竹是"岁寒三友"之一,包含了中国传统道德的优秀品质:"上下有节显示忠心,同根共发是仁义,竹竿空心代表谦虚,狂风不倒更是非常坚韧不拔。"这里主要引种栽培了刚竹、巴山木竹、紫竹等16个品种约28000株,绿筠万杆,郁郁葱葱。这里可以欣赏竹的清姿,聆听竹的清音,品味竹的清韵,享受一份特有的宁静。

菊园位于植物园南主园路中段北侧,主要展示菊科植物及宿根花卉,种植以百合科、景天科、石蒜科、菊科、鸢尾科等近百种宿根花卉,自春至秋花开不绝。每年一度的秋季菊花展是植物园的精品所在,可展出菊花约1000个品种,以及各种艺菊造型,场面宏大,精品荟萃,成为济南秋季赏菊花的好去处。菊园还种植了大片竹林、点缀了柿树、银杏等观果、观叶的乔木,这些植物与菊花及其它宿根花卉交相辉映,成为了四季可观赏游览的园地。

药用芳香园位于海棠园、樱花园南面,盲人植物园东面。收集药用草本植物、荫生植物、藤本植物和芳香类植物,汇集华东、华北中草药资源,展示中草药的特点和效用,每种药用植物均标有学名、药用价值、经济价值;园区还配置有杜仲、银杏等有药用价值的乔木及山茱萸、丁香、连翘等花灌木,和药用草本、藤本植物构成良好的复层植物群落,芳香植物带来的阵阵微香,带给游客清新、静谧的环境,还能促进身体健康。

■ 盲人植物园区

　　婚庆园位于植物园南北主干道百合路,象征百年和好,这里集中了中西婚庆文化,创造了良好的喜庆、吉祥、自然优美的环境,新人们来到这里,过鹊桥,进百合门,步步登高,喜结连理,沿途流水潺潺、绿草如茵、鸟语花香,是新人们幸福如意的乐园。

　　在盲人植物园,盲人朋友通过听、嗅、触觉,一样可以感知自然界中千姿百态、五彩缤纷的植物。这里是特别为盲人朋友设计的植物园,园内种植各类易于为盲人感知的植物,如芳香类植物(蜡梅、海棠、丁香等),叶型特殊类植物(银杏、马褂木、七叶树等);枝干特殊类植物(柿树、龙爪槐、紫薇等)和果实特殊类植物(紫荆、金银木、五角枫等),其中有专供盲人"手读"的文字介绍牌和语音提示系统,即使盲人没学过盲文,也可以通过语音提示来了解植物。园内设置有盲道、扶手、标识牌、语音系统、无障碍休息平台、无障碍厕所等为盲人朋友服务的设施在这里盲人能够发挥触、感、知、嗅、闻的代偿功能,以详尽了解各类植物的名称、特性和用途。

第三章

朱家峪旅游度假区

国家 3A 级旅游景区

中国历史文化名村

　　"齐鲁第一古村,江北聚落标本"——朱家峪位于明水城东南 5 公里,胡山东北脚下,距省会济南 40 公里,从 309 国道(经十东路)南行 1.5 公里便到该村。

　　朱家峪原名城角峪,后改为富山峪,朱氏于明洪武四年(1371 年)入村,因朱系国姓,又将富山峪改名朱家峪。据专家考证,古村土台子出土陶器残片和斑鹿角化石,夏商时期有庐于此,距今 3800 年以上。自明代至今,虽经六百余年沧桑之变,但仍较完整地保留着原来的古门、古哨、古桥、古道、古祠、古庙、古宅、古校。朱家峪历史悠久、文化灿烂,自古以来尤为重视文化教育。自明末至新中国成立前,先后有文峰小学、女子学校和山阴小学各一处,各类私塾星罗棋布,有近二十处,故人才济济,才人辈出。

　　2002 年 6 月,章丘市人民政府将朱家峪评定为"历史文化名村"。2003年 11 月,该村又被山东省建设厅评定为"山东省历史文化名村"。朱家峪古村为梯形聚落,上下盘道,高低参差,错落有致。该村三面环山,北临齐鲁世博精品园,南接胡山,西连胡山森林公园,村南头文峰独秀,村北有文昌阁楼,笔架山偎依着村西首,东崖下清泉长流,村四周尚有九山不露头。朱家峪有大小古建筑近二百处,大小石桥三十余座,井泉二十余处,庙宇十余处。康熙立交桥、文昌阁、魁星楼、关帝庙、朱氏家祠、双轨故道、坛桥七折、东岭朝霞、古柏亭立、团山瀑布、碧塘倒影、狮子洞、云雾洞、朝阳洞、仙人桌、仙人桥、人文景观、自然景观数不胜数。因此,朱家峪被专家誉为"齐鲁第一古村,江北聚落标本"。

双轨古道　又名义路,建于明代、复修于清代,长约三百米。双轨,即指上行与下行。旧时,不论出村或入村,人与车马均靠右边走,秩序井然,与当今交通规则不谋而合。村民倡议复修此路,故又名"义路"。

文昌阁　建于清道光十八年(1838年),主体用大青方石筑成,上建阁楼,下筑阁洞,浑然一体。屋脊是由十余块大型方砖透雕而成的二龙戏珠,被专家誉为"清代砖雕精美之作"。建阁至今,未修复一次,依然坚固如初。文昌阁座北面南,与文峰山顶魁星楼遥遥相对,魁星点状元,文昌主仕途,其内涵融为一体,这种互应式道教建筑,在全国实属罕见。

■ 文昌阁

■ 古井

礼门、圩墙等古墙　修建于鸦片战争期间,为防匪患之苦,确保村民平安。礼门整体用青石筑成,可登高远眺。同时,经礼门用石墙连接东西两山,石墙高三到五米不等,约一公里左右。一百六十多年过去了,仍旧较为完整的保存下来。

关帝庙　建于明代,夏修于清嘉庆戊辰岁(1808年)。庙虽小而建筑独特,三面尽用大青方石扣砌而成,楣石横贯,精雕双龙戏珠;左右石柱,细刻飞龙攀援。关帝即关公,文武兼备,忠义之士,历代为世人所崇祀。

朱氏家祠　建于清光绪八年(1882年),建祠近六十年之后,复修于1937年荷月。朱氏家祠共分里外两院。祠堂系细凿大青方石、青砖、木椽、小瓦、翘檐、出厦之结构,祖传、略仿岱而建。堂前院中原有名木四株,现仅存高大百年桧柏一棵,依然生机勃发。

古桥—康熙双桥　分东西两座,相距约十米。东桥建于康熙九年(1670年),西桥建于康熙二十七年(1688年),距今三百余年。上下行人通车,十分方便。桥身全用青石砌成,虽不用灰泥,历经风雨雪霜,依旧坚固,被专家誉为"现代立交桥的雏形"。

古校—山阴小学　由当时重视教育的朱氏后人提倡并积极修建,于1941

■ 朱氏家祠

年兴工,竣工于 1944 年九月。学校系四进院于一体,布局和谐对称,构成长方形整体,占地 6.6 亩。校门仿黄埔军校校门而建。学校建筑结构,全是青石根基,砖镶玻璃门窗,小瓦屋面,白灰墙,系 20 世纪 40 年代初章丘地区一流学校。

■ 古桥

　　古宅—进士故居等　建于明嘉庆年间,距今二百年以上,系宅门院、主房院、私塾院、藏书楼于一体,因当时屋主被皇帝钦命为"明经进士"而得名。古宅除部分木檐腐朽外,其他部分基本保存完整。

■ 古校——山阴小学

■ 古宅——进士故居

　　古泉—长流泉、坛桥七折等　南池建于光绪二十四年(1898年)仲春,北池建于1921年三月。在南池南北两面石墙上,各有一石雕龙头,相对而视。每当开泉季节,清凉的泉水便从龙头喷涌而出,注入方池,清澈见底,泉水属优质水源,已列入济南市郊风景区名泉。坛井口小,内阔,状若坛,井水系文峰山下潜流涌出,甘甜适口,从未干涸。在坛井北、东、南三面,建有七座小桥,纵横交错,曲折相连,坛井与七桥,相依为伴。昔日,绿柳下,石桥边,洗衣村姑,四时不断。

■ 古纺车

　　游人登礼门顶部,可迎旭瞻麓,一览山乡之秀美。深秋季节,可赏漫山红叶,大雪过后,玉树琼枝,群山玉峰,更让人留恋。

　　文峰山上的"齐鲁第一状元钟""江北状元碑"激励有志学子奋发图强。欢乐谷内民间体育器械一应俱全,游乐器械更是让儿童流连忘返。

　　文峰山庄、清泉山庄、金鹰山庄等多处旅游餐饮住宿场所让游客在领略大自然的风光后,品尝一下纯天然野生、绿色无公害食品的美味和甘甜的泉水。

　　朱家峪景区笑迎海内外的游客来观光、休闲、娱乐、健身、访古、探幽、归真。

第四章

锦屏山旅游度假区

国家 3A 级旅游景区、影视文化产业基地

　　锦屏山旅游度假区位于文祖镇境内。属泰山山脉,因山顶开阔平坦,又名"平顶山"。自清初以来,就以幽、静、险、秀闻名于世。方圆 25 平方公里,海拔 563.5 米,森林覆盖率达 95%以上,年平均气温 22℃左右。景区内栖息有鸟类 80 余种,生长有灵芝、何首乌、丹参、穿筋龙等上百种中草药,生态环境原始、独特,保护完好。锦屏山是集观光旅游和休闲度假为一体的综合性景区,景区内有大小自然、人文景观近 100 处。其中著名的有逗号山(乾坤图)、迎山石、千年牵手葛藤、女娲神碑、鸡冠峰、锦屏春晓等十大自然景观,有被济南市人民政府列为重点文物保护单位的碧霞祠、文昌阁、老君堂、古石碑和 1 吨重的如意铜钟等人文景观。

　　锦屏山是章丘道教文化发祥地,省级森林公园,休闲、旅游、度假的理想之地。自古就以幽、险、静、秀闻名于世,是最早的章丘八大景之一。2010 年 5 月 28 日,"章丘市锦屏山影视文化产业基地"正式挂牌,作为锦屏山影视基地建成后的首拍剧,《有爱就有家》已于 9 月中旬杀青。著名影视演员萨日娜、毕彦君、王琳、王洋等在剧中担任主要角色。

　　中国第一部 300 集农村题材百集情景喜剧《百脉人家》、300 集大型情景喜剧《笑笑醒世姻缘传》、30 集近代传奇连续剧《暗枪》、300 集大型游轮情景喜剧《马达加斯加游轮》、30 集都市情感连续剧《爱情向左,婚姻向右》,总集数接近 1000 集。目前,锦屏山已打造成为除旅游、休闲、度假之外,又建成了全省最大的影视基地。

■ 锦屏山胜景

■ 锦屏山风景（一）

■ 锦屏山风景（二）

第五章

七星台旅游度假区

国家3A级旅游景区、天然氧吧

七星台旅游度假区位于章丘市垛庄镇,总面积20平方公里,处于章丘、历城、泰安、莱芜四县市交界处,是济南、章丘两级政府为加快南部山区经济发展共同投资开发的重点旅游项目。经过几年的开发建设,度假区已成为一处集生态休闲和历史文化特色于一体的游览胜地,为广大游客提供了旅游度假的又一好去处。度假区地理位置优越,交通便利。省道327线横贯其中,西连济南,东接章丘,便于游客前来参观游览。整个度假区由七星台宾馆、万亩植物园和以齐长城为主要代表的齐长城景区三个部分组成。

一、长　城

(一)齐长城:相传是春秋时期齐国公为抵御鲁楚等国侵略而修建,距今已有2500年历史,西起长清,东到青岛黄岛入海,蜿蜒纵横618公里,是中国历史上最早的长城。其中章丘段齐长城全长42公里。相传"孟姜女哭长城"的故事就发生在齐长城。

(二)新建长城:仿照北京八达岭长城样式新建一段长城,全长2000米,其中单面长城800米,双面长城1200米,绵延起伏,雄伟壮观。

(三)武圣门:为纪念武圣人孙武而建。山东历史上有一文一武两圣人,文圣人是孔子,武圣人是孙武。相传孙武曾在这里聚兵操练,演绎兵法。武圣门长99.9米,高27米,飞檐斗拱,造型独特。其规模之宏大,设计之精妙,在

■ 齐长城

山东省内的旅游景点中是独一无二的,堪称"齐鲁第一门"。

(四)青龙寺:传说瑶池里有条小青龙经常在这里为非作歹,祸害百姓,有一次,它兴风作浪时被赴瑶池参加蟠桃盛会的托塔李天王看到,李天王一气之下就把小青龙压在这里。从此以后,这条小青龙开始皈依佛门,改邪归正,用龙泉灌溉方圆几十里的田地。人们纪念它,就修建了这座寺庙,名曰青龙寺。

(五)四界首:秦始皇统一中国后,在全国推行郡县制。各郡县之间立碑为界,因此地处于章丘、历城、莱芜、泰安四县市交界处,得名"四界首"。为纪念这一独特地理位置,在原处设立了四界台,对齐鲁两国和四个地域进行划分,立足此处,可谓"一脚踏四地,一步跨两国"。现存国务院立碑一处。

(六)人间仙境:此处树木茂盛、空气清新,称为"西岭氧吧"。沿途通天谷、接仙台、蟠桃峰、天街、天门等星罗棋布的景点,向人们诉说着一个个动人

■ 武圣门

的神话传说。

（七）瑶池：蓄水量30000立方米，传说是西王母沐浴净身之处，池边排列十二生肖，寓王母普度众生之意。

（八）鹊桥：仿照四川都江堰样式而建，宏伟而壮观。整座桥全长280米，桥面到桥底最深处长50米，中间为软桥，行走其上，惊险刺激，堪称"中华景区第一桥"。

（九）东岭氧吧：东岭山植被覆盖良好，空气清新，环境幽雅，空气中负氧离子含量极高，与西岭氧吧遥相呼应。

（十）索道：全长860米，最深处长180米，16人吊厢往复式。南连东岭氧吧，北接七星台宾馆。

"清新舒适，最原始的生态山林；气势磅礴，最宏伟的齐鲁长城；七星高照，最吉祥的洞天福地。"这是七星台的真实写照！

■ 七星台风光

■ 七星台索道站

第六章

三王峪山水风景区

国家 3A 级旅游景区、休闲乐园

　　三王峪山水风景园,位于济南和章丘连接处的章丘市曹范镇境内。南依泰山、莱芜,东邻淄博,北接济王、济青公路并近黄河,距济王公路 20 公里,交通便捷,地理位置优越。景区规划面积约 12 平方公里,分山川风光、艺术文化、农家村落、休闲娱乐五大区域。由 8 岭、8 山、10 泉、18 湖池,百余景点所组成。园区内群山连绵、巍然嵯峨、宛如城垣,且峰峦俊秀、植被茂密、谷地深邃;泉溪间布、水清甘洌,富有多种有益人身体健康的矿物质。

　　这里四季景色各异,春季万点飞红,夏季满山滴翠,秋季红叶遍岭,冬季松柏郁蔽。登临山之巅,近望、远眺、仰观、俯察,山川相缪,村烟旷野,浮云流水,自然情趣各有千秋,自古就有"幽而不僻远闹市,山水清风真自然"的赞誉。主要景点有:西汉时期三王古墓遗址、会仙桥、乾坤眼、无极洞、太极塔、月亮湖、老泉、响泉、飞龙泉、淋泉、大泉、梯田迭水等。艺术馆内展览汉代以来的古老生活用品及工艺品,数百件难得一见的近现代书画大家精品真迹。游乐区有垂钓、摸鱼戏水、游泳、斗鸡、射猎、攀岩等。园区还设有豪华酒店,主要经营农家饭菜、各种野味和山野菜。宾馆有标准住房,设施豪华,服务周到。可承接各种中小型会议,到这里游园可尽享大自然的美景。

　　"三王峪"一词历史悠久。西汉末期因赤眉军首领樊崇派樊柯、魏方、于平三员大将来此驻扎而得名。公元 23 年,已加入南方绿林军的西汉皇族后裔刘秀(即后来的东汉王朝占领者"光武帝"),为光复汉室,在军中不断扩展自己的势力,于公元 24 年春,先后率兵赴河北、山东对铜马、赤眉两支起义军进行收编说服,驻扎在三王峪入口的泡关岭下,见众将士汲水而井水不降的情景后,亲在井旁的石壁上刻下了"泡关岭下一井泉,南阳刘秀来访贤。三军同饮此中水,但见泉丰水不减"的留言诗。

隋朝末年,611 年,邹平人王薄,在邹平、章丘境内的长白山上领导农民起义反抗隋朝的腐朽统治。613 年进驻三王峪内长达四年之久,于 616 年冬归入窦建德起义军,随之离开三王峪。

唐朝末年,农民起义领袖黄巢,于 881 年攻入长安,建立农民政权,国号大齐,因不敌唐军反扑,被迫撤出长安,经河南转战山东。于 883 年黄巢率残部来至三王峪内。次年被唐军围攻,又被迫由此撤离,经天马岭、跑马岭、仲宫转退在泰山北峪。884 年,因寡不敌众战败自杀在泰山狼虎谷内。后来人们为纪念这位"冲天大将军",将其居住扎营的"黄草岭"更名为"黄巢岭"。

自明朝后叶至清朝乾隆时期,随着纺织业的兴盛,三王峪内开始植桑养蚕。据乾隆十年、十四年的碑文记载,此时蚕场已由原来的三座发展到了八座,可见规模已相当可观。苍天无情,历史有铭。追溯史志人文,不难看出三王峪的历史沿源。又因三王峪景区内有着特殊的环构山姿和崖泉幽谷,也引发了许多历史事件,同时也造就了景区内许多人文、自然景观。

■ 三王峪风景区

第七章
莲华山风景区
国家 2A 级旅游景区、佛教圣地

■ 莲华山风景区

　　莲华山位于山东省章丘市区西南 40 公里、垛庄镇南 4 公里的黄沙埠村北侧,与泰山北麓诸峰相连,方圆 20 余里。三面环山,一面临水,状如莲华,层层涌起,故名莲华山。《章丘县志·山水考》云:"莲华山在县治之南八十里,陟山四望,如十万芙蓉直穷天际。"主峰磨二起海拔 763 米,面积 1 平方公里,因

■ 圣水禅寺

山体像上下两起磨而得名。此峰又名灵鹫顶,盖因深山藏古寺,佛法大昌,誉
满齐鲁而得名。其下诸峰如众星捧月左右环拱,朗若翠屏,双溪发流,清泉甘
冽。麓脚横波,海山水库碧水悠悠。隔水远望,岱北诸峰云烟隐隐。岭间沟壑
纵横,佳木葱茏,碑碣夹道,殿阁峥嵘,历来为佛道圣地,人间仙境。胜水禅寺
位于莲华山楚峪之上,丹崖映辉,松柏蔽日,灵塔矗天,石洞幽邃。《章丘县
志·楚峪》载:"楚峪在莲华山南峪,有李开先《浩贤禅师碑铭》云:'圣泉寺,按
济出为楚,圣泉即楚水也'。"胜水禅寺建于隋唐,盛于明清,毁败于清末民初。
因年代久湮,当地百姓口语相传,又名处女寺、樗峪寺、出雨寺、初一寺等,名称
繁多,莫衷一是。

景区内有天王殿、大雄宝殿、观音殿、地藏王菩萨殿、塔林等景点,其间凡
皂角、青檀、刺楸等名贵树种林立。莲华山胜水禅寺的山门飞檐斗角、巍峨壮
观,四柱三门,金碧辉煌,高20米,宽30米,仿明清建筑,正中匾额悬金字题书
"莲华胜境",由中国佛教协会会长一诚大师题写,山门前两尊巨大的石狮雄

踞左右,高大威武。右边山崖上耸立着摩崖石刻,丹书大"佛"字,高五米,遒劲雄浑,气势恢宏,高耸入云。天王殿正面塑有弥勒佛,背面为护法韦驮菩萨,两旁为四大天王,皆铜铸金身,各持剑、伞、琵琶、蛇,寓意五谷丰登,天下太平。灿烂的佛教文化,珍贵的文物古迹,绚丽的雕绘艺术,旖旎的自然风光荟萃于一体,使莲华山圣水禅寺成为章丘又一方瑰丽的文化宝地。

第八章

白云湖旅游景区

国家 2A 级旅游景区

首批全国农业旅游示范点

　　白云湖，又名刘郎中坡，因相传白云从湖中飘起而得名，犹如璀璨的明珠镶嵌在章丘市明水西北 19 公里处，北临黄河，西南距济南 35 公里，距遥墙国际机场仅 10 公里。

　　白云湖形成于汉代，迄今已有两千多年的历史。它的四时美景触动了历代名流仕宦的游兴情思，或在此饮酒赋诗，留下了许多风流佳句。"白云晚棹"自古就是章丘八景之一。明代诗人张舜臣曾用"青霞无断处，白鹭有时来"的诗句描述白云湖景色。

　　白云湖所在地——章丘，是明代著名文学家李开先的故乡，李开先曾捐资治理白云湖，并带领湖民反抗当地官府的横征暴敛，在当地传为佳话，而今，以其自然恬静的湖光美景，成为济南近郊享有盛名的旅游度假胜地。

　　清末方浚之《浚渠私说》："溪谷缕注，众水潴而为湖，白云英英出其中，湖因以名。"地方志、史料中大致都是如此介绍白云湖。先看看古人对白云湖的叙述。李清照有诗说："荷香夏送一湖水，柳雾春笼十里堤。"李开先《白云湖夜泛》："夹岸人烟水四围，苏堤景物亦依稀，中流击楫鼋鼍出，树底鸣榔鸟雀飞。渔火错疑明月上，风帆相伴白云飞。芳湖历尽欢无尽，况可乘船望翠微。"清顺治年间西周生的《醒世姻缘传》二十三回这样描述白云湖："这绣江县是济南府的外县，离府城一百一十里路，是山东有数的大地方，四境多有名山胜水。那最有名的，第一是那会仙山，原是古时节第九处洞天福地。这会仙山上有无数的流泉，或汇为瀑布，或汇为水帘，灌泻成一片白云湖。遇着天旱

■ 白云湖内的"荷花女神"雕塑远景

的时节,这湖里的水不见有甚消涸;遇着天潦的时节,这湖里的水不见有甚么泛溢。离这绣江县四十里一个明水镇,有座龙王庙。这庙基底下发源出来滔滔滚滚极清极美的甘泉,也灌在白云湖内。有了如此的灵地,怎得不生杰人"。

　　再说郎中,多数人认为郎中是古代医生的称呼,其实郎中也是古代的官职名,始于战国。自宋代才开始称为医生郎中,而且黄河以南称郎中,以北称大夫。看来称此湿地为白云湖是宋朝以后才开始的。刘郎中坡该是宋朝以前汉朝以后的称呼。宋以前郎中是一种官职,看来称刘郎中坡应与古代一刘姓官员相关。至于清末方浚之在其《浚渠私说》:白云英英出其中,湖因以名。那个湖风平浪静时,湖面不是白云英英于其中,然其它水泊未称白云湖,单此处称白云湖呢?明朝李开先时皆已称白云湖了。白云湖称呼的由来,可能与当地一古老传说白衣仙姑有关,白衣仙姑姐妹三人皆能给人除病。她们死后后人为了纪念她分别在三个村(白云、大徐、韩码)修了三处庙,当地人称大奶奶庙,二奶奶庙、三奶奶庙。为了纪念她们,宋代时可能叫白衣湖,后来叫讹了音成白云湖了。湖南有村叫娥女大约与这有关。在白云湖两岸上年岁的人都知道,白云湖六十年现一现(也称显一显)一事,说白云湖古时在此建城,由于天亮前城必须建好,公鸡叫了惊了他们,他们便移到东平陵建城,之后便留下一遗迹六十年现一现。遇到现一现那日,早上天不亮湖内便出现楼台亭榭,车水马龙的景象,凡人走进无论拿什么东西走出城外,天亮后便变成金子。更有人神说某某祖上曾遇到现一现景象,可惜不知道,没有拿出任何东西。据明李开先《白云湖夜泛》可知,当时白云湖水泊一片,茫茫无际,湖内鱼虾成群,湖岸渔船纵横,由于水汽,可能出现过海市蜃楼,当时人不了解折射原理,把海市蜃楼解释为六十年现一现。

■ 白云湖公园内的长桥亭阁

　　白云湖风景区占地7000亩,自然湖面积17.4平方公里,由白云湖公园、白云湖乐园和碧绿环绕的20公里柳堤及立体农业观赏园等组成。白云湖公园位于白云湖内,南北小围堤之间。园内有接天映日的千亩荷花园、高30米的"荷花女神"大型雕塑和活灵活现的十二生肖雕塑群、重达2吨的吉祥如意钟、青翠摇曳的芦苇丛、时栖时翔的水鸟、水上乐园、公园步行路等景观景点。近年来,随着生态环境的逐步改善,白云湖吸引了百余种鸟类繁衍栖息。特别是秋冬时节,天鹅、白鹭等在湖面上翩翩飞翔,仪态万方,尤为壮观,堪称江北奇景。公园南侧,是占地50亩的白云广场,草坪铺地、百花争艳。20公里的环湖柳堤,又是一道独具特色的优美景观。白云湖乐园位于公园南侧,占地1000亩。分四大园区,集观赏、娱乐、休闲、垂钓于一体。观赏园,有桃李、松柏、海棠、芙蓉等树木,郁郁葱葱,四季常青。娱乐园,有现代气息浓郁的游乐项目及儿童游乐设施共 50 多项,或益智健身,或惊险刺激,寓乐于动。而在休闲园,湖畔林间,新颖别致的吊床、荡椅、凉亭将给您送上轻松惬意。在垂钓中心,绿柳环抱,悬丝举杆,让您体味生活的美好,收获的愉悦。

第九章

危山风景区

圣井王陵、车马彩俑

　　危山风景区位于章丘市圣井街道办事处中部,是一座孤耸于山区与平原之间的丘陵,面积约 1.4 万亩,海拔 205 米。古代危山古木参天,庙宇成群,碑碣林立,有"小泰山"之誉,是章丘地区颇有影响的风景名胜地。当时有宏伟的古建筑群,始建于汉代,盛于明清。碑载:宋神宗、明弘治、清光绪年间多次重修危山寺庙。1937 年 4 月 8 日举行最后一次山会。抗日战争爆发后,几经战乱,危山古建筑破坏殆尽,残垣断壁,碑碣遗失,盛况不再。2002 年,因发掘汉代彩绘兵马俑而闻名天下,该考古发现被评为当年全国十大考古新发现。现景区建有圣井福寿鼎、齐鲁圣贤壁、元音寺、玉皇阁、大雄宝殿等景点,是一处历史文化浓厚的著名风景区。

　　危山因二十八星宿中的危星而得名。圣井位于危山之阴,相传隋末大旱,田禾半焦,众人为之皆忧,一日忽有僧人称自天竺国来,禅杖指地曰:"此地有甘泉,挖开来。"众人随即凿岩挖井,不数尺,果泉如水柱。众人感恩不尽,取名"圣井"。明弘治二年碑刻云:古迹有圣井之名也。方遇旱年,垂瓶口悬于井半,若恳虔心祈祝,水为方满,即时作霈,然后降雨,苗稼长茂。"有诗云:"齐俗相传圣井名,当年造化自生成。阴晴犹见寒泉满,今古常时石髓清。疑有龙光云气在,静无银绠辘辘声。山灵钟秀多神异,清早须臾雨泽倾。"清初文人牛天宿在危山题诗立碑,《圣泉》诗云:"危山九仞矗晴空,一水盈盈石窍中。断壁雨米声淅沥,层岩高过影溟濛。味甘不羡江心美,源远疑从海底通。到此烹茶消内热,应知两腋白生风。"

■ 危山全景

■ 危山出土的马车

　　发掘危山的历史文化底蕴,重现物阜民丰的繁荣景象,是圣井人民心怀多年的夙愿。近年来,圣井街道办党委、政府团结带领乡镇上下不断致力于危山开发建设,引水上山,植树造林;更于 2001 年聘请专家学者重新拟定了危山风景区建设总体规划,进而走市场化运作之路,集政府财力、融民间资本,逐步恢复了部分古迹景点,辟建圣井广场、元音寺、玉皇阁、汉济南王陵、圣井亭、四贤泉、圣泉池、圣贤桥、碧霞祠小区等名胜景观,开设文化长廊和音乐茶座,形成了山城相连,集休闲、观光、民俗、祭祀、博览于一体的独具特色文化风景游览区。

第十章

城子崖遗址博物馆

城子崖位于中国山东黄河下游右岸,章丘市龙山办事处东,武原河东岸是中国"龙山文化"的最早发现地,有围墙的定居地。定居时间大约是公元前2500—公元前1900年。1961年被国务院公布为全国第一批重点文物保护单位。这里为一黄土高阜,以前当地人称"鸭鹅城"。1928年春,中央研究院历史语言研究所吴金鼎于此做考古调查时,发现此地有远古遗存。1930年和1931年,中央研究院对遗址进行发掘,发现有板筑城垣,因此名之"城子崖"。遗址南北长530米,东西宽430米。文化层4—6米,分上下二层。上层出土的有豆、鬲等灰陶器物和铜质兵器等,属商周战国文化。下层出土大量的新石器时代中晚期石器、骨器、蚌器和陶器。陶器以泥质加沙黑陶为主,有鼎、鬲、豆、瓮、盆、杯等,特别是黑陶,质地坚硬,薄如蛋壳,造型精美,可谓该文化的代表。因地处龙山镇,并完全不同于以彩陶、红陶为特征的仰韶文化,便定名为"龙山文化"。此次发掘,是中国近代早期的重大考古发掘活动,是全国发现并挖掘的第一处新石器时代遗址,在中国考古学界占有极为重要的历史地位。

1990年4月,山东省考古研究所又对该遗址进一步发掘,发现龙山文化、夏代、周代城址和岳石文化堆积,填补了中国夏代城址考古之空白,再次引起海内外学术界的重视,分别被评为全国1990年和"七五"期间十大考古新发现。1991年,在考古发掘现场建成城子崖遗址博物馆,供人们研究参观。

■ 城子崖遗址博物馆

■ 城子崖遗址博物馆展示的陶器

第十一章

绣源河风景区

生态风景区、魅力绣源河

　　绣源河,位于章丘明水城区西南15公里处,南至济南植物园、北至朱各务水库,南北全长约三十里,其中水域面积1万亩,景观绿化面积1万亩,是按国家5A级景区的相关标准开发建设和配套完善的新兴休闲旅游度假区。风景区建设紧扣"以水为脉、以绿为衣、以文为蕴、以人为本"的主题,展现清柔秀美的水景观和自然和谐的湿地景观。当充满希冀的、迷人的晨曦,照耀在绣源河上时,远望去,宛如一条玉带,镶嵌在水与天的画卷中。"绣源探春"因其独特的魅力成功入选"章丘新八景",同时被提名参选"泉城新八景"。

　　天来之水,蕴厚土之苗壮。渠水径流,惠民生之恒昌。2011年章丘市委、市政府果断实施绣源河流域综合治理工程,拉开了章丘"一河两城"城市发展的历史大幕,项目总投资30亿元,规划建设郊野度假、中央游憩、休闲娱乐和生态涵养四大区域,推进沿河保护、滨河开发、跨河发展。新建了五座索塔桥、山东最大的人造瀑布、世界上最大的水幕电影及亚洲最大的音乐喷泉,绣源河魅力初显。

　　景区内气候温和,四季分明,春雨、夏花、秋韵、冬雪,形成了一道美丽的风景线。注重地形、地貌、气候及汛期特点的有机结合,合理布置植物群落,河道两侧栽植皂角、古桩紫薇等花卉,芬芳馥郁,各类乔木、灌木,层次分明,白鹭、野鸭等禽鸟沿河活动,还配以沿河散步道及各种灯光等附属设施,不仅给游客一个安心放松的休憩场所,更使两侧湿地与人文景观、工程景观融为一体,浑然天成,灵秀和谐。风景区有良好的水环境,上游垛庄水库、中游大站水库、下

■ 绣源河风景区

■ 绣源河风景

游朱各务水库都可为河道补源。水面宽阔幽静,水质清澈,微风轻拂,波光粼粼,鹅卵以水清而晶莹,林木以水纯而灵秀,木栈虹桥勾连,亭阁水榭林立,瑶草奇花映衬左右,溪塘潭瀑点缀其间,承"水、绿、瀑"之风光,携"碧、秀、奇"之特色,清源聚脉、润物无声,尽显人文自然之美。

风景区始终贯穿"人水和谐"的发展理念,注重工程、环境、生态的协调统一。随着绣源河风景区生态旅游规划的实施,风景区的旅游资源将进一步得到开发,配套设施将更加完善,娱乐功能将更加突出,一幅"天蓝、地绿、水清、景美、人和"的锦绣画卷正在齐鲁大地上徐徐展开。

"绣源三十里,空间发展轴,水绿居商聚,华彩绘章丘。"

责任编辑:柴晨清

封面设计:徐　晖

图书在版编目(CIP)数据

千年章丘/《千年章丘》编委会. —北京:人民出版社,2014.1

ISBN 978－7－01－012909－9

Ⅰ.①千⋯　Ⅱ.①千⋯　Ⅲ.①章丘市-地方史　Ⅳ.①K295.23

中国版本图书馆 CIP 数据核字(2013)第 292431 号

千年章丘
QIANNIAN ZHANGQIU

《千年章丘》编委会

人民出版社 出版发行

(100706　北京市东城区隆福寺街 99 号)

北京中科印刷有限公司印刷　新华书店经销

2014 年 1 月第 1 版　2014 年 1 月北京第 1 次印刷

开本:710 毫米×1000 毫米 1/16　印张:23.75

字数:388 千字　印数:0,001-4,000 册

ISBN 978－7－01－012909－9　定价:88.00 元

邮购地址　100706　北京市东城区隆福寺街 99 号

人民东方图书销售中心　电话 (010)65250042　65289539

版权所有·侵权必究

凡购买本社图书,如有印制质量问题,我社负责调换。

服务电话:(010)65250042